개정판

# 교육심리학

| 장선철 · 김충기 |

*Education Psychology*

태영출판사

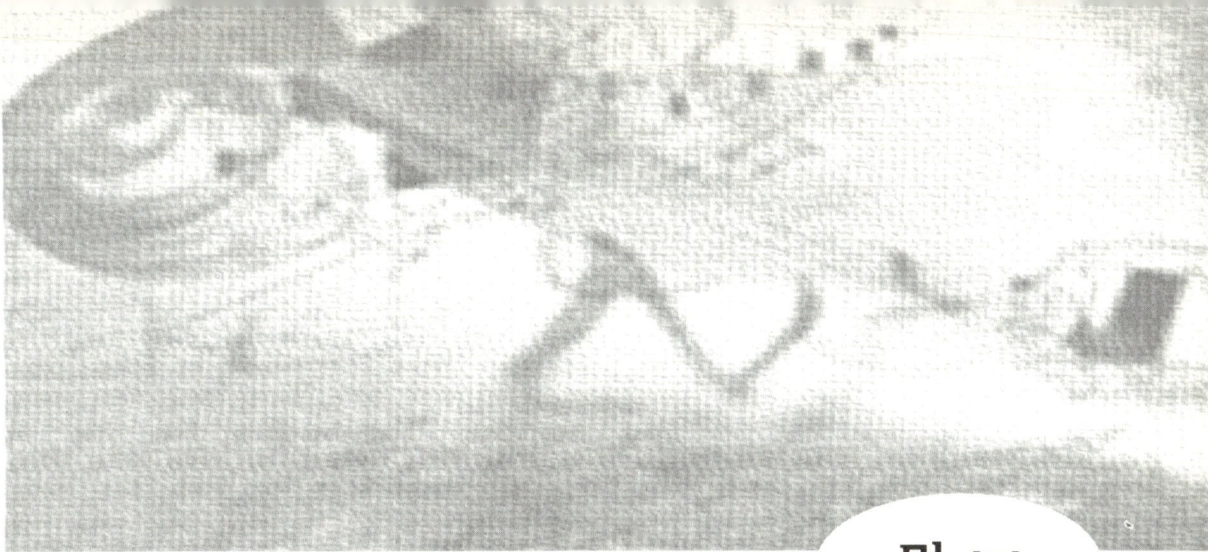

# 머리말

대부분의 대학에서는 전공과목, 교직과목, 교양과목으로 교육심리학을 개설하고 있다. 교육심리학의 관심은 '어떻게 하면 더 잘 가르치고, 배울 수 있는가?'이다. 이런 주제로 조금 더 새로운 이론과 다양하고 폭넓은 내용을 담은 개론서를 만들겠다는 의도로 시작한 이 책의 처음 목적은 세 가지였다.

첫째, 교육의 장에서 아동, 학생들을 가르치는 교사들에게 실제적인 도움을 주고자 한다. 교직은 인간을 대상으로 하는 전문직으로 교육현상과 관련한 전문적인 지식과 실제적인 이론과 기술을 요구한다. 따라서 '잘 가르치는 일'과 관련한 교육심리학적 지식을 일목요연하게 제시함으로 현장에서 아동, 학생들을 가르치고 지도하면서 부딪치는 많은 문제점들을 해결하도록 돕는다.

둘째, 교사를 꿈꾸는 대학생이 한 학기란 짧은 시간 안에 교육현장의 여러 문제를 놓고 전문적인 교육심리학 지식과 이론으로 해답을 제시하는 '교육에 대한 밑그림'을 그릴 수 있게 한다.

셋째, '어떻게 하면 자녀를 잘 기를 수 있는가?'를 놓고 고민하는 부모들이나 '어떻게 하면 사원들의 연수를 잘 시킬 것인가?'를 놓고 씨름하는 기업체의 연수 담당자들에게 '언제, 무엇을 가지고, 어떻게 작용할 것인가?'에 대한 명확한 교육심리학적 이론을 제시한다.

이와 같이 교육심리학의 학문적 특징을 살려 예비 교사, 현직 교사, 부모,

기업체 연수 담당자들에게 실제적인 도움을 주는 개론서를 만들려고 노력했지만 교육심리학이라는 학문적 범위가 너무 넓고 깊을 뿐만 아니라 교육 현장의 문제 역시 역동적이고 다양하기 때문에 제한된 지면으로 이런 문제를 풀어나가는 것은 참으로 어려운 일이었다. 특별히 수업과 관련한 이론 부분에 너무 부족함을 느껴 이번에 약간의 내용을 수정 보완하여 개정판을 내게 되었다.

교육심리학의 입문서이며 심화 교재인 이 책의 내용은 모두 4부로 구성되어 있다. 제1부는 교육심리학의 기초로 교육심리학의 학문적 성격, 역할, 발전 과정, 제2부는 학생에 대한 심리적 이해로 발달, 개인차, 정의적 특성, 제3부는 학습에 대한 이해로 행동주의적 접근, 인지주의적 접근, 학습에 영향을 미치는 조건인 동기, 전이, 기억과 망각, 연습과 피로, 제4부는 교육활동에 대한 이해로 효과적인 교사, 효과적인 수업, 생활지도와 상담, 평가 등으로 구성하였다.

이 책이 만들어지기까지 자료를 수집하고 분류하며 정리해 준 제자들에게 다시 한 번 감사한 마음을 전한다. 그리고 언제나 기도와 후원을 아끼지 않는 태영출판사 김현태 사장님과 찌는 더위를 아랑곳하지 않고 책을 편집하고 제작해 준 오세복 상무를 비롯한 제작팀에게도 감사함을 전한다. 끝으로, 이 개정판이 '꿈을 심는 교사, 꿈이 자라는 학생들, 꿈을 키우는 교육'을 이뤄나가는 데 조그마한 도움이 되었으면 좋겠다.

2009년 8월

저자 씀

# 차 례

## 제1부 교육심리학의 이해

## 제2부 학생 · 아동에 대한 교육심리학적 이해

## 제3부 학습에 대한 이해

## 제4부 교육활동에 대한 이해

# 교육심리학의 이해

제 1 부

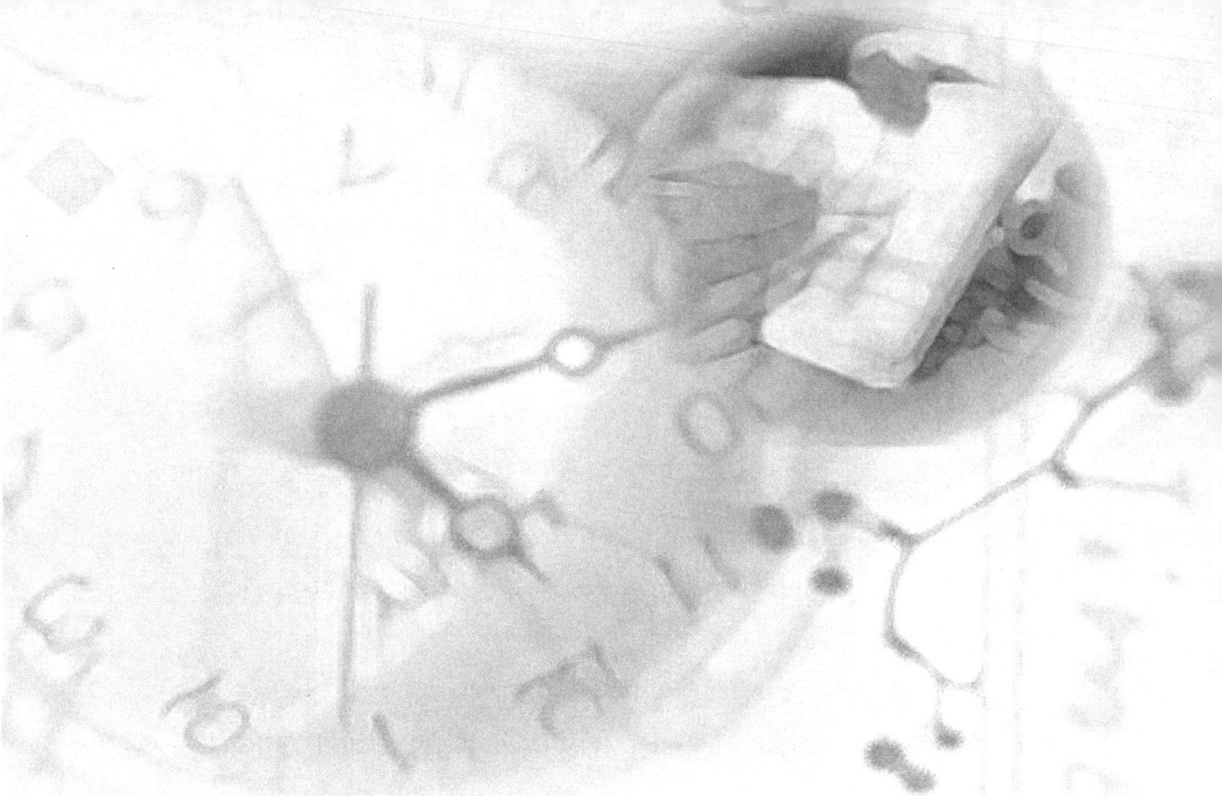

제 1 장

# 교육심리학의 기초

1. 교육과 심리학
2. 교육심리학의 개념
3. 교육심리학의 특성과 연구영역
4. 교육심리학의 발달과정
5. 교육심리학의 연구방법

## 1 교육과 심리학

교육의 본질은 인간을 가르치고 육성하는 일이다. 교육은 후세대에게 한 사회구성원으로서 사회 내에서 필요한 의사소통을 가능하게 할 가치, 신념, 지식, 상징적 표현을 전수하여 유능한 시민으로서 맡은 바 임무를 다할 수 있도록 한 개체를 성장·발달하게 한다.

교육은 태교에서부터 가정교육, 학교교육, 직장교육, 성인교육, 노인교육 등 평생교육을 통해 어느 장소에서나 이루어진다. 학교 밖의 가정이나 사회환경에서 이루어지는 교육이 무계획적, 산발적, 비연속적, 일관성이 없이 이루어지는 데 반해 학교교육은 의도적, 계획적으로 이뤄지는 작용으로 가치있는 인간 육성의 기능을 중핵적 목표로 삼는다.

또한 교육은 개인이 사회적으로 유효한 기능을 획득함과 동시에 최대한의 성장과 발달을 꾀하도록 돕는 사회화의 과정이다. 즉, 교육이란 기능적으로는 사회 문화의 계승 및 발전의 수단으로 인격 도야, 진리 탐구의 과정이라고 정의할 수 있다.

페스탈로치(Pestalozzi)는 교육을 "사회의 존속 발전을 위한 개혁의 수단"이라고 정의하였으며, 듀이(Dewey, 1973)는 "사회화 과정 또는 생활과정을 중시하여 끊임없는 경험의 재구성 과정"이라고 본 점은 인간육성에 있어서 사회환경이 얼마나 중요한 것인가를 시사한다. 또한 문화와 지식의 측면을 강조한 스프랑거(Spranger)는 교육을 문화의 전달과정 내지 수단으로 규정하였다.

최근에 이르러서는 교육을 인간의 행동에 접근하여 교육은 인간의 행동을 바람직하게 변화시키는 과정이나 활동이라는 점을 강조한다. 이런 조작적 정의는 교육과 심리학과의 밀접한 관련성을 시사한다(정범로, 1991). 코메니우스(Comenius)가 "교육에 의해서 인간이 형성된다."고 말한 바와 같이 교육은 인간을 인간답게 기르며, 태어난 그대로의 인간에서 이상적인 인간으로 이끄는 과정이다(김경철 외, 1997). 이때 '이상적'이란 고정된 의미가 아니고 사회조건, 문화영역과 역동적인 상호관계에서 이루어진다는 개념이다.

심리학(psychology)은 인간 그 자체를 연구하는 과학으로서 환경과 과학을 관련시켜 인간에 대하여 얻은 사실을 정리한 지식이다. 심리학이란 그리스어의 psyche(心)와 logos(理)의 합성어로 심령(soul)을 연구하는 형태로서 마음의 이치를 연구한다. 즉, 심리학을 심령과 정신과정의 연구(study of mind and mental process)로 살펴볼 수 있다.

19세기 중엽 이후 현대심리학이 대두한 이래 처음으로 독일의 심리학자 분트(Wilhelm Wundt)는 심리학의 의식을 연구하는 학문으로 보았고, 메이어(R. Mayer, 1981)는 인간행동을 이해하기 위해 기억구조와 정신과정을 과학적으로 분석하는 학문이라 하여 행동 자체의 연구보다 그 행동을 구조적으로 이해하는 데 필요한 기억 및 사고과정을 연구해야 한다고 하였다.

심리학에 관한 정의를 몇 가지 예시하면 다음과 같다.

교육학 사전에 의하면 심리학을 "환경의 변화에 대한 인간 유기체의 적응에 관한 학문"(1959)이라고 정의하고 있으며, 크라우(L. D. Crow, 1956, p. 6)는 "개체의 경험과 행동을 설명하고 탐구하는 과학"이라고 한다.

왓슨(J. Watson)은 심리학을 "의식이나 무의식 같은 내적 정신현상은 중세의 영혼이란 말을 바꾸어 놓은 데 지나지 않으며, 동물에 있어서는 의식이란 것을 관찰할 수도 없고, 논리적으로 증명할 수도 없으므로 심리학이란 실체가 있는 행동을 연구한다."고 하여 행동의 과학이라고 하였다.

우드워즈(R. S. Woodworth)는 "심리학은 개체의 행동을 환경과의 상호작용에서 과학적으로 연구하는 것이다."라고 정의하였으며, 로버트(M. G. Robert)는 "심리학은 행동과학이며 유기체가 살고 있는 환경에 대하여 반응하고 적응하는 방법을 체계적으로 연구하는 것이다."라고 정의하고 있다.

힐가드(E. R. Hillgard, 1962)는 심리학을 인간행동과 동물행동을 연구하는 과학으로 정의할 수 있다고 하였다.

이와 같이 정의된 내용을 종합해 보면 심리학의 중심개념은 '유기체 행동의 과학'이 결국, 심리학은 우리에게 다음과 같은 유용성을 제공한다.

① 자기 자신을 바르게 파악하고, 또 자기의 문제를 스스로 해결할 수 있도록 도와 준다. 자기 눈에 비친 자기가 경우에 따라서는 진정한 의미의 자기를 이해하는 데에 방해 조건이 될 때도 있다. 심리학은 이런 점에서 우리에게 자기를 이해하는 유용한 지식을 제공할 뿐 아니라, 자신을 객관적으로 이해하는 기술과 방법을 제공한다.

② 심리학은 다른 사람을 올바르게 이해할 수 있도록 도와 준다. 복잡한 사회생활 속에서 관찰되는 수많은 인간의 행동을 분석하고 이해하려고 할 때 심리학이 도움이 된다. 다른 사람에 대한 이해를 깊게 하는 것은 결과적으로 그 사람 자신을 위하는 길이 되기 때문이다.

③ 심리학은 매일같이 일어나는 사회문제를 이해하고 교정하며 보다 발전된 사회생활이 이루어지도록 도움을 준다. 실업, 빈곤, 청소년 범죄, 산아제한, 문란해져 가는 애정 및 성도덕, 집단유지와 지도의 문제 등을 근본적으로 이해하고 교정하는 데 도움을 준다(김명훈 · 정영윤, 1985, p. 5).

이상에서 살펴본 바와 같이 교육은 인간행동을 바람직한 방향으로 변화시키려는 과정 또는 활동이며 심리학은 인간의 행동과 그 변화에 따른 원리와 법칙을 도출하여 인간의 행동을 기술, 설명, 예언하려는 학문임을 알 수 있다. 따라서 교육과 심리학은 모두가 인간의 행동과 행동변화 내지 변용에 대해 계획적, 조직적, 의도적인 접근을 꾀하는 공통점을 가지고 있다.

이성진(1996)은 교육과 심리학의 학문적 차이를 다음과 같이 제시하고 있다.

① 심리학은 인간행동에 관한 보편적인 원리와 법칙의 확립이라는데 목적이 있는 반면, 교육은 특수한 상황에서의 개개 학습자의 행동의 변화에 관심이 있다.

② 심리학은 방법론적으로 정밀성과 경제성을 지향하고 있기 때문에 일관성만 있으면 행동의 작은 변화와 차이도 중요한 고려의 대상이 되지만 교육은 크고 의미 있는 변화와 차이에 관심이 있다.

③ 심리학은 특수한 영역을 제외하고 가치 중립적이며 기술적인 반면에 교육은 가치지향적이라는 점에서 심리학적 지식을 교육에 무작정 적응하는 것은 한계가 있다.

④ 심리학의 원리나 법칙들이 주로 통제된 실험실에서 확립된 반면, 교육은 상당히 자연상태에 가까운 교실에서 일어나는 과정이기 때문에 심리학의 모든 지식을 교육의 장에 적용하는 것은 무리가 있다.

이와 같이 심리학의 지식을 교육 현장에 그대로 적용하는데는 무리가 있기 때문에 심리학적 연구 결과를 교육학에 적응할 때는 매우 신중을 기하여야 한다.

## 2 교육심리학의 개념

교육심리학은 인간의 행동을 바람직하게 변화시키기 위해 다양한 심리학적인 방법을 적용함으로 교육의 효과를 최대한으로 높이려는 학문이다. 또한 교육심리학은 교육의 시기와 방법을 심리학적 측면에서 연구하여 교육실천에 필요한 지식과 기술을 제공함으로써 교육을 효과적으로 운영하려는 것을 목적으로 하는 학문이다. 즉, 교육심리학은 교육에 관련된 여러 가지 사실과 법칙을 심리학적으로 정확히 규명함으로써 교육 목적을 달성하기 위한 방향을 제시하는 과학이다.

종래에는 교육심리학은 교육과 심리학을 단순히 통합, 심리학을 응용한 학문으로 인식해 왔으나 최근에는 두 학문을 서로 독립된 학문으로 취급한다. 따라서 교육심리학에서는 교육과 관련하여 일어나고 있는 여러 가지 문제들을 심리학적인 방법으로 연구하고, 그 결과를 교육현장에 적용하여 자라나는 세대들, 더 나아가 성장 · 발달이 가능한 모든 인간을 바람직한 인간으로 키울 수 있도록 하는 교육적, 기술적, 과학적 방법을 추구한다(Gates et al., 1950).

시고(M. V. Seagoe)는 교육심리학의 영역을 다음과 같이 규정하고 있다.

"교육심리학은 학습에 있어서 인간적 요인과 관련되어 있다. 그것은 심리학의 실험실에서 실험적 연구로부터 끄집어 낸 개념을 교육에 적용하는 영역이다. 그러나 그것은 이와 같은 개념이 교육에의 적용이 가능한가를 테스트하고, 교사가 관심을 갖는 제목에 대한 연구를 완성하기 위하여 실험이 이루어지는 영역이다. 말하자면 그것은 학습-교수 과정(learning-teaching process)에 대한 연구이다(Seagoe, 1960, pp. 7~8)."

크라우(L. D. Crow, 1959)는 교육심리학은 어린이가 출생에서 성장할 때까지 교육적인 발달이 진전함에 따른 개인의 학습경험을 기술하고 설명하여 주는 과학적인 심리학이라고 정의하였다.

스테펜즈(J. M. Stephens, 1958)는 교육심리학을 교육적 성장과 발전의 조직적 연구라고, 굿(D. V. Good)은 교육의 심리학적 문제의 연구와 함께 교육에 있어서 심리학적 원리의 실천적 적용이라고 정의하였다.

오스벨(D. P. Ausubel)은 교육심리학을 응용과학으로서 학습의 일반법칙을 학습에 적용하는 데 관심을 갖는 학문으로 학습과 파지(retention), 조건, 결과, 평가에 관심이 있다고 보았다(Ausubel, 1969, p. 232).

이 외에도 많은 학자들이 교육심리학이란, 심리학으로부터 얻은 지식을 교실 활동에 적용하는 학문 또는 교실과 학교생활을 연구하기 위해 심리학적 방법을 적용하는 학문이라고 정의하고 있다(Clifford, 1984).

교육심리학자들은 학습자의 행동변화에 주의를 기울여 그들의 학교 교육과 관련된 심리적 속성에 관심을 집중한다. 교사들은 학습 상황에 따라 학습이 이루어지고, 또한 학습에 실패하는 원인을 이해하기 위해 학생들의 행동을 유심히 관찰한다. 따라서 교사들은 교수-학습 과정에 대한 이해와 이러한 과정을 개선하기 위한 여러 가지 방법의 개발에 관심을 갖고 새로운 지식을 창출하기도 한다. 또한 일상생활에서 일어나는 행동을 관찰하고 새로운 경험을 부여하며 계속해서 일어나는 행동과 그 행동의 변화를 평가한다. 즉, 교육적 경험의 결과로 학습자에게 어떠한 변화가 일어날 수 있으며 실제로 어떠한 변화를 유발하는가를 설명하고자 한다.

이렇듯 교육심리학은 심리학 분야에서 취급하는 인간행동에 관한 사실을 밝히고 설명할 뿐만 아니라 교육적 환경에서의 바람직한 행동변화를 유도하기 위한 교육적인 활동과 기술을 활용한다. 다시 말하면 인간행동의 이해, 기술, 예언을 위한 과학적 연구뿐만 아니라 더 나아가 그러한 연구를 토대로 교육효과를 극대화하기 위한 교육의 실제, 교육과정에서의 심리학적 지식을 동원하고 사고하도록 촉진한다. 이런 면에서 교육심리학은 교육 현상에 대한 심리학적 측면의 연구와 교육실천의 효율화를 위한 연구 등 두 가지 차원에서의 연구 목적을 동시에 성취하려는데 그 목적이 있다. 즉, 교육심리학은 교육 목적을 달성하기 위해 심리학적 연구 방법을 적용하여 개개 학습자에게 맞는 교육의 원리와 기술을 제공하는 실천적 학문이다.

## 3 교육심리학의 특성과 연구영역

### 가. 교육심리학의 특성

교육활동에 있어서 교육의 목적과 방향은 교육철학의 관심 영역이며 이 목적을 달성하기 위한 교육내용은 교육과정의 관심사다. 이처럼 교육하는 이유와 내용을 선정, 조직한 후 '언제, 어떠한 방법으로 가르칠 것인가?'는 교육심리학의 중요한 주제다. 즉, 교육심리학은 주로 '인간을 어떻게 가르칠 것인가?'와 '인간은 어떻게 학습하는가?'를 목적으로 교육의 원리와 기술을 적용, 탐색하려는 활동이다.

Skinner(1958)는 왜(why)와 무엇(what)에 관한 질문에 응답하는 것은 교육철학과 교육과정의 영역이며, 왜 교육이 필요한가의 근본적인 문제와 교육에 의해 의도되는 것은 무엇이며 무슨 내용을 다루어야 하느냐에 관한 것을 밝히는 것은 교육과정의 영역이라고 하였다. 그리고 언제 교육을 하면 좋은가, 또 어떻게 교육을 하면 좋은가라는 질문에 응답하는 것은 교육심리학의 주요 영역이라고 하였다.

교육에 있어서 '왜'와 '무엇'을 결정한 후에는 '언제(when)'와 '어떻게(how)'의 문제를 염두에 두지 않으면 안 된다. 그 이유는 교육의 시기(연령)와 교육의 방법을 고려하지 않는 교육철학과 교육과정은 공허한 외침에 불과하기 때문이다. 교육심리학은 바로 교육철학과 교육과정을 근거로 설정한 교육목표와 내용을 '언제' '어떻게' 달성하느냐를 언급하고 있다. 이와 같이 교육활동에 있어서 목적과 내용을 설정한 후 그것을 실천하기 위한 이론적 배경을 제시하는 분야가 곧 교육심리학이다. 따라서 특정한 사회에 살고 있는 학생들을 이해하고 그들의 신체적, 정신적 성장·발달을 조성하는 과정에서 발생되는 문제와 학습영역에서 일어나는 문제들의 해결에 도움이 되는 유효한 심리학적 원리, 합리적인 방법, 기술을 정확하게 찾아내고 적용하여 교수-학습 과정을 극대화하는 것이 교육심리학의 궁극적인 목표라고 할 수 있다.

교육심리학이 하나의 독립된 학문으로 성립되려면 탐구영역과 연구방법론에 따라 지식을 체계화시켜 나가야 한다. 교육심리학은 첫째, 학교라는 교육의 현장에서 구축되어야 한다. 둘째, 교육의 과정을 학습자의 교육환경과 상호작용의 맥락 속에서 파악해야 한다. 셋째, 심리학, 사회학, 인류학 등이 제공하는 인간행동의 이해에 중요한 지식을 활용하는 데 인색하지 말아야 한다. 넷째, 과학적인 방법론을 채택하여야 한다.

이러한 네 가지 가정 아래 교육심리학을 구성하는 요소를 종합적으로 표현하면 [그림 1-1]과 같다.

### 1) 학습자의 특성

학교교육의 장면에서 교육심리학의 최초의 관심은 학습자 변인이다. 교육의 목적이 학습자의 행동의 변화에 있고, 교육이 학습자를 중심으로 이루어지기 때문이다. 교육심리학은 학습자의 학교교육과 관련된 심리적 속성에 관심을 집중한다. 학습자의 첫 번째 심리적 속성은 언어력, 기억력, 학습력, 창의력,

문제해결력, 감상력 등을 배경으로 한다. 둘째로, 정의적 요인을 들 수 있다. 즉 흥미, 동기, 기대수준, 자아개념, 성격 등이 이에 속한다.

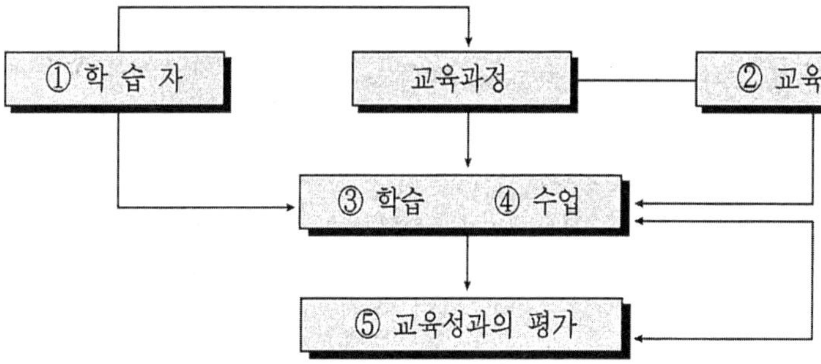


[그림 1-1] **교육심리학의 구성 요소**

### 2) 교육환경의 작용

인간은 환경과의 상호작용을 통하여 성장 · 발달한다. 그러므로 교육심리학은 학교의 환경이 학습자에게 미치는 영향에 관심을 갖는다.

학교환경의 중요한 측면은 첫째, 학교의 물리적 환경이다. 학교의 위치, 교실의 크기, 시설, 도구, 소음 등은 학습에 많은 영향을 끼친다. 둘째, 학교에 실제로 존재하는 압력과 개개 학생이 지각하는 현상에 대한 각 개인의 해석을 기초로 한 압력 등으로 개념화한 심리적 압력이다. 셋째로, 교사와 학생이 상호작용하는 양태의 밀도와 지속성 등을 개념화한 작용환경 또는 과정환경이다. 다시 말하면 학교의 물리적 환경, 심리적 환경, 작용환경은 학생들의 학습성과에 미치는 효과가 크다. 그러므로 교육심리학은 교육과정에 직접 관련되지는 않지만 그 사이에는 중요한 유기적인 관계, 즉 교육환경의 작용에 관심을 갖는다.

### 3) 학습의 과정

학습은 교육현장과 가장 밀접한 관계를 맺고 있는 변인으로서 학습자와 환경이 교육과정을 중심으로 만났을 때 학습자에게 일어나는 사상(事象)이다. 학습의 기제는 행동변화의 근거가 되며, 교육가능성의 근거가 된다.

### 4) 수업과 교수

수업(teaching)과 교수(instruction)야 말로 교육활동의 핵심이며, 교육심리학의 핵심이다. 학습자와 환경이 만났을 때, 환경이 학습자에게 작용하는 것이 수업이다. 학습과 수업은 서로 분리할 수 없는 관계에 있다. 학습을 전제로 하여 수업이 영위된다. 수업은 교육의 방법과 실천이 근본이 되어 이루어지기 때문에 수업의 과정이 심리학적인 과정이 된다.

### 5) 교육성과의 평가

교육심리학의 학문적 구조의 마지막 요소는 평가다. 교육평가를 교육심리학의 주요 관심사로 간주하는 것은 그것이 교육의 과정을 평가하고 학습자의 학습목표 달성도를 측정하기 때문이다. 그러므로 교육의 성과가 얼마나 이루어졌는가를 측정하여 교사의 학습지도 능력과 학습자의 학업성취도와의 밀접한 관계가 있음을 알 수 있도록 피드백(feedback)을 통하여 점검해 가는 과정이 필요하다.

## 나. 교육심리학의 연구영역

교육심리학은 교육현상의 사회적 제기능에 관한 심리학이다. 따라서 이것이 다루는 문제나 대상이 교육적으로 문제가 되는 것은 모두 교육심리학의 영역에 속하는 문제이고 대상이라 할 수 있다.

따라서 스키너(Skinner)나 게이츠(Gates) 등은 연구 내용을 다음과 같이 분류하고 있다.

스키너는 ① 성장과 발달, ② 학습과 심리, ③ 성격과 적응, ④ 측정과 평가,

⑤ 교수와 지도 등의 분야로 나누고 있다. 그리고 게이츠는 ① 신체적 · 지적 · 정서적 발달, ② 학습과정, 사고 및 추리, 교수법, 교육과정 구성의 문제, ③ 인성, 적응과 발달, 부적응의 진단과 치료, 결함있는 아동문제, 교사의 정신위생, ④ 지능 및 학습능력의 측정, 능력결함의 진단, 학습발전의 평가 등이다(김제한 외, 1986, p. 21).

교육심리학의 초기 체계를 정립하는 데 공로가 큰 사람은 손다이크(E. L. Thorndike)와 모이만(E. Meuman)인 데 독일의 모이만은 실험심리학을 공부하고 「실험교육학 입문강의」를 저술하였다. 그 내용을 살펴보면 다음과 같다.

① 취학기 아동의 신체 및 정신발달

② 아동의 지각, 표상, 행동, 기억, 사고, 의지 및 정서 등 정신능력의 발달

③ 아동의 일반 또는 특수한 개인차와 그 발달

④ 소질로서의 개인차의 연구와 지능검사

⑤ 학교생활에서의 아동의 태도

⑥ 각 교과별 아동의 정신노작의 분석적 연구

⑦ 각 교과에 따른 교수법이 아동에 미치는 효과와 교사의 태도 등이다.

최근에 라일리(Robert R. Reily)와 그의 동료들(1983)은 교육심리학에서 다루어져야 할 내용으로 ① 현대사회의 교육심리학, ② 인간발달의 원리, ③ 인지발달의 견해 : 피아제(Piaget), ④ 학습이론, ⑤ 개인 · 사회적 발달, ⑥ 인간주의 심리학 : 정의적 영역, ⑦ 동기유발과 학습지도, ⑧ 지능과 창조성, ⑨ 사회계층, 인종, 불우아, ⑩ 성차와 성적 역할, ⑪ 특수교육과 특수아, ⑫ 교사의 특성과 학급 풍토, ⑬ 목표, 계획 및 평가, ⑭ 학급에서의 검사 및 성적, ⑮ 훈련 : 심리적 접근 등 다양한 정보내용을 제시하고 있다.

이상의 연구들을 토대로 교육심리학의 주된 영역을 살펴보면 다음과 같다.

### 1) 성장과 발달

인간의 바람직한 성장과 발달에 관한 과정 및 발달단계에 따른 특성이나 행동변화를 연구하는 영역이다. 학습자의 지적 능력의 발달, 정서적인 면의

발달, 사회성 발달, 신체 운동 발달 등 모든 영역에 대해 태어나서 죽음에 이르기까지 전 생애를 걸친 인간의 성장·발달을 연구하는 영역이다.

### 2) 학 습

교육의 핵심을 이루는 학습활동은 인간에게 바람직한 행동변화를 추구하는 활동이다. 학습의 심리적 과정이나 학습이론을 적절하게 파악할 수 있는 모형을 제시하여 학습의 효율성을 올릴 수 있도록 이론을 제공한다. 따라서 교육의 효과를 최대화하기 위해서는 학습방법과 학습이론에 대한 기초적인 지식이 필요하다.

### 3) 교수-학습과정(수업)

교사들의 교수방법은 학생들의 행동에 많은 영향을 미친다. 다양한 교수 계획, 교수목표, 교수방법 등에 대한 탐구를 통한 효과적인 교수법에 대한 이해는 학습자의 발달을 위하여 필요하다.

교사는 학생들의 학습동기를 최대화하는데 도움을 주어야 하는데 이를 위한 수업계획과 교수방법을 체계적으로 조직하는 것이 쉬운 일이 아니다. 따라서 학습자의 동기에 관련된 문제들과 동기이론의 고찰을 통하여 효과적인 수업전략을 위한 방략을 모색해야 한다.

### 4) 지능과 창의성

지능과 창의성은 개인의 발달에서 중요한 영역이다. 학생들이 서로 다른 지능을 갖고 있는 경우 조화롭게 수업장면에 참여할 수 있도록 하기 위해서는 교사의 책임이 중요하다. 학교 현장에서 지능과 창의성의 개발을 위해 교사는 관심을 갖고 수업방법을 모색해야 한다. 따라서 교사는 지능과 창의성에 대한 이론적 탐구를 통하여 학생 개개인의 능력발달과 개인차에 대한 문제들을 다룬다.

### 5) 생활지도 및 상담에 대한 이해

급변하는 사회 속에서 아동과 청소년들이 현실적으로 당면하는 여러 문제에 적절히 대처해 나가도록 하며 동시에 자아실현과 자기지향이 이루어지도록 지도하는 것이 중요하다. 이러한 면에서 학생이해의 방법, 상담의 방법, 정보수집과 제공방법, 부적응 학생에 관한 지도 방법과 이론을 다루는 것이 필요하다.

### 6) 교육평가

교육목표를 어느 정도 달성했느냐를 측정하는 문제는 평가활동에 해당된다. 이러한 면에서 교육의 효과 또는 학습효과의 측정과 평가, 즉 교육평가와 관련된 기술적인 이론과 실제를 다루어야 한다. 이러한 측정과 평가의 결과를 확인하고 분석하므로 보다 나은 교육방법의 개선이 이루어질 수 있다.

## 4 교육심리학의 발달과정

### 가. 교육심리학의 성립

초기의 교육심리학은 교육과 심리학의 학문적 이론에 근거하여 발전하였다(Walberg & Heartel, 1992). 종래에는 교육심리학이 심리학의 원리와 방법을 응용하는 하나의 응용분야에 지나지 않았다. 그러나 오늘날의 교육심리학은 심리학으로부터 출발은 하였지만 심리학의 이론과 방법의 단순한 응용뿐 아니라 독자적인 연구대상, 과제 그리고 방법을 특징으로 하는 과학적 학문으로써 그 영역을 구축하게 되었다. 또한 연구의 대상은 주로 유아와 아동을 대상으로 과학적 연구의 발달이 교육심리학의 성립을 촉진시키기에 이르렀다(민영순, 1994 ; 장선철 외, 2003에서 재인용).

### 1) 교육현상의 과학적 연구

19세기 초 독일의 헤르바르트(J. F. Herbart, 1976~1841)가 교육 목적을 윤리학에서 그리고 교육방법을 심리학에서 구하려 했던 것이 심리학을 교육에 응용하는 움직임의 첫 출발이 되었다. 그러나 당시의 심리학에 대한 견해는 과학적 연구를 배제하고 실험이 불가능한 경험과학으로 보는 형이상학적 심리학이었다. 이와 같이 심리학과 윤리학을 교육학의 기초 학문이라고 주장한 심리적인 교육학설 체계를 이어받은 그 후의 헤르바르트 학파는 교육현상의 과학적 연구에 심리학적 방법을 적용시켰다.

헤르바르트의 제자인 스트럼펠(L. A. Strumpell, 1812~1899)이 저술한 「심리학적 교육학(1890)」은 교육심리학의 최초의 문헌이다. 이와 같은 심리학적인 교육방법의 이론, 특히 페츠너(G. T. Fechner, 1801~1887)의 「정신물리학 요론」과 분트(W. Wundt, 1832~1920)의 「생리학적 심리학 강의」는 정신 측정의 이론으로까지 발전하였다. 또한 교육심리학의 성립과 발달을 촉진한 과학적인 운동으로는 티드만(D. Tiedemann, 1748~1803)과 프레예(W. T. Preyer, 1841~1897)에 의한 관찰 및 조사를 중심으로 하는 아동 연구와 분트에 의한 실험 심리학자 등을 기초로 하여 「실험교육학 강론(1914)」을 저술한 뮤만(E. Meumann, 1862~1915)의 연구가 있다.

### 2) 아동의 과학적 연구

일찍이 아동의 자연성의 존중을 강조하고 아동의 해방을 부르짖은 루소(J. J. Rousseau, 1712~1778)나 페스탈로치(J. H. Pestalozzi, 1746~1827)는 아동들의 개성 존중을 주장한 자연주의적, 경험주의적 교육론을 구현하였다.

루소는 어린이의 천성을 중시하며 후세에 영원히 남을 교육 소설 「에밀(Emill, 1762)」을 발간하였고, 유치원의 창시자 프뢰벨(Fröbel) 등도 어린이는 성인의 축소

물이 아니라 어른과는 다른 존재로서 그들 나름의 독자적인 심리적 과정에 의해 생활하고 있으므로 그에 맞는 적절한 교육이 필요하다고 주장하였다. 특히 페스탈로치의 3년 6개월된 자기 아들의 성장과정에 대한 기록(1774)은 획기적인 것이었다. 이것은 아동 발달에 관한 최초의 과학적인 기록인 동시에 "일기법"의 시초가 되었다. 이어서 1787년 독일의사인 티드만(Tiedmann)도 자기아들의 신체적·심리적 행동을 관찰·기록하여 「아동의 정신력의 발달에 관한 관찰」을 발간하였는데 이것이 아동 연구에 있어서 전기법의 시초가 되었다.

한편 독일의 프레예(Preyer, 1882)는 최초로 아동심리학의 체계적 저술인 「아동의 정신」을 발간하였는데 이 책은 자기 아들을 출생부터 3세까지 치밀하게 관찰 기록하여 동물에 관한 연구결과와 비교하여 인간의 독특한 발달 특징을 밝혔다.

미국에서는 홀(G. S. Hall, 1846~1924)이 중심이 되어 "아동 연구 운동"이 활발한 움직임을 보여 과학적인 아동 연구를 지향하는 교육심리학의 발달에 크게 공헌하였다. 그는 1883년에 최초로 질문지법을 사용하여 보스톤에 있는 초등학교 신입생의 관념을 조사하였고 그 결과 「입학한 아동의 관념내용」을 발간하였다. 이것이 오늘날 널리 사용되고 있는 질문지법의 시초가 되었다. 그 후 세계 각국에서도 아동에 관한 과학적 연구가 계속되었다.

## 나. 교육심리학의 발전

아동에 관한 과학적 연구의 발달은 교육현상의 과학적 연구와 밀접하게 결합되어 교육심리학의 성장을 촉진하기에 이르렀다. 이외에도 영국의 갈톤(F. Galton, 1822~1911)과 프랑스의 비네(A. Binet, 1857~1911)의 개인차에 대한 과학적 연구와 실험적 검출법의 고안도 교육심리학의 성장에 적지 않은 공헌을 하였다. 기능주의 심리학자인 제임스(W. James, 1842~1910)도 심리학과 교육학에 깊은 영향을 주었다. 또한 제임스의 지도와 게이츠(Gates)의 영향을 받은 손다이크(Thorndike, 1874~1949)는 인간성의 탐구에 통계적 방법을 도입하여 실험적 연구를 시작함으로써 최초로 현대 교육심리학의 체계를 수립하였다. 그는 3권의 「교육심리학(1913~1914)」을 발간하여 1권에서는 "인간의 생득적 성질에 관한 연구", 2권에서는 "학습 심리학의 문제", 3권에서는 "개인차와 그 원인의 연구"를 다루었다. 이는 실험과 통계를 적용한 것으로 교육심리학적 연구의 지평을 열었다.

손다이크 이후 교육심리학은 현저하게 발전되어 새로운 교육 사상을 불러일으켰다. 여기에는 주로 미국의 스키너(Skinner), 게이츠(Gates), 크론바(Cronbach) 등이 참여하였다. 게이츠(Gates, 1950)는 교육심리학이란 일반심리학의 단순한 응용이상으로 독자적인 영역과 방법을 갖는다고 하였다. 그는 "교육심리학"에서 일반심리학이 취급치 않는 독자적인 연구영역의 필요성을 지적하였다. 스키너(1958)도 교육심리학은 교육적인 상태에서 반응을 보여주는 개인의 경험과 행동을 취급하는 학문이라고 규정하고 있다. 즉 개인의 다양한 생활과 사회적 활동에 필요한 것들을 포함하여 개인의 성장과 발달의 모든 면에 관여하는 것이라고 강조하였다. 크론바(1954)는 교육심리학이란 순수한 학문으로만 다룰 것이 아니라 실제 학교 교육 문제에 관한 실천적인 학문이 되어야 함을 강조하였다.

## 5 교육심리학의 연구방법

교육심리학은 교육실천에 있어서 여러 가지 문제를 심리학의 입장에서 연구하고 교육을 과학적 · 합리적으로 행하고자 하는 과학으로 오랜 역사를 가지고 있다. 그런데도 아직 교육심리학의 과학성 · 실천성이 한결같이 큰 문제로 되어 있다. 왜냐 하면 일반심리학과 별다른 차이를 찾을 수 없다는 사실 때문이다. 그 이유는 학문으로서의 체계를 목표로 이론적 구성의 엄밀화를 도모하다 보니 심리학의 이론적 연구를 단순히 옮겨 놓음으로 교육실천으로부터 멀어져 가는 경향이 있기 때문이다. 그리고 교육의 실천을 강조하고 현실의 교육의 문제를 실천적으로 연구하고자 하는 것이기 때문에 연구가 단편적, 상식적인 것이 되어 과학적인 체계로부터 멀어져 가는 경향이 나타났기 때문이다.

## 가. 교육의 과학적 연구

교육의 과학적 연구를 처음 시도한 사람은 미국의 라이스(J. N. Rice)라는 교육학자이다. 그는 과학적 방법에 의한 교육문제 연구의 필요성을 주장했다. 라이스의 교육문제에 대한 과학적 연구방향에 공감한 손다이크(E. L. Thorndike)는 교육에 있어서 testing이나 측정의 연구에 착수하고 1904년에 「정신적 및 사회적 측정서론」을 간행함과 동시에 이 방면의 연구를 위해 노력하였다. 교육의 과학적 연구는 심리학적 연구만을 위하는 것이 아니다. 그러나 심리학이 인간이해를 목표로 하는 학문이고, 인간의 행동을 연구대상으로 하는 하나의 과학이기 때문에 중요한 영역은 교육문제와 밀접하게 관련되는 수가 많다.

과학적 연구의 목적은 모든 현상계에 있어서 여러 사상을 기술하고 증명하고 예측하는 데 있다. 심리학에 있어서 인간의 행동을 연구하고자 할 경우 그 행동을 정확하게 관찰하고 그 행동을 다른 관찰가능한 여러 요인과 관계지우려고 한다. 과학적인 관찰은 보다 조직적 · 체계적이고 그 설명은 보다 포괄적 · 일반적이다.

과학적 연구의 출발점은 탐구심에 기초한 의문이나 문제점이다. 이와 같은 의문이나 문제로부터 가설(hypotheses)을 설정하는 것이다. 가설이 설정되면 다음 단계는 가설의 검증이다. 측정은 체계적 방법의 소산이며 어떤 변수가 측정된다고 하는 것은 그 변량을 기술하는 수단을 갖는다는 것을 의미한다.

이에 비해 현장연구는 실험적 연구의 결과를 복잡한 조건하에 있는 현장에 적용하기 위한 연구방법이다. 이 방법은 그 자체가 실천활동 사태를 통해 복잡한 사회적 행동이나 집단적 행동의 다이나믹스에 관한 과학적 자료를 얻기 위한 연구방법이다. 이 방법은 또한 사회적 변화나 사회적 개선을 목표로 행해지는 사회적 사태의 분석이나 실천가설의 검토와 실험적 방법을 통하여 실험결과를 해석하는 데 많이 사용된다.

## 나. 교육현장에서의 실험적 연구

실험적 연구는 실험에서 취급된 사태와 실제의 교육사태의 복잡성과의 사이의 관계를 판단하는 것이 필요하다. 이 때 학습과제(재료), 피험자의 특질, 학습방법(과제해결의 방략), 효과의 측정, 평가 등에 대해서 양사태의 유사관계를 검토해야 한다.

## 다. 교육실험의 전략

[그림 1－2]는 교육연구의 일반적인 모델이다.

'문제'라고 하는 것은 연구에 의한 해결을 요구하고 있는 과제로서 사회의 필요나 과학, 문화의 진보나 변화, 교육현장에서의 모순, 곤란이나 변화에 의해 제기된다. 「기존의 연구성과」라고 하는 것은 행동과학이 찾아낸 현상이나 사실, 교육실천의 기록같은 것을 포함해서 학습이나 교육에 관하여 확인된 사실로서 우리가 알고 있는 지식의 목표다. 여기서 '현장모의실험(simulation)'이라고 하는 것은 전단계에 있어서 제시된 해결의 방법을 현장 실천에 적절하게 여러 가지 요인을 변화할 수 있게끔 한 모의 시스템에서 실제로 교육을 행하고, 전단계에서 처방된 해결방법이 특히 한정되어 있지 않는 여러 요인을 현실에서 문제가 되는 범위 안에서 변화시켜 본다. 그 결과를 당면문제에 관해서만 아니고 다차원적으로 평가하고 문제가 해결되고, 더욱이 다른 마이너스의 효과를 수반하지 않는다고 하면, 그 방법을 다른 같은 문제에 직면하고 있는 교육의 장에서도 활용하도록 준비하여 일현장에 보급한다.

만일 현장모의실험(simulation)이 문제를 해결하지 않으면 결점을 찾아내기 위해 다시 돌아가서(deback) simulation을 수정한다. 그리고 해결되지 않고 반복하는 회로(loop)가 되어 버린다면 다시 한번 '기존의 연구성과'에까지 되돌아갈 필요가 있다.

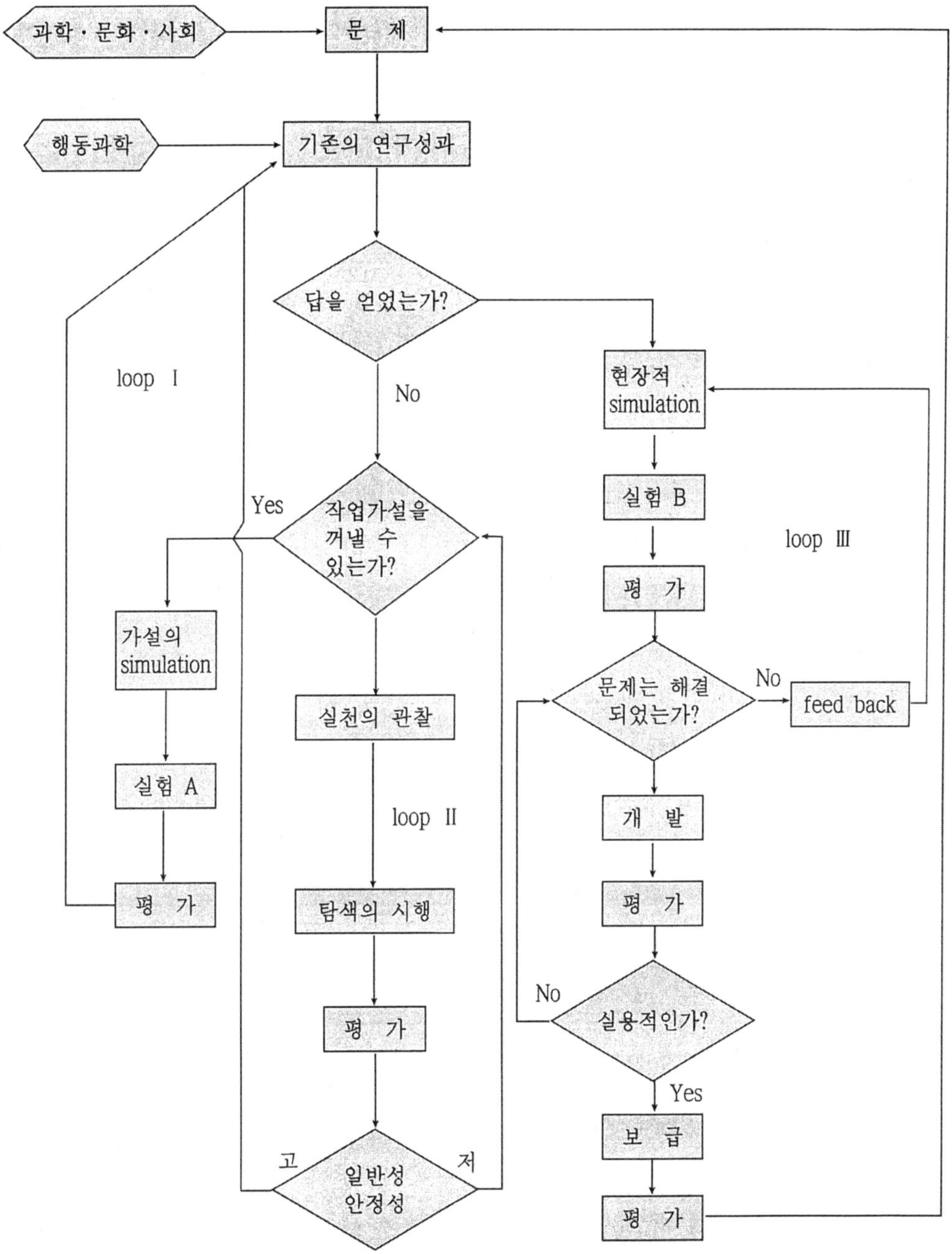


[그림 1-2 ] 교육연구의 모델

'기존의 연구성과'로부터는 작업가설을 끌어낼 수 없다면 있는 그대로의 실천을 조사할 수밖에 없다.

이 모델에 있어서 우리들은 보급 및 평가하고, 다시 문제에 되돌아오는 큰 회로 이외에 다른 3개의 회로를 생각해 볼 수 있다. [그림 1-2]에서 보여진대로 Ⅰ은 '결론을 위한 연구'이고, Ⅲ은 실용적 개발을 지향한 연구로서 '결정을 위한 연구'에 포함되어 있는 것이다.

이 모델은 실천적인 탐색의 시도로 작업가설을 세우는 전단계로서의 위치를 정하고 그 작업가설이 실험적인 검토를 거쳐서 연구성과의 상자에 축적되고 이렇게 해서 풍부한 연구성과의 당면한 문제에 주어지는 해답을 실험적으로 검증한 위에 개발할 수 있다는 것을 시사한 것이다.

교육심리학의 연구방법은 사실을 추출해 내어 그 사실을 객관적으로 조작할 수 있는 과학적인 방법이 기초가 되어야 한다. 대개 관찰법, 면접법, 질문법, 투사적 방법, 사회성 측정법, 평정법, 전기법, 자서전법, 사례연구법, 통계법 등이 있다.

## 라. 구체적 연구방법

### 1) 관찰법

관찰법(observation)은 그 연구대상을 객관적으로 관찰하는 것이 기본적인 입장이다. 교육연구에서는 교육현장에서 또는 교육일반에 관한 상황에서 특수한 연구분야에 이르기까지 관찰을 많이 이용하고 있다.

관찰법은 인간이해의 기본적인 방법으로 피험자의 연령의 제한을 받지 않는다는 점에서 영아, 유아, 아동, 청년, 성인에 이르기까지 어떤 피험자에게도 적용될 수 있는 방법이다. 관찰방법의 필수조건은 ① 관찰할 대상을 결정하고 이 대상에 필요한 어떤 조건을 선택하고 배치하는 것, ② 관찰 기간 또는 관찰 사이의 간격과 회수를 결정하는 것, ③ 관찰자의 위치와 피험자에게 미칠 영향을 고려하는 것, ④ 관찰의 기록형식과 관찰의 해석을 정확하게 하는 것이다.

관찰법은 비통제적 관찰과 통제적 관찰로 나누어진다.

#### (1) 비통제적 관찰

관찰법 중 가장 기초적이고 일반적인 방법이다. 어떤 행동이나 사건의 자연 그대로의 모습을 관찰하는 방법으로 어떤 조작이나 자극을 주어 나타나는 행동을 관찰하는 것이 아니라, 우발적으로 일어난 행동을 통제적인 조작의 의도없이 자유롭게 관찰하는 것이다. 따라서 주관적인 견해에 치우칠 경향이 많으나 가장 기초적인 방법으로 많이 쓰이고 있다. 이에 해당하는 방법으로 일화기록법을 들 수 있다.

#### (2) 통제적 관찰

실험적 관찰법(experimental observation method)이라고도 하며 과학적 연구의 모든 면에서 쓰여지고 있는 방법이다. 어떤 특별한 실험도구를 사용하거나, 실험실 내에서나, 경우에 따라서는 실험실이 아닌 자연적 상태에서 관찰장면에 어떤 조건을 통제하여 관찰하는 방법이다.

이 관찰법에는 시간표집법(tiem sampling method), 행동요약법, 전기적(傳記的) 관찰법, 참가관찰법 등이 있다.

### 2) 면접법

면접법(interview)이란 일상생활에서 학생이나 부모 또는 교사들이 서로 대화할 때 그 대화의 내용이나 태도에서 필요한 자료를 얻거나 지도 · 조언할 수 있는 방법을 말한다.

면접시에 면접자는 선입견이나 편견을 피하고 학생과 면접자 사이에 서로 신뢰할 수 있고 자유스러운 분위기를 가질 수 있도록 rapport가 형성되어야 하며 질문에 즉각 응할 수 있도록 계획을 잘 세워 요령있는 화술과 기술을 발휘해야 한다.

면접법에는 직접면접과 간접면접의 방법이 있다.

### 3) 질문지법

질문지법(questionnaire)은 질문지를 조사 대상자에게 배포하여 해답을 적도록 한다. 그리하여 필요한 연구자료를 얻도록 하는 방법으로 교육연구분야에서 널리 이용되고 있는 평범한 방법이다.

질문지법의 주요형식은 자유반응법, 다지선택법, 평정척도법, 등위법(품등법), 이분질문법 등이 있다.

### 4) 자서전법

자서전법이란, 피험자 자신이 과거의 생활이나 행동과정을 회상에 의하여 서술케 하는 방법이다. 개인의 어린 시절 또는 청소년 시절을 회고·기억하게 하여 거기서 개인의 신체적·정서적·사회적 각종 성장·발달의 경향과 과정을 파악하려는 방법이다.

자서전은 반드시 성인이 된 후 위인이 되었을 때 한해서만 쓴다는 생각은 버려야 한다. 학생들의 인적 사항을 알아보기 위한 하나의 방법으로써 있는 그대로 솔직하게 서술하게 하면 좋은 연구자료가 된다. 아울러 자신의 과거를 돌아보고 기술하기 때문에 자기 자신을 객관적으로 이해하는 데도 큰 도움을 줄 수 있다.

### 5) 투사법

투사란 사람의 마음 속에 들어 있는 무의식적 충동, 감정, 생각 및 태도를 다른 대상에 투영시킴으로써 자신의 긴장을 이완하려는 일종의 방어기제이다. 투사법은 인간의 심층에 숨겨진 욕구라든가 감정, 상태 등을 투사, 통찰하게 하는 방법이다. 이런 원리에 따라 개인적 세계와 경험의 단면을 여러 가지로 표현하게 하며 투사법에 사용하는 검사로서는 로르샤하 잉크반점검사, 그림욕구좌절검사(picture frustration test), 문장완성검사(sentence completion test), 주제통각검사(thematic apperception test), 아동통각검사(children's apperception test), 모자이크 검사, 존디검사(Szondi test), 핑거페인팅검사(finger painting test), 형태검사(visual matergestalt test) 등이 있다.

### 6) 사회성 측정법

사회성 측정법(sociometric method)은 모레노(J. L. Moreno)에 의해서 발전된 것으로 집단 상호간에 사회적 위치를 양적으로 측정하여 집단 내의 인간관계, 즉 집단의 성질구조, 역동성, 상호작용의 관계 등의 모습을 알아보는데 이용하는 방법이다.

사회성 측정법의 목적은 학습장면에서의 분열을 최소의 것으로 줄이고 그렇게 함으로써 능률을 극대화시키며 각 개인이 보다 조화로운 인간관계를 맺도록 하는 데 도움을 주어 효율적인 집단을 창조하는 데 있다.

### 7) 평정법

평정법(rating method)이란, 관찰자가 피관찰자의 일정한 특질, 또는 행동을 평정하여 이것을 피험자가 표현한다든지 미리 만들어 둔 품등척도를 적당한 장소에 배치해 놓음으로써 표현하든지 양자 중 어느 한쪽을 택하는 방법이다.

평정법에는 서열법과 품등척도법 등이 있다.

### 8) 검사법

검사법(test)은 심리적 특성이나 행동을 비교적 분명하게 판별하고 또한 그 검사 결과를 수량화할 수 있다는 점에서 연구의 도구로서 광범위한 가치가 있다. 표준화검사(standardized test)는 검사의 실시, 처리해석 활용이 표준화되어 있기 때문에 검사제작 정신에 위배 되어서는 안 된다. 그리고 검사의 세 가지 기능으로서는 ① 예언 ② 통제 ③ 연구의 기능을 가지고 있다(황정규, 1968, p. 89).

검사의 종류는 분류하는 기준에 따라 ① 지능검사, ② 적성검사, ③ 학력검사, ④ 인성검사 등으로 나누며, 기타 창의적 검사, 자아실현검사, 직업적성검사, MMPI 등 여러 가지 표준화된 검사가 많이 있다.

### 9) 사례연구법

사례연구(case study)는 최근에 많이 쓰여지고 있는 방법으로 한 가지 사실이나 상황에 관련된 측면을 모든 각도에서 포괄적으로 다루는 것이다. 이 방법은 학교현장에서 문제아나 특수아 등 개인 연구에 많이 쓰이는데, 개인의 적응곤란의 원인이라고 생각되는 상황에 필요한 여러 가지 종류의 항목(예 : 문제의 선정, 현재의 실태 조사, 신체적 · 정신적 · 정서적 조건, 환경검사, 생육사 조사, 자료의 해석 및 문제의 분석 · 진단, 지도계획의 수립, 지도실천 및 경우의 관찰 재검토)을 조사해서 문제의 원인을 진단하고 그에 따른 적절한 치료방법을 발견하는데 매우 유용하다.

### 10) 상관관계법

실험법을 적용할 수 없을 경우 상관분석을 통해서 정보를 얻을 수 있다. 특히 인간을 대상으로 하는 연구에서 엄격히 통제된 실험이 불가능한 경우가 많으므로 변인들 간의 관계를 알아보는 경우 상관 분석이 많이 쓰인다. 실험법에서 독립변인을 조작하기 힘들 때는 짝지은 두 변인들 사이의 관련 정도를 상관계수로 알 수 있다. 상관관계법(correlational research)은 대체로 복잡한 통계절차를 거치지 않는 한 어느 변인이 어느 변인에 어떻게 영향을 주는지, 즉 인과관계를 알아보지는 못하나, 둘 이상의 변인간에 어떤 관계가 있는지를 규명해 주는 유용한 방법이다. 예를 들면, 집단 구성원들의 한 변인 점수와 또 다른 변인

점수와의 서로 관계되는 정도를 의미하는 것으로 교육심리학에서 귀중한 정보를 얻는 통계치의 하나로 r로 표현된다. 만일 두 변인이 정적인 관계(한 변인이 증가하면 다른 변인도 증가할 때)이면서 일직선으로 나타날 때 상관계수 r=1로 계산되며, 부적인 관계(한 변인이 증가하면 다른 변인은 감소할 때)이면서 일직선을 보일 때는 상관계수 r=−1로 표현한다. 또 두 변인이 아무런 관계성도 보이지 않을 때는 r=0로 표현된다. 상관관계 연구에서 상관이 높다고 인과관계가 반드시 성립된다고는 말할 수 없다. 물론 한 변인이 다른 변인의 원인이 되는 경우는 있지만 실험적인 증거가 없이는 그런 결론은 타당하지 못하다는 것이다.

### 11) 발달적 연구법

개체의 발달과정을 연구하는 방법으로 발달심리학이나 교육심리학 등에서 많이 사용하는 방법이다. 발달에 관한 연구는 그에 작용하는 환경 변인과 발달과의 인과관계를 밝히며, 또한 시간 경과에 따른 양적, 질적 변화 과정을 기술하는 방법으로 쓰인다. 발달적 연구방법(developmental research)은 종단적 연구법(longitudinal method)과 횡단적 연구법(cross sectional method), 또한 이 두 가지를 복합시킨 계열 설계법(sequence design method)이 있다(장휘숙, 2001).

종단적 연구법은 한 개체의 발달과정에 대해 장기간에 걸쳐 관찰 측정하여 전체적 통일성이나 변화를 알아보는 방법이다. 장기간에 걸친 관찰이라는 점에서 개인을 체계적으로 연구하는데 도움을 준다. 이 방법은 어떤 행동 특징에 대해 점진적 발달과정을 통해서 인과관계를 밝히는데 효과적인 반면에 시간과 노력 및 경비가 많이 든다는 단점이 있다.

횡단적 연구법은 여러 연령집단을 대상으로 일정기간 동안에 일어나는 일반적인 경향이나 특성을 파악하려는 방법이다. 각 연령집단의 평균치를 구하여 여러 연령간의 발달적 변화를 알아보는 방법으로 단기간에 걸쳐 시행될 수 있어 발달과정에 대해 연속적인 변화를 알아보기 어렵다는 점이 있으나 짧은 시간 내에 많은 연구 대상을 택할 수 있다는 이점이 있다. 이 두 방법의 장·단점을 보완하기 위한 연구 방법 중 하나가 계열 설계법이다.

Memo

학생 · 아동에 대한

# 교육심리학적 이해

제 2 부

제 2 장 발달과 발달이론

제 3 장 개인차와 교육

제 4 장 정의적 특성과 교육

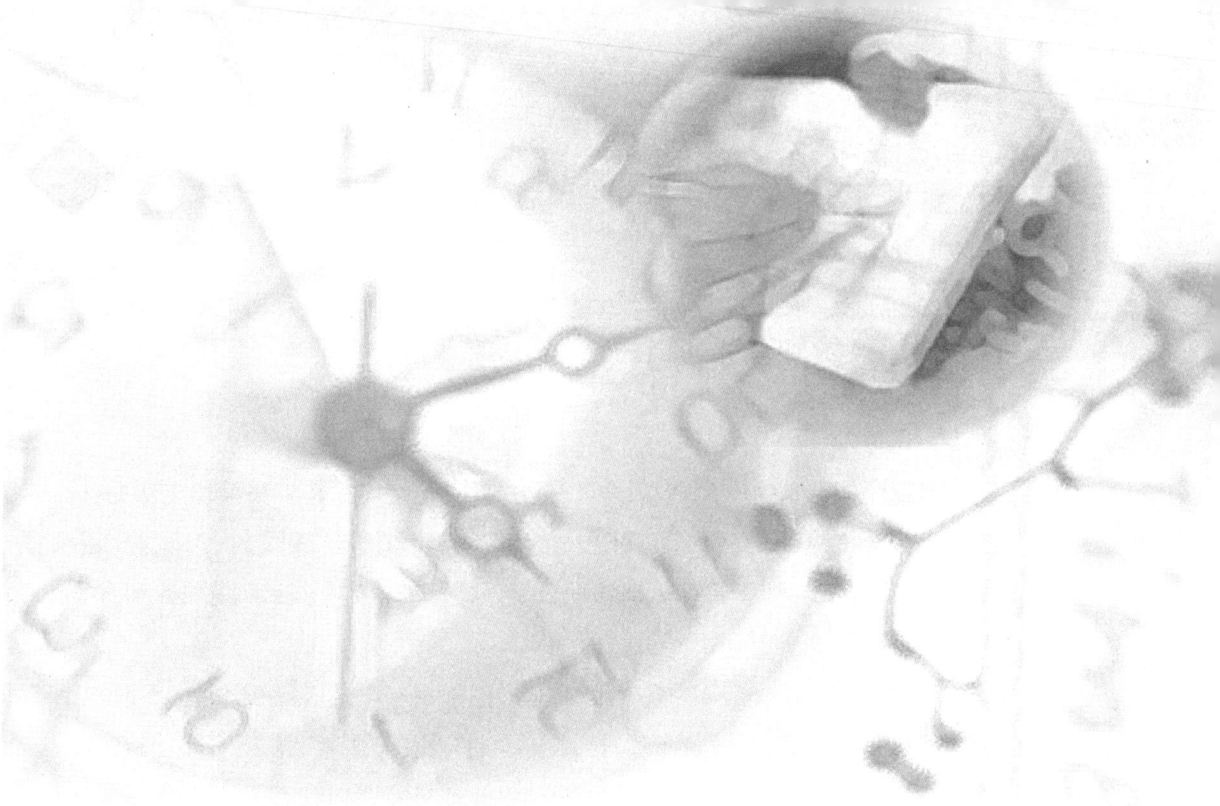

제2장

# 발달과 발달이론

1. 발달의 개념
2. 발달단계와 일반원리
3. 발달과업
4. 발달단계의 특징
5. 발달이론
6. 발달과 교육

## 1 발달의 개념

인간은 전 생애에 걸쳐 지속적인 신체적 · 정신적 · 영적 변화를 경험한다.

헐록(E. B. Hurlock, 1964)에 의하면 발달이란 크기의 변화, 비율의 변화, 새로운 특징의 획득과 낡은 특징의 소실 등으로 구분하고 이것이 서로 작용해서 일어나는 과정을 발달이라고 한다.

맥그로우(M. G. McGraw)는 유기체 내에 있는 에너지와 환경 속에 있는 에너지가 끊임없이 변화하고 교류한 결과로 나타나는 과정을 발달이라고 하고 홀링스워스(H. L. Hollingsworth)는 발달을 양(量)과 질(質)의 변화와 그리고 보다 복잡한 구조의 변화로 보았다.

코프카(K. Koffka, 1995)는 그의 저서 「정서발달론(The Growth of Mind)」에서 발달에는 성장과 학습의 두 가지 유형이 있음을 지적하고 생활체나 그 기관이 양적으로 증대하고, 구조적으로는 정밀화 되고, 기능적으로는 유능화되는 현상을 발달이라고 하였다.

레빈(K. Lewin)은 발달이란 인격구조가 그 통일성을 유지해 가면서 점차로 분화되어서 그 의미와 내용이 보다 풍부하게 변해가는 일이라고 하였다. 즉, B = f(P · E) 또는 f(S)로서 행동이란 유기체를 둘러싼 환경에 좌우된다는 이론을 제시하였다*).

이와 같이 인간은 태어나면서부터 주위환경의 영향을 받으면서 심신양면에 걸쳐 계속해서 변화를 하고 있다. 발달이란 본래 '성숙'(growth)과 '학습'(learning)이라는 두 개의 기본과정의 산물로써 변화의 과정이며, 증대, 진보, 향상 등의 진화적 변화와 감소, 쇠퇴, 퇴화 등의 퇴화적 변화를 포함하고 있다.

성장과 성숙 그리고 발달의 개념을 종합해 보면 다음과 같다.

---

*) B = Behavior(행동), f = Function(함수), S = Situation(상황), P = Person(개체), E = Environment(환경)

발달(development)은 인간의 생명이 시작되는 수정의 순간에서부터 죽음에 이르기까지의 전 생애를 통해 이루어지는 모든 변화의 양상과 과정을 말한다. 발달적 변화의 과정에는 신체, 운동기능, 지능, 사고, 언어, 성격, 사회성, 정서, 도덕성 등 인간의 모든 특성들을 포함한다.

성장(growth)은 신장, 체중, 골격 등의 변화와 같은 단순한 양적 변화를 말하는데 주로 신체적 특성의 긍정적 변화를 뜻한다. 한편 성숙(maturation)은 유전인자가 발달과정을 방향짓는 기제를 뜻하며, 인간을 구성하는 수많은 기능의 분화와 통합으로 일어나는 지극히 복잡한 질적 변화까지 포함한다.

성장이란 신체적 · 생리적 변화에 의한 양적 변화, 즉 특별한 외적 자극을 받지 않아도 일정한 시기가 되면 자연히 발생한다. 따라서 환경의 영향을 비교적 적게 받으며 신장, 체중, 흉위, 체격, 신경조직, 치아, 성증 등의 변화를 말한다.

발달은 넓은 의미로서 어떤 체계 내에서 특정한 시간에 걸쳐 점차 발전되어 나아가는 영속적인 변화과정으로 외적 환경에 영향을 비교적 많이 받는 것으로서 유기체의 양적 증대를 포함하며 심신양면이 구조적 · 기능적 · 유능화 · 정밀화로 이행되어 가는 과정이다.

## 가. 발달심리학의 성격

발달심리학은 인간의 전 생애에 걸친 모든 발달적 변화의 양상과 과정을 연구하는 학문의 한 분야다. 그 전에는 주로 아동기와 청년기를 대상으로 하였으나 최근에는 성인기와 노년기를 포함한 전 생애를 연구대상으로 한다. 생애발달 심리학에서는 이러한 생애발달적 관점을 강조한다.

## 나. 발달심리학의 연구영역

발달심리학의 연구분야는 현상기술과 발달기제 연구로 구분된다.

### 1) 현상기술 연구(phenomenal description)

현상기술 연구에서는 연령이 변화함에 따라 여러 영역에서의 심리적 특성이 변화해 가는 양상을 있는 그대로 기술한다.

현상기술 연구 자료는 여러 심리적 특성들이 정상적으로 발달하는가의 여부를 확인할 수 있는 규준(norm)을 제공해 준다. 규준은 특정 연령단계에 있는 개인의 발달수준의 정상성 여부를 판단하는 중요한 기준이 된다. 연구자는 현상기술 연구를 통해 얻은 각 연령단계의 발달 규준을 비교함으로써 발달양상의 차이를 알 수 있게 된다.

### 2) 발달기제 연구(developmental mechanism)

무엇이, 왜, 어떻게 발달적 변화를 일으키는가의 물음에 대한 답을 얻고자 하는 연구다. 즉, 기술된 현상의 기초과정을 설명하는 것을 말한다.

왜 이 시기에 그러한 변화가 일어나며 어떠한 요인들이 어떠한 과정을 통해 그러한 변화를 일으키는가에 대해 탐색한다.

## 다. 발달심리학의 내용과 구성

발달심리학의 내용과 구성방법은 앞에서 지적한 현상기술과 발달기제의 어느 쪽을 강조하느냐에 따라 다르다. 현상기술을 중심으로 하는 접근방법은 일반적으로 특정 시기나 영역을 기준으로 발달양상을 기술한다. 반면에 발달기제를 강조하는 연구에서는 발달이론가를 중심으로 발달과정을 설명한다.

발달심리학의 구성방법은 성장시기 또는 연령별 발달단계를 구분하고 각 단계의 발달적 특성을 기술하는 것이다.

발달심리 분야에서 공통적으로 사용하는 연령별 단계는 출생이전의 태아기, 출생 이후부터 약 2세까지 영아기, 2세부터 6~7세까지 유아기, 6~7세경부터

12~13세까지 아동기, 12~13세경부터 22~23세까지 청년기, 청년기 이후 40세까지 성인기, 40대에서 60~65세까지의 성인중기, 60대 이후의 노년기다.

## 라. 발달심리학의 최근 연구동향

최근에 많이 연구되고 있는 주제를 살펴보는 것은 발달심리학의 연구동향을 이해하는 좋은 자료가 된다. 발달심리학의 대표적 학술지인 「Child Development」와 「Developmental Psychology」에 1984~1993년까지 수록된 논문 1943편을 연구 영역별로 분석한 자료를 제시하면 〈표 2-1〉과 같다(송명자, 1995).

**표 2-1** 서구 자료의 영역 및 연령별 발달심리과학 연구빈도

| | 영아 | 유아 | 아동 | 청년 | 성인 · 노인 | 연령간 비교 | 미분류 | 전체 |
|---|---|---|---|---|---|---|---|---|
| 인지 | 175 | 272 | 143 | 9 | 23 | 108 | 7 | 737 |
| 사회인지 | 18 | 99 | 98 | 25 | 16 | 56 | 32 | 344 |
| 성격 | 30 | 62 | 22 | 13 | 4 | 13 | 5 | 149 |
| 사회성 | 5 | 74 | 55 | 18 | 5 | 18 | 20 | 195 |
| 정서 | 11 | 31 | 15 | 2 | 6 | 12 | 3 | 80 |
| 신경생리 | 32 | 19 | 9 | 1 | 2 | 3 | 11 | 77 |
| 부모 자녀 관리 | 35 | 95 | 33 | 28 | 31 | 28 | 49 | 299 |
| 비정상 | 2 | 16 | 14 | 11 | 2 | 2 | 15 | 62 |
| 전 체 | 308 | 668 | 389 | 107 | 89 | 240 | 142 | 1,943 |

* 송명자, 1994에서 인용.

발달심리 연구에 대한 국내 자료는 〈표 2-2〉와 같다.

**표 2-2** 국내 자료의 영역 및 대상별 연구빈도

| | 영아 | 유아 | 아동 | 청년 | 성인 | 연령간 비교 | 미분류 | 전체 |
|---|---|---|---|---|---|---|---|---|
| 인지 | · | 48 | 71 | 1 | 6 | 12 | 4 | 142 |
| 사회인지 | · | 27 | 60 | 19 | 10 | 17 | 1 | 134 |
| 성격 · 사회성 | 3 | 24 | 46 | 1 | 4 | 6 | 5 | 89 |
| 정서 | 1 | 3 | 3 | 3 | 2 | 1 | · | 13 |

| | | | | | | | | |
|---|---|---|---|---|---|---|---|---|
| 부모 자녀 관리 | 1 | 23 | 5 | 1 | 10 | · | 2 | 42 |
| 신경생리 | · | 1 | 2 | 1 | · | · | · | 4 |
| 비정상 | · | 2 | 22 | 3 | 3 | · | · | 30 |
| 방법론 | 1 | 1 | · | · | · | · | 2 | 4 |
| 전 체 | 6 | 129 | 209 | 29 | 35 | 36 | 14 | 458 |

* 송명자, 1994에서 인용.

## 2 발달단계와 일반원리

인간의 발달은 각 개인마다 예측할 수 없는 순서와 방향으로 일어나는 것이 아니라 거기에는 일반적인 보편성과 법칙이 있다. 개인에 따라 약간의 차이는 있으나 학자들의 분류하는 관점에 따라 다소 차이가 있다.

발달단계를 구분하는 기준으로는 ① 신체발달에 의한 기준 ② 정신분석학적 구분(구강 · 항문 · 남근 · 잠복 · 성기기) ③ 학교제도에 의한 구분(유아 · 초 · 중 · 고) ④ 사회제도에 의한 구분(태아 · 신생아 · 영아 · 유아 · 아동 · 청년 · 성년 · 노년기) 등이다.

헐록은 발달원리를 다음과 같이 제시하고 있다. ① 발달은 일정한 양식에 따른다. ② 발달은 일반적 반응에서 특수한 반응으로 진행한다. ③ 발달은 계속적으로 이뤄진다. ④ 발달은 속도에 있어서 개인차가 있다. ⑤ 발달은 신체 각 부위에 따라 다른 속도로 발생한다. ⑥ 발달은 예측이 가능하다. ⑦ 발달에 있어서 대부분의 특성은 상관이 있다. ⑧ 발달의 각 측면은 각기 독특한 특성을 지닌다. ⑨ 발달의 단계는 정상적으로 통과한다. ⑩ 발달하는 모든 행동에 있어 정상적이다.

많은 학자들이 공통적으로 주장하고 있는 발달의 원리를 제시하면 다음과 같다.

① 발달은 성숙과 학습의 상호작용의 산물이다.

연령이 증가함에 따라 발달의 변화는 성숙과 학습의 상호작용에 따라 이루어진다. 한편 개체의 유전적 요인과 환경적 요인이 상호작용하여 발달이 이루어진다.

② 발달에는 개인차가 있다.

모든 인간의 발달은 선천적 소질, 남녀의 차이, 환경의 조건, 교육에 따라 다르기 마련이다. 신체적 · 지적 · 정서적인 면에서 발달의 속도는 개인의 차이에 따라 다르게 나타난다.

개인차는 각 개인이 지닌 유기적인 조건과 상호작용하는 환경의 차이에서 나타난다. 인간에게 주어지는 환경의 차이 때문에 개인차의 경향성과 발달의 속도에서 다르게 나타나는 것이 개인차이다.

연구결과에 의하면, 개인의 성장속도와 시간에 있어서도 개인차가 나타난다. 예를 들면, A라는 아동이 언어계통에서 높은 가능성을 보이고 있으나 수리계통이 낮은가 하면 B라는 아동은 그 정반대의 경향성을 나타내는데 이런 경우에는 그들의 환경적 차이에서 나타나는 것이라고 볼 수 있다.

인간의 성장에 있어서 개인차의 발견은 교육계획과 지도의 개별화를 주장하는 데 큰 공헌을 한 것이다(정원식, 1973, p. 65).

③ 발달은 계속적이고 점진적인 과정이다.

인간의 발달은 쉬지 않고 끊임없이 연속적으로 일어나며, 점진적으로 낮은 단계에서 높은 단계로 진행된다. 발달의 속도도 일정하지 않아 신장이나 체중의 증가, 언어의 발달, 추상적 사고력 등은 연령 증가에 따라 급격한 변화를 가져오지만, 성장의 속도는 청년기에 이르기까지 특징적인 변화를 보이면서 계속적이고 점진적으로 발전한다.

④ 발달은 일정한 발생학적 순서에 따른다.

인간발달의 순서와 방향은 동일 종족에 속하는 모든 생활체 사이에 별다른 차이가 없고 발달의 단계는 선행하는 단계의 결과이며 선행하는 단계는 후속하는 단계의 필수조건이 된다.

인간행동의 변화는 간단한 것에서 복잡한 것으로, 두부(頭部)에서 미부(尾部)로,

중심부에서 말초부로, 전체적인 것에서 특수한 것의 순서로 진행된다. 이와 같이 인간발달에는 일정한 순서와 방향이 있다.

⑤ 발달은 분화의 과정임과 동시에 통합의 과정이다.

인간의 성장과 발달은 분화와 통합의 과정이다. 신체적인 구조의 성장이 분화과정을 거치고 운동기능의 발달과 정신기능의 변화도 분화와 통합의 과정을 거쳐 발달해 나간다.

발달은 전체적인 기능에서부터 부분적 · 특수적인 기능에로 분화하며, 그 분화는 세분화에 그치지 않고 분화된 각 부분은 일정한 계열에 따라 조직되고 통합되어 전일적인 체제로 형성되어 중심화를 이루어간다.

인간성장의 여러 국면이 서로 상관 · 연결되어 있어 한 부분의 발달이 다른 면의 발달의 기초가 되고, 또 영향을 받으면서 전체로서의 유기체의 성장이 통합적으로 이루어진다.

⑥ 발달에는 결정시기가 있다.

결정시기(Critical period)는 인간의 전체 성장 발달과정 중에서 특정한 발달을 가져오는 결정적인 시기가 있다는 것이다. 예를 들면, 언어를 학습해야 할 중요한 결정시기가 있으며, 지적인 능력 중에서도 특정한 능력이 발달하는 시기가 있다는 것이다. 이러한 시기를 놓치면 그 후에는 그 발달이 제대로 이루어질 수 없다.

## 3 발달과업

### 가. 발달과업의 개념

발달과업(developmental task)이란 헤비거스트(R. J. Havighurst)가 처음 제시한 내용으로, 정상적인 발달을 자기가 위치하고 있는 발달단계에서 마땅히 도달해야 할 과업을 말한다.

헤비거스트는 "발달과업이란 개인의 일생 중 어떤 일정한 시기 또는 그 가까이에서 나타나는 과업으로 그 과업을 훌륭하게 성취하면 개인은 행복하고, 그 이후의 과업도 잘 성공하지만, 만일에 실패하면 불행을 맞으며 사회로부터 인정을 받을 수 없고, 그 이후의 과업성취에도 곤란을 초래한다."고 말하고 있다.

따라서 이러한 발달과업을 학생이 얼마나 충실하게 수행하느냐의 여부에 따라 성공과 실패 또는 부적응이 나타난다.

## 나. 헤비거스트의 발달과업 내용

발달과업 이론에서 가장 대표적인 헤비거스트의 발달과업 내용을 제시하면 다음과 같다.

### 1) 영아 및 유아기 발달과업(1~5세)

① 보행을 배운다.
② 고체(딱딱한) 음식을 먹는다.
③ 언어를 배운다.
④ 배설통제를 배운다.
⑤ 성차를 알고 성예의를 배운다.
⑥ 생리적 안정을 유지하는 방법을 배운다.
⑦ 사회적 환경에 대한 단순한 개념이 형성된다.
⑧ 부모 · 형제 · 자매, 타인과의 정서적 관계를 배운다.
⑨ 선악을 구별하는 것을 배우고 양심이 발달한다.

### 2) 아동기의 발달과업(6~12세)

① 보통 경기에 필요한 신체적 기능을 습득한다.

② 성장하는 유기체로서 자기에 대해 건전한 태도를 형성 한다.
③ 동년배 친구와 사귀기를 배운다.
④ 성의 적절한 사회적 역할을 배운다.
⑤ 읽고, 쓰고, 셈하기의 기본적 기술을 학습한다.
⑥ 일상생활에 필요한 개념이 발달한다.
⑦ 양심적 · 도덕적 가치척도가 발달한다.
⑧ 인격적 독립의 성취를 학습한다.
⑨ 사회적 집단과 사회제도에 대한 태도가 발달한다.

### 3) 청년기의 발달과업(13~22세)

① 남녀간의 새롭고 보다 성숙한 관계를 이룩하는 것을 배운다.
② 남성과 여성으로서의 역할과 관계를 배운다.
③ 부모나 다른 성인과의 정서적 독립을 이룬다.
④ 경제적 독립의 필요성을 절실히 느낀다.
⑤ 직업의 선택과 그 준비를 한다.
⑥ 시민적 자질에 필요한 지적 기능과 개념이 발달한다.
⑦ 결혼과 가정생활의 준비를 한다.
⑧ 적절한 과학적 지식에 맞추어 가치관과 윤리체계를 습득한다.
⑨ 사회적으로 책임있는 행동을 하며, 이를 실천하는 습관을 기른다.
⑩ 자기 체격을 인정하고 신체를 효과적으로 구사하는 것을 인식한다.

### 4) 성년기의 발달과업(22~30세)

① 배우자를 선택한다.
② 결혼 후 배우자와 동거하는 것을 배운다.
③ 가정생활을 준비한다.
④ 육아를 양육한다.

⑤ 가정관리를 배운다.
⑥ 직업을 가지며 가정경제의 기반을 다진다.
⑦ 공민적 책임을 감당한다.
⑧ 마음에 맞는 사회적 집단에 적응한다.

#### 5) 중년기의 발달과업(30~60세)

① 성인으로서 공민적 · 사회적 책임을 수행한다.
② 생활의 경제적 표준을 확립 · 유지한다.
③ 성인다운 가치활동을 배운다.
④ 하나의 인격자로서 자기 배우자와 관계를 맺는다.
⑤ 중년기의 생리적 변화를 인정하고 이에 적응한다.
⑥ 연로한 부모에 대해 적응한다.
⑦ 10대 청소년들이 책임감이 있고 행복한 성인이 되도록 돕는다.

#### 6) 노년기의 발달과업(60세 이상)

① 쇠퇴하는 체력과 건강에 적응한다.
② 은퇴로 인하여 수입감소에 적응한다.
③ 배우자의 사망에 적응한다.
④ 자기의 동년배와 친밀한 관계를 맺는다.
⑤ 사회적 · 공민적 책임을 이행한다.
⑥ 만족한 생활조건을 구비한다.

### 다. 발달과업과 교육적 의의

인간발달이란 유전적 잠재력에 의한 성숙과 후천적 경험에 의하여 이루어지는 학습의 과정을 통하여 신체적인 면과 정신 · 심리적인 면에서 지금까지 없었던 사실들이 새롭게 순차적이고 점진적으로 전개되는 현상을 말한다.

해비거스트의 발달과업의 교육적 의의는 다음과 같다.

① 학생의 신체적 · 정신적 · 지적 · 사회적인 정상적 성장발달을 돕고, 원만한 인격을 형성하도록 안내하여 사회 · 문화적 발달에 현명하게 적응할 수 있는 지식과 기능을 기르며, 풍부한 교양생활을 이루는 기초를 다지며, 충분히 자기능력 신장을 도모할 수 있게 한다.

② 연령단계별로 이루어져야 할 발달과업이 성공적으로 달성되면 다음 단계에서 그와 비슷한 과업을 훌륭하게 달성할 수 있게 된다.

③ 개인 인성의 특징이 발달과업 달성의 성패에 중요한 의미를 갖는다. 발달과업은 일정기간 내게 달성되어야 행복해지지만 실패하면 불행하게 된다. 따라서 학생들이 빠지기 쉬운 부적응 행동, 예를 들면 고립, 도피, 비행, 폭행, 도벽, 음주, 흡연, 자포자기, 좌절, 성적욕망 등 불건전한 행동을 취하지 않도록 과업수행에 뒤떨어지지 않도록 한다.

④ 교사나 학부모, 상담교사는 학생들의 심신발달의 정도를 파악하고 이해하며, 그들이 당면하는 문제들이 무엇인가를 확인하고 이를 성공적으로 이룩할 수 있도록 각별한 관심과 배려로 도와 주어야 한다.

## 4 발달단계의 특징

태아기, 영아기, 유아기, 아동기, 청년기, 성년기, 중년기, 노년기의 발달특징은 다음과 같다.

### 가. 태아기

인간의 발달은 난자와 정자가 결합하는 수정(fertilization)의 순간에서부터 시작한다. 태내발달은 약 280일간(40주, 10개월) 태아는 어머니의 체내에서 자란다.

태내발달 단계는 난체기(수정에서부터 수정체가 나팔관을 거쳐 자궁벽에 착상하기까지 2주간), 배아기(수정 후 약 2주~8주 사이에 해당) 그리고 태아기(수정 후 3개월부터~ 출산까지)로 나눈다.

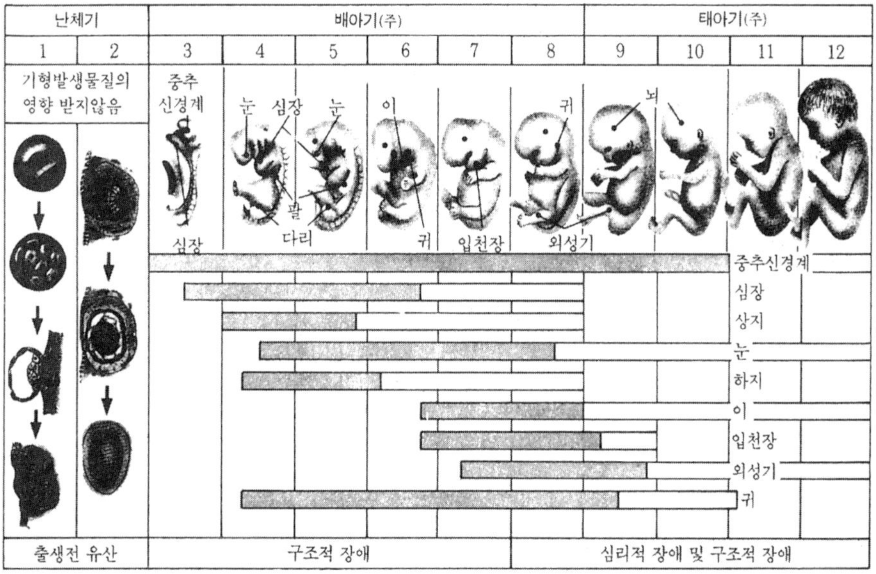


[그림 2-1] **태내발달에서의 연감기**

(Moore & Persaud, 1993에서 인용)

### 1) 태내발달에 영향을 미치는 요인

#### (1) 모의 영양상태

태아는 모든 영양분을 전적으로 모체가 섭취하는 영양에 의존하므로 모의 영양상태는 태아에 결정적인 영향을 미친다.

임신 초기의 영양결핍은 뇌와 신경계 발달에 지장을 준다. 단백질 결핍은 골격, 콩팥, 장기관의 발육을 저해하며, 비타민 부족은 신체기형의 원인이 될 수 있다. 철분의 부족은 자율신경계의 손상으로 나타난다.

#### (2) 모의 정서상태

모의 심한 공포, 불안 등은 태아의 발육에 영향을 끼친다.

#### (3) 모의 연령

일반적으로 모의 연령 25~29세 사이에 태어나는 것을 성장에 가장 좋은 태내 환경조성이라고 한다.

#### (4) 약물복용

모의 음주, 흡연, 각종 약물(마리화나 · 히로인 · 코카인 등 마약류) 등은 태아의 발달에 큰 지장을 준다.

#### (5) 환경공해

환경오염(물 · 공기 · 산소) 등의 요인이 태아의 건전 발육에 부정적인 영향을 미친다.

### 2) 신체운동 기능의 발달

태아기에서 성인기까지의 신체비율의 변화는 아래와 같다.

첫째, 머리 쪽에서 아래쪽으로 발달한다.

둘째, 몸의 중심부에서 말초부로 발달한다.

출생시 몸의 크기는 1/4에 해당하는 부분이 머리로서 성장하다가 성인이 되면 머리부분이 전체 키의 1/8 정도로 변화한다.

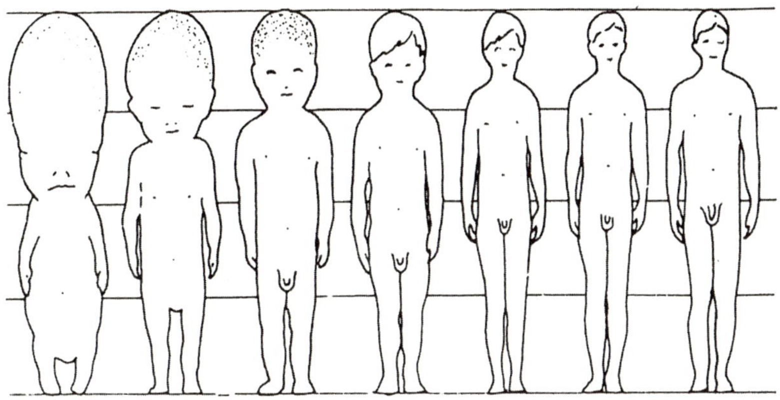

[그림 2-2] **태아기에서 성인까지의 신체비율의 변화**

### 3) 신장 · 체중의 발달

출생시 우리 나라 신생아의 평균신장은 남아가 51.4cm, 여아가 50.5cm, 체중은 남아가 3.4kg, 여아가 3.22kg이다. 출생 후 2년 동안 영아는 급속하게 성장한다. 첫 3개월 동안 체중은 2배로 불어나며, 만 1세가 되면 3배가 된다. 만 2세가 되면 성인이 되었을 때의 신장의 반이 자라며, 출생시 체중의 4배가 된다(표 2-3 참조).

**표 2-3** 한국소아발육표준치(1985년)

| 남 | | | | 연령 | 여 | | | |
|---|---|---|---|---|---|---|---|---|
| 체중(kg) | | 신장(cm) | | | 체중(kg) | | 신장(cm) | |
| 평균치 | 표준편차 | 평균치 | 표준편차 | | 평균치 | 표준편차 | 평균치 | 표준편차 |
| 5.17 | 0.81 | 57.0 | 3.0 | 1(1~2)개월 | 4.87 | 0.69 | 56.2 | 2.7 |
| 8.45 | 0.97 | 69.0 | 3.0 | 1(6~7)개월 | 7.88 | 0.89 | 67.4 | 2.9 |
| 10.26 | 1.31 | 77.8 | 3.3 | 12(12~15)개월 | 9.49 | 1.26 | 67.2 | 3.3 |
| 12.56 | 1.51 | 87.9 | 4.2 | 2(2~2½)세 | 12.01 | 1.49 | 86.9 | 3.8 |
| 14.31 | 1.65 | 94.6 | 4.7 | 3(3~3⅓)세 | 13.63 | 1.55 | 92.9 | 4.9 |
| 16.04 | 1.85 | 101.8 | 4.9 | 4(4~4⅓)세 | 15.68 | 1.75 | 100.9 | 4.6 |

| 18.00 | 2.02 | 108.4 | 4.7 | 5(5~5⅓)세 | 17.32 | 1.67 | 108.1 | 4.4 |
|---|---|---|---|---|---|---|---|---|
| 18.70 | 2.42 | 113.9 | 4.9 | 6(6~6⅓)세 | 19.05 | 2.18 | 113.4 | 4.6 |
| 22.28 | 2.54 | 120.4 | 5.1 | 7(7~8)세 | 21.19 | 2.53 | 119.4 | 5.2 |
| 24.21 | 2.86 | 125.6 | 5.3 | 8(8~9)세 | 23.48 | 1.87 | 124.9 | 5.3 |
| 26.68 | 3.16 | 130.5 | 5.5 | 9(9~10)세 | 26.09 | 3.37 | 130.1 | 5.8 |
| 29.52 | 3.85 | 135.2 | 5.5 | 10(10~11)세 | 29.24 | 4.11 | 135.5 | 6.2 |
| 32.41 | 4.41 | 140.3 | 6.4 | 11(11~12)세 | 33.55 | 5.36 | 141.8 | 7.3 |
| 35.45 | 5.41 | 144.9 | 7.0 | 12(12~13)세 | 38.16 | 6.07 | 147.8 | 6.9 |

* 자료 : 대한소아과학회, 1992년에서 인용.

[그림 2-3] **이행운동발달**

(Shirly, 1933 : Hetherington & Parke, 1993에서 인용)

## 4) 운동기능의 발달

출생에서부터 약 1년 반 사이의 영아는 가장 무력한 존재로서 이 시기의 이행운동의 발달은 일정한 계열적 순서를 따라 발달하며 놀라운 변화를 볼 수 있다.

## 나. 영아기

영아기(infantile period)는 생후 2주부터 약 2세까지를 말한다. 영아들은 무수한 반복활동을 통하여 엎치고, 기고, 앉고, 서고, 걷기를 학습하며, 신체의 이동이 자유로워짐에 따라 환경과의 접촉에서 얻은 경험을 토대로 인지능력의 발달과 정서표현의 방식을 학습함으로써 심리적 · 사회적 적응방식을 발달시켜 나간다.

영아기는 일생에서 가장 빠른 신체적 발달을 이룬다. 또한 영아기의 또 하나의 중요한 발달은 언어의 획득이다.

### 1) 영아기의 신체발달

영아기는 일생에서 가장 빠른 신체적 발달을 이루는 1차 발육급등기다. 그 중에서도 생후 6개월이 가장 빠르고 그 다음부터는 차츰 느린 발달경향을 보인다. 출생시의 신장은 남아의 경우 51.4cm(여아 50.5cm)이던 것이 4개월이 되면 65.1cm(여아 64cm), 8개월 경에는 72.1cm(여아 70.3cm), 1년 경에는 77.8cm(여아 76.2cm), 출생 후 2년 경에는 87.9cm(86.9cm)가 된다. 체중은 출생시에 평균 3.4kg인데, 1년 후면 약 3배로, 2년 후엔 4배 가까이 증가한다.

### 2) 영아기의 지각 및 인지발달

눈의 추적운동은 고정시, 수평추적, 수직추적 운동의 순으로 발달한다. 4개월 경에는 파란색이나 빨간색을 오래 주시하고 복잡한 것보다는 얼굴 생김새와 같은 원형을 좋아하는 경향이 있다.

영아기의 문제해결 능력은 여러 가지 책략을 사용하는데, 초기에는 시행착오를 거치다가 차츰 통찰에 의해 문제해결을 해 나가는 경향이 있다. 예를 들면 영아기 초기에는 장난감을 잡는 데 손을 허우적대다가 점차 잡는 요령이 생겨서 실수가 차츰 줄어든다. 피아제(Piaget)는 이 시기를 감각운동기(sensory motor stage)

라 하였고, 이 시기의 인지능력은 감각운동적 조절에 의해서 이루어진다고 하였다. 이 시기의 지능발달은 초기에는 반사행동으로, 다음 단계에서는 획득된 적응반응을 반복하고, 점차 반사행동으로, 다음 단계에서는 획득된 적응반응을 반복하고, 그 후에는 점차 반사행동을 통합하여 의도적인 행동을 하는 경향이 있다. 마지막 2세경에는 환경에 대한 표상능력이 발달하여 시행착오적 행동을 하지 않고도 문제해결을 할 수 있다.

### 3) 언어발달

영아기의 또 하나의 중요한 발달은 언어의 획득이다. 〈표 2-4〉는 영아기의 언어 이전 시기, 과도기, 언어 획득 기간으로 나눈 것이다.

**표 2-4** 언어의 획득과정

| | 나이 | 언어행동 |
|---|---|---|
| 언어이전의 기간 | 출생~약 1개월<br>1~2개월<br>2개월<br>6개월<br>8개월 | 분화되지 않은 울음(일반적인 신호)<br>분화된 울음(구체적인 신호)<br>말소리의 식별, 옹알이(음소의 증대와 배제)<br>비슷한 소리내기(자기소리 모방)<br>반향음 내기(타인소리 모방) |
| 과 도 기 | 9~15개월 | 언어활동에 대한 이해 : 한 구절 말 |
| 언어획득의 기간 | 15개월~3세<br>2~4세 | 전문적 언어<br>단어 문장 |

〈표 2-4〉의 언어 이전기에서 나타난 바와 같이 처음에는 분화되지 않은 울음에서 1~2개월경에는 분화된 울음으로, 그 이후에는 혼자 중얼대는 옹알이(babbling)를 한다. 옹알이를 통하여 자신의 음성을 듣고 또 반복하는 동안에 생후 1년쯤 되면 첫마디를 발성하고 생후 8개월경에는 타인의 목소리를 모방하는 소리흉내내기(echolaria)를 한다. 생후 9~15개월에는 언어 이전기에서 언어획

득 단계로 넘어가는 과도기라고 할 수 있는데 이 시기의 영아들은 "엄마"나 "아빠"와 같은 간단한 한마디 말을 하기 시작하고, 생후 18~20개월 경에는 "엄마, 어부바"와 같은 동사형태를 갖춘 두 마디 말을 하기 시작한다. 2세가 되면 사용어휘 수가 폭발적으로 증가하는데, 이 시기를 폭발적 팽창시기(age of explosion)라고 한다.

### 4) 성격 및 사회성의 발달

성격이란 개인의 사고, 감정 및 행동의 총체로서 개인의 신체적 · 심리적 · 사회적 발달과 밀접한 관계가 있다. 영아기의 사회적 발달은 양육자와의 의사소통을 통하여 발달하는데, 이때 의사소통의 매개변인으로 영아의 울기, 응시하기, 옹알이, 모방하기, 미소짓기의 행동과 이러한 자극에 대한 부모 또는 양육자와의 피드백 관계가 중요하다.

영아의 반응이 자극이 되고 부모의 반응이 영아에게 자극이 되는 과정이 반복됨에 따라 대인관계의 기초가 되는 애착(attachment)이 발달한다. 대부분 6~8개월의 영아는 접촉을 자주하는 대상과 먼저 애착관계를 형성하고 이러한 애착발달은 점차 아버지, 형, 누나, 조부모 등으로 확대된다. 애착의 정도는 첫돌 전후에 절정에 달하다가 18개월이 되면 다른 사람으로 확대되어 간다. 일반적으로 성격발달에 영향을 미치는 중요한 시기는 8~24개월 사이이다.

## 다. 유아기

유아기(prechildhood)는 대략 2세 말에서 6세까지로 아동전기 또는 학령전기(preschool period)라고도 한다.

### 1) 신체 및 운동발달

만 2세가 되면 신장은 약 85.5cm이고 체중은 11.84kg이 되며, 5세가 되면 신장은 108.4cm, 체중은 18kg 정도가 된다. 유아기에는 근육이나 골격발달과 더불어 운동능력이 점차 분화되고 정교화된다. 운동능력의 발달과정은 균형잡기, 기어오르기, 걷고, 뛰기, 기구사용, 자조기술 발달, 대 · 소변 통제 등이 포함된다. 2~3세의 유아는 걷고, 뛰고, 멈추고, 도약을 통하여 균형잡기와 방향잡기 및 운동능력이 발달한다. 약 3세의 유아는 세발 자전거를 탈 수 있고, 5~6세가 되며 기구를 사용하여 종합적인 운동협응을 할 수 있는 두발 자전거를 탈 수 있다. 자조기술은 식사, 자전거 타기 등에서 두뇌와 신체 각 부위간의 적절한 협응운동의 기술을 말한다.

대 · 소변 통제는 개인차는 있지만 약 2세부터 가능한데, 구체적으로 괄약근(sphincteral muscles)의 성숙도와 성별, 부모의 태도에 따라 개인차가 있다.

### 2) 인지능력의 발달

인지능력은 지각능력의 발달과 밀접한 관계가 있다. 유아기 초기에는 특정한 자극사상을 지각할 때 전체로서 지각하는 능력이 향상된다. 사물을 지각하는 능력의 발달은 피아제의 첨가설(enrichment theory)과 깁슨의 분화설(differentiation theory)을 근거로 설명될 수 있다. 첨가설에 의하면 유아가 처음으로 고양이를 보았을 때 고양이는 단지 네 발 달린 고양이에 불과하다. 그러나 점차 고양이를 대면함에 따라 고양이도 우유를 먹고, 쥐도 잡을 수 있다는 것을 알게 된다. 즉, 고양이에 대하여 하나하나 지식이 늘어간다는 것이 첨가설이다.

분화설은 첨가설과는 달리 사물을 지각할 때 형태, 크기, 부피, 색채 등 부분적인 요소로 변별하고 이를 점차 분명하게 지각한다고 보는 입장이다. 유아는 우선 사물의 속성을 알아내고 점차 사물 간의 차이를 알아낸다는 것이다. 이들 두 이론은 언뜻 보기에는 상반된 듯 하지만 실제는 상호보완적이라고 할 수 있다. 지각의 발달과정은 연령이 증가함에 따라 시간지각, 형태지각, 공간지각이 점진적으로 발달한다.

피아제는 인지발달이론에서 유아기를 전조작기(preoperational stage)로 보았다. 여기서 전조작기란 논리적인 사고를 하기 이전의 단계로, 사고는 가능하지만 그 사고를 원래대로 되돌릴 수 있는 가역성이 발달되기 이전의 시기를 말한다.

### 3) 정서발달

감정(filling)은 쾌 · 불쾌 차원의 분화되지 않은 흥분상태이며, 정서(emotion)는 분노, 공포, 환희, 격정과 같은 분화된 상태로 신체적 변화와 동기화된 행동이 수반된다.

감정은 주로 생리적으로, 정서는 특히 문화적이거나 혹은 부모의 양육방식에 따라 연령증가와 더불어 점차 분화되고 다양한 형태로 표현된다.

유아들의 정서표현의 발달은 초기에는 울든가 신경질을 내는 것과 같은 전체적인 표현으로부터 눈물흘리기, 울상짓기 등의 부분적이고 구체적인 표현으로 바뀐다. 일반적으로 연령이 증가함에 따라 외현적인 정서표현은 억제되고 내적인 정서표현으로 바뀌어진다. 유아들의 정서에는 사람이나 사물을 두려워하는 공포, 사랑이나 관심을 독차지하려는 데서 오는 질투, 상황에 따라 복합적으로 나타나는 울음, 애정 등이 있다.

### 4) 성격 및 사회성의 발달

유아의 연령이 증가함에 따라 새로운 사물이나 사건에 대한 호기심과 탐색의 요구는 더욱 커지고 이러한 욕구는 또래들과 더불어 성취하려는 경향이 있다. 에릭슨(Erikson)에 의하면 유아 초기에 어떤 일을 능동적으로 시도하여 성공한 경험이 있는 유아는 자율감(artonomy)이 생기는 반면에 실패한 유아는 수치와 회의를 느낀다고 한다. 성격이나 사회성에서 나타나는 두드러진 특징은 성유형화(sex typing)다. 성유형화는 남성 혹은 여성에게 알맞다고 생각되는 행동, 태도, 가치, 관념 등을 획득하는 것이다. 유아들은 문화권, 부모의 양육방식, 주변에서의 강화여부에 따라 성유형에 맞는 행동을 학습하게 된다.

## 라. 아동기

아동기(childhood)는 7세에서 12세까지로, 생활의 중심이 가정에서 학교로 옮겨지는 학동기를 말한다. 이 시기는 부모와 가정의 영향권에서 서서히 벗어나 또래와의 인간관계가 크게 확장되므로 또래시대(gang age)라고도 한다.

### 1) 신체적 발달

7세 남아는 평균 신장이 120.4cm, 체중은 22.28kg이고 여아의 키는 119.4cm, 체중은 21.86kg이다. 아동기의 신체적 발달은 일반적으로 완만한 상승곡선을 그리는 경향이 있다. 이 시기의 운동발달의 특징은 이미 획득한 운동기술이나 근육의 협응체계가 더욱 정교화되었다는 것이다.

### 2) 정신능력의 발달

아동의 정신능력은 학교라는 집단을 통하여 교사의 학습지도와 또래와의 관계를 통하여 새로운 장면에 대한 호기심과 탐색의 요구를 추구하는 과정에서 많은 변화가 있다. 지능발달에 영향을 미치는 요인은 크게 유전적 요인과 환경적 요인으로 대변된다. 유전적 요인은 이미 생득적으로 결정된 요인이며, 환경적 요인에는 가정환경, 학교환경, 문화적 환경이 있다.

1965년 존슨 대통령이 제창한 '빈곤에 대한 투쟁'의 일환으로 계획된 Head Start Program은 조기교육과 특수교육의 효과를 입증하였다. 프로그램을 경험한 학생들은 그렇지 않은 학생들에 비해서 IQ 10점 이상의 더 높은 점수를 얻었고, 후에 추적 연구결과에서도 학업이나 사회성의 이점이 그대로 지속되었음이 밝혀졌다.

피아제는 이 시기를 구체적 조작기로 보았다. 이 시기에는 그동안 습득하지 못한 보존개념을 획득하고 자아중심주의에서 탈피하기 시작한다. 또한 도덕발달도 타율적에서 자율적으로 변화해 나간다.

### 3) 성격 및 사회성의 발달

아동기는 초등학교 입학과 더불어 생활장면이 달라지고 또래들과 집단생활을 통해서 새로운 학업과 인간관계를 맞이하므로 개인의 성격이나 사회성 발달에 아주 중요하다. 사회관계는 부모가 절대적인 가정에서 선생님과 상급생, 동료, 하급생과의 관계로 넓어짐에 따라 아동은 보다 자율적으로 되고 규범과 규칙을 익히고 새로운 사회생활에 적응해 나간다.

에릭슨에 의하면 아동기의 성공적인 경험은 능력감, 숙달감, 근면감을 갖게 해준다고 한다. 그러나 아동이 실패했다고 생각하면 열등감과 더불어 자신은 아무 곳에도 쓸모 없다는 느낌을 갖는다. 이러한 근면감(sense of industry)과 열등감(sense of inferiority)의 발달에는 아동에 대한 부모의 태도가 중요하다. 즉, 아동이 어떤 일을 열심히 하고 있을 때 부모가 격려해 주거나 지켜봐 주면 아동은 점차 근면감을 내면화해 가는데 반하여, 부모가 아동의 실수를 수용하지 못하고 간섭이나 중단을 시키면 열등감을 갖는다(김동기 외 11인, 1994, pp. 292-300).

## 마. 청년기

청년기는 정상적인 학교생활, 즉 고등학교를 마침과 동시에 시작하는데, 학업을 계속하기도 하나 직업 · 결혼과 연관되어 있다. 에릭슨은 이 시기의 위기를 친밀 대 고립으로 파악하였다. 특히 이성과의 친밀의 발달이 주요 과제다. 이때 친밀 형성에 실패하면 고립되고 더 이상의 심리적 성장이 이뤄지지 않는다.

청년기의 다른 과제는 가족을 형성 · 유지하는 것이다.

첫아이를 낳으면 여러 가지로 새롭게 적응해야 할 일들이 많이 생긴다. '남편'과 '아내'는 '아빠'와 '엄마'로, '부부'는 '가족'으로 바뀐다. 특히 여성들에게 있어서는 이 시기가 중대한 고비라고 할 수 있다. 직장여성이라면 직업을 포기하는 데서 오는 좌절감이나 계속 직업을 가지려는 데서 오는 불안감으로 말미암아 갈등상황에 빠지기 쉽다. 경험이 부족한 부모들은 새롭게 부과되는 책임감으로 어찌할 바를 모르고, 부적절감으로 인해 괴로워하고, 아이에 대한 착잡한 심정으로 죄책감에 빠질지도 모른다. 안정을 이룬 결혼이라 하더라도 문제는 일어나게 마련이어서 남편은 동떨어진 느낌을 갖기 쉽고, 아내는 남편의 자유로움과 가정에 대한 책임의 결여상태에 대해서 원망을 하기 쉽다.

대체로 사람들은 30대에 이르러 정착된 생활을 영위해 나가게 되며, 그들은 일이나 사람을 함부로 바꿀 수 없다는 사실을 깨닫게 된다. 특히 이들은 좋건 싫건 간에 자기 자신을 받아들이며, 다른 사람들이 기대하는 바에 따라 스스로를 처신하려고 애쓰지도 않는다.

레빈슨(Levinson)에 의하면, 30대의 남성들은 그들이 택한 인생에 대한 불만과 이를 바로 잡아야 할 마지막 순간에 놓여 있다는 느낌에서 오는 절박한 위기의식을 갖는다고 보았다. 이러한 위기의식을 극복하고 나면, 이들은 본업뿐만이 아니라 가족, 친지, 취미생활 등과 관련된 인생목표를 달성하기 위하여 일에 열중하게 마련이다.

전형적으로 어른들은 축적된 경험을 바탕으로 현명하고 유능한 조언가가 된다. 사실상 대부분의 가장 유능한 조언가는 35세에서 55세 정도의 중년인 것으로 알려져 있다. 노인조차도 중년의 조언가를 선호한다.

## 바. 성인기

성인기는 대략 25세부터 40세까지를 말한다. 성인 초기에는 사회적응에 따른 새로운 환경변화를 맞이하기 때문에 많은 인간관계를 갖는다. 즉, 배우자 선택과 결혼, 직업선택 및 직장적응 그리고 주거문제 등은 새로운 적응문제다. 특히 부부생활은 새로운 가정생활의 시작이며 타인과의 만남에서 일심동체가 되어 공동의 목표추구와 가치 있는 삶을 누려야 하기 때문에 무엇보다도 상호협조와 이해가 중요하다. 직장 또는 사업에 종사하는 것 역시 새로운 환경변화에 따른 중요한 적응문제다. 새로운 조직 또는 사업에서 상사, 동료 또는 타인과의 새로운 인간관계를 넓혀가는 시기다.

## 사. 중년기

중년기는 대체로 40세에서 60세까지를 말한다. 문화수준이 향상되고 수명이 길어짐에 따라 65세까지로 보는 사람도 있다. 이 시기는 경제적으로 안정되고 사회적 지위가 확립되어 안정된 분위기 속에서 자신의 역할을 수행하며 아울러 자녀교육 및 진로에 관심을 갖는 가장 생산적인 인생의 황금기다. 이 세대는 세력과 책임의 두 측면에서 실질적으로 사회를 이끌어 가는 연령집단이다.

중년은 성인기의 꽃으로 고립감, 무력감, 무의미함, 방관이 청년기에 횡행하는데 비해 중년에는 최고로 적다. 그럼에도 불구하고 중년에도 위기는 존재한다.

그 중의 하나가 중년 여성의 폐경기일 것이다. 폐경기란 월경의 종결, 출산력의 종결을 의미한다. 이것은 커다란 위기로 인식되어지지 않는데, 단지 4%의 여성이 부정적인 반응을 보였다. 남자의 경우 여성과 같이 뚜렷한 외적 변화는 없으나 생리적 변화가 발생하고 성기능 퇴화의 현상이 나타난다.

에릭슨에 따르면 중년의 심리적 위기는 생산성 대 자기 몰입이다. 이 문제는 자식을 낳고 키우는 것을 포함하는 물리적 생산에서부터 현재뿐 아니라 미래세대까지 포함하는 사회적 · 심리적 생산성에로 진행을 포함한다.

중년은 자식이 대학생이 되는 시기이므로 경제부담이 가중되며, 또한 자식들이 출가를 하게 되므로 공허감도 느낄 수 있는 시기다. 이 공허감은 여성에게 더욱 큰데, 위기극복을 위해 남편의 도움을 바랄 수 없기 때문이다. 전통적인 교육을 받고 자란 여성의 경우 막내의 출가는 생의 주목적의 끝맺음을 갖는 것과 같고 원치도 않고 기대하지도 않던 갑작스런 퇴직을 맞이하는 것이다(신용일 외 3인, 1997, pp. 84-86).

## 아. 노년기

노년기는 대략 60세 또는 65세 이상을 말한다. 이 시기는 체력이 서서히 쇠퇴하기 시작하고 아울러 노쇠를 촉진하는 질병이 나타나기 시작한다.

에릭슨은 이 시기의 질병은 체념상태의 무력감을 가져오고 아울러 죽음에 대한 내적인 투쟁의 일환—마지막 단계의 성숙과 지혜에 대한 잠재력을 갖기 위한 투쟁—임을 강조하고 있다. 이런 이유로 그는 이 시기를 자아통합 대 절망의 형성시기로 보았다. 대부분의 노인들은 이 시기에 죽음을 생각하면서 삶을 돌아본다. 따라서 자신의 일생을 돌아보고 과연 가치가 있었는지에 대해 의문을 갖는다. 자신의 인생이 성공적이었다고 생각하는 사람은 초연히 죽음을 맞이하면서 자기통합감을 느끼는 반면에 그렇지 못한 사람은 지나온 생애가 후회스럽고 이제 시간이 다 흘러가 버려 더 이상 다른 유형의 삶을 선택할 기회가 없다는 좌절감에 직면한다.

노년의 정의는 다른 시기와 마찬가지로 시기적인 변동성이 크다. 그 중에서 퇴직과 연관되어서 노년의 시작을 정의하나 퇴직연령에도 변동성이 있음을 상기해야 된다.

노인은 자신의 경험을 바탕으로 젊은 사람들과 지혜를 나누고, 퇴직 후에 여가 생활을 즐기게 되는 것을 이상적으로 생각할 수 있다. 그러나 이런 이상과는 달리 대부분의 노인들은 여생을 즐길 만한 재력도 풍부하지 않고, 사회에서 잊혀져 가는 존재로 전락하게 되는 것이 현실이다.

노년기의 사회적 관심은 퇴직과 더불어 감소한다. 사회가치상 퇴직이란 자존심의 상실이며 형벌의 일종이기까지 하다. 노년기의 자살도 극에 달한다.

생의 초기에는 이혼이 배우자 상실의 원인이고, 노년기에는 사별이 그 주 원인이다.

배우자가 없는 노인은 남자보다는 여자일 가능성이 많다. 그 이유는 다음과 같다.

첫째, 부인은 대체로 남편보다 2, 3살 어리다.

둘째, 전세계적으로 여자의 평균수명이 더 길다.

셋째, 홀아비는 과부보다 재혼할 가능성이 높다.

대체로 남자는 집안일, 친척과의 접촉 등을 전적으로 여자에게 의존해 왔기 때문에 배우자의 죽음은 남자에게서 커다란 혼란을 야기한다. 또한 남자들은 여자보다 더 오래살 것 같지 않으므로 심적인 준비를 안하는 상태이고 상대적으로 배우자 상실에 대한 충격은 더욱 크다.

노인들의 성공적 적응조건에 관해 연구한 심리학자들 사이에는 의견이 분분하다. 쿰밍(Cummjing) 등의 유리이론(遊離理論, disengagement theory)에 의하면 노년기는 사회적 관여도의 감소로 특징지어진다는 것이다. 즉, 노인들은 오랜 세월에 걸쳐 그들의 사회적 책무를 완수하여 왔으며, 결국은 이에 대한 사회의 보상으로서 사회로부터 조용히 물러앉아 자유롭게 쉴 수 있는 기회가 주어진다는 것이다. 이러한 사회적 유리상태가 사회와 개인간의 상호 양해하에 이루어진다면 아무 문제도 없겠지만, 당사자의 입장에서는 아직도 일할 수 있다고 생각하는 데도 물러나야 한다면 적응의 문제는 실로 심각할 것이다.

## 5 발달이론

### 가. 인지적 발달

#### 1) Piaget의 인지발달 단계

피아제는 인지발달 이론의 핵심은 아동들의 발달은 반드시 4가지 단계를 거쳐 발달하여 사회적인 성숙도 인지능력의 유전적인 성장에 의존하고 있다는 것이다.

유아는 태어날 때 독특한 잠재력을 부여받고 이 능력은 독립적으로 존재하는 것이 아니라 환경과 상호작용을 하면서 발달한다. 즉, 개인이 발달한다는 것은 자기 자신과 주위환경의 세계를 구성하는 것으로 두 가지 중요한 기제는 조직과 순응이다. 조직이란 별개의 감각들을 구조(structure) 속으로 변형시키고 결합하는 능력을 말한다.

## J. Piaget는?

Piaget(1896~1980)는 스위스의 생물학자, 심리학자, 발생적 인식론자인데 특히 아동의 인지발달 과정에 대한 이론은 그가 처음 저서를 낸 1921년 이래 오늘날에 이르기까지 가장 설득력이 있는 이론으로 간주되어 광범한 논의의 대상이 되어 왔다. 또한 피아제는 아동의 사고과정 및 지적 구조의 본질을 명확히 밝히고자, 임상적 방법이란 독특한 방법을 개발 적용하여 왔는데, 이 또한 많은 논란과 함께 교육적으로 커다란 관심의 대상이 되어 왔다.

그는 1896년 8월9일 스위스의 뉘솨뗄에서 출생하였다.

11세 때 공원에서 색소결핍증에 걸린 새에 대한 연구를 하여 ≪자연사설≫이란 잡지에 발표할 정도로 어려서부터 뛰어난 학자로서의 자질을 보였다. 청년기에는 생물학 연구에 전념하여 과학적인 연구 방법의 기초를 터득하였고, 지식이 어떻게 얻어지는가를 생물학적으로 규명하고자 노력했다. 1918년, 21세 때에는 스위스 뉘솨뗄 대학에서 연체동물에 관한 연구로 철학박사 학위를 수여받았으며, 이후 연구를 계속하여 이 분야의 권위자로 명성을 얻었다.

그 후 심리학에 관심을 갖고 프랑스 파리의 소르본 대학으로 건너가 심리학, 논리학, 인식론, 과학철학 등을 깊이 연구하였다. 최초로 지능검사를 개발한 비네의 연구실에서 심리검사의 표준화 작업에 참여한 Piaget는 지능검사에서 아동의 예기치 않은 반응에 흥미를 갖고 아동의 추리 과정을 조사하게 되었으며 이것이 그의 심리학 실험의 첫 계기가 되었다.

1921년에는 스위스의 제네바에 있는 루소 연구소의 책임자가 되었다. 아동의 사고를 추적하는데 아주 좋은 기회가 되어 아동의 정신발달을 깊이 있게 다루게 되었다.

1923년부터 1932년까지 아동에 대한 다섯 권의 책을 출판했는데 ≪아동의 언어와 사고≫, ≪아동의 판단과 추론≫, ≪아동의 외계에 대한 개념≫, ≪아동의 물리적 인과개념≫, ≪아동의 도덕판단≫이 그것이다.

그 무렵에 Piaget에게 세 자녀가 생겨 아동들의 행동을 잘 관찰할 수 있는 좋은 기회가 되었다. 그는 관찰 결과를 1936년 ≪아동의 지능의 기원≫, ≪아동의 실제의 구성≫ 이란 두 권의 책으로 출간하였다.

1929년부터 1939년까지 제네바 대학에서 과학철학 교수로서 활동하면서 뜻을 같이 하는 동료와 계속 연구를 하였다. 또한 국제문제 협회에 관여하게 되었고, 나중에 유네스코에 합병된 스위스 정부의 국제교육국의 의장직까지 맡았다. 결국 1920년경부터 1950년까지 Piaget는 인간지능의 발달을 이해하려는 시도로써, 아동의 사고과정을 규명하기 위한 실험적 연구에 종사한 것이다. 이러한 심리학적 연구는 그의 학문적 목표인 발생적 인식론의 구성을 위한 기초적 연구에 속한다.

1956년 Piaget는 발생적 인식론 국제연구소를 제네바 대학에 설립하고 인지 발달에 대한 연구에서 여러 관련 학문 분야의 연구자와의 공동적 접근을 시도하였다. 이 연구소는 다양한 측면을 가진 인간의 사고의 문제를 연구하는데, 각 분야의 저명한 여러 학자가 공동 노력하여 종합적 사고를 하도록 하려는데 그 설립목적이 있다. 심포지엄을 통해 각 연구자들의 연구결과가 토론되었다. 심포지엄에서 심의된 내용은 [발생적 인식론 연구]란 제목으로 시리즈로 출판되었다.

1959년에서 1968년까지 ≪아동에 있어서 논리의 조기 성장≫, ≪심리학에 대한 여섯 가지 연구≫, ≪철학의 지혜와 환상≫, ≪심리학 연구≫, ≪아동심리학≫, ≪아동에 관한 정신상≫ 등의 책을 출판하였는데 그 중 몇 권은 인헬더(Barbara Inhelder)와 공동저작으로 되어 있다.

이상과 같은 간단한 소개로 알 수 있듯이 Piaget는 아동의 인지발달 문제에 있어 세계의 가장 권위 있는 사람 가운데 한 사람으로 인정하지 않을 수 없다. 그는 아동의 지적 발달을 기술하기 위해 독특한 몇 가지 기본적인 개념을 도입하였으며, 발생적 인식론의 연구에서 학습의 본질을 규명하기 위한 새로운 기반을 마련하였다.

Piaget는 '발생적 인식론'이란 대명제를 놓고 한 평생 끈질기고도 지칠 줄 모르는 연구를 해오다가 83세 되는 1980년에 타계하였다.

순응은 동화(assimilation)와 조절(accomodation)을 필요로 한다. 동화는 외부요소들을 유기체의 내부구조 속으로 통합하는 것이고, 조절은 환경적인 영향의 결과로 개인의 조직이 수정되어 가는 과정을 말한다.

피아제의 기본 견해는 개체와 환경 사이의 상호작용은 생리적인 소화기관의 제반 과정에서만이 아니라 지력의 개발 · 신장 과정에서 이루어지고 있다는 것이다. 다시 말하면, 개인의 인지 발달은 개인이 지니고 있는 기존 인지구조를 새로운 형태로 변경 · 수정 · 재조직해야 하는 조절이 이루어져야 한다. 즉, 인지발달은 개인과 환경 사이에 부단한 상호작용 가운데 동화와 조절을 통해서만 가능하다.

피아제는 상호작용의 자기 조정기제를 평형화(equilibrium)란 개념으로 설명하고 있는데, 여기에는 아동의 발달 요인으로 알려진 성숙, 물리적 환경의 경험, 사회적 환경 등을 들고 있다. 평형화는 동화와 조절의 균형화를 의미한다. 인지구조의 변화를 개념화한 것이 피아제의 인지발달 단계라고 할 수 있다.

### (1) 감각운동기(sensory-motor period, 1~2세)

출생에서 2세까지의 기간으로 행동특징은 빨기와 물기, 잡기로 환경을 느끼고 사물을 지각하는 것이다. 영아는 경험을 범주화하고 구조화하기 시작한다. 이러한 간단한 틀 자체를 도식(schema)이라 부르는데, 이것이 의도적인 행동과 적응문제 해결을 위한 첫 단계가 된다.

모든 것을 자기 중심적으로 보고 대상의 '영속성' 개념이 발달한다. 즉, 대상은 직접 체험하고 있지 않을 때도 계속 존재한다는 것을 이해한다.

감각운동기를 다음과 같이 6단계로 나눈다(Crain, 1985).

① **반사행동의 활성화**(0~1개월) : 빨기, 잡기, 뻗치기
② **제1차 순환반응기**(1~4개월) : 자극의 인지
③ **제2차 순환반응기**(4~8개월) : 반복 반응으로부터 동작과 소리를 흉내내기
④ **두번째 Schema의 협동**(8~12개월) : 물체를 보고 그곳으로 접근, 인과관계의 이해
⑤ **제3차 순환반응기**(12~18개월) : 반응을 수정하기 시작
⑥ **정신적 이미지를 통한 새로운 방법 창조**(18~24개월) : 사물 · 사건들을 모방하기 시작

### (2) 전조작 사고기(operational thought period, 2~7세)

감각운동기에서 조작 단계로 넘어가는 과도기로서 표상(表象)을 내재화하는 경향이 증가하기 시작하는 단계다. 이 시기의 특징은 언어가 발달하기 시작하고 사건과 대상의 의미가 조직화된 상징적 단위와 병합된다.

이 단계의 행동은 자기중심성(ego-centrism), 편협적인 사고, 특수한 부분적 상황에 관심을 가지는 경향이 있다. 그리고 아직 보존성(conservation)을 발달시키지 못하고 있다.

### (3) 구체적 조작기(concrete operation period, 7~11세)

이 단계의 특징은 사회성이 발달하고 논리력 · 추리력을 갖게 되며 요인과의 관계를 인지하는 능력이 발달하며, 물건을 분류하고 정리하기 시작한다. [그림

2-4]와 같이 수, 무게, 부피, 면적 등 보존개념이 형성되고 분석과 통합, 조작의 가역성(reversability)을 알게 되나 아직 사고는 직접 지각하고 손으로 만질 수 있는 구체적 사물에만 한정된다.

| 조 작 | 제 1 단계 | 제 2 단계 | 전조작적 사고 (오답) | 보존개념 획득 연령 |
|---|---|---|---|---|
| 수 | 두 줄의 점들이 동일한 간격으로 놓여 있다. | 아래줄의 점을 사이의 간격을 넓힌다. | 아래가 많다. | 6세 |
| 길이 | 두 개의 막대기 | 막대기를 엇비슷하게 놓았다. | 길이가 다르다. | 6~7세 |
| 면적 | 큰 사각형 속에 4개의 작은 4각형이 있다. | 한 개의 큰 사각형의 작은 4각형을 흩어 놓았다. | 왼쪽이 넓다. | 7~8세 |
| 액체 (양) | 동일한 2개의 유리컵에 동일한 양의 물이 담겨 있다. | 하나의 컵에 있는 물을 길고 가는 컵에 옮겨 붓는다. | 오른쪽이 많다. | 7~8세 |
| 크기 | 공모양의 같은 크기의 찰흙 | 한 개를 납작하게 한다. | 하나가 더 크다. | 7~8세 |
| 무게 | 두 개의 풍선이 동일한 무게를 갖는다. | 하나의 풍선에 공기를 첨가시킨다. | 한쪽이 더 무겁다. | 8~10세 |
| 부피 | 두 개의 알루미늄 공은 액체의 부피를 동일하게 변화시킬 것이다. | 같은 크기의 놋쇠공을 오른쪽의 알루미늄 공과 바꿔 놓았다. | 서로 다르게 변화시킬 것이다. | 11~12세 |

* 참조 : Sarafino & Armstrong, 1986.

[그림 2-4] **구체적 조작기 동안의 보존개념 획득**

### (4) 형식적 조작기(formal operation period, 11~15세)

가장 성숙한 인지적 조작능력을 가지며 추상적인 사물에 대해서 논리적으로 사고할 수 있다. 탈중심화, 가역성, 추상적인 사고가 발달하고 문제를 해결할 수 있는 능력이 생긴다.

위와 같이 피아제의 인지발달이론은 인간의 지적 발달순서를 이해하는 데 유익한 정보를 주고 있지만 지나치게 단순화했다는 평가도 있다.

이상의 피아제 인지발달이론을 요약하면 〈표 2-5〉와 같다.

**표 2-5** Piaget의 인지발달 이론

| 단계 | | 연령 | 특징 |
|---|---|---|---|
| 감각<br>운동기 | 1. 반사적 행동<br>2. 제1차 순환반응기<br>3. 제2차 순환반응기<br>4. 제2차 순환반응 협응<br>5. 제3차 순환반응기<br>6. 표상단계 | 0~1개월<br>1~4개월<br>4~8개월<br>8~12개월<br>12~18개월<br>18~24개월<br>(0~2세) | · 빨기, 잡기, 뻗치기 등의 운동적 기능<br>· 감각-반응의 계속 반복<br>· 반복 반응에서 흥미 · 기쁨을 느낌, 계속적 동작<br>· 물체에로의 접근 및 인과관계 이해<br>· 반응을 수정하기 시작함<br>· 객관적 현실을 이해하지 못함<br>· 사물(물체)이 더 이상 보이지 않아도 계속 존재한다는 '물체의 연속성'을 배움 |
| 전조작기 | 1. 선입관기<br>2. 직관적 시기 | 2~4세<br>4~7세<br>2~7세 | · 자기 중심적 사고를 함<br>· 지각에 의한 추리<br>· 논리적인 해결보다 직관적임<br>· 세계는 어린이 주변으로 한정됨<br>· 타인의 입장을 이해하기 어려움<br>· 사물을 한 가지 두드러진 특징에 의해서 분류함<br>· 이 단계 말에서 숫자 사용과 보존개념이 발달함<br>· 비가역성을 지니고 있음 |
| 구체적 조작기 | | 7~11세 | · 논리적인 사고를 할 수 있음.<br>· 보존개념은 수(6세), 양(7세), 무게(9세)의 순으로 발달, 성취됨.<br>· 사물(대상)을 분류하고, 차원에 따라서 배열할 수 있음. |

| | | |
|---|---|---|
| | | · 수에 대해서 이해함.<br>· 구체적인 한계(범위)만을 사고함.<br>· 머리속으로 생각할 수 있게 됨.<br>· 가역성을 획득함.<br>· 사고의 사회화와 언어의 복잡화 |
| 형식적 조작기 | 11~15세 | · 추상적 개념의 이해<br>· 논리적 전제를 따르게 됨<br>· 가설에 따라서 추리함<br>· 사물의 인과관계를 이해함<br>· 사고의 전도가 가능해짐<br>· 문제해결에 가설을 적용함<br>· 가설을 다룰 수 있는 능력이 발달함<br>· 추리력과 응용력이 발달함<br>· 개인적 우화 에 빠지며 이상주의가 강하게 발달함<br>· 보존성이란 어떤 수, 길이, 물질, 면적, 부피 등을 그 순서나 형태를 바꾸어도 달라지지 않음을 이해함 |

### 2) Vygotsky의 인지발달 이론

러시아의 심리학자인 비고스키는 아동의 인지발달의 근원을 사회적인 환경에서 찾았다. 그는 아이들이 자신의 주위에 있는 다른 사람들로부터 배우는 것에 주목하였고 그러한 사회적인 관계 속에서 개념이나 사실, 태도, 기술 등의 발달이 이루어진다고 보았다. 이런 사회적인 환경은 문화를 포함하는 것이기 때문에 Vygotsky의 발달이론에서는 사회－문화적인 영향력을 중시한다. 즉 인지발달이란 한 문화권에서 사람들간의 상호작용에서 발생하는 것이며 그에 따라 개념, 태도, 전략, 기술 등의 개인의 심리적인 과정이 형성되는 것이다. 외부적인 상황이 개인에게 내면화(internalize)되면서 학습은 타자주도적(other-regulate) 학습에서 점차로 자기주도적(self-regulate) 학습으로 전환된다.

Vygotsky는 사회적인 상호작용이 학습자 개인에게 내면화되는 과정에 있어서, 아동이 어른들의 도움 없이 스스로 문제를 해결할 수 있는 현재의 발달수준과 도움을 받아서 문제를 해결할 수 있는 잠재적 발달수준을 구분하였다. 그리고 그 두 수준의 차이를 근접발달영역(zone of proximal development, ZPD)이라 하였다. Vygotsky는 현재의 발달수준이 같더라도(예를 들어, 두 아동이 지능지수가 같더라도) 다른 사람의 도움을 받아서 어려운 문제를 해결할 수 있는 근접발달영역은 개인에 따라 다를 수 있다는 것을 강조하였다.

## Vygotsky란?

Vygotsky(1896~1934)는 러시아 서쪽에 위치한 항구도시 Gomel에서 태어났다. 은행원인 아버지, 교사인 어머니, 그리고 7명의 형제들 사이에서 성장하였다. 토론하기를 좋아하는 가족 사이에서 자란 Vygotsky는 모의재판이나 논쟁에서 항상 친구들을 주도했기 때문에 작은 교수 로 불렸다.

그는 역사, 문학, 시를 즐겼다. Vygotsky가 17세 때 대학 입학 정원의 단지 3%만이 유태인에게 허용되는 모스크바 대학에 입학하여 문학을 전공하였다. 1917년 모스크바 대학에서 문학사를 취득한 후 고향으로 귀향하였다. 1917년과 1927년 사이 Vygotsky는 고등학교에서 문학을, 지방사범대학에서 심리학을 가르쳤으며, 지체부자유아에 대한 교육에도 관심을 가졌다.

1924년 레닌그라드에서 의식심리학에 대한 강의를 하였으며, 그의 명료한 강연은 청중들을 흥분시켰다. 루리아(A. R. Luria)의 추천에 의해 그는 모스크바 심리학연구소의 연구원이 되었으며, 1925년에 예술심리학에 관한 박사논문을 출판하였다. 특히 Vygotsky는 게젤, 베르너, 피아제의 초기 저서들을 읽고 그들이 강조한 내적 인지발달의 중요성을 인지하였을 뿐만 아니라 사회 역사적 맥락 내에서의 발달을 고려하였다.

Vygotsky의 관점에서는 수업이 발달에 선행하는 것이 바람직하다. 즉, 수업은 근접발달영역에 작용하여 아동들의 잠재적인 능력을 깨우치도록 하는 것이다. 따라서 아동들의 인지발달을 이끌기 위해서는 교사가 아동의 근접발달영역을 찾아내야 한다. Vygotsky는 학교교육에서 학생들이 혼자서 공부를 하도록 하는 것은 아동의 인지발달을 늦춘다고 하였다. 아동의 능력을 최대한 개발하기 위해서는 높은 수준의 복잡한 내용을 보다 체계적으로 가르쳐 이끌어야 한다. 이 분야의 전문가나 성인들이 아동에게 더 복잡한 기능을 숙달할 수 있도록 도움을 주는 과정을 Vygotsky는 발판 또는 비계설정(scaffolding)이라는 개념으로 설명하고 있다.

비계설정은 아동이나 초보자들이 과업을 성취하고 자신의 능력에 닿지 못하는 목표를 성취할 수 있도록 도와 준다. 이러한 비계설정은 처음에는 아동이

할 수 없는 문제해결의 요소들을 성인이 '통제'하다가 차츰 그 문제에 아동들이 집중하도록 하고 결국에는 자신의 능력 안에서 그러한 과제들을 스스로 해결할 수 있도록 한다(Wood, Bruner and Ross, 1976).

근접발달 영역에서는 사회적인 상호작용을 통해서 얻어지는 사회적인 지식은 개인적인 지식이 되고, 개인적인 지식은 점차 증가하고 복잡해진다. 궁극적으로 발달은 한 개인이 그가 속한 공동체에서 성공적으로 기능할 수 있게 한다.

Vygotsky는 언어가 학습과 발달을 매개하는 중요한 요인이라고 하였다. 처음에 언어는 다른 사람과의 상호작용을 위해서 필요하지만 나중에는 내적인 언어로 전환되어 사고를 조직화하는 데 중요한 역할을 한다. 이와는 대조적으로 Piaget는 언어를 사고의 부차적인 요인으로 보았다. Piaget와 Vygotsky는 학습과 발달의 관계에 대해서 서로 다른 의견을 가지고 있었다. 즉, Piaget는 발달이 학습에 선행한다고 보았고, Vygotsky는 학습이 발달에 선행하는 것이라 하였다. Piaget는 개인의 발달수준이 사고의 질을 결정하며 그 수준을 넘어선 교육활동에서는 학습이 일어나지 않는다고 보았다. 이와는 반대로 Vygotsky는 발달의 과정은 학습과정에 뒤처지는 것으로 보며 아동들이 혼자는 할 수 없어도 부모, 교사의 도움으로 문제를 해결할 수 있다고 보았다.

## 나. 정의적 발달

### 1) Freud의 성격발달이론

#### (1) 개 념

프로이드(Sigmund Freud, 1856~1939)는 정신분석학이라는 조직적인 성격이론을 처음 제안하였다. 그는 인간의 성격구조를 원본능(Id), 자아(Ego), 초자아(Superego)로 나누어 설명한다.

원본능이란 신생아 시기부터 존재하는 정신적 에너지의 원천으로 본능적 욕구(성욕)를 관장한다. 이러한 원본능을 충족하면 개인적인 만족과 즐거움을 가져오고 충족하지 못하면 고통과 불쾌를 야기한다.

원본능의 작동은 쾌락의 원리(pleasure principle)에 지배되며 원시적 쾌락추구의 충동들을 비현실적인 방법으로라도 충족하려 하고 고통스러운 것을 피하려고 한다.

## S. Freud는?

Sigmund Freud(1856~1939)는 1856년 5월 6일 Moravia의 Freiberg(현재 체코의 Priber)에서 태어났다. 아버지의 재혼으로, 전처에서 출생한 두 이복형이 있었지만 새엄마에게서는 Freud가 장남이다. 후에 Freud가 자선전에서도 술회하고 있지만 그는 스무살이나 연장인 형들을 마치 아버지처럼 느꼈다.

Freud는 그 당시로서는 별난 영역이라고 밖에 생각할 수 없었던 정신분석학이라는 학문에 심취한 동기로써 유년기에 다음과 같은 4가지의 커다란 충격을 받았다고 술회하고 있다.

첫째, 장남으로 태어난 Freud는 부모의 사랑을 독차지하고 있었는데 동생인 Juluis Freud가 곧 태어나자 자연히 부모의 애정이 양분되었다. 이에 Freud는 심각한 질투를 갓난애에게 느꼈다. 그런데 공교롭게도 아기는 생후 8개월만에 죽었다. 어린 Freud의 마음에는 "자기의 질투와 증오 때문에" 동생이 죽은 것으로 믿게 되었고 이것은 곧 Freud의 일생동안 뇌리에서 떨어지지 않은 하나의 죄책감(Self-reproach)으로 남아있게 되었다.

다음은, 어느 날 우연히 Freud는 어머니의 전라(全裸)를 목격하고서 "강한 성적 흥분을 느끼게" 되었다. 이 장면 역시 평생동안 그에게서 연상되었다고 그는 ≪Three Essays on the Theory of Sexuality≫라는 저서에서 밝히고 있다.

세 번째의 충격은, Freud 나이가 일곱살쯤의 일이었다. 한 번은 부모의 침대에서 잠을 자다가 그만 오줌을 싸고 말았다. 그러자 아버지는 "저놈 다시는 침대 위에 올라가지 못하게 하라"고 고함을 쳤다. 이런 경험이 그의 만년에까지 끊임없이 꿈에 자주 재현되었다.

끝으로 한 가지 상처받은 기억으로는 그의 아버지가 마치 자기는 유태인이 아닌 것처럼 태도를 보인 사실이었다. 어느 날 아버지는 새로 산 털모자가 바람에 휘날려 길가의 도랑에 빠져 버리자, "이 유태인 놈아! 얼른 모자를 건져 내!"라고 명령하였다. 12살이었던 그는 어떻게 할지를 몰라 우물거리고 있자, "이놈아 도랑에 내려가서 집어 올려!"라고 악을 썼던 아버지에 대한 나쁜 이미지가 늘상 잠재의식 속에 되살아 나오곤 했다.

이러한 몇 가지의 충격이 Freud 심리학의 여러 현상들에서 여러 가지 개념으로 설명 규정되어 있듯이, 오늘날 그의 이론은 모두가 자기반성과 자아분석에 기초해 있다. 한편 이런 결정적인 경험은 그로 하여금 일생동안 정신분석학에만 집착하게 한 중대한 계기가 됐다.

그는 9살에 Sperl(Gymnasium : 독일의 대학 진학을 위한 9년제 중학교)에 입학하였고 수석으로 졸업할만큼 두뇌가 비상했다. 그 당시로는 대학에서 법률, 의학, 공학, 경제학의 4과목 중에서 전공을 택하도록 되어 있었는데 Freud는 아무 것에도 흥미가 없었다. 다만 Darwin의 "자연도태설"에 깊은 감명을 받았고 Goethe(1749~1832)의 시에 심취했다.

그러나 결국 그는 인간의 본질에 관한 보다 깊은 지식을 습득코저 의학을 택했다. 그러던 어느 날 E. Brüke 교수의 생리학 실험실에서 생리학(physiology) 강의를 듣고, 자기의 연구 관심과 상통함을 느껴 깊이 몰두하였다. 그 뒤 프랑스의 신경학자 J. Charcot와 상면하면서 유능한 의학도로 변했다.

1882년 가을, 그는 비엔나(Veinna)에 있는 T. Meynert의 내과임상연구소 연구원으로 근무하게 되었다. 여기서 얻은 여러 가지의 경험이 그의 유명한 〈꿈의 해석〉(The Interpretation of Dreams)의 기초를 이루기도 했다.

1882년부터 Vienna의 의사였고 정신치료학자였던 Breuer(1842~1925)와의 교제는 매우 중요했다. C. G. Jung(1875~1961)과 함께 하나의 동성애(Homo-sexuality)적인 감정을 Freud는 지니고 있었다.

그 뒤 1885년 Freud는 파리로 가서 Charcot와 만났다. Charcot는 대화치료법자(The talking cure)라는 별명을 가진 사람이었다.

Charcot 역시 히스테리 치료방법으로 최면술을 사용하고 있었다. 그리고 그는 심인성에서 정신질환의 원인을 찾고 있었다. 이에 대하여 Freud는 생리적인 신경조직에서 히스테리의 원인을 분리하여 정신분석학적으로 접근하였다. 이러한 근거에서 Freud는 1893년에 Breuer와 합작하여 ≪The Psychical Mechanism of Hysterical Phenomena≫라는 책을 펴냈고 2년 후에는 ≪Studies in Hysteria≫라는 책으로 다시 증보판을 내놓았다.

이 책이 정신분석학에 대한 최초의 출판물이었는데 의학계에서는 별로 호응을 얻지 못했다. 특히 독일의 신경과 의사인 Adolph, V. Strümpell에 의하여 강력한 비판을 받았다. 이 당시 Freud는 자기 특유의 자유연상법(Free association)을 개발하여 Breuer 류의 최면술을 부정하였다. 자유연상법이란 환자로 하여금 뭐든지 과거를 들추어 내어 자기의 억압된 감정을 밖으로 풀어내도록 하는 것이다.

1897년, Freud는 자기 자신에 대한 반성(분석)적 사유를 시작하여 어머니의 나신을 본 잠재의식이 곧 유아성욕 이론(childhood seduction)과 근친상간적인 성적 외상이라는 새로운 개념을 낳았다. 그것은 곧 Oedipus complex와 연결되었다.

말년의 20년간 그는 33번의 수술을 받으며 고통스러웠다. 그는 1939년 83세에 런던에서 사망했다.

원본능의 욕구충족을 위해서는 현실과의 교섭이 필요하다. 이 필요에 대처하는 것이 자아의 역할이다. 자아는 원본능의 욕구와 현실, 그리고 초자아의 요구들을 조절하는 기능을 수행하며 현실의 원리(reality principle)에 지배된다.

초자아는 습득된 도덕적, 윤리적 가치들로 양심적인 기능을 수행한다. 즉 받아들일 수 없는 욕망의 존재를 자아에 통제하도록 명령함으로써 이드와 초자아 사이에 계속되는 갈등을 중재한다. 따라서 초자아의 작동은 도덕의 원리(moral reality)에 지배된다.

### (2) 성격발달의 단계

프로이드는 성격발달의 단계를 구강기, 항문기, 남근기, 잠복기, 생식기 등 다섯 단계로 구분하였다. 특히 그의 이론은 태어나서 다섯 살까지의 경험을 중요시한다.

### 1 구강기(oral stage, 생후 1년)

출생 후 1년 동안 영아의 성감대는 구강(입, 혀, 입술 등)으로 젖을 빨면서 성적 욕구를 충족하면서 자신에게 만족과 쾌감을 주는 대상에게 애착을 가진다. 따라서 이 시기에 엄마는 상당히 의미있는 타자의 역할을 하게 된다. 만일 엄마의 보살핌을 받지 못하고 쾌감을 얻지 못하거나 과잉충족을 하면 성장과정에서 성격적 결함을 나타낸다.

구강기에 기인한 성격적 결함은 구강적 특성을 지닌 것들인데, 예를 들면, 지나친 흡연, 손가락 깨물기, 과음, 과식, 남을 비꼬는 일을 일삼는 미성숙한 성격 등이다.

### 2 항문기(anal stage, 2~3세)

2~3세 사이는 성감대가 구강에서 항문으로 옮겨진다. 유아는 배변훈련(toilet training)을 통해서 항문근육의 자극을 경험하고, 이러한 경험을 통해서 성적 쾌감을 얻는다. 만일 부모의 훈련이 거칠거나 강압적이면 대변을 참게 되어 변비가 생기고 항문적 보유(anal-retentive)성격이 된다. 성인에게서 이러한 성격이 나타나면 고집이 세고 인색하고 복종적이며 시간을 엄수하고 지나치게 청결하고나 불결한 경향이 있다.

한편 자나치게 규칙적이고 대 · 소변을 하고난 후 그 때마다 칭찬하고 철저히 목욕을 시키는 경우 항문적 공격(anal-aggressive)성격을 갖게 된다. 이러한 현상이 고착화되면 잔인하고 과격하며 난폭하고 적개심을 나타낸다.

### 3 남근기(phallic stage, 4~5세)

이 시기에는 주된 성감대가 항문에서 남근으로 옮겨진다. 남녀의 신체 차이, 아기의 출생, 부모의 성역할 활동에 관심을 갖는다. 이 시기의 두드러진 갈등은 오이디푸스 콤플렉스(Oedipus complex)와 엘렉트라 콤플렉스(Electra complex)다.

전자의 경우, 남자 아이들이 어머니에게 성적인 애정을 느끼고 아버지에게는 애정을 박탈당할까 또한 자신의 성기를 없앨까를 염려하는 거세불안(castration anxiety)을 걱정하는 갈등을 느끼는 것을 말한다. 후자의 경우, 여자 아이들은 처음에는 어머니를 좋아하나 곧 자기는 남근이 없음을 알고 이를 부러워하는 남근선망(penis envy)을 갖는다. 한편 그 책임을 어머니에게 돌리며 아버지를 더 좋아하는 경향이 나타난다.

이러한 콤플렉스를 극복하는 과정에서 동일시(identification) 현상이 나타난다. 이 시기는 성격형성에 매우 중요하므로 이를 극복하지 못했을 때 성불감증, 동성애 같은 신경성 질환을 가져올 수 있다.

### 4 잠복기(latent stage, 6~12세)

이 시기는 성적인 수면상태에 속하며 초등학교 다니는 학생의 시기다. 이 시기에는 문화적으로 가치 있는 기술을 학습하고 사회 속에서 자기 역할을 배우고 운동능력을 키우며, 논리적 사고와 타인의 입장을 고려할 수 있는 우정의 단계로 전환된다.

### 5 생식기(genital stage, 12세 이후)

사춘기의 발달과 더불어 이성에 대한 관심과 인식이 싹트기 시작하며 성적·공격적 충동이 다시 나타나는 시기다. 부모로부터 독립하려는 욕구가 생기며 이타적 태도가 발달해 간다.

이와 같이 프로이드의 성격발달이론은 태어나서 다섯 살까지의 경험을 중요시하고 있으며, 각 발달단계에서 어떤 경험을 하느냐에 따라 개인의 성격이 형성되고 있으므로 어떻게 각 단계를 성공적으로 이끌어 나가느냐? 가 적응생활에 크게 영향을 미치게 된다.

프로이드의 성격발달이론을 요약하면 〈표 2-6〉과 같다.

**표 2-6** Freud의 발달단계

| 단계(연령) | 쾌감의 부위 및 원천 | 인성발달 |
|---|---|---|
| 구강기 (oral stage) | 입술 : 젖빨기, 먹는 것, 손가락 빨기,<br>치아 발생 후 씹는 것 | · 구강수동적 성격<br>· 구강공격적 · 가학적 성격 |
| 항문기 (anal stage) | 항문근육 : 대변의 배설과 보류 | · 항문보유적 성격<br>· 항문공격적 성격 |
| 남근기 (phallic stage) | 생식기의 자극 | · 오이디푸스 콤플렉스<br>· 엘렉트라 콤플렉스<br>· 초자아(양심)발달 |
| 잠복기 (latency stage) | 성적 흥미나 관심이 일시적으로 억압됨, 외계에서 쾌락추구 | · 사회성의 발달과 일상생활에 적응하기 위한 지식, 기능을 습득하는 데 열중 |
| 생식기 (genital stage) | 생식기관의 성숙 | · 이성적 관계가 원만 · 책임감 발달<br>· 이타적인 태도 발달<br>· 이상적 성격 발달 |

### 2) Erikson의 심리사회 발달이론

프로이드의 영향을 받은 에릭슨(E. Erikson)은 인간의 성격은 몇 단계로 구분되어 진행되고 이것은 인간 모두에게 공통적이라고 가정한다. 그는 아동이 어떻게 자아정체감을 발달시키고 사회화되는가에 관심을 가지고 심리사회 발달이론을 제기하였다.

#### E. H. Erikson은?

E. H. Erikson(1902~1994)은 독일 프랑크푸르트에서 출생, 프로이드에게 직접 배운 현대 정신분석가다. Erikson은 예술에 관심이 많은 어머니의 영향으로 화가가 되고 싶어서 청년기에는 화가 수업을 하였고 20대 후반에는 첫 개인전도 열었다.

그의 어머니는 유태계 소아과 의사와 재혼했기 때문에 Erikson은 홈부르거의 양자로 에릭 홈부르거란 이름을 갖고

있었다. 초등, 중등학교에서는 그가 프로테스탄트계 백인으로 취급받으면서 지역사회에서는 유태인으로 살아야 했다. 이것은 Erikson에게는 내적 분열의 체험이었다.

1차 세계대전 혼란기 때 Erikson은 빈에서 그림을 가르치는 한편 정신분석가의 훈련을 받았고, 프로이드의 딸인 안나 프로이드로부터 아동분석가의 길을 안내받았다.

2차 세계대전 때 미국으로 이주, 하버드대학과 지역에서 인기있는 정신위생 관계자로 외적으로는 풍요로움이 있었으나 내적으로는 자기 확립에 대한 끊임없는 갈등이 일어났고, 마침내 그는 자신의 이름을 홈부르거로부터 에릭슨이라 바꿔 부르기로 했다.

이와 같이 Erikson이란 이름은 그가 스스로 만든 것이었는데 이것은 정체감 연구자로서 매우 상징적인 의미를 지니고 있다. 그는 프로이드의 발달론을 평생 발달 주기론으로 확대하여 청년기론으로서의 정체감론은 매우 다양한 연구영역에 영향을 주었고, 대인관계론은 상호성이론으로 확대, 역사론은 심리역사론으로 확대하였다.

평생주기 또는 인생주기라는 용어를 만든 그의 연구는 현대의 정신분석을 포함해서 심리학, 사회학을 위시한 인문과학이나 예술 등 광범위한 분야에 영향을 미치고 있다.

에릭슨은 심리사회적 성격발달을 여덟 가지로 구분하였다.

### (1) 신뢰감 대 불신감(유아기, 출생~1세)

신뢰감(trust)이란, 건강한 성격의 초석으로 영아가 엄마로부터 받는 양육의 질(quality)에 의존한다. 영아의 만족감과 안정감을 좌우하는 것은 어머니로서, 영아에게 친밀감, 일관성, 지속감 그리고 동일성의 경험을 베풀어 주는 능력과 관련이 있다. 한편, 불신감(distrust)이란, 엄마가 관심의 초점이 되어야 할 아기로부터 관심을 돌려 임신 중 또는 생후 초기에 그가 못했던 다른 일(직장, 재임신)에 집중할 때 증가된다고 한다.

따라서 신뢰감 발달에 결함이 있을 때 나타나는 행동의 결과는 영아에게는 급성우울증이고 어른에게는 편집증이다. 그러므로 이 시기에는 신뢰감 형성을 위해 노력해야 한다. 신뢰는 희망을 위한 능력으로서 신뢰 대 불신의 갈등이 성공적으로 이루어진 것을 의미한다(강봉규, 1993, p. 209).

### (2) 자율성 대 수치 · 의심(2~3세)

신뢰감이 획득되면 자율성과 자기 조절이 가능해지며 이 단계는 프로이드의 항문기에 해당된다. 이 시기는 사회적 양식(소유 또는 관용)에 대한 선택을 하는 시기다.

이 단계의 심리사회적 위기를 만족스럽게 넘기느냐의 여부는 아동의 삶에 영향을 미치는 활동이 자유롭게 조절되도록 허용하는 부모의 의지에 달려 있다. 부모가 과잉 보호적이거나 무관심하면 아동은 타인에 대해 수치감을 갖고 외계와 자신을 통제하는 자신의 능력에 대해 자신감을 느끼지 못하고 무기력하다고 생각하게 된다. 이런 아동은 자신의 의지력과 그것을 지배하고 이용하는 사람을 불신한다. 신뢰와 자율성의 상호의존은 때로는 미래의 심리사회적 성장을 저해하는 효과로 나타날 수도 있다. 예를 들면, 자율성 단계 기간에 '불안한' 신뢰감을 얻은 아동은 주저하고 공포를 느끼며 자신이 없어 한다. 이리하여 누군가가 도움을 주기를 바란다.

### (3) 솔선감 대 죄악감(아동기, 4~5세)

프로이드의 남근기에 해당하며 아동의 사회적 외계가 활동적이 되도록 새로운 과업과 기술을 익히고 생산적이 되어 안정되어가는 시기다.

솔선성의 발달은 부모가 자녀의 호기심을 인식하고 자녀의 환상적 행동을 우스꽝스럽게 여기거나 금지하지 않을 때 보다 더 조장된다. 즉, 아동으로 하여금 목표지향적 행동을 하도록 하는 것이 중요하다.

죄의식이란, 부모가 아동이 스스로 그 일을 완수하도록 기회를 주기 꺼려하는 데에서 야기된다. 죄의식은 이성의 부모로부터 사랑을 받거나 사랑하려는 자녀의 욕구에 대해 부모가 너무 과도한 벌을 주기 때문에 생긴다. 지속적인 죄의식은 일반화된 소극성 성적 무기력, 불감증, 정신병리적 행동 등 정신병리로 발전된다.

### (4) 근면성 대 열등감(6~11세)

프로이드에 의하면 잠복기에 해당하며 아동이 대부분의 시간을 학교에서 보내며 학교에서의 성공과 성취가 아동의 근면성을 발달시키게 된다. 아동이 학습에서 높은 성취와 성공을 거두면 긍정적 자아개념이 발달하여 근면성이 유지되는 반면, 실패하면 열등감이나 무능력감이 발달될 가능성이 있다.

근면성이란 인간관계적 능력감, 즉, 개인적으로나 사회적으로 의미있는 목표를 추구하는 가운데 사회환경에 적극적으로 영향력을 발휘할 수 있는 자신감을 나타낸다. 그리고 적응과 성공, 인간관계를 결정하는 중요 요인으로 작용한다. 따라서 학생들에게 도전감을 심어 주고 근면성을 발달시킬 수 있도록 어려움 극복을 위한 노력을 기울여야 한다.

### (5) 정체감 대 역할혼미(청년기, 12~18세)

에릭슨은 청년기에 나타나는 심리사회적 문제는 긍정적 측면에서 자아정체감(identity)을 갖고 부정적 측면에서는 역할 혼미현상이 일어난다는 이론을 제시하고 있다.

이 시기의 중 · 고등학생들은 육체적 · 지적 · 감성적 변화를 경험한다. 육체적으로는 급격한 성장을 하지만, 정신적 조정능력은 신체발달에 미치지 못하고 그들은 새로운 성적인 느낌을 경험함으로써 혼란에 빠지기도 한다.

에릭슨에 의하면, 청소년의 마음은 관념의 통일을 갈망하는 가운데 이상적으로 흐른다. 문화, 종교, 관념론에서 영속적인 가치를 발견하지 못하므로 이상의 혼란이 야기된다. 정체감 혼동으로 과거의 신념을 재평가하지도 못하고 자유롭게 행동할 수 있는 해결책도 모색하지 못한다. 불행한 어린 시절의 경험이나 현대의 사회환경 때문에 젊은이가 정체감 발달에 실패하면 '정체감 위기'를 가져온다. 갈등의 고뇌에 빠진 청소년들은 무력감, 혼란감, 허무감을 느낀다. 따라서 부족감, 비인간화, 소외감을 느끼고 부모나 동료가 기대하는 것과는 전혀 반대의 부정적 정체감을 추구하게 된다.

### (6) 친밀감 대 고립감(19~24세)

사회에 참여하여 자유와 책임을 가지고 자신의 삶을 누리기 시작하는 시기다. 이 시기에는 자신의 문제에만 몰두하는 것에서 벗어나 직업, 배우자, 친구선택 등 다양한 문제들을 경험한다. 따라서 타인과의 관계에서 친밀성을 이루는 것이 중요한 과업이다. 친밀성이란 친구, 배우자, 형제, 자매, 부모, 친척들에게 마음을 열고 친밀한 감정을 나누어 갖는 것을 말한다. 긍정적인 정체감을 확립한 사람만이 친밀성을 이룰 수 있으며, 정체감을 확립하지 못한 사람은 자기 자신에 대하여 자신감을 가지지 못하므로 타인과의 관계에서 친밀성을 형성하지 못하고 고립되어 자기 자신에게만 몰두하게 된다. 안락하고 친밀한 인간관계를 맺을 수 없으면 사회적인 공허감이나 소외감을 느낀다. 친밀 대 고립 위기를 건전하게 극복할 경우, 심리 사회적 능력인 사랑이 발생한다.

표 2-7 Erikson의 인성발달의 단계

| 단 계 | 심리성적 발달단계 | 심리 · 사회적 위기 | | 주된 관계 대상의 범위 |
|---|---|---|---|---|
| | | 성 공 | 실 패 | |
| 1. 영아기 (0~1.5세) | 구강기 | 신뢰감(sense of trust) : 애정욕구 충족으로 | 불신감 : 학대, 애정의 박탈로 | 어머니 |
| 2. 유아기 (1.5~4세) | 항문기 | 자율성(autonomy) : 부모로부터 독립된 자신, 자율적 개체로서의 인식에서 | 수치감, 의심 : 방해가 제지되는 상태에서 | 부모 |
| 3. 유희기 (4~6세) | 남근기 | 솔선성(initiative) : 현실도전의 경험, 상상, 양친행동의 모방을 통하여 | 죄악감 : 너무 엄격한 훈육, 윤리적 태도의 강요에서 | 가족 |
| 4. 아동기 (6~11세) | 잠복기 | 근면성(industy) : 공상과 놀이에서 벗어나 현실적 과업을 수행하고 무엇이든지 해보려는 데서 | 열등감 : 지나친 경쟁, 개인적 결함, 실패의 경험에서 | 이웃<br>학교 |

| 5. 청년기 (12~15세) | 사춘기 | 주체성(identity) : 어른과의 동일시감, 자기 가치관, 자기 역할의 인식에서 | 주체성의 혼란 : 자신의 역할, 사회적 규준 제시의 불분명에서 | 교우집단 지도자의 모범 |
|---|---|---|---|---|
| 6. 성인초기 (16~청년) | 생식기 | 친밀감(intimacy) : 동성이성간에 인간관계의 친밀감, 연대의식, 공동의식 등의 따뜻한 인간관계에서 | 심리적 고립감 : 과도한 또는 형식적인 인간관계에서 | 우정적 동료 |
| 7. 성인중기 | | 생산성(generativity) : 부모성의 역할인식에서 (자기나 자신을 위한 창조성, 생산성) | 침체성(stagnation) : 방해당하면 자기중심적이 됨 | 직장, 가정 |
| 8. 성인후기 | | 통합성(integrity) : 사회문화의 지배적 이상을 받아들이고 생의 의미에 대한 긍정감을 지님 | 절망감(despair) : 무전통, 무가치 등의 현상은 성취 의욕을 좌절시키고 인생의 의미를 상실케 함 | 인류동포 |

### (7) 생산성 대 침체성(성인 중기, 25~54세)

생산성(generativity)은 개인이 다음 세대에 대한 복지뿐 아니라 다음 세대가 일하며 살아갈 사회의 성격에 대한 관심을 가짐으로써 생긴다. 이 시기는 결혼을 하고 가정을 꾸미어 자녀을 낳아 기르고 교육하면서 다음 세대를 양성하는 데 관심과 노력을 기울인다. 생산성이 결여되면 침체성이 형성되어 사회의 일원으로서 기능을 다하지 못하고 인간관계가 황폐화된다. 나아가 타인에 대한 무관심, 허위, 이기심을 갖게 된다.

따라서 생산적인 성인은 보다 나은 사회를 만드는 데 기여하고 깨끗한 환경조성, 안정된 사회, 자유와 인간존중에 앞장선다.

### (8) 자아통합 대 절망감(노년기, 54세 이상)

마지막 단계로서 완성적 노력과 성취에 대해서 반성하는 시기다. 신체적인 노쇠, 직업으로부터의 은퇴, 친한 친구나 배우자의 죽음 등으로 인하여 인생에 대한 무력감을 느끼는 일이 많다. 자아통합(ego integrity)이란, 자신의 삶에 후회가 없으며 열심히 살았고 가치 있었다고 생각하는 삶이 지닌 특성을 말한다. 자아 통합의 결여나 상실은 죽음에 대한 두려움, 되돌릴 수 없는 실패, 희망했었던 것에 대한 끊임없는 미련으로 나타나고, 자신이 살아온 길이 후회스럽고 무가치하며 새로운 인생을 시작하기에는 너무 늦었다는 생각을 하게 되므로 절망감에 빠진다. 에릭슨은 이 시기에 절망하면 노인성 정신병(senil), 우울증, 히포콘드리아병에 걸리게 되며 심술궂고 과대망상의 증상이 나타난다고 한다.

### 3) Kohlberg도덕성 발달단계

피아제의 인지발달이론을 도덕성 분야에 적용하여 다시 체계화한 사람이 콜버그다. 그는 도덕이란 사회집단이 가지고 있는 행동규범을 말하며 도덕성이란 객관적인 행동으로 나타난 것에 기준을 두는 것이 아니라 본래 가지고 있는 주관적 · 자율적인 도덕의식을 의미한다고 하였다. 즉 사회집단의 도덕적 규범에 일치시키는 심성을 도덕성이라고 한다.

#### Kohlberg란?

Lawrence Kohlberg는 1927년에 New York주의 Bronxville에서 태어나 그 곳에서 자랐다. 그는 미국의 명문 사립고등학교 Andover Academy를 졸업한 후, 대학에 진학하는 대신 이스라엘 난민들을 수송하는 일을 도왔다. 사회적 정의를 행동으로 실천한 이 경험은 훗날 그의 도덕발달이론의 기초가 되었다.

1948년 Kohlberg는 시카고 대학에 입학하여 2년만에 학사학위를 취득하고 같은 대학원의 심리학과에 입학하였다. 학부시절 그는 철학과 문학을 통해 도덕적 전통을 배웠으며, 대학원 과정에서 Bruno Bettlheim, Carl Rogers, Sam Beck와 같은 분들로부터 임상적 이론과 실제를 배웠다.

Kohlberg는 Piaget의 이론에 영향을 받아 도덕성발달에 관심을 갖게 되었으며, 도덕적 문제에 관해 아동과 청소년을 면접하기 시작했다. 그 결과가 10~16세까지 사고와 선택유형발달(The development of modes of thinking and choice in the 10 to 16-years-old, 1958) 이라는 박사학위논문이다. Kohlberg는 어느 시대 사회를 막론하고 인간에게는 반드시 지켜야 할 보편적인 정의의 원리와 도덕률이 있다고 생각하고, 인간이 개인적인 욕구중심의 단계로부터 원리적 도덕성으로 이행해가는 과정을 그의 도덕성발달이론의 근간으로 하였다.

Kohlberg는 Chicago 대학에서 1962년부터 1968년까지 교수로 재직하였고, 1968년 이후 1987년 생을 다할 때까지 Harvard 대학 교수로 연구에 몰두하였다. Kohlberg는 겸손하며 나서기를 좋아하지 않는 사람이었다. 그는 도덕성을 중심으로 하여 철학과 심리학 분야의 여러 중요한 문제에 관해 깊이 사고하였으며, 이들 주요 문제에 관해 학생들에게 신중히 생각하도록 훈련했다.

불행하게도 Kohlberg는 그의 생애 마지막 20년 동안 열대병과 도덕적 이상주의와 현실간의 괴리로 인한 우울증으로 고통을 겪었으며, 59세의 나이에 자살로 삶을 마쳤다. 그는 행동이 일치하는 진정한 도덕인으로서의 일생을 살다간 우리 시대의 마지막 스승으로 기억되고 있다.

콜버그는 도덕적 판단을 요하는 문제상황에서 사람들이 그 문제를 어떻게 해결해 나아가는지 그 해결방식을 알아보기 위해 개인면담 방식을 사용하고 있다. 그는 피험자들을 대상으로 도덕적 행위의 동기와 인간생명의 가치 등 도덕적 문제상황을 내포하고 있는 도덕적 갈등상황(moral dilemma)을 개인면담방식으로 제시한 후, '어떻게 할 것인지?', '왜 그렇게 하는지?'를 묻고 그 반응을 분석하여 그들이 그러한 판단을 내리게 된 사고방식에 따라서 전인습적 수준(preconventional level : 제1, 2단계), 인습적 수준(conventional level : 제3, 4단계), 후인습적 수준(postconventional level : 제5, 6단계) 등 3수준 6단계의 도덕성 발달단계를 설정하고 있다.

콜버그가 설정하고 있는 도덕성 발달단계를 요약하여 제시하면 다음과 같다(Kohlberg, 1969, 1981 ; 김봉소 · 김민남 역, 1985).

### (1) 전인습적 수준 : 제1단계와 제2단계

이 수준의 아동은 문화적 규칙과 선악, 정사(正邪)라고 매겨진 이름에 순응하면서 행동의 물리적 · 쾌락주의적 결과(벌, 보상, 호의의 교환) 내지는 규칙과 이름을 붙여주는 사람들의 물리적인 힘에 준해서 그러한 규칙과 이름을 해석한다. 이 수준은 다음과 같은 제1단계와 제2단계로 나누어진다.

① **제1단계**(처벌과 복종) : 이 단계에서는 복종과 도덕적 결정이 단순한 신체적 · 물리적 힘에 바탕을 두고 있으며, 자기보다 강한 사람으로부터 받는 신체적 처벌을 피하기 위해 권위에 대하여 자기 중심적으로 복종하고 행동한다.

② **제2단계**(개인적 욕구 충족) : 이 단계에서는 개인적 욕구를 충족하기 위해 물질적 이해타산에 집착하여 손해를 보지 않으려는 방향으로 행동한다. 즉, 자기욕구의 충족이 선으로 간주되면 보수나 이익을 추구하는 소박한 이기주의를 지향한다.

### (2) 인습적 수준 : 제3단계와 제4단계

이 수준에서는 즉각적이고 눈에 드러난 결과와는 관계없이 가족이나 집단 또는 국가의 기대에 부응하는 것이 가치있는 것으로 지각한다. 이는 질서존중의 태도, 즉 질서를 적극적으로 지키고 이를 정당화하려는 태도와 다른 사람들이나 집단의 인습에 동조하려는 태도를 지니는 수준이다. 이 수준은 제3단계와 제4단계로 나누어진다.

① **제3단계**(사회적 순응과 역할 수행) : 이 단계에서는 '착한 아이'라는 타인으로부터의 인정을 중시하고 타인에 동조적인 좋은 인간관계를 지향한다. 그리고 자신의 의사에 따른 독립적인 결정보다 인습을 앞세운다.

② **제4단계**(사회적 규범의 존중) : 이 단계에서는 국지적인 사회적 관습보다는 보편적인 사회적 규칙이나 규범에 바탕을 둔 도덕판단을 한다. 따라서 권위와 사회적 질서를 존중하고 의무수행을 지향한다.

### (3) 후인습적 수준 : 제5단계와 제6단계

이 수준에서는 도덕적 인습이나 집단의 권위와는 별개이며, 집단과 개인의 동일시와도 별개인 타당성 있는 도덕적 가치와 원리를 적용한다. 이 수준은 다음과 같은 두 단계를 포함하고 있다.

① **제5단계**(사회 계약) : 이 단계에서의 도덕판단은 단순하지 않고 광범위한 견해를 고려한 종합적인 것이다. 따라서 타인의 권리를 침해하는 일을 피하며 자유, 평등, 계약의 원리를 지향한다.

② **제6단계**(보편적 사회정의) : 이 단계에서는 개별적 인간의 존엄성, 사회정의

등의 보편적 원리에 입각하여 도덕판단을 한다. 따라서 양심과 상호신뢰와 존경을 지향하며 그 양심적 판단은 논리적 일관성과 보편성을 중시한다.

이와 같은 콜버그의 도덕성 발달단계를 '규칙준수'라는 측면과 결부시켜 규정하면 다음과 같다.

① **제1단계** : 죄를 피하기 위하여 규칙을 준수한다.

② **제2단계** : 보상을 얻기 위하여 동조하며 베풀어 준 호의에 대해 보답을 바란다.

③ **제3단계** : 타인의 불승인과 혐오를 피하기 위하여 동조 한다.

④ **제4단계** : 적법한 권위에 대한 견책과 그 견책에 따른 죄책감을 피하기 위하여 동조한다.

⑤ **제5단계** : 공동체의 복지에 준하여 판단하는 공정한 제3자의 입장에서 동조한다.

⑥ **제6단계** : 자신의 죄책감을 피하기 위하여 동조한다.

콜버그는 아래와 같은 '하인쯔(Heinz)의 딜레마'와 여러 가지 다른 갈등상황을 제시한 연구에서 아동들이 이 상황에 어떻게 대답할지를 기초로 도덕성 발달의 단계를 구성하였다.

콜버그는 이러한 질문들에 대한 대답을 기초로 개인의 도덕성이 1단계에서 6단계로 발달한다고 보고, 또한 그것을 크게 세 가지 수준으로 구분하였다.

### 콜버그가 들려준 도덕적 딜레마

유럽의 어느 부인이 무서운 암에 걸려서 거의 죽어가고 있었다. 그 병을 치료하는 데는 오직 한 가지 약밖에 없는 것으로 알려져 있었다. 이 약은 같은 마을에 사는 어느 약사가 최근에 만들어낸 라듐 종류의 약이었다. 이 약을 만드는 데는 원가도 상당히 많이 먹히는 데다가, 그 약사는 약값을 원가의 10배나 매겼다. 라듐을 200달러에 구입해 가지고 그 약 조그마한 한 제를 2000달러에 팔려고 한 것이다. 병든 부인의 남편인 하인쯔는 돈을 구하기 위해 아는 사람들을 모두 찾아다녔으나, 그 약값의 절반밖에 안 되는 1000달러밖에 마련하지 못했다. 할 수 없이 하인쯔는 그 약사에게 가서 자기 부인이 지금 죽어가고 있다고 설명하고 그 약을 싸게 1000달러를 받고 팔거나 아니면 외상으로라도 자기에게 팔아 주면 다음에 그 돈을 갚겠다고 간청했다. 그러나 약사는 "안 됩니다. 그 약은 내가 발명한 약인데, 나는 그 약으로 돈을 벌어야 합니다."라고 대답했다. 절망에 빠져 돌아온 하인쯔는 결국 그 약방을 부수고 들어가서 자기 부인을 위하여 그 약을 훔쳐 내었다. 남편이 한 일은 정당한 것인가? 정당하다면 어째서 그 일이 정당한가?

콜버그의 도덕발단 단계를 알기 쉽게 요약하면 다음 〈표 2-8〉과 같다.

**표 2-8** Kohiberg의 도덕판단 단계의 요약

| | | |
|---|---|---|
| 1. 전인습적 수준 | 도덕 · 규칙 · 선 · 악의 개념은 행위의 결과나 도덕 · 규칙을 강요하는 사람의 힘 · 권위와 관련하여 생각함 | 단계1 : 처벌-복종에 의한 도덕성-벌을 피하려고 규칙을 지킨다. |
| | | 단계2 : 욕구충족의 도덕성-보상을 위해 규칙을 지킨다. |
| 2. 인습적 수준 | 가정, 집단, 국가의 기대를 따르는 그 자체를 가치롭다고 봄 | 단계3 : 대인관계의 조화를 위한 도덕성-타인의 승인획득과 비난회피를 위해 규칙을 따른다. |
| | | 단계4 : 법과 질서유지의 도덕성-계약에 따라 의무를 규정하고, 타인의 권리 침해 없이 공공복리 증진을 위한 공정한 견해를 갖는다. |
| 3. 후인습적 수준 | 도덕적 가치나 원리가 개인이나 집단의 권위와는 관계없이 그 자체로서 타당성을 지닌다고 생각함 | 단계5 : 사회계약 정신의 도덕성-계약에 따라 의무를 규정하고, 타인의 권리 침해 없이 공공복리 증진을 위한 공정한 견해를 갖는다. |
| | | 단계6 : 보편적 도덕원리에 따라 바른 행위는 자신이 택한 도덕원리에 따른다. |

지금까지 살펴 본 발달이론을 비교 요약하면 다음 〈표 2-9〉와 같다.

**표 2-9** 발달단계에 따른 발달이론과 비교

| 단 계 | 연령범위 | 주요특징 | 인지발달 (Piaget) | 인지발달 (Bruner) | 심리성발달 (Frued) | 심리사회발달 (Erikson) | 도덕발달 (Kohlberg) |
|---|---|---|---|---|---|---|---|
| 영아기 | 0~1세 | 체위이동, 기본언어 획득, 사회적 애착 | 감각운동기 | | 구강기<br>항문기 | 신뢰 대 불신 | 전도덕기 |
| 유아기 | 1~6세 | 언어능력 숙달, 성차발달, 집단 유희, 취학준비완료 | 전조작기 | 전조작기 | 남근기 : 오이디푸스 콤플렉스 | 자율성 대 수치감 회의감<br>주도성 대 죄책감 | 복종과 처벌(2단계)<br>상호성(2단계) |

| | | | | | | | |
|---|---|---|---|---|---|---|---|
| 아동기 | 6~11세 | 인지과정이 성인수준으로 발달(단, 조작속도는 뒤짐), 협동놀이 | 구체적 조작기 | 구체적 조작기 | 잠복기 | 근명성 대 열등감 | 착한아이 (3단계) |
| 청년기 | 11~21세 | 사춘기로 시작 성숙에서 끝남, 최고 수준의 인지능력획득, 부모로 부터 독립, 이성관계 형성 | 형식적 조작기 | 형식적 조작기 | 성기기 | 정체감 대 역할 혼미 | 법과 질서 (4단계) |
| 성년기 | 21~25세 | 직업선택과 가족형성 | | | | 친근성 대 고립감 | 사회계약 (5단계) |
| 장년기 | 25~50세 | 직위가 가장 높아짐, 자기평가, 자녀출가로 인한 공허감 위기, 은퇴 | | | | 생산성 대 자기 도취 | 도덕률 (6단계) |
| 노년기 | 50세 이상 | 가족과 업적을 즐김, 의존성, 홀아비, 과부, 건강악화 | | | | 자아통일 대 절망 | |

또한 발달단계별 학교·학년별 특징을 요약하여 정리하면 다음 〈표 2－10〉과 같다.

**표 2－10** 학령단계별 특징

| 단 계 | 신 체 적 | 사 회 적 | 정 서 적 | 지 적 |
|---|---|---|---|---|
| 유치원 아동 (5~6세) | ① 5~6세된 유치원 아동들은 신체적으로 대단히 활발하다.<br>② 남자가 신체적으로는 크지만 섬세한 운동기능면에서는 여자가 훨씬 낫다.<br>③ 대근육근이 잘 발달되었으나 섬세한 근육발달은 미숙하다. | 취미는 남녀간 차이가 별로 없으며 남녀성역할을 분명히 알지 못한다. | 정서적 표현이 자연스럽고 공개적이며 감정 폭발이 빈번하다. | 언어적 기능이 상당히 발달되어 있기 때문에 말하기를 좋아하고 상상력과 발명심이 절정에 도달한다. |

| | | | | |
|---|---|---|---|---|
| 초등학교 저학년생 (6~9세) | 신체기능을 과신하는 경향이 있으며 모험적 행동을 잘하고 따라서 사고가 잦고 잔병치레가 많다. | 교우상대가 비교적 선택적이다. | 남의 감정에 민감하게 반응한다. | ① 언어의 힘을 인식하면서 욕을 재미로 쓰는 경향이 있다.<br>② 도덕적 개념이 발달하기 시작한다. |
| 초등학교 고학년생 (9~12세) | ① 여자의 신체적 성장은 같은 연령의 남자를 능가한다.<br>② 운동기능은 거의 완숙에 가까우며 미술, 조작, 음악 등에 흥미를 갖는다. | 성인으로부터 분리되기 시작 한다. | 도덕적 상대주의자가 된다(규칙이나 규약이 상대적인 것이라는 생각). | 거의 모든 사실에 대해 호기심을 갖는다. |
| 중학교 학생 (12~15세) | ① 사춘기에 접어들며 이에 따르는 신체적 · 심리적 변화가 크다.<br>② 건강하기는 하지만 신체적 · 정신적 지구력이 다소 부족한 경향이 있다. | 동료집단이 유일한 행동원칙의 원천이 된다. | 성적 성숙을 수반하는 생물학적 변화와 자기 위치에 대한 혼동 등으로 우울함, 변덕스러움이 있다. | 추상적 개념과 이해력이 증가하고 도덕적 원리를 잘 이해한다. |
| 고등학교 학생 (15~18세) | ① 신체적으로 완성기<br>② 성적 성숙이 완성되는 시기로 내분비선의 변화와 불균형을 초래한다. | 동료집단에의 동조압력이 강화되고 그들의 행동에 역력히 반영된다. | 갈등이 증가일로로 치닫는다. 부모로부터 정서적 이유의 압력, 미래에 대한 고민 등 | 최고 능률성을 자랑하지만 충분히 활동하지는 못한다. |

## 6 발달과 교육

교육은 인간의 성장과 발달을 도와 주고 정적이 아닌 역동적인 인간의 생활을 사회적으로 형성시키는 과정이다. 교육은 무엇보다도 그 대상인 인간에 대한 깊은 이해로부터 출발되어야 한다.

발달연구 및 발달이론은 인간을 이해하고자 하는 다양한 영역의 학문들 즉, 사회학, 생물학, 인류학 등의 학문들과 상호작용을 통하여 인간에 대한 종합적 이해와 사회문제의 해결, 교육과정의 개발, 정책수립의 결정 등에 적절하게 적용하고 있다. 인간발달 연구의 광범위한 지식들은 아동과 가족의 각 구성원이 직면한 사회문제를 해결하는데 현실적, 제도적 측면에 적용된다.

또한 발달에 대한 각 이론은 많은 비판을 받고 있음에도 불구하고, 실제 교육의 장면에서 구체적인 적용을 가능하게 한다. 아직도 단순한 암기를 강조하는 교수 방법에 대하여 Piaget의 인지발달 이론은 아동의 인지 수준이 어떻게 발달하여 나가는 가에 대한 기초 자료를 제고함으로써 교사로 하여금 자기의 교수방법에 대하여 근본적으로 재고하게 한다. 즉, 교사는 정보의 구체성과 추상성과 아동의 발달 수준에 따라 교수방법이 달라야 함을 깨닫는다. 또한 '무엇을' 가르칠 것인가에 대한 해답도 여기서 찾게 된다. Vygotsky 이론을 통해서 교사는 아동에게 현재의 능력을 넘어서는 과제를 부여하고 근접발달의 영역을 교육현장에 적용함으로써 그들의 지적 발달을 촉진할 수 있다.

프로이드의 정신분석 이론은 생애 초기 경험, 유아교육의 중요성을 깨닫게 하며, 에릭슨 이론은 각 발달단계에 있어 부모, 교사의 역할이 얼마나 중요한가를 깨닫게 한다.

교사는 콜버그의 이론을 토대로 학생들에게 자기의 도덕적 사고를 시험하고 다른 학생과 비교해 보는 집단 사고 활동을 계획할 수 있다.

Memo

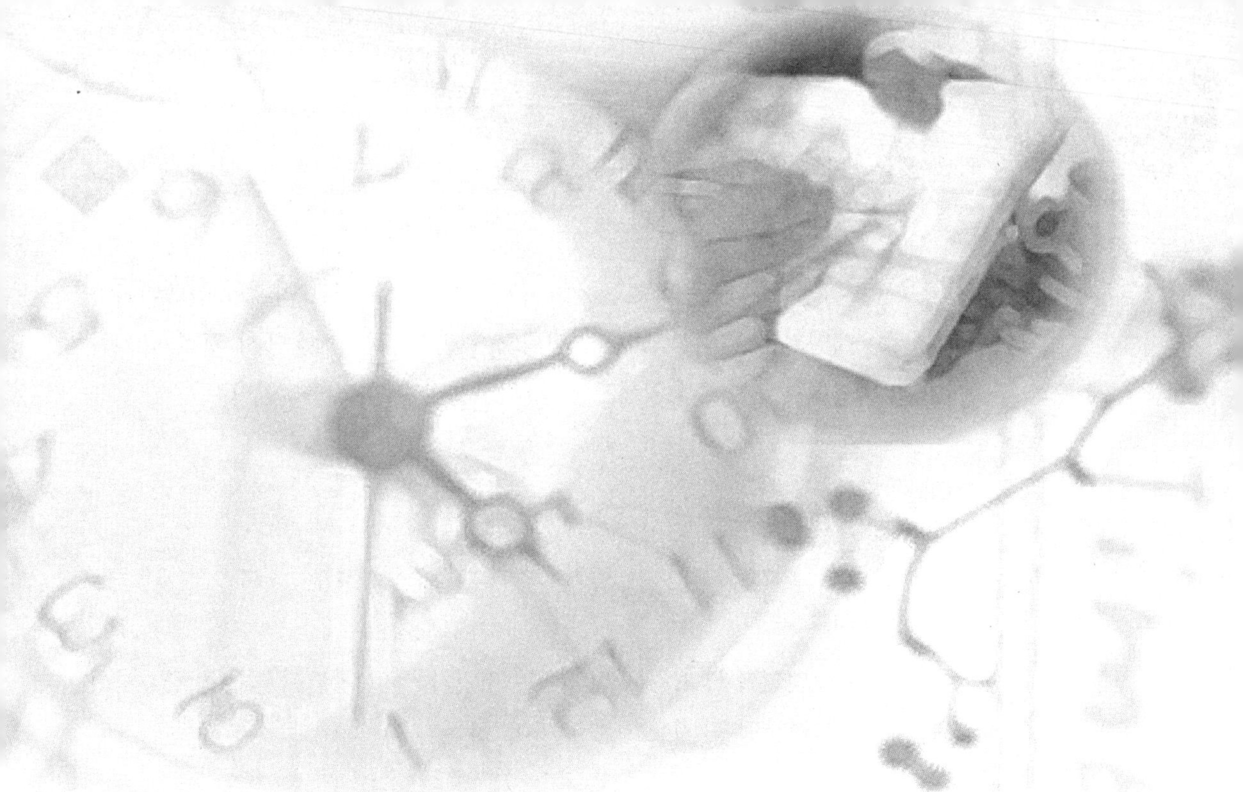

제3장

# 개인차와 교육

1. 지능
2. 창의성
3. 성차와 사회경제적 지위
4. 특수한 학습자

교육효과의 극대화를 위해서는 서로 다른 학생들에 대한 이해가 선행되어야 한다. 즉, 개인차를 고려한 교육이 이뤄져야 한다. 교육현장에서 고려해야 할 개인차 변인에는 지능, 창의성, 성, 사회경제적 지위 등이 있다.

## 1 지 능

지능이란 무엇인가? 지능은 발달하는 것인가? 인간은 왜 지능을 중요시하는가? 인간의 능력을 지능으로 보아야 하는가?

### 가. 지능의 개념

지능(intelligence)은 환경 속의 여러 사상을 지각하고 인지하며 거기에 내포된 문제를 해결하는 일반적 능력을 말하는데, 명석함, 사물을 이해하는 능력, 문제해결 능력, 경험을 통하여 학습하는 능력 등을 모두 포함한다(이성진, 1996, p. 47).

여러 심리학자들의 지능에 대한 정의를 제시해 보면 다음과 같다.

비네(A. Binet, 1905)는 지능을 "일정한 방향을 설정 · 유지하는 경향성, 소망하는 결과를 성취할 목적으로 순응하는 역량, 그리고 자기 비판의 힘"이라고 보았다.

터만(Terman, 1916)은 지능을 "추상적인 사고를 하는 능력"이라 하였고, 웩슬러(D. Wechsler, 1942)는 "유목적적으로 행동하고, 합리적으로 사고하여 환경을 효과적으로 다루는 개인의 종합적 능력"이라고 정의하고 있다.

미국에서 1921년에 〈Journal of Psychology〉의 편집장이 14명의 지능전문가에게 지능의 특성을 물어 보았는데(Sternberg, 1985) 이들이 내린 지능의 정의를 종합해 보면 지능에는 다음과 같은 내용들이 포함되어 있었다.

① 사실에 근거하여 올바른 반응을 하는 능력

② 추상적 사고를 할 수 있는 능력

③ 환경에 적응하는 것을 학습할 수 있는 능력

④ 새로운 사태를 해결하는 능력

⑤ 새로운 지식을 습득하는 능력과 이미 소유한 지식을 재생산하는 능력

⑥ 경험으로부터 유익한 것을 학습하는 능력 등이다.

이와 같이 종합된 정의를 중심으로 요약하면, 지능은 지식획득 능력, 새로운 사태에 적응하는 능력, 창조력 등으로 정의할 수 있다.

## 나. 지능의 요인과 구조

'지능이 어떤 요소로 구성되어 있는가?' 지능의 요인에 대한 이론은 지능이 유전적으로 규정되어 있다는 유전론적 입장과 환경조건에 의해 규정되어 있다고 보는 환경설과 그 중간의 입장을 취하는 입장으로 나누어진다.

첫째, 스피어만(C. E. Spearman)의 2요인설이다.

스피어만은 여러 종류의 성취검사와 정신작업 검사 사이의 상관계수를 조사하여 일정한 계층적 질서를 발견하고, 공통적이고 기본적인 지적 능력을 나타내는 일반적인 능력(General factor : G)과 G요인만으로는 해결 못하는 특수한 지적 상황에 요구되는 특수분야의 능력인 S요인(Special factor)으로 구성되어 있다고 보았다. 그는 또한 특수요인에 공존하는 요인으로서 언어, 수, 정신속도, 주의, 상상 등 5가지 요인을 찾아내었다(박아청, 1993, p. 71).

둘째, 손다이크(E. L. Thorndike)의 다요인설이다.

손다이크는 지능을 어떤 공통요인이 아니라 무수히 많은 요인으로 구성되어 있다고 본다. 문장완성력(Sentence comple- tion : S), 산수추리력(Arithmetic reasoning : A), 어휘력(Voca- bulary : V), 지시에 따를 수 있는 능력(Direction : D) 등이다.

셋째, 서스턴(Thurstone, 1947)의 군집요인설이다.

서스턴은 지능의 공통적인 요인으로 기본정신능력(Primary Mental Ability : P.M.A)을 제시하고 있으며, 그 내용에는 언어요인(Verval factor : V), 수요인(Number factor : N), 공간요인(Spatial factor : S), 추리요인(Reasoning factor : R), 지각요인(Perceptual factor

: P), 기억요인(Memory factor : M), 언어유창성요인(Word fluency factor : W) 등이 있다.

넷째, 길포드(J. P. Guilford)의 3차원적 지능구조설이다.

길포드는 지능을 정보처리의 과정이라 보고 지능의 구조를 정보의 내용, 정보처리의 조작, 결과에 따른 산출이라고 나누고 있다.

길포드는 지능을 기억력과 사고력으로 나누고 사고력을 다시 인지적 사고력, 생산적 사고력, 평가적 사고력으로 분류하고, 생산적 사고력을 다시 분류하여 수렴적 사고와 발산적 사고력으로 나누고 있다.

인지적 사고력은 지식을 발견하거나 획득하는 능력이고, 생산적 사고력은 지식을 어떻게 사용하는가를 판단하여 새로운 지식을 만들어 내는 능력을 말한다.

평가적 사고력은 인지되고 생산되어 얻은 지식이 적합하고, 정확하게 쓰여졌는가의 여부를 결정할 필요가 있을 때 작용하는 능력이다.

수렴적 사고력은 관습적인 지식의 제한 내에서 새로운 것을 만들어 내는 사고력이고, 발산적 사고력은 지금까지 없었던 것을 새롭게 생각해 내는 능력을 말한다.

다섯째, 가드너(Gardner)의 다중지능 이론이다.

가드너(1983)는 각종 검사간의 상관관계의 연구를 기초로 하여 심리측정적 지능이론을 보충하는 다중지능이론(multiple intelligence)을 제시하였다. 그는 다중지능이론을 구성하는 7가지 지능, 즉 ① 언어학적 지능 ② 음악적 지능 ③ 논리 · 수학적 지능 ④ 공간지능 ⑤ 신체적 · 근육감각적 지능 ⑥ 개인내적 기능 ⑦ 대인간 지능 또는 사회지능을 제안하였다.

길포드의 지능구조 모형은 다음과 같다(그림 3-1).

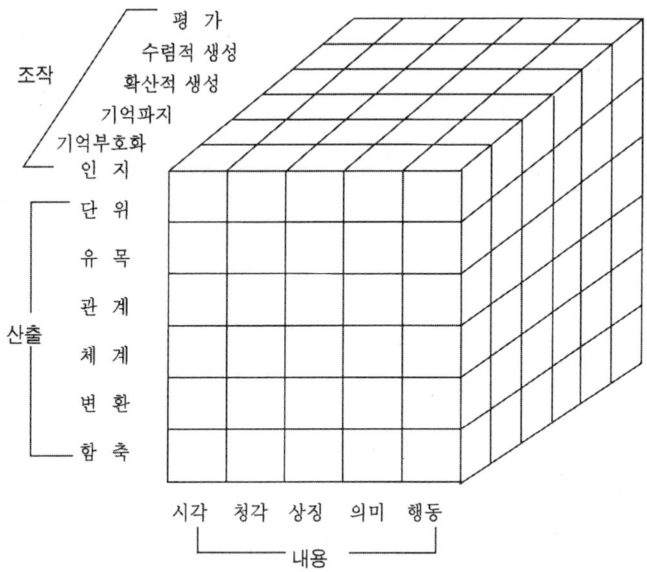


[그림 3-1] Guilford의 지능의 구조

(Guilford, 1988에서 인용)

**표 3-1** Gardner의 다면적 지능이론

| 지능의 유형 | 내 용 | 진 로 |
|---|---|---|
| 언어적 지능 | 단어의 의미와 소리에 대한 민감성 ; 문장 구성법의 숙련 ; 언어 사용법에 대한 이해 | 시인, 정치 연설가, 교사 |
| 논리 · 수학적 지능 | 사물과 상징, 그 작용 및 작용간의 관계에 대한 이해 ; 추상적 사고능력 ; 문제를 인지할 수 있는 능력과 이유를 찾으려는 능력 | 수학자, 과학자 |
| 공간적 지능 | 시각적 세계를 정확하게 지각하는 능력 ; 지각된 것을 변형할 수 있는 능력, 물리적 자극없이 시각경험을 재생할 수 있는 능력 ; 균형, 구성에 대한 민감성 ; 유사한 양식을 감지하는 능력 | 예술가, 항해사, 기술자, 건축가, 외과 의사 |
| 신체운동적 지능 | 표현하거나 목적을 직접 나타내기 위해 자신의 신체를 숙련되게 사용 ; 사물을 능숙하게 다루는 능력 | 무용가, 외과의사, 운동선수, 공예인, 배우 |
| 음악적 지능 | 개개의 음과 음절에 대한 민감성 ; 음과 음절들을 더 큰 음악적 리듬이나 구조로 결합하는 방법에 대한 이해 ; 음악의 정서적 측면에 대한 이해 | 음악가, 작곡가 |

| 개인간 지능 | 타인의 기분, 기질, 동기, 의도를 파악하고 구분짓는 능력 ; 타인에 대한 지식에 따라 행동할 수 있는 잠재력 | 정치가, 종교인, 부모, 교사, 사업가, 행정가 |
|---|---|---|
| 개인내 지능 | 삶에 대한 자신만의 감정에 대한 접근 ; 행동을 주도하고 이해하기 위해 감정을 유도하는 능력 | 소설가, 임상가 |

* Hetheringon & Parke, 1993에서 인용.

여섯째, 스턴버그(Sternberg)의 삼원지능론이다.

스턴버그(1985, 1986)는 지적기능과 사고기능은 분리하기 어렵지만 지능에 더 비중을 두면서 삼원이론(triachic theory of intelligence)을 제안하였다. 이 이론의 골자는 지능의 역할이 ① 성분적(compotential) ② 경험적(experiental) ③ 맥락적(contextial) 요소로 구성되어 있다는 것이다.

성분적 요소는 ① 상위성분(정신 · 신체를 조정하는 고등제어 과정) ② 수행성분(과제수행의 정신과정) ③ 지식습득과정(정보를 가려내고 학습하는 정신과정) 등으로 나눈다.

경험적 요소에는 경험을 통해 문제를 해결하는 통찰력이 있다. 통찰력은 선택적 부호화, 선택적 결함, 선택적 비교능력으로 구성된다(Trotter, 1990 ; 이성진, 1955).

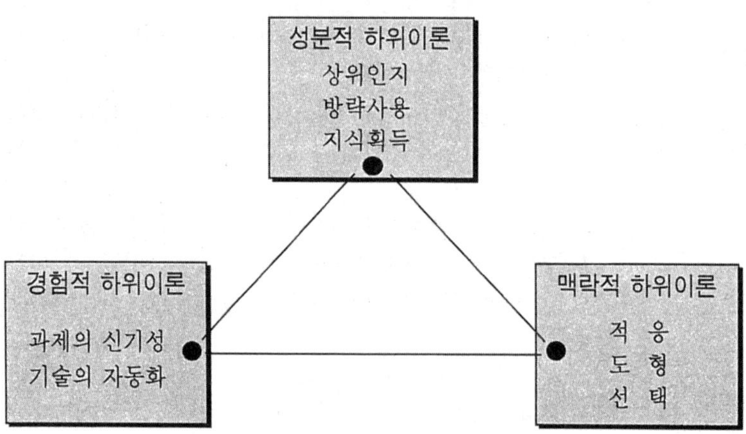


[그림 3-2] Sternberg의 삼원이론

(Berk, 1994에서 인용)

맥락적 요소에는 외부환경에 대응하는 능력, 즉 현실 상황에의 적응력을 강조한다(Sternberg, 1986). 스턴버그는 실제적 지능을 일상의 문제해결능력, 실제적인 적응능력 그리고 사회적 유능성을 포괄하는 것으로 보고 있다.

### 다. 감성지능과 감성지능 지수

요즈음 학교나 사회에서 임의적으로 평가하기를 학생들의 좋은 성적과 높은 지능(IQ)을 가진 사람이 결코 인생에서의 성공을 보장하지 않는다는 학설이 점차 보편화되면서 그 원인을 규명하려는 학자들의 논의가 활발해지고 있다.

학교에서의 우등생이 어떻게 사회에서는 열등생이나 낙오자가 되는지 또는 학교에서는 낙제생으로 유명한 아인슈타인이 어떻게 위대한 과학자로서 상대성이론을 발견하고 노벨상 수상자가 될 수 있으며, 한때 2류 배우 출신의 레이건이 어떻게 하여 세계의 지도자로서 미국의 대통령이 될 수 있었는지에 대한 불가사의한 원인을 규명하려는 연구가 최근 몇년 전부터 심리학자들 사이에 이루어지고 있다.

이와 같은 연구의 결과 가운데 하나가 바로 감성지능(Emotional Intelligence : EI)과 감성지수(Emotional Quotient : EQ)이다.

우리는 교육을 논의할 때 우선적으로 전인교육이 이루어져야 한다고 강조한다. 전인교육이란 인지적 영역과 정의적 영역, 신체 · 기능적 영역의 조화를 이루는 것을 의미한다. 이것이 바로 요즈음에는 인성교육의 강조를 의미한다.

정서 또는 감정이 인간의 삶에 큰 영향을 미친다는 인식은 꽤 오래 전부터 있어 왔다. 다만 감성지능에 대한 체계적 접근과 정당한 자리매김이 이제서야 있다고 보아야 한다.

감성은 이성(reason)보다 더 근원적이고 포괄적이며, 더욱 강력한 힘을 갖는다. 뇌기능의 진화과정을 보아도 이성을 맡은 부분보다 정서를 담당하는 부분이 먼저 나타난다.

### 1) 감성지능의 발달적 배경

감성지능은 영어의 "Emotional Intelligence"를 우리말로 옮긴 용어로 정서지능으로도 번역해 부르고 있다. 이 용어는 샐로비(Peter Salovey)와 메이어(John Mayer)가 1990년에 발표한 학술논문에서 처음 소개되었다.

1995년 골드만(Daniel Goldman)은 「감성지능」이라는 저서를 출판했는데, 이 책이 일반인들 사이에서 크게 호응을 얻음으로써 감성지능을 대중화하는데 큰 공헌을 하였다.

감성지능에 대한 논의와 연구는 그 이전부터 있어 왔다. 1983년에 가드너(Howard Gardner)는 다중지능(multiple intel- ligence)이라는 개념을 제시했는데 이 개념에는 언어지능, 음악지능, 논리-수학지능, 신체-운동지능, 개인 내적 지능(intrapersonal), 공간지능, 그리고 대인지능(interpersonal)이 포함된다. 이렇게 일곱 개 영역을 모두 지능에 포함시킴으로써 언어와 수리능력만을 강조한 지능에 대한 기존의 관점에 반론을 제기했다.

가드너는 개인내적 지능과 대인지능을 한데 묶어 개인지능(personal intelligence)이라고 불렀는데, 이 개인지능은 다중지능 하위영역 중에서 감성지능과 가장 밀접하게 관련된 개념이다.

개인내적 지능의 핵심은 자신의 감정을 인식하고 분별하며 행동의 지침으로 활용할 수 있는 능력이고 대인지능의 핵심은 바로 다른 사람들의 기분과 기질, 그리고 동기와 욕망을 정확하게 파악하고 적절하게 반응할 줄 아는 능력이다.

감성지능이 정확하게 무엇을 의미하며 어떤 하위영역들이 감성지능에 포함되어야 하는간에 대해서는 이 용어를 쓰는 사람들마다 다소 다른 입장을 보이고 있다.

인간의 마음(human mind)에 대한 연구는 크게 세 가지 영역으로 나누어지는데, 그것은 인지(cognition), 정서(affection) 그리고 동기(motivation)다(Salovey & Mayer, 1996). 골드만(Goldman)은 열성(zeal)이나 끈기(persistence)와 같은 동기적 특성까지 감성지능에 포함하는데 비해 샐로비와 메이어는 감성지능개념에 포함된 용어, 즉 감성과 지능의 의미를 살리면서 감성지능 개념은 어떤 식으로든 감성과 지능을 연결시킬 수 있는 개념이어야 한다고 주장한다.

이들은 열성, 성취력, 끈기와 같은 동기의 특성들을 강조하는 개념을 지칭하여 동기지능(motivational intelligence)이라 할 것을 제안했다.

최근에는 지능지수가 인간의 행복 또는 성공을 충분히 예언하지 못한다는 사실들이 밝혀지면서 종래의 지능에 대한 회의적인 반응들이 나오게 되었다.

예를 들면, 헤른슈타인(R. Hernstein)과 머래이(C. Murray, 1994)는 종래의 지능지수는 다른 특성들에 비해 인간의 장래를 예측하는 데 매우 약하고 이에 비해 감성지능은 지능지수 보다도 더 강력하다고 한다. 구체적으로 샐로비와 메이어(1990)는 지능지수는 장래의 행복한 삶을 예언하는 다른 요인에 비해 20% 수준이라고 한다.

이러한 연구결과에 따라 많은 사람들은 인간의 성공적인 삶을 예언하는 데 중요한 요인으로 종전의 인지적인 지능과는 다른 측면의 감성지능을 들고 있다.

골드만(1995)은 한 개인의 성공을 예언할 때 지능지수와 표준화 성취검사에 의해 측정된 지적인 능력(brain power)은 마음(mind)의 질보다 덜 중요하다고 주장한다. 즉, 가슴(감정 : heart)이 머리(이성 : head)를 지배한다는 생각이다.

그러므로 골드만은 머리의 힘인 지능지수로만 삶을 추구하는 시대는 지나가고 가슴의 힘인 감성지능으로 살아가는 시대가 도래했다고 주장한다.

### 2) 감성지능의 개념

감성지능은 이성능력인 사고능력, 즉 기억력, 계산력, 추리력 등을 발휘하거나 또는 그런 능력을 억압하고 제안하기도 하는 감성능력을 말한다.

미국의 교육심리학자 터만이 1916년 Stanford-Binet 지능검사를 만들고 IQ(Intelligence Quotient)라는 개념을 사용한 이후 거의 90년이 지났다. 그 동안 IQ는 미국을 비롯한 전세계 문화권에서 인간의 지적 능력을 객관적으로 파악하는 방법으로 권좌를 차지해 왔다. 지능지수(IQ)는 인간의 학문적 능력, 즉 논리적·수학적 능력과 언어능력, 추리능력, 지각속도, 공간적 사고, 기억요인, 언어의 유창성 등으로 포함하는 기본정신 능력을 지능으로 보아 왔다(Terman).

그러나 1995년 기자 출신 심리학자인 골드만이 주장하는 감성지능이 단행본으로 소개되면서 우리 사회에 큰 충격을 주었다. 감성지능이란 인간의 감성적 능력을 말한다. 포유류 중에서도 오로지 인간에게만 있는 감성지능은 샐로비와 메이어가 6년 전에 처음 사용하였다. 감성지능은 자기이해와 자기조절, 타인이해와 대인관계, 인격과 사회적 능력을 말한다. 그래서 감성지능을 지식과 기억의 차원에서 머무르는 능력이 아니라 마음과 행동의 능력이다. 즉, 감성지능이라는 패러다임은 머리와 가슴이 균형을 이룬 상태를 지향한다.

골드만이 감성지능을 개념화하게 된 동기는 종전의 IQ나 학업성취도, SAT(미국학업성취검사)가 인생의 성공적인 예언을 하는데 20% 정도밖에 기여하지 못하고 있고, 나머지 80%는 사회계층, 운(運) 등 다른 요인이 지배한다는 것이 밝혀지면서이다(Daniel Goldman, 1995). 골드만은 이들 다른 요인 중 감성지능을 가장 핵심이 되는 요소라고 보았다.

골드만이 제시한 감성지능은 인간의 능력이 다음과 같은 요인을 포함하고 있다고 주장한다. 즉, 자기자신을 스스로 동기화하고, 좌절에 직면해서도 꿋꿋하게 인내하며, 여러 가지 내적 충동을 통제하면서 만족을 지연하고, 자기의 기분과 감정을 조절하면서 생각에 몰두하고, 늘 공감성(empathy)과 희망을 가지고 살아갈 수 있는 능력이다.

감성지능의 중요성을 강조하는 연구자들은 비단 골드만이 적극적으로 종합하여 책을 내놓기 전에 손다이크의 사회적 지능(Social intelligence), 스턴버그의 사회적 능력(Social competence), 가드너의 대인 지능 · 개인내 지능(Interpersoanl intelligence & Intrapsychic intellgence) 등의 개념이 감성지능을 구체적으로 형성하는데 기여해 왔다고 한다.

감성지능의 영역을 구체적으로 보면 다음과 같다.

### (1) 자기인식(Knowing one's emotions 또는 Self-awareness)

자신의 감정을 느껴지는 그대로 인식하는 것이다. 순간순간 자신이 느끼는 감성적인 반응를 인식하면 그것을 적적하게 다룰 수 있는 상위기분(mata-mood)이 생겨서 자신의 감정과 객관적인 거리를 둘 수 있게 된다.

현재의 감정에 빠져들지 않고 '내가 느끼는 것이 분노구나'하고 감정을 모니터하는 것은 자기통제(self-control)의 첫단계이다. 자기인식은 감성지능의 기반이며 다른 대부분의 감정들이 이에 의존하기 때문에 심리적인 통찰과 의사결정을 위해 절대적으로 중요하다.

### (2) 충동조절(managing emotion)

자신의 감정을 통제하는 힘이다. 이러한 힘은 자기 인식에 기초하여 생겨난다. 즉, 충동조절이란 자신의 감정적인 반응들을 대상, 시기, 정도에 알맞게 조절하는 것을 의미한다.

### (3) 감정을 다루는 능력(managing emotion)

자기인식과 자기통제에 근거하여 생기는 능력과 감정이 유능하게 되면, 삶의 여러 가지 곤경과 싸움에서 그렇지 못한 사람보다 훨씬 빠르게 고통스러운 순간들을 극복한다.

### (4) 자기효능감(self-efficacy)

자신의 과제수행 능력에 대한 신념이다. 이것은 자신의 실제적인 능력 발휘에 심오한 영향을 끼친다. 자기효능감을 가진 사람들은 실패에서 재빨리 회복하며, 일이 잘못될까봐 걱정하기 보다는 그것을 조절하는 방법에 입각하여 사태에 접근한다.

### (5) 과제집중력

과제에 집중하도록 하는 작동기억을 활성화하고 유지시키는 능력이다. 작동기억(working memory)은 정신생활에서 집권행정부의 기능을 한다. 문장을 이루어

말하는 것에서부터 까다로운 논리적 명제를 논박하는 것에 이르기까지의 모든 지적 능력을 가능하게 한다.

### (6) 스스로를 동기화하기(Motivating oneself)

목적을 향해 감정을 다스리는 것이다. 개인으로 하여금 주어진 과제 및 창조에 몰두할 수 있게 해주는 집중, 숙련, 창조력을 위해 필수적이다.

### (7) 공감능력

타인의 감정을 인식하고 공유할 수 있는 능력이다. 공감을 잘하는 사람은 타인의 필요와 욕구를 민감하게 알아차려 부드럽게 대인 관계를 형성하고 유지해 나간다. 타인의 긍정적인 정서와 부정적인 정서를 공감하는 능력은 도덕성을 기반으로 타인을 배려하고 선(善)을 베푸는 원동력이 된다.

이와 같이 감성지능의 주요 요인은 지적인 요인보다 문자 그대로 정서적 또는 감정적 요인이다. 이러한 요인이 인간의 사회적 행동에 크게 영향력을 행사할 때 인생의 성공과 행복을 가져오는 데 중요하게 작용한다.

이상에서 샐로비가 제시한 감성지능의 영역에서 우리는 감성지능이 다음과 같은 요소로 되어 있음을 알 수 있다. 즉 ① 감정을 인식하고 표현하는 능력 ② 감정을 조절하는 능력 그리고 ③ 감정들을 적절한 방법으로 이용하는 능력이다.

그리고 감정을 인식하고 표현하는 능력과 감정을 조절하는 능력에는 자신의 감정에 대한 것과 타인의 감정에 대한 것으로 나눌 수가 있으며, 감정을 표현하는 능력에는 언어적 능력과 비언어적 능력이 있으며, 감정을 이용하는 능력에는 또 세부적으로 보면 ① 융통성 있는 계획을 수립할 수 있는 능력과 ② 창의적 사고를 할 수 있는 능력 ③ 재 조정된 주의력을 가질 수 있는 능력과 ④ 동기유발하는 능력 ⑤ 창의적 사고를 할 수 있는 능력이 상정될 수 있을 것이다. 이를 도식화하면 [그림 3-3]과 같다.

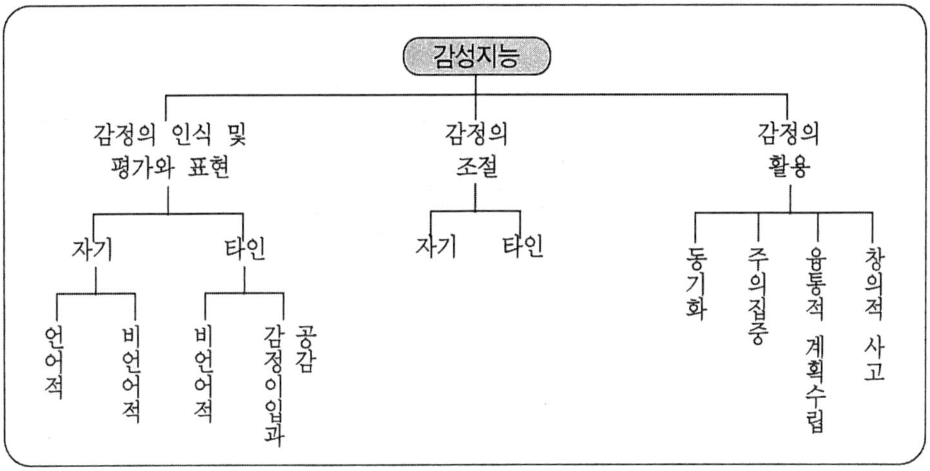


[그림 3-3] **감성지능의 구성요소**

자료 : 김창대(1997), 감성지능 프로그램 개발, 교육학연구 제14권 1호, 계명대학교 교육연구소, p. 130.

### 3) 감성지능의 작용

감성지능은 다음과 같은 작용을 한다.

#### (1) 뇌간의 작용

뇌간은 우리의 뇌에서 가장 오래되고 가장 원시적인 부분으로 척수가 연장되어 생성된 것이다. 뇌의 이 부분은 호흡이나 신진대사처럼 우리가 살아가는 데 매우 중요하나, 대개 무의식적으로 수행되는 기능들을 담당하고 있다. 뿐만 아니라 뇌간의 충동과 본능, 반사작용 등을 조절한다. 예컨대, 갓 태어나 아기가 할 수 있는 것은 바로 이 뇌간의 도움 때문이다.

여기에서 중요한 것은 뇌간은 나중에 생성된 뇌의 영역들과 긴밀하게 협력한다는 사실이다.

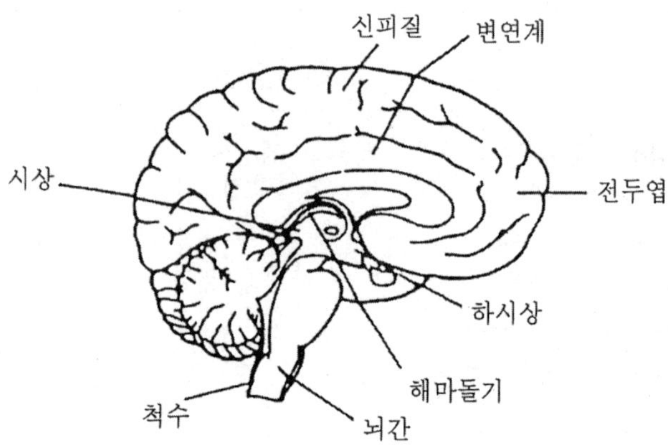


[그림 3-4] 뇌의 구조

### (2) 변연계의 작용

변연계는 우리의 감성생활에서 중추적 역할을 하므로 뇌의 감성 사령부라 일컬을 수 있다. 변연계는 뇌간을 둘러싸고 있으며(라틴어로 변연 limbus는 반지를 뜻함), 진화의 역사상 처음으로 정보를 축적하고 다시 불러 내는 일을 가능하게 하였다. 뇌간과 원시적인 감성뇌엽들의 자동반응체계는 즐거움이나 고통과 같은 경험들에 의해 보완되었고, 본능적인 반응방식과 더불어 이제는 제한된 틀 속에서나마 상황에 더 적합한 '개성적인' 행동방식이 가능하게 된 것이다.

변연계는 구조물, 핵, 합성섬유질 등이 무질서하게 얽힌 덩어리 모양으로 되어 있다. 변연계의 가장 중요한 구조물은 '변연피질'이며, 그 가장자리 부분에는 '해마돌기층(Hippocampus-formation)'과 '편도핵(Mandelkern)'이 있다. 해마돌기는 대뇌피질의 몇몇 부분들과 더불어 우리의 실생활 속에서 비롯되는 사실지식과 연관지식들을 축적해 놓고 있으며, 편도핵은 여러 감성의 양상들을 전문적으로 담당하고 있다. 예컨대, 대학입시의 합격소식을 들었을 때 나는 어디에 있었는가 하는 것들이 뇌 안에 저장된다. 동시에 그때 그 기쁨을 접한 나의 편도핵은 흥분되고, 이 편도핵 흥분현상이 그대로 평생 동안 잊혀지지 않고 지속되는 것이다.

임상실험과 검사에 의하면 우리의 사회생활과 기억능력에서 편도핵은 대단히 중요한 의미를 갖는 것으로 나타났다. 더욱 중요한 것은 변연계가 신피질 및 뇌간 양쪽 모두와 지속적인 상호작용을 한다는 사실이다. 신피질의 전엽(前葉)과 편도핵의 관계가 특히 긴밀한데, 고속의 신호전달체계가 변연계와 신피질이 서로 긴밀하게 협조할 수 있게 해 준다.

### (3) 신피질의 작용

대뇌피질 가운데 가장 늦게 진화된 부분은 여섯 겹의 신경세포층으로 구성되어 있으면 먼저 진화된 부분들을 둘러싸고 있다. 이 신피질에 이르러 비로소 각기 다른 감각연상들을 하나의 전체로 통합하는 일이 가능해졌다. 그런데 다른 고등동물들에 비해 인간이 지적으로 우월한 것은 뇌의 크기가 더 커서라기보다는 각 신경세포층간 및 뇌의 새로운 부분과 오래된 부분을 이어주는 신경삭(索, Nervenbahn)의 수가 더 많고 유연하기 때문이다. 순전히 감정 일변도로 흐르던 생활은 신피질에서의 이성적인 해석으로 인하여 보완되고 세련되며 풍부해진 것이다.

따라서 신피질은 우리에게 단지 수학 방정식을 풀고, 외국어를 배우며, 아인슈타인의 상대성이론을 이해하고 혹은 원자폭탄을 만들어낼 수 있는 능력만을 주는 것이 아니고, 무엇보다 우리의 감성생활에도 새로운 차원을 마련해 주는 것이다. 사랑과 복수, 이타심과 음모, 예술과 도덕, 예민한 감수성과 정치적 참여 등은 변연계의 인지체계와 자연발생적인 행동체계를 훨씬 뛰어넘는다. 그렇지만 이러한 일들은 감성적 뇌가 함께 작동하지 않는다면 이루어질 수 없을 것이다. 이 점은 뇌가 손상된 환자들을 대상으로 한 실험을 통해 입증되고 있다. 만일에 신피질만 단독으로 일을 하게 된다면 신피질은 하나의 고성능 컴퓨터에 지나지 않을 뿐이다.

신피질은 감성과 이성을 조절하는 일들을 뇌의 다른 층들과의 상호작용을 통해서만 해낼 수 있다. 인간의 뇌는 이러한 목적을 위해 수많은 신경삭들과 고도로 유연한 신경세포간의 회로들을 자유자재로 이용하고 있다. 이러한 연결망을 통해 뇌의 각기 다른 영역들은 서로 연결되는 것이다(신용일 외, 1997, p. 237).

#### (4) 뉴런의 작용

뇌의 모든 영역들은 뉴런이라 불리는 신경세포들이 조직되어 있다. 인간의 신경세포는 전체적으로 최소한 100억 개의 뉴런들을 가지고 있는데, 그 대부분이 뇌 속에 들어 있다. 대뇌피질의 영역들(예를 들어 신피질과 변연피질)에서는 이 뉴런들이 서로 포개어지고 있다. 또한 뇌피질 아래에 위치한 영역들에서는 뉴런들이 덩어리 모양으로 된 무리를 형성하고 있는데, 이것을 핵이라 부른다(홍명희, 1996, pp. 44~50).

뉴런들은 다른 뉴런들의 초기 자극을 수용하고 가공하는 한편, 자신의 흥분상태를 자신과 연결된 또 다른 뉴런들에게 전달해 줌으로써 서로 의사소통을 한다. 신경학자들에 따르면 뉴런의 흥분상태는 뉴런의 중심 돌기인 축삭돌기(軸索突起)를 통해 전류의 형태로 다른 신경세포들에게 전달된다.

### 4) 감성지능이 우리 생활에 미치는 영향

감성지능이 우리 일상생활에 영향을 미치는 영역은 다음과 같다.

① 성공을 결정하는 것은 'IQ'라기 보다는 감성지능이다. 성공을 결정하는 요인 중 IQ의 기여도는 20%에 불과하다.

골드만은 성공적인 삶을 이끄는 요소는 감성지능, 즉 스스로를 동기화하는 능력, 좌절감을 극복할 수 있는 의지력, 충동을 조절하고 즐거움을 찾을 수 있는 능력, 공감하고 희망을 가질 수 있는 능력, 감정을 조절하는 능력, 사고의 늪에 빠지지 않는 능력, 공감과 희망을 가질 수 있는 능력에 있다고 본다.

② 정서적으로 불안하면 제대로 사고할 수 없다. 정서불안은 인간의 지적 능력에 손상을 일으키며 학습할 수 있는 능력을 저하시킨다. 걱정을 많이 할수록 학업성취도가 낮다. 기분이 좋을 때 긍정적인 일을 더 잘 기억하고 적극적으로 생각하고 모험이나 위험을 따르는 일을 더 잘 감당한다.

③ 우울을 조절하면 좌절을 극복하여 최고의 창의력을 발휘한다. 따라서 우울감을 극복하기 위해서는 외식이나 영화관람, 운동경기, 자원활동, 종교생활 등이 효과적이다.

④ 낙관적인 사고는 위대한 동기촉진제다. 낙관적인 생각과 삶은 어떤 일을 긍정적으로 보기 때문에 실패를 이겨낼 수 있다.

⑤ 분노를 억압하지 마라. 그러나 그것에 따라 행동하지도 말라. 분노조절은 휴식이나 운동으로 신체적 흥분상태를 식혀 줌으로써 분노감정이 이완되고 건설적이고 주장적인 방법으로 사람들과 이야기한다.

⑥ 미래의 지도자는 감성지능이 높은 사람이다. 감성지능이 뛰어난 사람이 능력있는 미래의 지도자가 될 수 있다. 그러므로 감성지능이야말로 우리 일상생활에 크게 영향을 미치고 있음을 인식하고 여기에 현명하게 대처하는 능력을 키워야 하겠다.

인간은 누구나 정서적인 삶을 산다. 사람의 정서는 대략 7가지로 분류되는데 희로애락애오욕(喜怒哀樂愛惡慾), 즉 기쁘고, 노하고, 슬프고, 슬겁고, 사랑하고, 싫어하고, 욕심을 내는 감정을 말한다. 이러한 감정을 어떤 강도로 표현하고 억제하며 자제할 수 있는가 하는 능력을 감성능력이라고 한다. 우리는 이러한 감성능력을 잘 통제할 줄 알아야 가정 · 학교 · 사회 생활에 잘 적응하는 유능한 인간이 될 것이다.

### 5) 우리 나라 청소년들의 정서교육을 위한 몇 가지 제언

앞서 제기한 쟁점들을 바탕으로 우리 나라 청소년들의 정서교육을 위한 몇 가지 제언을 하고자 한다.

① 감성지능 향상을 목표로 하는 교육 프로그램을 구상하고 운영함에 있어서 그 실무자가 서구의 사회문화적 가치관을 반영하는 개념과 구체적 기술들을 비판적인 시각으로 검토하고 한국 사회와 문화상황에 적합하게 응용해야 한다. 필자가 강조하고 싶은 점은 외국의 프로그램을 활용하는 사람들이 문화적 차이

에 대한 지식과 민감성을 갖추는 것이 필요하다는 것이다. 그리고 여기에서 덧붙이고 싶은 점은 정서경험과 표현양식에 대한 문화적 차이를 제대로 이해하기 위해서는 우선적으로 한국인의 정서세계와 한국문화 고유의 정서양식에 대한 연구가 체계적으로 이루어져야 한다는 것이다.

② 정서교육의 대상을 청소년으로 국한하지 말고 청소년과 밀접한 접촉을 하는 부모, 학교교사, 그리고 청소년지도자들로 확대해야 한다. 가정과 학교와 같은 자연스러운 생활의 장에서 청소년들의 일상 생활체험이 경험적 교육으로 이어질 수 있도로 하기 위해서는 청소년 주변의 성인들을 청소년 정서교육 과정에 적극적인 참여자로 개입시킬 필요가 있다. 따라서 청소년 이외에도 부모, 학교교사, 청소년지도자들과 같은 성인들을 대상으로 하는 정서적 기술향상을 위한 프로그램을 개발하고 보급하는 것이 바람직하다는 것이 필자의 입장이다. 특히 청소년의 부모를 대상으로 하는 프로그램의 경우, 우리는 이들을 자녀의 양육자로서 뿐만 아니라 끊임없이 배우고 성장하는 사람으로 부모를 보고 대함으로써 부모에 대한 우리의 시각을 넓히고 부모 또한 자신에 대한 인식과 태도를 바꾸도록 자극하는 효과를 얻을지도 모른다. 정서교육의 대상을 부모, 교사, 청소년지도자로 확대함으로써 우리가 기대할 수 있는 또 한 가지 효과는 청소년들의 정서경험과 정서표현에 대해 가정과 학교, 전체 사회에서 제각기 내세우는 가치관과 기대, 그리고 규범 등을 어느 정도 일치시켜 청소년들이 다양한 생활의 장에서 성인들로부터 일관된 메시지를 접할 수 있도록 하는 데 도움이 될 수 있다는 것이다. 덧붙여 정서교육에 성인들을 참여시키는 일은 청소년들을 대상으로 하는 정서교육 프로그램의 효과를 유지하는 데에도 유익할 것이다.

언급한 대로 청소년들을 대상으로 하는 정서교육 프로그램의 방향과 구체적 내용을 구상함에 있어서 오늘날 한국사회의 청소년과 기성세대 간의 관계의 맥락을 염두에 두어야 한다. 교육대상이 청소년 개개인이라 하더라도 관계에서의 갈등과 문제 부분을 포함시킬 수 있다. 청소년 대상 정서교육 프로그램이 청소년과 기성세대 간의 상호 이해를 증진하고 관계를 개선하는 데 도움이 되는 방향으로 영향을 미칠 수 있도록 프로그램을 개발하고 운영하는 사람들이 각별한 관심을 갖고 적극적으로 연구해야 할 것이다.

## 라. Cattell의 유동적 지능과 결정적 지능

Cattell(1963)은 Thurstone이 제작한 기본정신능력 검사 등을 분석하여, 지능에 관한 두 개의 일반요인인 유동적 지능(fluid intelligence/gf)과 결정적 지능(crystallized intelligence/gc)을 추출해 내었다.

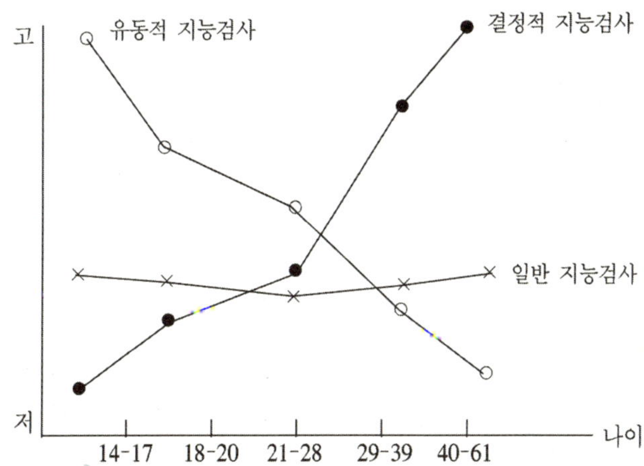


* Horn, J. L.(1970). Organization of data on life span development of human abilities. In L. R. Gonlet & P. B. Baltes(Eds.). Life-Span Development Psychology : Research and Theory. N.Y : Academic Press. p. 63에서 인용.

[그림 3-5] **발달에 따른 유동적 지능과 결정적 지능**

유동적 지능은 유전적, 신경생리적 영향에 의해 발달되는 지능으로, 뇌와 중추신경계의 성숙에 비례하여 발달한다. 따라서 유동적 지능의 발달은 청년기까지는 증가하나 생리적 발달이 쇠퇴하는 성인기 이후에는 점차 쇠퇴한다.

유동적 지능은 속도(speed), 기계적 암기(rote memory), 지각력(perception), 일반적 추리력(general reasoning) 등의 능력에서 잘 나타난다.

결정적 지능은 환경적 · 경험적 · 문화적 영향을 받아 발달하는 지능이다. 따라서 결정적 지능의 발달은 가정환경, 교육 정도, 직업 등의 영향을 받는다. 그리고 결정적 지능은 성인기 이후에도 계속 발달하지만 환경의 질에 따라 차이가 있다. 지속적으로 지적 자극을 추구할 때 결정적 지능은 발달된다. 결정적 지능을 나타내는 능력은 언어능력(verbal comprehension), 문제해결력(problem solving), 논리적 추리력(logical reasoning), 상식(common sense) 등이다.

## 2 창의성

### 가. 창의성의 의미

창의성(Creativity)이란 라틴어의 Creo(만들다)를 어근으로 하는 Creatio라는 말에서 유래되었으며, '무에서, 또는 기존의 자료에서 새로운 것을 발견하고, 새로운 것을 만들고 산출하는 것'을 뜻한다.

길포드(Guilford, 1959)는 창의성을 새롭고 신기한 것을 낳는 힘이라고 정의하였고, 타일러(Taylor, 1961)는 생산적 사고와 창조적 사고를 표현하는 복잡한 심리적 과정으로서 인내성과 성취, 변화, 개선을 구하는 태도, 그리고 소신을 낳게 하는 정열 같은 것이라 하였다. 윤종건(1994)은 창의성을 기존의 요소들로부터 자기 자신에게 새롭고 유용한 결합을 이루어 내는 능력이라고 정의하였다.

토렌스(Torrance, 1971)는 창의성을 개인과 사회에 가치롭고 참신한 산물, 기존 아이디어의 수정 또는 거부를 요구하는 비판 습성, 강한 동기와 비싼 지적 에너지의 사용 등으로 특정 지워지며, 최초에는 막연하고 혼란스러운 문제 때문에 야기되는 특별한 문제해결 방식이라고 정의하였다. 갤러거(Gallagher, 1985)는 새로운 아이디어나 산물을 창출해 내거나 또는 기존의 아이디어와 산물을 참신한 방법으로 재생산해 내는 정신적 과정으로 정의하고 있다. 이처럼 창의성은 인지능력을 강조하는 정의, 산출물을 강조하는 정의, 창의적 과정을 강조하는 정의 등 다양하게 정의되고 있다.

이러한 여러 정의에 기초해 볼 때, 창의성이란 기존의 지식, 경험, 산물에 근거하여 놀랄만한 새로운 발명이나 생산적, 독창적 사고 및 착상 등의 고차원적인 사고 능력을 포함하며, 일상생활에서 당면하는 여러 사태나 문제를 새롭고 참신한 방식으로 재생산해 나가는 과정이다.

이 정의에서 핵심 요소는 '새로움'이다. 새로움이란 창의적 사고의 가장 궁극적인 목표이면서 결정적 특성이다. 특정한 사고 과정이 아무리 고상하고 신기하다고 해도 새로움이 없으면 의미가 없다. 새로움의 준거는 사회, 인류에 있어서 새로운가를 기준으로 보는 경우와 개인에게 새로운가를 기준으로 보는 경우가 있다. 전자는 과학자, 발명가, 예술가 등에서 볼 수 있는 특별한 재능의 창의성이고, 후자는 누구나 가지고 있는 창의성이다.

## 나. 창의성의 구성요인

길포드는 창의성의 구성 요인을 다음과 같이 제시하였다.

### 1) 민감성

주변의 상황 변화를 재빠르게 파악하는 활동이다. 상식적이지 않은 것을 금방 알아차리거나, 미세한 변화를 포착하는 활동자료를 이용해 자극할 수 있다.

### 2) 유창성

아이디어의 풍부함에 대한 양적인 측면이다. 주어진 자극에 대하여 제한된 시간 동안 어느 정도 반응을 보일 수 있는가의 능력으로 언어의 유창성, 연상의 유창성, 표현의 유창성, 관념의 유창성 등이 있다.

① **언어의 유창성** : 주어진 문자를 조합하여 언어를 만든다든지 하는 능력을 말하는 것이다.

② **연상의 유창성** : 동의어를 몇 개나 답하는가에 관한 검사에 의하여 측정되는 기능으로서 작문을 위해서 중요한 것으로 확인되고 있다.

③ **표현의 유창성** : 문장을 만드는 검사 등에 의해서 조사되며 이 득점은 다른 방법에 의한 창의성 측정치와 높은 상관을 나타낸다.

④ **관념의 유창성** : 단단하고, 희고, 먹는 것은 무엇인가의 질문에 답하도록 하거나 이야기의 제목을 생각하도록 하는 검사에 의해서 조사되는 것으로서 질보다는 양이 문제가 되는 것이다.

### 3) 융통성

변화하는 상황에 적응할 수 있도록 현상을 변화시키는 능력이다. 즉, 질적으로 서로 다른 방안을 산출하는 능력으로서, 자발적 융통성과 적응적 융통성으로 세분화된다.

### 4) 독창성

기존 지식의 단순한 통합이 아닌 새롭고 흔히 볼 수 없는 반응을 도출하는 능력을 의미한다. 독특하고 희귀한 아이디어를 산출하는 활동이다. 기발하고 지금까지와는 다른 아이디어를 산출하는 활동 자료를 이용해 자극할 수 있다.

통계적으로 다수인의 응답과 상이한 응답을 하는 것, 그리고 다음과 같이 응답하는 성질에 의해서 채점되는 기능이다.

① **비범성** : 언어 연상 검사에서 정상이면 평범한 것이고 비정상적이면 비범한 것이다.

② **원격연합** : 두 개의 낱말을 주고서 그 관계를 나타내도록 했을 때 아주 멀리 떨어진 낱말을 나타내는 능력이다.

③ **교묘성** : 이야기 줄거리를 주고서 제목을 붙이게 하는 검사에 의해서 답의 내용에 흡사한 정도를 채점한 것이다.

### 5) 치밀성

아이디어가 어떤 대상의 기능, 위치에 대한 행동, 목표에 어느 정도 정확하게 접근하고 있는가에 관계한다(임창재, 2000 ; 임규혁, 2003 ; 장선철 외, 2003, p. 94에서 재인용).

## 다. 창의성 이론

### 1) 환경론적 입장(Adams, 1986 ; Amabile, 1983)

창의적인 사고과정이 처음으로 자극되고, 또한 창의적인 산물을 완성하기까지 사고과정이 유지되고 촉진되는 총체적이고 복잡한 일체의 상황에 관심을 갖는다. 즉 어떤 환경적인 특성이 창의적인 산물을 산출하도록 사고과정에 영향을 주는가에 초점을 둔다.

### 2) 창의적 산물 접근(Besemer & Treffinger, 1981 ; Reis & Renzulli, 1991)

창의적인 산물 접근에서는 창의적인 과정이 없이는 창의적인 산물이 존재할 수 없지만, 창의적인 산물에 대한 연구가 보다 창의력에 대해 많은 것을 시사해 줄 수 있다는 입장을 취한다. 창의성은 독창적이고, 사회적으로 가치가 있으며, 유용성과 같은 어떤 특성들을 지닌 산물을 산출할 수 있는 능력이다.

### 3) 창의적인 과정 접근(Osborn, 1963 ; Parnes, 1961 ; Torrance, 1977 ; Wallas, 1926)

여기서는 창의적인 문제해결의 단계를 제시하거나 아이디어를 통합하는 데 초점을 둔다. 즉, 창의적인 산물이 산출되기 위해서는 어떤 과정을 거치게 되는지에 대해 관심을 갖고 창의력을 연구하는 이론들이 이 접근에 속한다. 이 이론들은 창의력이 문제의 지각, 자료 준비, 아이디어 산출, 아이디어 평가와 같은 일련의 과정을 거쳐 나타나는 것으로 본다.

#### 4) 창의적인 사람 접근(Barron, 1969 ; Mackinnon, 1962 ; Torrance, 1962)

창의적인 사람은 어떤 심리적 특성을 갖는가에 관심을 두고 창의력을 연구하는 것이 적절하다고 보는 입장이다. 이 입장에서는 창의적인 산물을 산출하는 창의적인 사람의 특성들을 분석하고 비교하는데 초점을 둔다. 이 연구들에 의하면, 창의적인 사람은 문제에 대한 민감성, 유창성, 융통성, 독창성, 정교성과 같은 지적 특성을 갖고 있고, 자발성, 호기심, 모험성, 개방성, 독자성, 집착성, 끈기, 이타심과 같은 성격적 특성을 갖고 있다(이용남 외, 2002 ; 장선철 외, 2003, p. 95에서 재인용).

이런 이론을 토대로 창의적인 사람의 지적, 정의적인 특성을 제시하면 다음과 같다.

##### (1) 지적 특성

첫째, 창의적인 사람은 문제사태에 대한 감수성(sensitivity to problems)이 높다. 탐구심에 불타고 소극적 수용이 아닌 건전한 회의심을 가지며, "경험에의 개방성"을 가지고 시야를 넓혀 자유분방하게 탐색할 줄 안다.

둘째, 창의적인 사람은 사고활동의 유창성(fluency)이 높다. 단위시간 내에 더 많은 아이디어를 생각해 내고 그의 아이디어는 폭이 넓다.

셋째, 창의적인 사람은 사고의 융통성(flexibility)이 높다. 자신의 창조의 과정을 관찰하는 능력을 가지고 있으며, 입력과 출력의 처리를 관찰할 줄 알고 또한 상호관계와 상호작용을 명백히 볼 줄 안다.

넷째, 창의적인 사람은 사고와 행동의 참신성(originality)이 높다. 참신한 개념,

발명품, 이론, 해결방식을 찾아내는 능력이 높다.

### (2) 정의적 특징

창의적인 사람의 성격, 감정, 태도 등은 그의 내적 인지과정과 밀접하게 상호작용한다.

첫째, 창의적인 사람은 새롭고, 복잡하고 어려운 문제를 선호하는 경향이 있다. 해답이 명백하고 쉽고 단순한 문제 사태에서 희귀하고 참신한 해답을 구하려는 경향성이 있다.

둘째, 창의적인 사람은 모호성을 참는 경향이 있다. 주어진 문제를 해결하기 위해 계속 노력한다.

셋째, 창의적인 사람은 실패에 대한 불안이 적으며 약간의 위험부담을 즐기는 경향이 있다. 성공과 실패를 자기자신에게 귀속시키는 내적 통제의 경향도 있다.

넷째, 창의적인 삶은 관행에 동조하기를 거부하는 경향이 있다. 때로는 비사교적이고 고립된 사람으로 인식되기도 한다.

다섯째, 창의적인 사람은 자신의 경험에 대하여 개방적이다. 경험을 왜곡하거나 방어하지 않고 진실하게 받아들이고 그대로 인식한다.

이밖에 창의적인 사람은 여성적인 취미가 강하고, 성취욕, 지배성, 자율성, 변화선호, 공격성 등이 강하며 정열적인 성향을 가지고 있다.

또한 창의성은 자기 나름대로 아이디어나 작품을 독창적으로 생각해 내고 추리의 규칙에 얽매이지 않고, 때로는 엉뚱한 생각을 하며 관습적 사고에서 벗어나 유용한 아이디어를 생산하는 능력이며 태도다(이성진, 1995, p. 66).

## 라. 창의성 개발 방법

### 1) 브레인 스토밍(brain storming)

브레인 스토밍은 창의적인 아이디어나 해결책의 산출을 위한 자유로운 집단

토의 방법이다. 효과적인 브레인 스토밍을 위한 기법에는 다음과 같은 것들이 있다.

① **평가금지** : 산출되는 아이디어에 대해서는 끝날 때까지 평가하지 않는다.
② **다양한 아이디어의 산출** : 아이디어의 질에 관계없이 가능한 많은 아이디어를 산출하도록 한다.
③ **결합과 개선** : 제한된 아이디어에 새로운 아이디어를 결합하여 개선 방안을 모색한다.
④ **자유로운 사고** : 과거의 지식, 경험, 전통 등에 구애됨이 없이 새로운 아이디어를 산출하도록 한다.

### 2) 발견적 문제해결법(synectics)

발견적 문제해결법은 문제에 대한 광범위한 접근으로 시작하여 얻어진 해결책을 직접 문제에 관련지어 구체적인 해결책을 강구하도록 하는 방법이다. 발견적 문제해결의 절차는 다음과 같다.

① **참가자 구성** : 문제해결에 필요한 지식과 기술 분야의 전문가를 참여시킨다.
② **문제 제시** : 광범위하고 추상적인 문제를 제시한다.
③ **문제 축소** : 문제의 범위를 점진적으로 축소해 나간다.
④ **결론** : 산출된 아이디어를 결합하고 개선하여 문제와 관련된 새로운 아이디어로 산출한다.

### 3) 속성 열거법(attribute listing)

속성 열거법은 문제의 대상이나 아이디어의 다양한 속성을 목록으로 작성하여 세분된 각각의 속성에 주의를 돌리는 방법이다. 각각의 속성을 분석하면서 그 속성에 대한 집중적인 생각을 통하여 개선 수정 발전의 탐색을 구한다. 각 속성들에 관한 아이디어를 산출할 때는 브레인 스토밍 방법이 적용된다.

### 4) 생산적 사고 프로그램

이 방법은 초등학교 고학년 학생들이 불일치를 인지하고 가설을 세우는 방법을 프로그램화한 것이다. 이 프로그램은 만화식 책자로 구성되어 있다. 프로그램을 읽는 학생은 만화에서 제공되는 다양한 정보를 이용하여 문제를 해결해 간다. 학생들은 프로그램을 읽는 동안 규칙적으로 피드백을 받으면서 문제를 해결한다(임규혁, 2003 ; 장선철 외, 2003, p. 96에서 재인용).

## 3 성차와 사회경제적 지위

### 가. 성 차

남녀 간에는 생물학적, 문화적인 차이가 존재한다. 그러나 본질적인 능력에 차이가 존재하는가에 대한 문제는 심리학적으로나 사회학적으로 많은 논쟁이 되어 왔다. 성차와 관련하여 우리는 일반적으로 여자가 남자보다 언어능력에 있어서 더 뛰어나고, 수학과 과학에서는 남자가 더 우수하다고 생각한다. 하지만 보편적으로 알고 있는 것과는 달리 여러 연구들에서는 일치된 결과를 보지 못했다. 이런 것들은 가정, 학교 교육에서 이루워 지는 남녀 역할에 대한 사회적 기대와 고정관념, 그리고 제공되는 학습기회의 차이로 인해 남녀가 서로 다르게 동기유발된다.

성이나 성 역할에 관한 연구에서는 남녀의 생물학적 측면보다는 사회 · 문화적 측면을 강조한다. 성 역할은 남성성과 여성성으로 이분되어 있다. 그러나 양성성 이론을 제안한 범(Bem, 1975)은 남성성과 여성성 외에도 양성성(androgyny)과 미분화의 차원이 존재한다고 주장하였다. 길버트(Gilbert, 1981)는 양성성 정체감을 지닌 개인들은 높은 자기 존중감을 지니고, 심리적으로 건강하며, 지적으로 유능하다고 하였다. 그리고 양성성을 지닌 여성들은 사회적 경향이 강하다.

반면 인지이론가들은 출생부터 남녀로 구분된 아동은 성장하면서 남녀의 성차를 받아들이고, 거기서부터 성 역할 정체감이 형성된다고 보았다. 즉, 아동은 자기 문화가 기대하는 성 역할을 알고, 남성다움 혹은 여성다움을 학습하기 시작하면서 성차가 뚜렷해진다.

사회학습이론(social learning theory)에서는 아동이 다른 유형의 행동을 학습하는 것과 같은 방식으로 성 유형 행동도 학습한다고 보았다. 즉 가르침, 관찰, 동일시, 모델링 등을 통해서 처음부터 남아와 여아는 서로 다르게 사회화한다.

### 1) 성역할 고정관념의 발달

발달심리학자들은 남녀 아동들의 행동에 있어서의 성차가 거의 없다고 하지만 자유로운 현대사회의 대부분의 부모들은 성에 따라 아동들을 각각 다르게 반응하고 있는 것이 확실하다(Shepherd-Look, 1982).

부모나 교사들은 아이들이 성장하면서 남아의 경우 더 공격적이고 진취적으로 놀도록 허용할 뿐만 아니라 자기주장적이고 독립적이도록, 여아의 경우 얌전해야 하며 온정적이고 이해심 있도록 가르치려고 한다. 이에 따라 부모와 교사들은 자신의 아동기에서 비롯된 몸에 배인 무의식적인 태도로 남아와 여아를 다르게 사회화한다.

이와 같은 성 고정관념은 남녀 모두 자신의 잠재력을 달성하기 어렵게 하므로 가장 건강한 인성은 남녀 모두에게 적합한 인성을 골고루 가진 양성적인(androgynous) 인성이 바람직하다고 주장하였다.

즉, 진취적이고 자기주장적이고 독립적인 남성적 특질과 온정적이고 세심하며 이해심 있는 여성적 특질을 모두 가지고 있으면 자기 성에 적합한 행동이 아니라 상황에 맞는 가장 효과적인 행동을 할 수 있을 것이다.

(1) 그림완성

아래 그림에 선을 덧붙여 재미있는 그림을 완성해 보십시오. 아무도 생각해 내지 못하는 그림을 그려 보십시오. 처음 떠오른 아이디어에 덧붙이거나 그것을 발전시킴으로써 재미있고 짜임새 있는 이야기를 만들어 보십시오. 각 번호 옆에 그림의 제목을 재미있게 써 보십시오(6분).

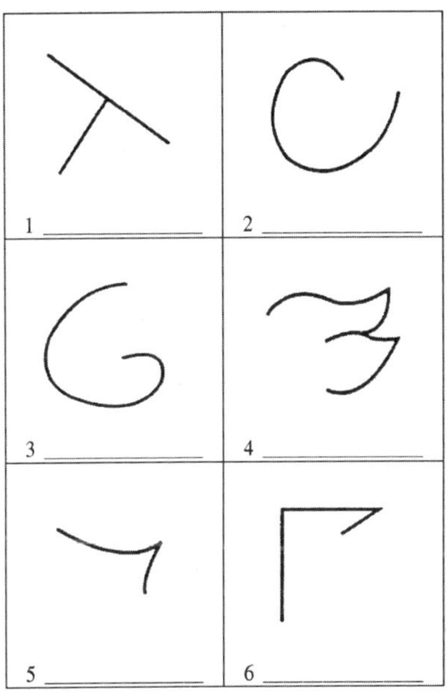


(2) 물건의 개량

아래의 그림은 어느 장난감 가게에서나 볼 수 있는 천으로 만든 장난감 원숭이 입니다. 이 장난감 원숭이의 크기는 약 15cm이며 무게는 약 200g 정도 입니다. 이제 이 장난감 원숭이를 가지고 아이들이 아주 재미있게 놀 수 있도록 변화시켜 보십시오. 생각할 수 있는 가장 멋지고 재미있고 특별한 방법들을 써 보십시오. 바꾸는 데 비용이 얼마나 드는지에 대해서는 전혀 걱정하실 필요가 없습니다. 다만 어떻게 하면 아이들이 더 재미있게 가지고 놀 장난감이 될 수 있을지만 생각하십시오(10분).

(3) 한번 가정해 보십시오.

당신의 상상 속에서 아래의 상황이 일어났다고 한번 가정해 보십시오. 그리고 그로 인해 어떤 일들이 벌어질 수 있는지 생각해 보십시오. 즉, 어떤 결과가 생길까요? 가능한 한 많은 추측을 해 보십시오. 굉장히 짙은 안개가 지상을 모두 덮어 버려 사람들은 단지 발밖에 볼 수 없게 되는 상황을 한번 상상해 보십시오. 무슨 일이 일어날까요? 떠오르는 아이디어와 추측들을 열거해 보십시오.(5분).

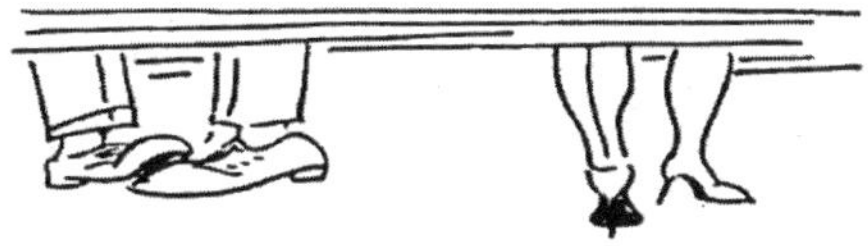

[그림 3-4] **창의력 검사의 예(Torrance 창의력 검사)**

### 2) 학교와 성차

학교는 아동들의 성차에 대해 성역할 고정관념을 줄이는데 기여하기 보다는 오히려 교과내용, 교사와 아동의 상호작용, 교실에서의 과제분담 등에서 남녀 학생의 다른 취급 등으로 학생들을 성 고정관념적으로 만드는 경향이 있다.

대부분의 교과서에서는 남성 모델이 압도적으로 많고, 남녀에 따른 역할 구분이 뚜렷하게 이분화되어 있음을 알 수 있다. 교과서 속에 비친 남성은 아버지로서 독립적인 인물로 나타나는 반면, 여성은 가사와 육아를 전담하는 아내나 어머니로서 또는 교사, 간호사, 자원봉사자와 같이 몇몇 한정된 분야의 직업인으로 등장하고, 의존적이고 소극적이며 희생적인 인물로 묘사되고 있다.

학교에서 남자 교사와 여자 교사가 차지하고 있는 비율이나 지위의 차이도 아이들의 성역할 개념에 영향을 미칠 수 있다. 고등교육기관일수록 남자 교사가 훨씬 더 많고 중요한 보직을 맡고 있는 경우도 많으므로, 학생들은 은연 중 남자가 여자보다 능력 있는 존재며 더 많은 것을 할 수 있다는 생각을 갖기 쉽다(범윤경, 1998 ; 장선철 외, 2003 재인용).

### 3) 교사와 성차

교사들은 남학생과 여학생에 대해 다른 시각을 가지고 있다. 여학생들은 더 조용하고, 더 주의 깊고, 성취지향적이며 인내심이 있고 협동적인데 비해 남학생은 공격적이고, 활동적이며 주의가 산만하다고 생각한다. 이것은 여학생들이 남학생들보다 유순하고 복종적이며 조용하기 때문에 교사가 교실을 통제하고 훈육하기에 용이한 것과 관계가 있다. 그러나 한편으로는 남학생들이 더 활동적이고 눈에 잘 띄기 때문에 교사들에게 야단도 많이 맞지만, 칭찬도 더 받고 더 많은 질문을 하며 더 많이 선생님과 접촉을 한다. 그러므로 Brophy(1974)는 교실에서의 성차는 교사가 학생들에게 영향을 미치기 보다는 학생들이 교사의 행동에 영향을 미치는 것으로 보았다.

Sadker와 Sadker(1986)는 남학생들이 SAT와 같은 시험에서 수학과 과학점수가 더 높은 것도 수업시간에 주도적으로 질문을 많이 하고 탐색하는 그들의 태도와 관계가 있다고 제안 하였다.

### 4) 성역할 고정관념의 해소 방안

교사들은 자신의 기대와 행동이 성역할 고정관념화와 남녀의 학업능력과 행동에 어떤 영향을 미치는지를 잘 모르고 있다. 교사가 성역할 고정관념에 주도적 역할을 하고 있는 것은 아니지만 어떤 점에서 수동적으로 성유형화를 강화하는 것은 사실이다.

교사가 성역할 고정관념에 얽매이지 않고 평등한 교실환경을 만들기 위해서는 다음과 같은 역할을 하여야 한다(Shapiro, Kramer, & Hunerberg, 1981 ; 장선철 외, 2003, p. 100에서 재인용).

① 학생들이 성역할 고정관념과 태도, 사고, 행동에 영향을 미치는 여러 요인에 대해 알도록 도와 준다.

· 학생들이 성역할 고정관념에 얽매인 행동을 하거나 말을 할 때, "누가 여자이기 때문에 또는 남자이기 때문에 할 수 없다는 말을 하니?" 라고 교사가 반응하고 적절한 남녀의 행동에 대해 생각해 보는 기회를 가진다.

· 책이나 잡지, TV, 영화 등의 내용에서 성 역할 고정관념에 얽매인 내용들을 분석해 보고 논의하는 시간을 가진다.

· 어떤 성에 대한 자신의 태도나 감정을 얘기할 때 그것은 성과 관련되기보다는 개인 또는 그 사람과 관련된 문제라는 것을 알도록 도와 준다.

② 성에 따라 학생을 나누는 일을 하지 않는다.

· 성별에 따른 좌석배치를 하지 않는다.

· 필요 없이 성과 관련시켜 야단치지 않는다.

(남학생들은 그것을 할 수 있어야지. 여학생이 그런 일을 하다니.)

· 성과 관련하여 과제를 제시하지 않는다.

(남학생들은 책상을 나르고 여학생은 정리하는 일을 하여라.)

· 성과 관련하여 경쟁을 유도하는 말은 피한다.

(남학생들과 여학생들 중에 누가 더 잘 할까?)

③ 학생들에게 시대와 문화적 차이에 따라 성 역할에 대한 정의가 변화하는 것을 알 수 있도록 한다.

· 학생들에게 시대와 문화적 차이에 따라 성 역할에 대한 정의가 변화하는 것을 볼 수 있도록 한다.

· 농경사회에서는 대부분 여성과 남성이 함께 밭에서 일했지만 중국에서는 주로 여성이 일을 하였다.

④ 성역할, 성정체감, 특정한 성에 대한 선호도에는 서로 차이가 있음을 이해하도록 한다.

· 인간적인 느낌이나 특성이 한 가지 성에 고정되어 있는 것이 아니며 그것에 따라 특정 성이 선호되는 데 영향을 미쳐서도 안 된다는 것을 이해하도록 도와야 한다. 즉, 여자이기 때문에 자기주장이 강해서는 안 되거나 남자이기 때문에 예민하거나 자신의 감정을 드러내지 말아야 하는 것은 아니다.

⑤ 학생들이 놀이나 경험을 통해 다양한 역할을 경험하도록 격려한다.

· 이미 초등학생들은 성별에 따라 분리되어 있으며 이것이 이후의 성별에 따른 행동의 기초가 된다. 그러므로 교사는 혼성집단을 만들어 서로 돕고 과제를 함께 완성하며 함께 계획할 수 있는 기회를 제공하는 것이 필요하다. 그리고 모든 학생들이 골고루 다른 역할을 해보고 책임질 수 있는 지위를 가질 수 있는 기회를 제공해 주는 것이 필요하다.

## 나. 사회경제적 지위

### 1) 사회경제적 지위의 정의

사회경제적 지위란 부모의 수입, 직업, 교육수준 등에 의해 결정되는 가족의 상대적인 위치를 의미한다. 학습에 있어서 가정의 사회경제적 지위는 매우 중요하다. 실질적으로 학습을 하는 데에 있어 가정의 사회 경제적 지위는 학생에게 보다 많은 기회와 경험을 제공해 줄 수 있고 학생을 좀더 적극적이고 진취적으로 교육하는 데에 많은 영향을 미친다.

일반적으로 한 개인의 사회경제적 지위는 두칸(Duncan, 1961)이 사용한 사회경제적 지위 척도를 이용하여 측정한다. 이 척도는 직업 역할 수행에 따른 수입, 직업 지위 획득에 필요한 교육 성취 등 모든 직업지위를 0부터 96까지 서열을 매겨 직업지위 위계로 환산한다. 사회학 분야에서는 이러한 직업척도를 발전시켜 '지위성취 과정 모형(status-attainment process model)'을 만들어 냈다. 여기에 사회심리학적 변인을 투입하여 완성한 모형을 Wisconsin 모형, 또는 학교교육, 직업지위 및 수입성취에 대한 학교 과정화 모형(school process model)이라고 한다. 이들 모형에서 사회경제적 지위를 측정하기 위하여 주로 이용하는 변수는 직업, 학력, 소득 등이다(서우석, 1994 ; 홍두승, 1983 : 장선철 외, 2003, p. 102에서 재인용).

### 2) 사회경제적 지위가 학생의 학업능력에 영향을 주는 방식

사회경제적 지위가 높은 부모들은 자녀에게 다양한 놀이 기구를 제공하고 많은 여행의 기회를 줄 수 있으며 박물관이나 동물원 등을 자주 구경하게 하는 등 풍부한 경험을 제공할 수 있다. 아동초기의 경험은 학교학습에 중요한 기초를 제공하기 때문에 문화적 자본이라고도 한다. 이러한 경험적 토대는 사고하고 토의할 수 있는 주제를 제공하고, 아동의 지적, 언어발달을 촉진하는 결과를 가져온다.

Hess와 McDevitt(1984)에 따르면, 사회경제적 지위가 낮은 부모는 그렇지 않은 부모에 비해 상황을 자세하게 설명해 주는 경우가 드물다고 한다. 또한 그들의 언어는 정교하지 못하고, 명료하게 지시하지 않으며, 자녀를 격려하거나 함께 공부하는 일에 인색하다. 반면에 사회경제적 지위가 높은 부모는 이와는 반대되는 양식을 보여주며, 결국 이러한 상호작용의 상이한 양식이 아동의 읽기 능력과 어휘력의 발달에 직접적인 영향을 미치고 있는 것이다.

또한 사회경제적 지위의 영향은 부모의 태도와 가치를 통해 전달되기도 한다. 읽기능력과 관련된 부모의 태도를 생각해 보면 높은 사회경제적 지위의 가정에는 곳곳에 신문과 잡지 그리고 기타 다양한 책들이 있는 경우가 많으며, 부모들 스스로가 많은 독서를 한다. 그들의 자녀가 학교에 들어갔을 때, 인쇄된 문자는 이미 그들에게 친숙해져 있으며, 독서는 자연스런 상황이 된다. 가정에서 폭넓게 독서를 하는 학생들은 그렇지 않은 학생들보다 읽기 능력에 보다 큰 성취를 보인다.

높은 사회경제적 지위의 부모들은 자기주도, 자기통제, 개인적인 책임감 등에 보다 큰 가치를 두는 반면, 낮은 사회경제적 지위의 부모들은 순응과 복종을 더욱 강조하는 경향이 있다. 그리고 이와 같은 부모의 가치는 아동이 학교에 들어갔을 때, 학급에서의 행위와 역할 수행방식에 영향을 미친다.

### 3) 가정환경의 지위 변인

가정환경의 지위 변인은 가정의 지위와 상태를 나타내는 정적 환경으로 가정의 사회, 경제적 지위, 주거지, 부모의 교육수준, 문화시설 등과 관련된 환경을 말하며 부모의 양육방법과 태도에 차이를 줄뿐만 아니라, 개인의 지적 발달과 성격 형성의 발달에 많은 영향을 미친다. 하지만 여기서 말하고자 하는 것은 현대 자본주의 사회에 들어 가정환경의 지위 변인 중 경제적 지위가 매우 부각되었으며 다른 변인들 역시 경제적 지위에 많은 영향을 받고 더 나아가서는 경제적 지위에 의해 다른 변인들이 결정된다는 것이다.

정원식(1970)은 일정한 사회 계층이 지니고 있는 환경적인 자극은 지적인 발달뿐만 아니라 성격형성 또는 자아개념, 흥미, 동기, 가치관에 이르기까지 광범위하게 영향을 준다고 하였다. 신영주(1971)는 모든 훈련의 습관에서 하류층의 부모가 더 엄격하여 벌을 주는 경향이 많고, 반면에 상류층의 부모는 관용적인 태도를 보이고 자녀를 애정으로써 돌보아 주며, 훈육의 방법에 있어서도 상류층은 칭찬과 보상 등의 긍정적인 방법을 사용하며 하류층은 체벌이나 조정 등의 부정적인 방법을 사용한다고 밝히고 있다.

고영복, 여창섭(1966)에 의하면 자녀의 교육방법에 있어서 상류층일수록 민주적이고 하류층일수록 권위주의적 혹은 방임주의적이다. 즉, 상류층으로 올라갈수록 자녀들의 의사를 존중하는 방향으로 지도하고 있으나, 하류층에서는 부모의 말을 잘 듣도록 엄격히 교육시키거나 혹은 방임해 둔다. 이러한 사실은 자녀들의 교육 특히 성격형성과 자아개념의 발달에 있어서 부모의 계층 구조가 얼마나 큰 영향을 미치고 있는가를 실증해 주는 것이라고 하였다.

Elardo, Bradley, Caldwell(1975) 등은 가정환경이 좋은 아이들은 그렇지 못한 가정 출신의 아이들보다 높은 지적 수준을 가진다고 하였으며, Maccoby(1980)는 저소득 계층의 부모는 자녀에게 보다 엄격하고 권위주의적이며, 비교적 무관심하고 대화의 양이 적고 지시적이며, 더 제한적, 적대적인 태도로 대한다고 하였다.

권오은(1999)은 가정의 사회경제적 수준과 부모의 학력이 낮을수록 자녀의 우울성향에 영향을 미친다고 보고하였다. 이재창(1988)은 현대 사회는 많은 것이 경제적인 척도에 의해서 평가되는데, 많은 기회가 빈곤하기 때문에 박탈당하는 경우 청소년 자신들이 경험하는 상대적 박탈감, 허무감, 무력감 등은 매우 심각하고 이러한 이유로 학습에 있어서도 매우 많은 영향을 미친다고 하였다.

장선철(2003)은 가정환경에서 '가족응집력'이 대학생의 진로결정 유형에 영향을 미치고 있음을 밝혔다. 즉, 가족응집력이 높은 대학생에게는 '진로결정 – 이상형'이, 낮은 대학생에게는 '진로미결정 – 혼돈형'이 많았다.

이와 같이 가정환경의 지위 변인은 부모의 양육방법을 결정할 뿐만 아니라 지적, 정서적 발달, 성격형성, 자아 개념의 발달에 영향을 주는 기초적이며 배경적 환경으로 작용하고 있다. 마찬가지로 학습 역시 이러한 배경적 환경으로 인하여 많은 영향을 받는 것이 사실이다.

### 4) 문화 자본의 차별적 분배

정보화 사회에서 문화 자본은 매우 중요한 의미를 지닌다. 그런데 다양한 문화 자본을 누리는 데에도 경제적인 지위가 큰 역할을 하며 그 경제적 수준에 따라 문화 자본을 경험할 수 있는 수준 역시 달라진다. 여기서 야기되는 문화 자본의 차별적 분배를 교육적으로 해석해야 하는 중요한 이유는, 각 경제적 지위의 가정마다 상이한 문화적 환경을 제공함으로써 그에 따라 자녀들이 차별적인 문화 자본을 축적하게 되는 결과를 낳기 때문이다.

풍부한 문화 자본을 소유한 환경에서 자라는 자녀들은 그렇지 못한 자녀들에 비하여 사회적으로 새로운 지식을 습득하거나 교육을 받는 데에 있어서 유리하다. 왜냐하면 사회적으로 인정된 지식이나 교육환경이 자신들에게 익숙한 문화적 환경이기 때문이다. 그러므로 부족한 문화 자본을 가진 자녀들은 낯설음으로 인해 적응에 어려움을 겪을 것이라는 예상을 할 수 있다.

## 4 특수한 학습자

특수한 학습자란 학습장애, 지능장애, 행동 · 정서장애, 학업부진, 영재를 포함한다(그림 3-7 참조). 여기서는 특수한 학습자에 대한 올바른 이해를 위한 기초 개념과 지도 방안을 살펴 본다.

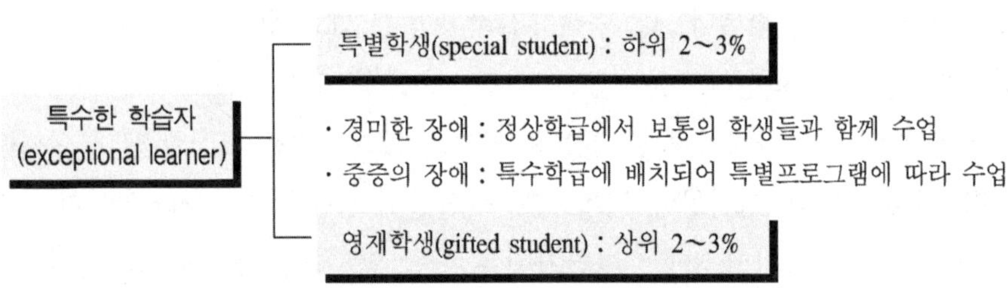


[그림 3-7] **특수한 학습자의 분류**

### 가. 학습장애

#### 1) 학습장애의 정의

정상 지능을 가지고 있으며 정신적, 육체적인 병적 요인이나 사회 환경적으로 특별한 요인이 없음에도 불구하고 학습하는 데에 어려움을 겪을 경우를 학습장애(learning disabilities)라고 한다. 즉, 평균적 지적 기능을 가지고 있으면서도 주의집중, 지각, 기억력 등의 문제로 듣기, 말하기, 읽기, 쓰기, 추론 등의 학습에 심각한 어려움이 있는 학생들이 이에 해당된다. 우리나라 특수교육 진흥법 제 4716호 7항에 따른 시행령에 의하면 '셈하기, 말하기 읽기, 쓰기 등 특정분야의 학습에 장애를 보이는 경우' 학습장애 학생으로 분류하고 있다.

### 2) 학습장애의 진단

학습장애를 진단할 수 있는 간단한 진단법은 다음과 같다.

#### (1) 읽기장애

· 글을 읽을 때 자주 틀리거나 빼먹고 읽는다.
· 글을 읽을 때 비슷한 글자나 단어를 혼동한다.
· 책을 읽는 속도가 느리다.
· 책을 읽은 후 물어 보면 무슨 내용을 읽었는지 잘 모른다.

#### (2) 쓰기장애

· 글씨를 알아보기 힘들게 쓴다.
· 글씨를 쓸 때 많이 틀린다.
· 글을 쓸 때 나이에 비해 단순한 문장만을 사용한다.
· 글을 쓰는 속도가 매우 느리다.
· 받아쓰기를 못한다.

#### (3) 산수장애

· 가감승제의 계산이 자주 틀린다.

· 수학에서 응용문제를 잘 못 푼다.

#### (4) 기타 학습장애

· 기억력이 부족하다.
· 공부할 때 오래 집중을 못한다.
· 때와 장소에 어울리지 않는 말을 할 때가 있다.

### 3) 학습장애의 특징

학습장애는 다음과 같은 특성을 나타낸다.

#### (1) 언어발달에 있어 지체 또는 불균형적인 발달양상

· 발어지체
· 문장을 구성하여 말할 수 없는 경우
· 어휘사용이 유치하고 문법적 오류가 많은 경우
· 어문사용에 있어 완성도가 낮은 경우

#### (2) 지각에서의 불균형

손끝 동작이나 소근육 작업에 어려움을 보이며 운동조절 능력에 문제

#### (3) 주의집중을 못하고 과잉행동의 특징

· 다동인 경우
· 다음에 무엇을 할지 파악하지 못하고 수다스러운 경우
· 사려 깊게 생각하지 못하고 충동적인 결정을 내리는 경우
· 주의집중 지속시간이 매우 짧으며 주의집중 시간이 지속될수록 정확성이 현저히 떨어지는 경우

#### (4) 학습을 위한 인지적 전략을 개발하고 동기화하는데 있어서 실패

조직화나 초인지의 사용에 있어서 능력부족

#### (5) 학업성취 문제

· 읽기 어려움 - 글씨를 읽는 능력과 글의 내용 이해에 있어서 문제, 기본적인 읽기, 기술의 문제
· 쓰기 어려움 - 철자가 틀리거나 단정하지 못한 필기, 단순하고 정리되지 않은 쓰기 표현
· 수학의 어려움 - 시간, 공간개념의 어려움, 기초적인 셈하기 기술의 부족, 문제해결 위한 기술의 적용

#### (6) 다른 아동과 놀지 못하고 문제를 일으키는 경우

· 자기 멋대로 하는 행동
· 규칙을 이해하지 못하고 타인에 대한 관심이 없음
· 대인관계에서 요구되는 차례 기다리기, 도움요청하기, 나누기, 비판에 대처하기 등의 능력이 부족

위와 같은 특징은 아동 스스로의 통제나 의지에 의한 것이 아닌 신경계의 문제에 의해 불가항력적으로 나타나므로 학습장애는 "미세 뇌기능 장애" 라고 불린 적도 있다.

### 4) 학습장애 학생을 위한 교수-학습활동

낮은 능력을 지닌 학생을 위한 교육은 대부분 이러한 학생들을 다른 학교, 다른 학급에 배치하는 것이 일반적이었다. 그러나 20세기 중반에 미국에서 전개된 시민권 운동의 영향으로 인간으로서의 기본권 주장이 증대되었고, 특히

소수민족이나 경제적 열세집단의 기본권에 대한 요구들이 사회문제화 됨으로 교육기회의 균등 역시 중요한 요구사항으로 부각되어 다양한 제도적 장치와 법령이 제정되었다. 특히, 통합교육과 전략훈련은 이와 같은 사회적 분위기와 요구를 적절히 반영하는 교육방법이었다.

통합교육(mainstreaming)이란 학습장애 학생들을 따로 분리하지 않고 일반 학급에서 정상적인 학생들과 같이 공부하는 것을 말한다. 학습장애 학생들을 정상 학급활동에 적응시키기 위해서는 교사들 간의 상호협조가 필요하다. 구체적으로 학습장애 학생들을 시간적 · 공간적으로 따로 분리시켜 특수교사들에게 교육을 받게 하는 것이 아니라, 일반학급에서 학교생활을 하도록 하고 특수교사들이 담당 학급교사와 상호협조체제를 이루어 그 학급에 투입되는 방법이다.

이 때 정규 학급에 투입되는 특수교사의 역할은 다음과 같다.

· 학습문제를 판별하고 정의하기 위해 학급 담당교사와 수시로 협의한다.
· 학생의 학급행동을 관찰한다.
· 학급에서 수업시간에 수행한 과제의 견본을 수집한다.
· 담당 학급교사와 협동하여 특별히 변화를 주어야 할 교수방법을 설계한다.

한편, 학습장애 학생들이 일반학생들과 같이 교육함으로써 특수교육 예산이 일반학생들의 교육에 전용될 수 있으며 통합교육이 학습장애 학생들의 학습문제 극복과 학습력 향상에 실질적인 도움을 주지 못한다는 통합 교육에 대한 반론도 있다.

학습장애 학생들에게 유용한 또 하나의 방법은 전략훈련(strategy training)이다. 이는 학습장애 학생들에 대한 보다 직접적인 교수처치로서 학습하는 방법, 즉 자신에게 가장 적절한 학습전략을 가르치는 것이다. 예를 들어, 어떤 지식을 알아야 한다면 그것을 어떻게 이해하여 암기할 것인지, 즉 그룹화, 암송, 시연 등과 같은 기억전략을 어떻게 활용할 것인지에 대해 가르치는 것이다. 이러한 교수방법은 학생들 스스로 학습과 주의집중 그리고 의사소통을 탐색하는 초인지(meta cognition)를 발달시키는 데 영향을 미친다.

경미한 학습장애를 지니고 있는 학생들은 과제를 소극적으로 수행하고 특별한 체계없이 학습함으로써 불필요한 곳에 많은 시간을 소비한다. 또한, 이들은 스스로 탐색하고 구조화하여 학습하는 기술이 부족하다. 이러한 학생들에게 과제를 수행하기에 앞서 학습방법 혹은 학습전략을 가르치는 일은 그들이 장애로 인해 겪는 어려움을 극복하는 데 많은 도움을 줄 것이다.

## 나. 정신지체

정신지체(mental retardation)에 대한 미국정신지체 학생협회(America Association of Mental Deficiency : AAMD)의 정의를 살펴보면, 일반적인 지적 기능이 심각할 정도로 평균 이하이거나, 적응적 행동의 결함을 동반하며, 발달기(developmental period) 동안에 야기되는 장애다. 지능 수준이 낮다고 해도 그 정도에 따라 교육 가능한 학생이 있으므로 교사는 이들의 지도에 유념해야 한다.

미국의 경우 정신지체 학생의 지능 수준과 각 수준에 따른 교육가능 정도는 다음과 같다.

〈표 3-2〉에서 보듯이, 정신지체가 경미한 학생은 지능지수가 50~70 정도로 일반교실에서 통합교육이 가능하며 읽기, 쓰기, 셈하기와 같은 기본기술을 가르칠 수 있고, 사회성과 사회적응 기술을 익혀 직업을 찾고 생활해 나가는 데 도움을 줄 수 있다.

**표 3-2** 정신지체학생의 특징

| 분류 | IQ | 출현율(%) | 비율(%) | 교육장소 | 가능한 교육내용 |
|---|---|---|---|---|---|
| 경미 | 70~50-55 | 1 | 75 | 정상학급 | 기본기술, 사회적응기술 |
| 중간 | 50-55~35-40 | 3 | 20 | 특수학급, 특별실 | 독립적인 생활기술, 직업기술 |
| 극심 | 35 이하 | 1 | 5 | 특수학교, 가정 | 통제된 환경 내에서 자기관리 및 사회적응 |

정신지체가 발생하는 원인은 출생 시에 유전적으로 나타나는 경우가 대부분이다. 그러나 유아기의 질병, 어머니의 정서적 문제, 영양실조, 방사능에의 노출, 약물, 외상, 산모의 연령 등 환경적 요인에 의해서도 발생할 수 있다(Charles & Mallian, 1980).

정신지체 학생의 교육방법은 학습장애 학생의 경우와 마찬가지로 통합교육 원리에 따라 정상적인 학급에 배치함으로써 사회성이나 학업성취에 도움을 줄 수 있다. 그리고 전략훈련을 통하여 수업집중, 새로운 학습과제의 조직과 기억, 시험공부 방법 등을 익히게 하는 것도 유용한 방법이다.

정신지체 학생을 지도할 때의 유의점은 다음과 같다.

### 1) 구체적인 경험을 통한 지도

정신지체 학생은 구체적 경험을 통하여 여러 가지 개념을 파악하고 이해한다. 추상적 사고력이 열등한 정신지체 학생의 경우 특히 이와 같은 점을 충분히 고려하여 지도할 필요가 있다. 예를 들면 소풍을 갈 경우 차 안에서 지켜야 할 사항에 대해서 이야기한다든가 간단한 교사의 이야기 들은 것은 별로 효과가 없고 실제로 버스와 지하철을 타고 그 현장에서 지도하는 것이 더 효과적이다. 또 두 사람씩 손을 잡고 길 좌측을 걸어야 한다고 하는 말은 실제로 그 말대로 길을 걷는 연습을 하면 그 의미를 깨닫는다. 보통 아이 같으면 교사의 이야기, 그림책, 슬라이드, TV 등을 통하여 이해할 수 있는 것도 정신지체 학생은 실제적인 경험을 하지 않으면 이해하지 못한다. 그러나 모든 것을 실제로 경험할 수는 없으므로 장래의 생활 자립에 필요한 것들로만 한정하는 것이 좋다. 따라서 시간적, 경제적, 기술적으로 허용되는 범위 안에서 아동들의 신변에 친근감이 있는 구체적 경험을 통하여 지도하는 것이 바람직하다.

### 2) 능력차를 고려한 지도

정신지체라고 해도 장애의 정도가 경도에서 중도까지 있고 또 그 장애의 원인에 따라 나타나는 능력도 상이하다. 이러한 장애 정도는 크게 차이가 나기 때문에 그 능력의 차에 따라 적절한 지도 계획을 세워야 한다. 예를 들어, A라고 하는 아동은 '바지까지 전부 단정하게 입고 벗는 일'을 목표로 할 수 있지만, B라고 하는 아동은 '바지를 뒤집고 바로하기' 또는 '옷의 앞뒤 구별하기' 등으로 하고, C 아동은 '상의와 양말을 입고 벗는 것'을 목표로 세울 수 있다. 이처럼 구체적으로 한 사람 한 사람에 대한 활동 시간의 목표를 세우고 지도하며 평가한 후 그 목표가 타당한지의 여부를 확인하여 새로운 목표를 세워야 한다.

### 3) 중복장애 학생에 대한 유의

특수학교 유치부에 다니고 있는 정신지체 유아들의 경우 그 장애의 정도가 점점 심한 것으로 나타나고 있다. 실제로 이들은 지적 능력이 떨어지는 경우와 함께 지능장애, 언어장애, 정서장애 등 2차적으로 여러 가지 장애가 일어나고 있으므로, 그에 따른 대응책을 수립하는 일이 중요하다.

또 지체장애의 경우에는 가벼운 경련이나 마비 등의 현상을 보이므로 교사로서는 그에 대한 대책을 수립하는 데 어려움이 있다. 장애가 가벼운 경우에는 장애 상태를 모르고 무리한 요구를 할 수도 있으므로, 중복장애 학생에 대해서는 특별히 그 상태를 잘 파악하여 지도해야 한다.

### 4) 유효한 자극과 훌륭한 교재

정신지체 학생은 비장애아에 비해서 자기를 둘러싸고 있는 외계에 대한 관심과 흥미 등이 낮다. 비장애아는 항상 자기를 둘러싸고 있는 환경에 대해 여러 측면에서 의문을 가지기도 하고 알아보고자 애를 쓰기도 하지만, 정신지체 학생은 스스로 무엇을 알아보기 위해 애쓰거나 노력하지 않는다. 외계에 대하여 어떤 흥미나 관심이 없다고 하는 것을 알고 싶다든가 무엇을 어떻게 하고 싶다는 욕구가 없다는 것이다. 따라서 내적인 욕구가 없으면 결국 외적으로 강력하고 유효한 자극을 줄 수밖에 없다. 이 때 주의할 사항은 다음과 같다.

· 적절한 시기를 보아서 자극을 주되 준비도를 고려할 것
· 필요성을 가지게 할 것
· 반복할 것

산발적인 자극은 효과가 없기 때문에 매일 반복하여 주는 것이 중요하다.

정신지체 학생의 지도에서 교재는 매우 중요하다. 그 선정 방법에 따라 교육의 효과가 크게 달라질 수도 있기 때문에 목표에 알맞은 교재를 신중하게 선택해야 한다. 교사는 정신지체 학생에 대한 두 가지 시각이 필요하다.

첫째, 그들은 신체적으로 보통의 학습자들과 다르다.

둘째, 그들은 정신적으로 보통의 학습자들과 같다.

중요한 것은 두 번째로써 교사는 언제나 그들의 내면은 보통 학생들과 다르지 않은 '할 수 있는' 능력이 있으며 단지 겉으로 드러나는 문제점이 있을 뿐이라는 것을 인식, 그들을 편견이 없는 시각으로 바라보며 문제점을 교정해 나가야 한다.

## 다. 행동장애

행동장애(behavior disorders)는 정서장애(emotional disturbance)와 같은 의미로 사용하고 있다(Eggen & Kauchak, 1992). 행동장애 학생이란 사회적 갈등, 개인적 불만, 학교성적 부진 등을 지속적으로 나타내는 학생을 의미한다(Kirk & Gallagher, 1990). Graubard(1973)는 상대가 바라지 않는 부적절하고 충동적이며 공격적 행위나 언어 그리고 우울증이나 좌절을 나타내는 만성적 이상행동으로 행동장애를 정의하고 있다. 그러나 이러한 행동장애를 '이상행동이나 과도한 장애를 의미한다.'라고 규정짓는 것보다는, 행동장애 학생들의 교육 가능성을 고려하여 다양한 정서적 요인으로 인해 특수한 행동문제를 일으키는 현상(임승권, 1993)으로 보는 것이 바람직하다.

행동장애 학생은 과잉행동, 비협조, 반항, 적개심, 잔인성, 악의성 등의 특성을 나타내며, 학습에 지장이 많고 학교 규칙을 어기며 행동결과에 대해 아무런

반응을 보이지 않는 경향이 있다(Eggen & Kauchak, 1992). 또한, 이들은 부끄러움, 자신감 결여, 우울 등의 특징을 보이며 주의 깊은 관찰이 없으면 판별하기가 어렵다. 따라서 교사는 그들이 보이는 불안과 위축에 대해서 특별히 주의를 기울여야 한다.

행동장애의 원인으로는 갈등과 긴장 등의 심리적 요인에 의한 경우와 뇌손상, 영양실조, 질병, 신경조직 이상 등의 생물학적 요인 혹은 정신역동적 문제나 조건화에 기인한 행동문제 등 다양하다(임승권, 1993). 미국의 경우 행동장애 학생의 비율은 학생인구의 약 .05~15% 정도인 것으로 추산하고 있다.

행동장애 학생 역시 정상적인 학생들과 함께 통합교육이 가능하며, 특히 교사들은 이들에 대한 이해, 솔직한 의사소통, 일관성 있고 즉각적인 칭찬과 보상, 학생에 대한 현실적 기대와 유지해야 할 행동 범주의 설정 등을 통하여 지도할 필요가 있다. 또한 학생과 교사 사이의 신뢰로운 관계를 형성하여 바람직하지 않은 행동이 표출되지 않도록 해야 한다.

### 라. 학습부진

학습부진아(underachiever)란 학업장애와 유사한 개념으로 자신의 능력에 비해 학업성취 수준이 낮은 학생을 말한다. 학습부진아의 잠재적 능력을 신장하기 위해서는 학교 교수 과정에서 특별한 배려가 따라야 한다. 먼저 지능, 언어, 시각, 청각, 운동기능, 정의적 측면 등에 관하여 여러 가지 진단적 평가를 내리고 학습부진의 원인과 대책을 발견하여야 한다. 대표적인 예가 학교 인구의 3~7%가 교정교육을 받을 정도의 학습부진아라고 주장하면서 이들의 진단용으로 S. Kirk(1972)가 개발한 진단평가 I.T.P.A.(Illinois Test of Psycholinguistic Ability)이다. 이 검사는 다음과 같은 12개의 하위검사를 포함하고 있다.

① 청각적 자극의 수용 이해능력
② 시각적 자극의 의미 파악능력
③ 시각적 자극의 연합과 상호관계의 이해능력

④ 청각적 자극을 개념과 연합하여 이해할 수 있는 능력
⑤ 언어적 자기 표현능력
⑥ 운동적 반응으로의 자기 표현능력
⑦ 문장의 구조나 변화에 관련된 언어사용능력
⑧ 불확실한 시각적 자극대상에 대한 독자적 파악능력
⑨ 기억과 관련, 상징적으로 표시된 것의 언어적 회상능력
⑩ 기억과 관련, 상징적으로 표시된 것의 시각적 회상능력
⑪ 언어적으로 표현된 부분 중 탈락된 부분을 맞게 보완해내는 능력
⑫ 분리되어 표시된 음을 묶어 하나의 단어로 나타내는 능력

카우프만(Kauffman, 1976) 등은 학습부진 학생의 특징으로 과잉행동, 지각-운동장애, 정서불안정, 방향감각 및 편측장애(laterality defects), 주의집중장애, 충동성, 기억 및 개념적 사고장애, 특정학습장애 등을 제시하고 있다. 또한 함밀(Hammill, 1976) 등은 과잉활동 → 주의집중결여 → 기억장애 → 학업실패 → 과잉활동의 증가의 순서 혹은 주의집중장애 → 주의산만 → 식별장애 → 부적절한 자극수용 → 일반화의 결여 → 학업실패 → 정서장애 → 보다 약한 자극수용의 순으로 가정하여 이러한 특징들이 학습부진에 미치는 영향을 설명하고 있다.

학습부진 학생을 위하여 교사가 사용할 수 있는 전략에는 적응수업전략과 교정수업전략이 있다. 적응수업전략(accommodation teaching strategy)은 학습자의 학습을 증진시키기 위하여 어떤 요소나 전체적인 학습환경을 변화시키는 과정이다. 수업사태에서 고려해야 할 점은 다음과 같다.

① 학습부진 학생이 이해할 수 있는 수준으로 각 수업시간에 도달해야 할 학습목표를 제시한다.
② 수업진행에 대한 안내를 위하여 각 단원별 또는 차시별 수업개요를 제시한다.
③ 전문적인 어휘의 목록이나 추상적인 개념에 대한 해설자료 등을 제공한다.

④ 학습부진 학생의 수준에 맞는 적절한 가정학습과제를 제공한다.
⑤ 특별교재 또는 학습자료를 활용한다.
⑥ 학습계획서를 작성하고 계속 점검한다.
⑦ 정보의 확인, 분석, 저장, 기억방법, 독서방법, 시험준비, 노트필기 방법과 같은 학습기술을 지도한다.

교정수업전략(remedial teaching strategy)은 학습을 방해하거나 장애가 되는 결함과 약점 등을 제거하는 데 중점을 둔다. 이 전략은 학습부진 학생의 잘못된 학습습관을 확인할 수 있고, 이를 수정할 수 있다는 가정 하에 학습자를 변화시키는 데 관심을 갖는다. 따라서 교정수업전략에서는 학습부진아에 대한 개인별 진단이 중요하며, 이러한 진단결과에 따라 학습과제 및 적절한 프로그램이 제시되는 특징을 갖는다.

또한, 학습부진 학생을 위한 프로그램은 제시되는 내용에 따라 다음과 같이 분류할 수 있다.

① **기초학습 기능형** : 읽기, 쓰기 등 기초학습 기능에 초점을 둔 프로그램
② **교과개별지도형** : 학생들이 직접적으로 관련없는 내용으로 인해 흥미를 느끼지 못할 경우, 교육과정 영역에서 지원 보충적인 역할을 하는 프로그램
③ **직업 프로그램** : 학습자의 흥미와 능력에 맞는 직업을 탐색, 준비시키는 과정
④ **학습전략형** : 공부 기술을 가르치는 프로그램. 이 프로그램은 학습부진아의 공부 방법을 발전시키고 수업활동을 개선시키는 데 그 목적이 있음
⑤ **심리치료형** : 아동에 대한 압력의 감소, 교사－학생, 학생－학생의 인간관계 개선, 동기양식이나 수준의 변화, 자아개념의 긍정적 변화 등을 목적으로 하는 프로그램

이러한 여러 가지 유형의 프로그램을 실시할 경우 대상 학생의 연령, 결함

정도와 유형, 학교형편 등을 충분히 고려해야 하며, 이러한 프로그램을 정규학급과 구분하여 실시할 때에는 학생들의 정서적 측면에 부정적 영향을 줄 수 있으므로 세심한 주의가 필요하다.

한편, 학습부진은 조기에 예방하여야 한다.

## 마. 영 재

### 1) 영재의 정의

학생들의 능력을 정상분포곡선으로 나타낸다면 가장 오른쪽 부분에는 능력이 매우 뛰어난 학생들이 분포된다. 이들은 일상적인 교수활동 이상의 특별한 교육 프로그램이 요구되는 학생들이다. 1978년 미국에서 제정된 영재아에 대한 법률은 영재에 대한 좋은 기준을 제공한다.

영재성과 재능이 있는 아동이란 취학전, 초등학교, 중등학교 수준에서 지적 · 창의적 · 특정 학문 영역 · 지도성 등의 영역에서 혹은 수행 능력이나 시각예술 등에 있어서 높은 능력을 보이는 외현적 · 잠재적 능력을 소유하고 있는 아동을 말하며, 이들에게는 일반적인 학교에서 제공하는 평범한 지원과 활동 이상의 것이 요구된다.

터먼(Terman)은 교사 추천과 IQ 검사 점수로 영재학생 1,500명을 판별하여, 이들의 성장과정을 추적 연구하였다. 그는 영재학생들이 학문적으로 우수하다는 점 이외에 다음과 같은 특성을 보이고 있다고 주장한다.

① 연령에 따른 자신의 역할에 잘 적응한다.

② 매우 뛰어난 성취수준을 보이고 보다 쉽게 학습한다.

③ 많은 취미생활을 즐긴다.

④ 많은 책을 즐겨 읽는다.

⑤ 신체적으로 매우 건강하다.

또한, Bloom(1985)은 다양한 분야에서 성공한 사람들은 어린시절에 공통적으로 다음과 같은 가정환경에서 성장한 것으로 분석하고 있다.

① 부모가 아동의 재능에 관심을 갖고 이를 발달시키기 위하여 후원과 격려를 보낸다.
② 부모는 아동이 자신의 재능분야에 참여하도록 조장하고 칭찬한다.
③ 아동의 발달단계에 따른 적절한 계획과 기준을 마련한다.
④ 가족구성원은 아동의 수행에 정보를 제공하는 조력자의 역할을 충실히 한다.
⑤ 부모는 아동의 행동을 관찰하면서 충분한 시간과 자료를 제공한다.
⑥ 부모는 아동에게 특별한 것을 가르치려 한다.
⑦ 부모는 아동의 능력이 발현될 수 있는 일에 참여할 것을 권장한다.

이상에서와 같이 영재학생은 일반적으로 평균 이상의 능력, 높은 동기, 수준과 높은 과제 참여수준 그리고 높은 수준의 창의력을 갖고 있음을 알 수 있다.

### 2) 영재의 판별

보리치(Borich)와 톰바리(Tombari, 1995)는 영재의 판별기준을 지능, 성취수준, 창의성, 과제 지속성의 4가지로 구분하여 확정적이기보다는 융통적인 판별 방법을 제시한다.

첫째, 지능의 정상분포에서 상위 2~3%에 해당되는, 즉 지능지수 130 이상이면 영재교육 프로그램을 받을 수 있는 능력이 있다고 판단한다(Dembo, 1981). 그러나 지능지수 130이라는 기준만으로는 충분치 않으며 다른 준거를 함께 고려해야 한다.

둘째, 성취수준은 백분위수에 기준을 두어 판단하지만 이것은 각 교과 영역마다 다르다. 흔히 기준 백분위는 정답률이 90% 이상일 때 영재 수업을 받을 능력이 있는 것으로 간주한다.

셋째, 창의성과 관련하여 추상적인 원리를 문제해결에 적용하고, 호기심과 질문이 많으며, 비범한 반응을 보이고, 풍부한 상상력을 지니고 있으며, 중요한 사건과 그렇지 않은 사건을 잘 변별하고, 서로 다른 목적들 간의 관계성을 정확하게 탐구하는 등의 행동특성이 관찰될 때 담임교사나 학부모 등 학생 주변의 교육관계자의 추천으로 판단한다.

넷째, 높은 수준의 과제 지속성에 대한 존재 유무로 판단하는데, 그 구체적인 내용은 학습에 대해 조직화된 접근을 고안하는 능력, 세부적인 것에 집중하는 능력, 스스로 부과한 높은 성취 기준, 자신의 목적을 성취하려는 지속성, 자기의 수행을 평가하려는 의지와 능력, 책임감, 학문적 과제에 대한 높은 열정 등을 포함하고 있다.

이러한 판별의 과정은 객관적 평가 자료와 주관적 평가 자료를 모두 포괄하여, 다음과 같은 순서로 진행하는 것이 일반적이다.

- **제1단계** : 교사, 학부모, 친구 또는 자기 자신에 의한 추천
- **제2단계** : 지능검사, 성취도검사, 창의성검사, 인성검사 등의 표준화검사 실시
- **제3단계** : 실험 실습, 연주 등의 수행검사
- **제4단계** : 교육 프로그램에 배치하여 관찰과정을 거치면서 점차적으로 학생선발 감소

### 3) 영재학생을 위한 교육

학교에서 이루어지는 영재학생을 위한 프로그램은 일반적으로 다음의 세 가지가 있다(Goetz, Alexander & Ash, 1992).

#### (1) 속진 프로그램(acceleration)

속진 프로그램은 "같은 나이 또래의 학생에게 실시하는 속도 또는 전통적인 속도보다 빨리 진행하는 교육프로그램"이다. 속진 교육은 교육과정을 이수하는 속도를 일반 학생에 비해 빨리 진행한다. 속진교육의 형태로는 월반, 조기입학,

조기졸업, 학점인정 시험제도, 고등학교에 대학 과목 개설, 교육과정 압축 및 단기 완성, 사사 제도(mentorship) 등이 있다.

#### (2) 심화학습 프로그램(enrichment program)

정규 교육과정의 폭과 깊이를 보다 확장시켜 가르치는 것이다. 속칭 교육과정을 '보다 빨리' 가르치는 것이라면, 심화 교육은 '보다 넓고 깊게' 가르치는 것이라 할 수 있다.

따라서 심화교육을 위한 교육 프로그램은 정규 교육 과정 및 수업을 네 가지 측면—교육과정의 깊이와 폭, 교육과정을 학생들에게 가르치는 속도, 교육 자료의 종류와 내용, 과정기술(process skill)에 해당하는 고차원적 사고력—에서 확장시켜야 한다.

#### (3) 영재학생 집단을 통한 지도

영재들을 동질 집단으로 구성하여 지도하는 방법으로, 우리나라에는 과학고등학교, 예술고등학교, 외국어고등학교가 그 예다. 집단 편성(grouping)의 장점은 비슷한 수준의 인지 능력을 가진 학생들이 상호작용할 기회가 많다는 점과 영재 학생들의 전담 교사를 배치하여 전문적인 지도를 받을 수 있다는 점이다. 둔랍(Dunlap, 1975)에 의하면, 영재들은 자기의 지능 수준에 맞는 집단 내에서는 상호작용이 잘 이루어지고 바람직한 습관과 태도를 발달시키며, 재능도 충분히 발휘한다고 한다.

### 4) 영재 교육과정의 구성

영재 교육과정은 영재들의 심리적 특성을 충분히 고려하는 가운데 그들이 능력을 최대한 신장할 수 있도록 개발해야 한다. 영재 교육과정이 기본적으로 갖추어야 할 특징적인 요소 및 원리를 몇 가지로 정리해 보면 다음과 같다(이연섭 외, 1981 ; 조석희 외, 1996).

### (1) 주제중심의 교육과정이다.

사고과정을 중시하긴 하지만 반드시 어떤 주제를 중심으로 교육과정을 구성함으로써 특정 사고과정을 직접 적용할 수 있는 기회를 제공해 주어야 한다. 단편적인 지식을 마구 머릿속에 집어넣는 공부가 아니라, 한 가지 주제를 중심으로 다양한 활동을 함으로써 주제에 관하여 깊이 있게 이해하고 문제의 해결에 적용할 수 있는 수준까지 학습하게 한다.

### (2) 과정중심의 교육과정이다.

정보의 습득보다는 사고기술 및 과정의 발달을 강조하는 학습활동을 전개한다. 학습의 초점은 주로 질문과 문제에 두고, 이미 학습한 것을 토대로 사회적인 문제나 논쟁점에 관하여 분석하고 신랄하게 검토 · 비판한다. 이때 교사의 역할은 직접적인 감독보다는 보조자로서 학습에의 자극과 도전감을 느끼도록 하고, 학생들이 진리 탐구에 흥미를 갖도록 하는 것이다.

### (3) 활동중심의 교육과정이다.

학습자들을 적극적으로 참여할 수 있게 하는 과제를 주 내용으로 삼아 학습활동을 전개한다. 일반적으로 학습부진아는 반드시 구체물의 조작이 필요하지만, 영재들은 구체물 없이 사고만으로도 충분히 흥미를 느낄 수 있다고 생각하는 경향이 있다. 그러나 영재들도 구체물을 가지고 학습하고 활동 중심으로 수업할 때 그 효과가 훨씬 크게 나타난다. 따라서 가능한 한 교사의 일방적인 지시나 강의에 따라서 수업하기 보다는 학습자들이 적극적으로 참여할 수 있는 활동을 많이 포함하도록 한다.

### (4) 개방적인 교육과정이다.

아동이 학년, 연령과 상관없이 높은 수준의 학습 내용도 접할 수 있도록 하며 학습자들이 형식에 얽매이지 않고 다양하며 개인적인 반응을 할 수 있도록 허용하고, 그러한 반응을 인정해야 한다. 이미 정해진 계획이라도 학생의 필요에 맞게 변경시킬 수 있을 만큼 융통성이 있어야 한다. 학습 내용의 수준이나 소재를 제한하지 않음으로써 충분한 도전감을 제공하고 창의적으로 문제를 해결하는 경험을 갖도록 한다.

#### (5) 학습자의 자율적인 선택중심 교육과정이다.

학습자는 그들의 기호, 욕구, 능력 등에서 개인차가 크므로 다양한 대안들을 제공하여 다양한 흥미를 추구할 수 있도록 허용해야 한다. 왜냐하면 이런 흥미 추구과정에서 주어진 정규 교육과정의 학습을 더욱 적극적으로 해 나갈 수 있기 때문이다. 학생들이 스스로 선택한 주제나 소재가 교과와는 무관한 것처럼 보이는 경우라도 인정하고, 여러 사람의 합의에 의한 과제보다는 개인적으로 결정한 과제를 수행함으로써 더 큰 만족을 얻을 수 있게 한다.

### 5) 영재 지도의 방법

영재들을 효과적으로 지도하는 방법은 다음과 같다(Borich & Tombari, 1995).

#### (1) 도전적인 문제의 제시다.

교사가 제시하는 도전적인 질문과 문제를 통해 영재 학생들은 자신과 관련된 문제를 독립적으로 탐구할 수 있는 자유를 얻는다. 학생들은 탐구에 대한 책임감을 인식해야 하며, 학생들에게 자신이 추구하는 방향과 관련한 추가적인 참고문헌과 자료를 사용하기 위해 교사의 지원, 격려, 활용의 필요성을 느끼도록 해야 한다.

### (2) 집단 활동과 관련된 수업계획이다.

영재 학생은 대부분 다른 사람의 아이디어를 발견하여 그것을 새롭게 창조하고 변화시키는 데 뛰어난 능력을 보인다. 집단토론, 동료에 대한 인터뷰, 탐구, 논쟁 등은 영재 학생을 전체 학급 학생들과 함께 가르칠 때 유용하게 사용할 수 있는 교수방법들이다.

### (3) 문제해결을 요구하는 실생활 문제를 포함한다.

영재 학생들에게는 학습 내용 영역에 대해 실제적인 조사를 하게 해야 한다. 이것은 그들에게 새롭게 요구되는 지식을 찾게 하고 문제해결의 도전력을 증가시킬 것이다. 특별한 정답이 없는 질문을 제기하는 것도 좋다. 예를 들어 "강대국 간의 긴장을 어떻게 감소할 수 있겠는가?"와 같은 질문이다. 또한, 자신의 의견만이 아닌 객관적인 증거와 가능한 해결책을 이끌 수 있도록 실제적인 문헌연구나 실험연구를 요구하는 것이 좋다.

### (4) 지식과 이해의 도출이다.

영재 학생들은 대부분 언어적 유창성이 있기 때문에 이들이 보여 주는 명쾌한 반응이 문제를 정확하고 심도 있게 이해한 것인지 아니면 표면적으로만 이해한 것인지를 결정하기가 어려울 수 있다. 따라서 영재 학생에 대해 검사를 하거나 질문을 할 때 심도 있는 이해와 표면적인 이해를 구분하기 위해서는 그들의 내부에 있는 지식과 이해를 도출해야 한다. 영재 학생에 대한 평가는 단순한 지식 암기 양의 측정을 넘어서, 대답에 대한 이유를 설명하고, 알고 있는 사실을 조합하여 새로운 것을 만들어 내는 일련의 과정을 통한 수행평가를 활용하는 것이 바람직하다.

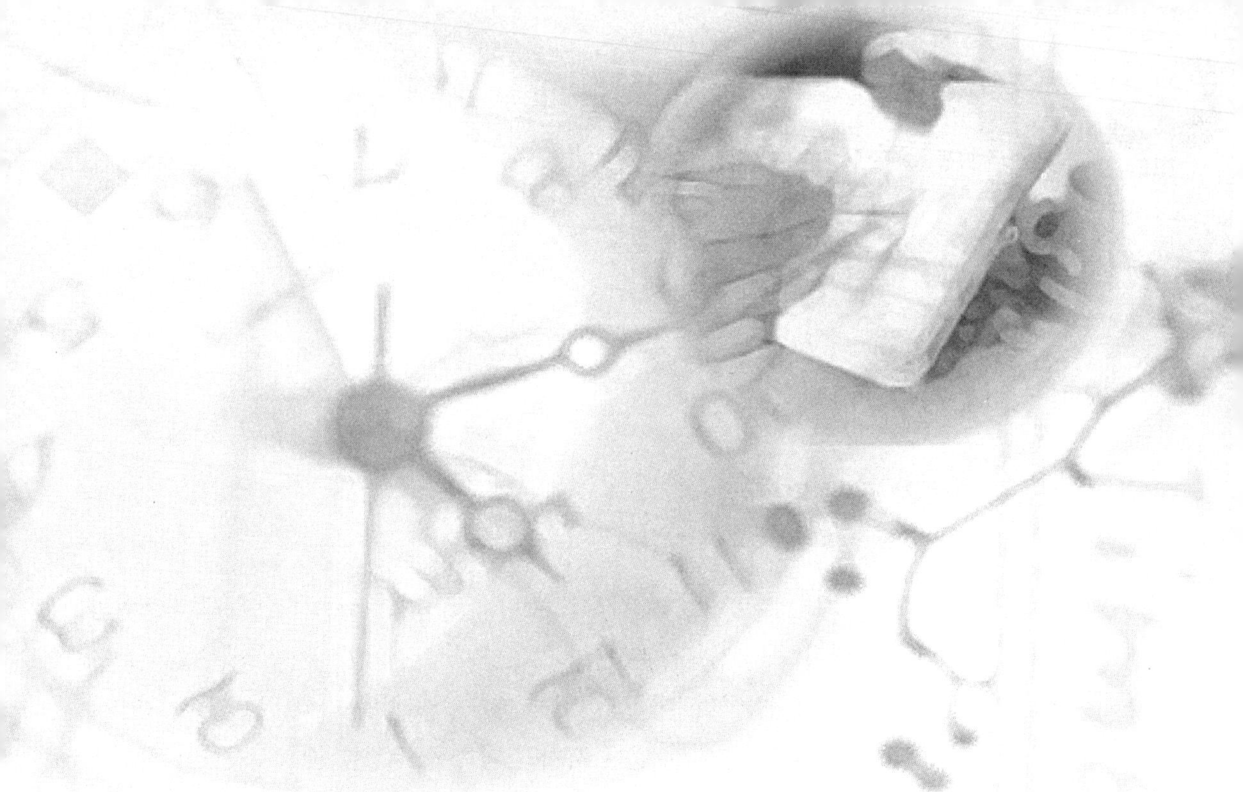

제 4 장

# 정의적 특성과 교육

1. 성격
2. 자아개념
3. 불안

# 1 성 격

## 가. 성격의 개념

성격이란, 여러 가지 뜻을 가지고 있다. 영어의 'personality'는 그리스어의 'persona'로부터 유래되었다. 본래 이 말은 고대 그리스 연극에서 배우들이 쓰던 가면을 지칭하는 말이며, 이 말은 이제 배우의 역할을 나타내는 말이 되었다.

따라서 애초에 성격이란 말은 사회적 역할을 수행할 때 한 개인이 취하는 피상적인 사회적 이미지를 의미했는데, 이 사회적 이미지란 그가 자기 주위 사람에게 표명하는 공적인 성격(public personality)을 뜻한다. 이러한 견해는 일반인들이 생각하는 성격의 견해와 일치한다. 즉, 이들은 성격을 매력, 사교자세, 인기, 성적 매력 등 기타 바람직한 여러 가지 사회적 특성과 같은 것으로 간주한다.

성격(personality)이란 한 개인이 다른 사람에게 드러내 보이는 어떤 전체적인 인상이라 할 수 있다. 성격을 한 마디로 정의한다면, "개인의 행동을 규정하는 일반적 경향", "또는 다른 사람에게 주는 그 사람의 전체적인 인상"이라고 말할 수 있다.

성격의 개념과 관계되는 용어로서는 personality, character, temperament(기질), individuality(개성) 등이 있다.

성격분야의 이론가들이 제시한 견해를 간단하게 살펴봄으로써 성격이란 무엇인가를 쉽게 알아볼 수 있다.

예컨대, 로저스(Carl Rogers)는 성격을 우리 모든 경험의 중심이 되는 자아, 즉 조직되고 항구적이며 주관적으로 지각된 실체(entity)로 본다. 알포트(Gordon Allport)는 성격을 한 개인의 진짜 모습, 즉 그의 활동을 지시하고 이끌어가는 내부에 있는 "그 어떤 것(something)"으로 정의한다.

에릭슨은 인간은 일생 동안 여러 단계의 심리 · 사회적 위기에 당면한다고 보고, 성격이란 그에 따른 결과로 기능하는 것이라고 하였다. 켈리(George Kelley)는 성격이란 한 개인이 자기의 생활경험으로부터 스스로 의미를 만들어가는 자기 나름의 독톡한 방법이라고 생각한다. 이와는 달리 프로이드는 성격은 세 요소, 즉 원본능(Id), 자아(Ego), 그리고 초자아(Superego)로 구성되어 있다고 설명한다.

성격에 대한 정의는 관점이나 기준에 따라 여러 가지로 다양하다. 그러나 여기서는 대표적인 정의를 제시하고 공통점을 찾아보고자 한다.

① 성격은 개인 내부에 있는 특징적인 행동과 사고를 결정해 주는 정신적 · 신체적 체제의 역동적인 조직이다(행동이나 사고).

② 성격은 타인에게 어떤 인상을 주는 것, 혹은 타인에게 어떤 영향을 주는 개인이 가지는 사회적인 자극가치다(인간관계).

③ 성격은 환경의 독자적 적응을 결정하게 하는 개인적인 여러 특징과 행동양식의 종합체다(적응방식).

④ 성격은 안정되고 변화에 저항적이며 사회적 가치를 지닌 습관의 체제와 습관들이다.

## 나. 성격이론

### 1) 히포크라테스(Hippocrates)의 체액기질설

체액의 종류에 따라 인간의 기질을 다음과 같이 네 가지로 분류한다.

① **다혈질** : 명랑하고 현실적이며 온정적이고 부드럽고 정서적이며 흥분이 빠르다. 낙천적 성격으로 교제에 능하며 농담을 즐긴다(혈액).

② **우울질** : 우울하고 걱정스러우며 소심하고 슬퍼한다. 모든 일에 불평불만이 많으며 매사에 비관적이다(흑담즙).

③ **담즙질** : 쉽게 흥분하고 분노하며 의기양양하다. 모든 행동이 기민하고

과단성이 있으나 실수가 많다(황담즙).

④ **점액질** : 냉정하고 침착하며 사색적이다. 동작은 느리나 오래 지속한다(점액).

**Hippocrates는?**

'의학의 아버지', '의학의 성인'이라고 일컬어지고 있는 Hippocrates는 기원전 460년에 태어나 기원전 375년에 사망한 것으로 알려져 있다. 그러나 이것은 확실한 기록이 아니다. 여러 문헌과 자료에 따르면 기원전 395년, 375년, 377년 등에 사망한 것으로 기록되어 있어 어떤 면에 있어서는 전설 속의 인물처럼 여겨지기도 한다.

Hippocrates는 소아시아 연안에 있는 코스 섬에서 의사인 헤라클레이데스의 아들로 태어났다. 그가 남긴 강연 기록에 의하면 당시의 코스 섬은 신화적인 분위기를 풍겼던 것으로 추측되며 그의 사망 후에는 고대의학의 유적지로 자리잡았다.

할아버지와 아버지가 모두 의사였던 까닭에 그는 자연스럽게 의학을 접할 수 있었다. 아버지로부터 의학의 기초를 배운 후 크안도사 의학교에서 본격적으로 의학을 공부하기 시작했고 여러 곳을 여행하면서 각지의 의학자, 철학자 등과 교제하며 견문을 넓히고 방대한 경험을 통해 의학의 거의 모든 분야에 걸쳐 많은 지식을 쌓았다.

### 2) 셀든(Sheldon)의 체형기질설

체격과 소질과의 관계에 따른 세 가지 성격유형을 제시했다.

① **내배엽형**(비만형, 내장형) : 소화기관이 발달되었으며, 성격은 사교적이고 향락적이며 애정이 풍부하다.

② **중배엽형**(근골형, 신체형) : 근육, 혈관조직이 발달되었으며, 성격은 투쟁적이고 잔인하며, 냉정하다. 또한 자기주장적이고 권력욕, 모험심이 강하다.

③ **외배엽형**(세장형, 두뇌형) : 피부, 신경조직이 발달되었으며, 성격은 고독하고 과민하며 신경질적이다. 극도의 자제와 억제력의 소유자다.

### 3) 융(Jung)의 양향설

융의 분석심리에 기초가 되는 개념은 다음과 같다.

## Jung은?

Carl Gustav Jung(1875~1961)은 바젤 출생이다. 바젤대학의 학부를 졸업한 후 1900년 취리히대학 부속 부르크횔츨리 정신병원의 블로일러 교수 밑에서 정신의학을 전공하였다. 1904년 경 정신분석의 유효성을 제일 먼저 인식하고 연상실험을 창시하여, 프로이드가 말하는 억압된 것을 입증하고, '콤플렉스'라 이름붙였다. 이어 1906년 정신분열병의 증상을 이해하는 데에 정신분석이 유효하다는 것을 증명하였다. 이런 업적들에 의해 그는 프로이트의 두터운 신임을 얻어 수제자가 되었다.

1908년 4월 오스트리아의 잘츠부르크에서 개최된 최초의 국제정신분석학회 제창자가 되었으며, 이 회의에서 발행하기로 결정한 기관지 정신분석학 · 정신병리학 연구연보 의 편자로 뽑혔다. 그러나 그 후 그는 '리비도' 라고 하는 개념을 성적(性的)이 아닌 일반적인 에너지라고 하였기 때문에 프로이트와 의견이 대립되어, 1914년에 정신분석학회를 탈퇴하고, 그 이후 자신의 심리학(분석심리학이라 일컬음)을 수립하는 데 노력하였다.

### (1) 자아(Ego)

자아는 의식의 개성화 과정에서 생긴다. 개성화란 개인의 의식이 다른 사람으로부터 분리되는 과정을 말한다. 따라서 의식의 시작이 곧 개성화의 시작이며, 의식이 증가하면 개성화도 증가한다. 자아란 의식의 견해를 나타내므로 의식적인 지각, 기억, 사고, 감정이 자아를 이룬다. 이때 자아가 의식의 문지기 역할을 하므로 감각, 관념, 기억, 무엇이든 자아에 의해 의식으로 인지되고 받아들여지지 않으면 보이지도 들리지도 생각나지도 않는다. 융은 자아가 의식여부를 결정하는 것은 부분적으로 심적 기능에 의해 좌우된다고 보았다. 예를 들면 감정적 유형인 사람의 자아는 정서적 경험이 의식되는 것을 허용하기 쉽다. 의식화 여부는 부분적으로 그 경험이 자아에게 얼마만큼 불안을 일으키느냐에 따라 결정된다. 즉, 불안을 일으키는 경험은 의식되기가 어렵다. Jung은 강하고 잘 구조화된 자아가 이상적인 발달의 결과라고 주장한다.

### (2) 음영(Shadow)

음영이란 의식의 이면에 있는 무시되고 도외시되는 마음의 측면이다. 음영은 인간의 동물적 본성을 포함하고 있어 용납하기 어려운 특질과 감정으로 구성되어 있다. 인간이 사회생활을 무리 없이 하기 위해서는 음영에 포함되어 있는 동물적 본성을 자제해야 한다. 음영은 동물적 본능의 근원일 뿐 아니라 자발성, 창의력, 통찰력 등 완전한 인간성에 필수적인 요소의 원천이기도 하다. 따라서 음영을 완전히 억압하면 창조성과 생명력 같은 본성을 희생시키는 대가를 치르게 된다. 반면 자아와 음영이 조화를 이루면 그 사람은 생기와 활력이 넘치게 된다.

### (3) 아니마(Anima), 아니무스(Animus)

남성 성격의 여성적인 면, 즉 남성이 이성과의 상호작용을 하도록 인도해 주는 여성적인 특성이 아니마이고 그 뜻은 '여성적인 영혼'이다. 반대로 여성 성격에서 대응하는 남성 역할, '남성적인 영혼'이란 뜻을 담은 개념이 아니무스다.

### (4) 무의식

무의식에는 개인적 무의시과 집단적 무의식이 있다. 개인적 무의식은 억압된 사고들, 잊혀진 경험들, 미개발된 관념들로 되어 있다. 이 관념들은 어떤 사건이나 감정이 이들의 회상을 야기 시키면 또 다시 의식으로 떠오를 수 있다.

집단 무의식은 융의 독창적인 개념으로 과거 세대로부터 이어받은 기억, 행동양식들로 이루어져 있다. 인간정신은 수세기에 걸쳐서 선사 시대 이래 공통으로 지녀 왔었던 경험들이 사고 형태를 혹은 집단적 기억들을 발전시켜 왔었다는 것이다.

### (5) 페르소나(Persona)

페르소나는 자아의 가면으로 개인이 외부세계에 내보이는 이미지, 즉 개인이 사회적 요구에 대한 반응으로 내보이는 사회적 모습이다. 즉 사회의 기대치에 부응하는 개인의 역할을 말한다. 그러므로 페르소나는 때로 음영에 대비되기도

하고 때로는 아니마와 아니무스에 대비되기도 한다. 사회에 잘 적응하기 위해서는 어느 정도 페르소나가 발달하는 것이 필요하다. 페르소나에 의해 싫은 사람까지도 포용하면서 다른 사람들과 잘 융화할 수 있으므로 성격에서 페르소나는 유익할 수 있다. 그러나 개인이 사회적 역할에 지나치게 사로잡혀 자아가 오직 이 사회적 역할만 동일시하기 시작하면 성격의 다른 측면들이 발달하지 못한다. 즉, 자아가 페르소나와 지나치게 동일시되면 자신의 내면 세계로부터 유리될 위험이 있다.

### 4) 융의 성격의 기질

융의 심리학은 신비적인 색채를 지니고 있는데다 난해하였기 때문에, 심리학 일반에 대해서는 영향을 끼치지 못하였으나 성격을 '내향형'과 '외향형'으로 나눈 것은 큰 공적으로 인정받고 있다. 외향형은 에너지와 운동이 타인을 향하여 외부로 간다. 외향형의 성격을 가진 사람은 주의와 관심을 환경과 외부세계에 두며, 남과 더불어 어울리기를 좋아한다. 판매직, 사회사업, 스포츠 분야에서 활동하면 좋다.

내향형은 에너지와 운동이 자기 자신의 내부로 향한다. 내향형의 사람은 사람을 피하는 경향이 있어서 사교적인 모임에 잘 참여하지 않는다. 집에서 혼자 독서하며 음악 감상을 즐긴다.

융은 성격의 기질을 내향성과 외향성으로 나누어 그 특징을 제시하고 있다.

#### (1) 내향성

① 주관적으로 모든 것을 결정하기 쉽다.
② 절대적인 표준과 원리에 따라 행동한다.
③ 융통성과 적응력이 부족하다.
④ 자신의 병같은 것에 집착한다.
⑤ 적응은 언제나 퇴행적이고 환상적이다.
⑥ 전형적인 신경증은 강박관념이나 강제당하는 상태다.

### (2) 외향성

① 객관적인 자료에 의해서 행동한다.
② 필요성과 기대에 의해서 행동한다.
③ 새로운 사태에 적응을 잘 한다.
④ 자신의 병 같은 것에는 거의 무관심하다.
⑤ 적응은 언제나 실제적이다.
⑥ 전형적인 신경증은 히스테리다.

## 5) 올포트(Allport)의 특성이론

**Allport는?**

인디애나 주(州) 몬테즈마 출생. F. H. 올포트의 동생이다. 1919년 하버드대학교를 졸업한 후 베를린대학교 · 함부르크대학교 · 케임브리지대학교에서 수학하였으며, 1922년 하버드대학교에서 철학박사 학위를 받았다. 1930~1936년 하버드대학교 조교수, 1937~1942년 동 대학 부교수, 1942년부터 동 대학 교수로 재직하였다.

인격심리학의 권위자며, 독일 심리학의 영향을 받아 이론적 · 조직적인 경향이 있다. 평화를 위한 사회과학자의 성명을 발표하는 등 사회심리학의 실제적 응용면에서도 활약하였다. 주요저서로 ≪The Psychology of Radio≫, (1935, H. Cantril과 공저) ≪Personality–a Psychological Interpretation≫(1937), ≪The Psychology of Rumor≫(1947) 등이 있다.

올포트(Allport)는 성격을 구성하고 있는 것을 특성이라고 보았다. 특성은 모든 사람에게 공통적으로 나타나는 공통 특성(common traits)과 특정 개인에게만 나타나는 개별적 경향성인 개별 특성(individual traits)으로 나눠진다.

따라서 개인의 인성을 이해하기 위해서는 개인 간의 유사점과 차이점을 밝혀야 하며 개인의 독자적인 인성특성을 아울러 탐색해야 된다.

### 6) Adler의 과정이론

#### Adler는?

A. Adler,1870~1937)는 빈에서 6남매 중 둘째로 태어났다. 그는 유태인이기보다는 거의 독일인처럼 자랐고 부유한 집안에서 성장하였기 때문에 자신이 유태인이라는 의식은 거의 희박하였다. 그는 어릴 적부터 허약하고 , 구루병으로 많이 고생하였는데, 그의 열등감에 대한 연구도 아마도 그 자신의 열등감에서 영향을 많이 받았을 거라 추측된다.

그리고 아들러는 어려서 죽을 고비도 몇 번 넘기고, 동생이 죽는 것도 보았다. 그런 그는 죽음의 공포를 이기기 위해 의사가 되기로 마음먹었다. 의학공부를 끝낸(1895년) Adler는 안과의사로 개업하였다가 신경전문의로 전공을 바꾸었다.

1902~1911년까지 프로이드 곁에서 연구하다가 성적 충동과 무의식 과정 강조에 반대하고 정신분석학회에서 탈퇴하고 개인 심리학파를 세웠다. 1920년부터는 유럽이나 미국에서 주로 강연을 했으며, 1934년에는 롱 아일랜드 의과대학에서 의학심리학 교수로 일했다.

Adler는 스코틀랜드의 애버딘에서 1937년 5월 28일 강연 도중 갑자기 쓰러져 운명을 달리했다.

아들러(Adler)는 인간은 누구나 약하고 무능한 존재로 태어나 일정 기간 성인의 도움을 받아야만 살아남기 때문에 선천적으로 열등감을 갖고 있다고 보았다. 이 열등감과 관련한 우월 추구, 보상 등은 성격형성에 큰 영향을 미친다.

우월 추구란 새롭고 낯선 문제에 부딪칠 때마다 자신이 무능력하다고 느끼나 그 문제를 해결하는 방법을 배우면서 열등감이 줄어들며 '위로 올라가고, 더 나아지려는' 우월 추구가 나타난다. 따라서 우월 추구의 기저에는 열등감이 깔려 있다. 보상은 시력, 청력 등 약하게 타고난 기관을 훈련하든지, 다른 기관을 강화하는 것이다. 약한 기관을 훈련하든가 다른 기관을 강화하든지 어떤 방법으로 보상할 것인가는 선택의 차이며, 열등감에 대처하는 각 개인의 독특한 방식이다. 이것은 곧 그 사람의 삶의 양식으로서 성격의 특징적인 일부분을 구성한다.

이와 같이 열등감과 보상은 긍정적, 부정적 영향이란 양면성을 띤다. 성격적으로 건강한 사람은 무수한 실패를 무릅쓰고 열등감을 극복함으로 독립적인 존재가 되려고 애쓴다. 그러나 성격적으로 건강하지 못한 사람은 삶의 중요한 과제들에 대하여 실제로 강하고 유능해지려는 노력을 포기하고 오히려 우회하여 우월 추구를 함으로써 열등감의 과잉 보상 형태인 게으름, 공격성, 교만감, 수줍음 등 부정적인 행동 특성으로 나타낸다. 이들은 성인이 되었을 때, 공동체에 유익이 되지 않는 비생산적인 사람이 된다. 〈표 4-1〉과 같이 Adler는 출생 순위에 따라 성격 특징이 다르게 나타난다고 보았다.

### 7) 행동주의

특성 이론이나 정신분석 이론은 인간의 성격이나 사고에 영향을 주는 요인이 내적 요소에 있다고 보는 반면에 행동주의는 성격 결정 요인을 외부 환경 자극이라 본다. 즉, 성격은 경험을 통해 학습한 방식대로 결정된다는 것이다.

파블로프(Pavlov)는 조건화를 통해, 스키너(Skinner)는 강화와 보상을 통해 학습이 이루어지고 그 학습의 결과, 독특한 성격이 형성된다고 보았다.

**표 4-1** 출생 순위에 따른 성격 특징

| 맏 이 | 둘째(중간) | 막 내 | 외 동 |
|---|---|---|---|
| 기본상황 : | | | |
| · 부모의 애정을 독차지하다가 둘째가 태어나면 왕좌에서 물러나 애정을 나누어야 한다. | · 위의 형제(들)가 모델이 된다.<br>· 처음부터 부모의 애정을 다른 형제들과 나눈다. | · 모델이 여럿이다.<br>· 많은 애정을 받는다.<br>· 도와 주는 사람이 많다.<br>· 나누기는 해도 밀려나지는 않는다.<br>· 지나친 애정을 받는 일이 많다. | · 부모의 애정을 독차지한다.<br>· 형제들이 없으므로 아버지와 경쟁하는 경향이 있다.<br>· 지나친 애정을 받는 일이 많다. |
| 긍정적 결과 : | | | |
| · 책임감이 생긴다.<br>· 남들을 보호하고 배려한다. | · 야심적이다.<br>· 공동체감이 있다.<br>· 맏이나 막내보다 적응을 더 잘할 가능성이 크다. | · 자극을 많이 받고 경쟁의 기회도 많기 때문에, 다른 형제들을 앞지르는 일이 많다. | |

| 부정적 결과 : | | | |
|---|---|---|---|
| · 자신없고, 일이 갑자기 나빠질 것을 두려워한다.<br>· 적대적이고 비관적이다.<br>· 지나치게 보수적이고, 규칙과 법들에 신경을 쓴다.<br>· 문제, 부적응자가 될 가능성이 매우 크다. | · 반항적이고 질투가 많다.<br>· 언제나 남들을 이기려고 노력하는 경향이 있다.<br>· 추종자 역할을 하기 힘들어 한다. | · 누구에게나 열등감을 느낀다.<br>· 과잉보호로 인해 문제아, 적응 못하는 어른이 될 가능성이 맏이 다음으로 크다. | · 관심의 중심이 되고 싶어하고, 남들과의 경쟁을 두려워한다.<br>· 자기 자신의 위치가 옳으며 어떠한 도전도 불공평하다고 느낀다. |

신행동주의자인 반두라(Bandura)는 사회학습이론을 통해 개인은 직접 경험이 아닌 관찰을 통해서도 학습할 수 있으며, 성격은 타인의 행동을 관찰하고, 관찰된 행동을 시행한 후 얻어지는 결과에 따라 형성되는 것으로 보았다. 비디오테이프에서 주인공이 폭력을 행사하여 금전적 보상을 받는 것을 되풀이해서 시청한 아동은 공격적 특성을 가진 아이로 자라난다는 것이다.

## 다. 성격형성에 영향을 주는 요인

### 1) 유전적 · 생리적 기초와 성격형성

개인의 여러 특성이 유전적 · 생리적 영향을 받는 것은 당연시되어 왔다. 개인의 특성에 관한 유전요인과 환경요인 간의 상대적 중요성을 결정하는 방법은 어느 한쪽의 요인을 고정시키고 다른 쪽 요인에 의해 변화된 결과를 보는 방법을 일반적으로 많이 쓰고 있다. 보통 쌍생아를 실험대상으로 하는 연구는 유전적 요인을 동등하게 고정시키고 환경요인을 변화시키거나, 또는 유전요인에 차이를 두어 그 결과 나타나는 변화를 비교해서 유전요인과 환경요인의 효과를 측정하는 것이다.

성격형성에 있어서 유전(heredity)이 커다란 역할을 한다는 것은 여러 학자들의 연구결과로 밝혀졌다. 자율신경계, 내분비선, 체격, 용모 등은 유전의 영향이 크다.

뉴만(Newman)과 프리만(Freeman) 등의 공동연구에 의하면, 쌍생아의 성격검사에서 여러 가지 성격특성을 비교해 본 결과, 일란성 쌍생아가 이란성 쌍생아간의 상관보다 높은 상관을 보였는데, 이것으로 성격특성에 유전요인이 어느 정도 작용하고 있음을 알 수 있다.

벅스(Burks)의 쌍생아의 성격검사에서 일란성 쌍생아로 태어난 두 여아를 환경이 다른 두 가정에서 키우게 했다. 그 결과 좋은 환경에서 자란 여아는 안정된 성격을 가졌고, 상냥하고 사교적이며 모든 일에 자신감을 가지고 있었다. 그러나 좋지 않은 환경 속에서 자란 아동은 융통성이 없고 마음의 안정을 잃고 있었으며, 모든 일에 자신이 없고 열등감에 깊이 싸여 있었다.

이 연구에서는 환경의 차이가 인간의 성격형성에 많은 변화를 가져옴을 알 수 있다.

고트샬트(Gottschaldt)는 그의 연구 결과에서 지적인 상층구조의 심리적 특성에 있어서는 유전적인 소질의 작용력이 환경요인에 비해서 2~3배 높고, 활동성, 계획성, 개방성, 무관심도 활발성과 같이 내부 감정적 기저에 속하는 능동성에 있어서는 유전요인이 5~6배, 그리고 근본 기분 같은 측면에서는 12배 이상으로 거의 유전요인에 의존하고 있음을 보고하고 있다.

속담에 "제 성격 개 못 준다."는 말과 같이 자기가 난 천성을 버리지 못한다는 이 말은 성격발달에 있어서 유전적 요인의 중요성을 잘 대변해 주고 있다.

### 2) 환경적 · 문화적 요인과 성격형성

#### (1) 가정환경

##### [1] 가정에서의 훈련

환경의 문제는 태아기의 모체환경으로부터 시작한다고 말할 수 있으며, 출생 후 어떤 환경에서 무엇을 경험하면서 생활해 왔느냐 하는 것은 성격을 규정하는 중요한 조건이다.

가정은 부모 · 형제 등 혈연관계에 의하여 구성되어 있으므로, 친밀한 인간적인 상호작용이 이루어진다. 가정은 교육의 기초 장소로서 특별한 교육계획이 없어도 자연 발생적으로 인간성이 양성되는 곳이다. 따라서 가정은 제 1차적 인간관계가 이루어지는 심리적 집단으로서 아동의 기본적 성격은 가정의 전체적 분위기, 부모의 자녀에 대한 태도 및 습관의 영향을 가장 많이 받는다.

"세살 때 버릇이 여든까지 간다(三歲之習至于八十)."는 속담은 가정에서의 훈련, 즉 수유방법, 이유방법, 소변가리기 등이 성격형성에 영향을 미친다.

설리반(Sullivan)은 성격발달에 가장 중요한 시기를 유아기로 보았고 이때 형성된 성격은 성인이 된 후에도 그대로 영향을 미친다고 하였다.

### 2 출생순위

가족 구성원 간에 있어 부모 다음으로 중요한 인간관계는 형제 자매 관계다. 출생순위가 성격형성에 중요한 영향을 미친다. 오수벨(Ausubel)은 형제 · 자매 간의 서열에 따라 성격 차이가 있다고 하였다. 즉, 장남이나 장녀는 일반적으로 보다 우월한 위치와 지배적이고 통솔적인 위치를 차지하고 생활하므로 성장한 후에도 그 습성이 그대로 연장되어 우월감, 지배성, 횡포성이 강하다.

막둥이는 가정에서 가장 연소한 자로 많은 사랑과 지나친 관심으로 언제까지나 어린애 취급을 받는 경우가 많기 때문에 익애형 자녀의 특성을 갖게 되어 의지가 약하고 자제심, 독립심의 발달이 늦어지는 경향이 있다.

아들러(Alfred Adler)도 출생순위가 성격형성에 큰 영향을 준다고 하였다.

### 3 가정의 분위기

볼드윈(Boldwin) 등 가정의 분위기를 민주형, 전제형, 익애형, 거부형 가정 등 네 가지로 분류하여 아동의 성격에 미치는 효과를 분석하였다.

① **민주적 가정** : 민주적 가정의 어린이는 활동적 · 경쟁적 · 진취적 · 공격적이고, 통솔력, 창의력, 건설의욕, 호기심이 많은 반면, 잔인성, 불복종성,

비협조성도 많은 편이다. 이런 형의 가정은 가정운영이 합리적이고 민주적이며 어린이의 흥미나 요구를 잘 이해하고 의견교환이 잘 이루어지는 가정이다.

② **전제적 가정** : 전제적 가정은 엄격한 제한과 훈련과정의 마찰 등이 특징이다. 이 가정에서 자란 아동은 예의가 바르고 책임감도 강하나 반항적이고 불복종, 공격적, 지배적인 경향이 많으며 겁이 없고 고집이 센 편이다.

③ **익애적 가정** : 이 가정에서는 아동의 요구와 주장을 무조건 받아들이며 맹종형과 익애형으로 구분할 수 있다. 가정에서 자란 아동은 정서적 발달 지체, 자기통제 능력 결여, 비사회성, 의존성, 무책임, 성적 조숙 등에 빠지기 쉽다.

④ **거부적 가정** : 아동에 대한 감정이나 태도에 거부적 경향이 있는 가정이다. 아동에게 명령적이고 강제적이며 복종을 하지 않을 때는 벌을 주며 애정도 부족하다. 이러한 유형의 부모 밑에서 자란 아이는 관심을 끌기 위하여 난폭, 공격, 심신의 발달지체, 비행, 신경증적 경향, 이상행동이 나타나기 쉽다.

### (2) 학교환경

학교는 일정한 목표와 계획을 가지고 이루어진 조직체이다. 학교자체는 어떤 점에서 동질적일지 모르나 그 내부에는 여러 가지 이질적인 요인들이 많이 포함되어 있다. 학교환경, 즉 학급분위기, 집단생활에서의 인간관계, 교사의 성격과 지도력, 교우관계는 성격에 미치는 영향이 크다.

#### 1 학급분위기

학급분위기도 가정분위기처럼 전제적 · 민주적 · 방임적 분위기가 있다. 전제적 분위기에서는 아동들이 강제적인 지도를 받고 있기 때문에 학급 내 구성원간의 사이가 자유롭지 못하고 성원 상호간의 협력적인 태도도 부족하다. 민주적 분위기 하에서는 친화적이고 집단목표를 향해서 상호협력하는 공동체의식이 강하다. 방임적 분위기 속에서는 아동들의 행동에 전혀 구속이 없으나 과제에 대한 이해가 부족하여 알력이 생기기 쉽고 또 교사에 대한 태도도 공격적이다.

### 2 인간관계

집단생활에 있어서 원시적인 인간관계는 지배 · 복종의 관계다. 따라서 상급자는 지배자다운 늠름한 태도를 취하고 하급자는 하급자일수록 비열하고 두려워하는 행동을 취하며 잔인한 행동을 한다.

따라서 아동은 학교 · 학급이나 학급의 집단성원으로서 소속집단 내의 성질에 따라 지위(status)와 역할을 취득하고 행동함에 따라서 그 집단의 특성에 따른 고정형(streotype)이 형성되고 또한 개인의 행동 양식에 영향을 받는다.

이처럼 아동은 집단생활을 통하여 집단의식인 우리의식(we feeling)을 습득하고 대인관계를 형성하며 준거집단(reference group)이 제시하는 집단표준을 학습하게 된다.

### 3 교사의 성격

교사는 지식의 전달자로서보다는 그 사회의 어린 잠재적 성원에게 문화적 가치관 및 행동양식을 습득시켜 주는 동시에 합리적 설득, 모범, 풍부한 경륜으로 생활지도와 인생안내자로서의 역할을 감당한다. 따라서 교사의 성격이 감수성이 예민한 아동들에게는 크나큰 영향을 끼치므로 솔직, 기지(wit), 유머, 예의, 명랑쾌활, 인내와 솔선성 등을 지녀야 한다.

## (3) 사회문화의 영향

개인은 성장과정에서 사회가 기대하는 행동양식을 학습하고 그 사회의 가치와 규범을 배운다. 따라서 개인의 성격은 그가 생활하는 사회문화의 영향을 받게 마련이다. 또한 문화는 사회화 과정에서 개인의 성격에 영향을 미친다.

개인의 성격형성에 미치는 문화의 영향은 그 기대되는 역할이다. 예를 들면, 남아는 남성의 역할을, 여아는 여성의 역할을 하도록 기대되며, 이러한 역할기대에 대응하고 또 그 역할을 수행하는 과정에서 일정한 성격유형의 틀이 잡히게 된다.

사회화 과정의 차이에서 나타나는 성격의 차이는 원시 사회문화에서 잘 나타나 있다. 예컨대, Navaho 인디언은 수동적이고, 에스키모인은 개인주위가 심하고, 뉴기니아인들은 이기심과 경쟁심이 다른 종족에 비해 특히 약하다고 한다.

이와 같이 개인의 성격이 그가 속한 사회문화에 따라 달라짐으로써 민족간의 성격차도 생긴다. 이렇게 형성된 민족에 따른 성격특성을 민족성, 또는 국민성이라고 한다.

한국인의 성격은 은근과 끈기가 있다고 이희승씨는 말하고 있다. 일본인 성격은 무사도 기질, 독일인 성격은 인내와 쾌활, 영국인은 호전적이고 멕시코·스페인들은 낙천적이다. 미국인들은 여러 종족이 연합된 합중국이므로 준법정신이 강하다. 이처럼 각기 나라마다 국민성은 제각기 다른 사회문화의 영향에서 비롯된 것이다.

이와 같이 지역사회의 자연환경과 풍토에 따라 민족적인 기질이나 성격의 차이가 나타난다. 조금 더 자세히 살펴보면 다음과 같다.

일본인과 같은 섬사람은 성미가 급하고 단결심이 강하며 모방을 잘 하고 섬세한 성격을 볼 수 있는데 이것은 섬나라의 근성이다.

중국 사람은 대단히 느리고 생활력은 강하나 단결력이 약한데 이것은 대륙성 기질이다.

독일 사람이나 미국 사람은 튼튼하고 오래 쓸 수 있는 물건을 만들어 내는 기질이나 성격을 소유하고 있는데, 이것은 대륙적인 기질과 완전무결한 성품이 깔려 있기 때문이다.

프랑스 사람은 최첨단의 유형을 즐기는 것을 아는 민족이기에 패션을 전세계적으로 두각을 나타내는 결과를 가져왔다.

스페인이나 멕시코 사람들은 지중해성 기후의 영향을 받아서인지 맑고 명랑하고 쾌활한 성격을 지니고 있는데, 이것은 날씨와 기후의 영향을 받은 결과라고 한다.

1년 내내 비 한 방울 내리지 않는 메마른 자연 환경 속에서 살아야 했던 이스라엘 민족은 자연과 싸워야 했고, 인근 국가와 싸워야 했기에 그토록 근면하고 단결력 있는 민족이 된 것이다.

우리나라는 어떠한가? 오천년 역사를 가진 우리 민족은 주변의 강대국이 수시로 침범하여 900번씩이나 침공을 당한 민족으로서 살아 남기 위해 노력한 결과 은근과 끈기있는 성격의 소유자가 되어 국토를 보전하고 있다.

참고로 우리나라의 지리적인 자연환경과 풍토의 관계를 살펴보면 각 지역별로 전국 8도민의 성격을 표시한 전해 내려오는 이야기를 소개하면 다음과 같다 (이충원, 1990. p. 259).

평안도 : 猛虎出林　　함경도 : 泥田鬪牛

강원도 : 岩下老佛　　황해도 : 石田耕牛

경기도 : 鏡中美人　　충청도 : 淸風明月

전라도 : 風典細柳　　경상도 : 泰山喬嶽

위와 같이 전해 오는 이야기는 바로 지리적 풍토와 자연환경의 영향에 따라 성격이 달라짐을 알 수 있는 증거라고 말할 수 있다.

샤퍼(Shaffer)는 통합적인 성격형성의 조건으로 다음 열가지를 들었다.

① 의식주 등 일체의 기본적 습관의 규칙성을 길러야 한다.

② 적절한 지도와 건설적인 훈련을 해야 한다.

③ 지나치게 억압적인 훈련은 삼가야 한다.

④ 우유부단하고 갈등을 자아내는 지도는 바람직한 성격을 형성하지 못하게 한다.

⑤ 바람직한 적응을 하기 위하여 강제적이며 지나치게 떠미는 식의 지도방법은 통합적인 성격형성에 지장을 준다.

⑥ 부모가 신경질적이면 자녀도 역시 부적응행동의 소유자로 만들게 된다.

⑦ 가정이나 학교의 분위기가 화목하지 못하고 조화를 이루지 못하면 바람직한 성격이 형성될 수 없다.

⑧ 가정이 파괴되면 바람직한 성격이 형성될 수 없다.

⑨ 억제하고 금지하는 일이 중심이 되는 지도방법이나 생활의 장(場)은 문제를 전체적으로 보고 원만히 해결하지 못하게 한다.

⑩ 모든 행동에 있어서 정서적으로 적응을 잘 하지 못하면 무슨 일을 건설적으로 하려는 의욕과 태도를 기를 수 없다.

결국 성격형성이 잘 이루어지도록 지도하려면 기본습관 훈련, 자율성 보장, 부모의 건전한 생활과 리더십, 가정의 분위기, 학교의 분위기, 사회의 분위기가 보다 긍정적이고 합리적이어야 한다.

## 라. 건전한 성격인의 특성

건전한 성격을 지닌 사람의 특성은 어떠한가? 이러한 사람은 어떻게 행동하고 생각하며 느끼는가? 우리는 모두가 건전한 성격의 소유자가 될 수 있을까? 건전한 성격에 대한 여러 견해는 다음과 같다.

### 1) 올포트(Allport)의 성숙한 인간

올포트(Allport)는 유아와 엄마와의 관계, 특히 엄마가 유아에게 제공하는 보호와 애정의 양이 건전한 성격의 발달에 중요한 역할을 한다고 강조하면서 건전한 성격의 소유자를 '성숙한 인간'(the mature person)이라 보고, 건전한 성격의 지표로서 다음과 같은 7가지 기준을 내세우고 있다.

① **자아의식의 확대** : 의미 있는 여러 가지 활동에 관여하고 참여한다.

② **따뜻하고 깊게 자기를 타인과 관계지울 수 있는 능력**

③ **정서적 안정** : 자신의 약점과 좌절을 참아내는 자기승인(self-acceptance)이나 자기 감정을 통제할 수 있다.

④ **현실적인 지각** : 세상을 객관적으로 보며 실재를 있는 그대로 받아들인다.

⑤ **기술과 과업** : 일(work)과 책임은 삶의 의미와 삶의 지속감을 준다. 해야 할 중요한 일과 헌신이나 열정 그리고 그 일을 행할 기술이 없이는 성숙해

지거나 긍정적인 심리적 건강을 얻기가 불가능하다.

⑥ **자기객관화** : 자신을 알고 이해하며, 자신의 현재 행동과 반응이 과거에 있었던 유사한 경험에 의해서 어떤 영향을 받고 있으며 그들 간에 어떤 관련이 있는가를 깨달을 수 있으며, 자신을 객관적으로 볼 수 있을 뿐만 아니라 자신의 약점을 웃어 넘길 수 있는 능력과 여유(유머 센스)를 갖고 있다.

⑦ **통정된 생활철학** : 종교적이든 아니든 간에 적어도 자신의 중요한 활동에 알맞은 의미와 책임을 부여하는 준거를 가지고 있다.

### 2) 로저스(Rogers)의 완전히 기능하는 인간

로저스(Rogers)는 완전히 기능하는 인간(the fully functioning person)을 건전한 성격의 소유자라 보고, 완전히 기능하는 인간의 5가지 구체적인 특성을 제시하고 있다.

① **경험에 대한 개방성** : 갖가지의 긍정적이며 부정적인 정서들(예컨대, 기쁨과 슬픔)을 경험하고, 보다 더 강렬하게 그 감정들을 경험한다.

② **실존적인 삶** : 존재하는 어느 순간에서나 충분히 삶을 영위한다.

③ **자유의식** : 사고와 행동에 있어서 아무런 제약이나 금지 없이 자유롭게 선택할 수 있으며, 삶에 대한 개인적인 지배감을 즐기며, 미래는 자기 자신에게 달려 있다고 믿는다.

④ **창조성** : 주변 환경의 변화에 적응할 수 있는 창의성과 자발성을 갖고 있다.

### 3) 프롬(Fromm)의 생산적인 인간

프롬(Fromm)은 건전한 성격의 소유자를 '생산적인 인간'(the productive person)이라 보고, 생산적 지향(productive orientation)을 건전한 성격의 지표로 삼고 있다. 사람은 세상과 타인들에 대해서 어떤 고유한 방식으로 관계를 갖는데, 이것을 지향성이라고 한다. 생산적인 인간은 다음과 같은 특성을 갖고 있다.

① 자신을 사랑할 수 있는 능력을 갖고 있다.
② 다른 사람들과 진정한 인간관계를 확립할 수 있다.
③ 이성으로써 세상을 파악하고 이해한다.
④ 생산적인 일을 할 수 있다.
⑤ 보람 있고 가치 있는 일을 한다.

### 4) 매슬로우(Maslow)의 자아실현의 인간

매슬로우(Maslow)는 자아실현인(the self-actualizing person)을 건전한 성격의 소유자라 보고, 자아실현이 잘 성취된 많은 사람들을 연구하였다. 그는 자아실현을 이룰 수 있느냐 없느냐 하는 것은 어린 시절의 경험에 상당히 달려 있으며, 특히 아동이 사랑을 받고 있다고 느끼는 것이 훗날 자아실현에 대단히 중요하다고 보았다. 자아실현을 성취한 사람의 중요한 특성을 다음과 같이 묘사하였다.

① 보다 더 적절한 현실지각을 가지며 현실과 보다 더 바람직하게 관계를 맺고 있다.
② 자기 자신과 타인 그리고 인간본성의 현실을 그대로 받아들인다.
③ 사고 · 정서 · 행동 등에 있어서 보다 더 자발적이다.
④ 과제중심적이다.
⑤ 생활을 즐긴다.
⑥ 고도로 자율적이다.
⑦ 사물에 대한 인식과 이해가 늘 새롭다.
⑧ 신비로운 혹은 절정경험(peak experience)을 자주 갖는다.
⑨ 인류를 돕고자 하는 욕망은 물론, 모든 인간에 대하여 강하고 깊은 애정을 갖고 있다.
⑩ 몇 사람의 친구나 혹은 사랑하는 사람들과 아주 밀접한 대인관계를 맺고 있다.
⑪ 민주적인 인성구조를 가지고 있다.
⑫ 수단과 목적, 선과 악을 구별하는 등 논리의식이 강하다.

⑬ 적개심이 없는 유머 센스를 가지고 있다.
⑭ 창조적이다.
⑮ 문명 및 문화의 영향에 휘말리지 않는다. 즉, 문화의 모순이나 사회의 부당성에 대한 비판적인 태도를 가질 수 있다.

#### 5) 융(Jung)의 개별화된 인간

융은 인간이 자기가 될 때, 즉 자기실존의 목적과 의미를 발견한 책임있고 독자적인 인간이 될 때 비로소 건전한 성격의 소유자가 된다고 보았다. 융은 '개별화된 인간'(the individuated person), 즉 건전한 성격의 소유자에 대한 상세한 초상화를 그리지는 않았지만, 그의 저서에 산재해 있는 것을 한데 모아 그 특성을 추론해 보면 다음과 같다.

① **자각** : 의식적이든 무의식적이든 자기 자신을 알고 있다.
② **자기수용** : 자신의 장 · 단점을 있는 그대로 받아들인다.
③ **자기통합** : 성격의 모든 측면들이 통합되고 조화를 이루어 모든 것을 표출할 수 있다.
④ **자기표현** : 자기 자신의 사고나 감정을 자유스럽고 솔직하게 표현할 줄 안다.
⑤ **인간관용** : 인류에 대하여 보다 관대하고, 보다 많은 연민의 정을 느낀다.
⑥ **미지와 신비의 수용을 촉구한다.**
⑦ **보편적인 성격(universal personality)을 가지고 있다.**

## 2 자아개념

### 가. 자아개념의 의미

주어진 물적, 심리적 환경 속에서 오랜 시간에 걸쳐 누적된 성공과 실패의 경험은 '나는 어떤 사람인 것 같다'는 자기 자신에 대한 관점, 즉 자기 지각을 갖게 한다. 자기 지각은 각 개인의 특이성과 주관적 현실 세계를 구성하여 일상생활에서의 사고와 행동에 많은 영향을 미친다. 이와 같이 자신에 대해 가지는 생각, 감정, 태도를 의미하는 자기 지각의 총체를 자아개념(self concept)이라고 한다. 즉, 자아개념이란 '나는 누구인가?, 어떤 능력을 가지고 있는가?', 나의 장 · 단점은 무엇인가?, 가정, 학교, 사회에서의 나의 위치와 역할은 무엇인가?' 등에 대한 자기 지각의 총체이다.

로저스(Rogers, 1951)는 자아, 자아개념, 자아 구조를 동일한 개념으로 사용했다. Rogers는 자아개념이란 '개인의 의식 속으로 들어올 수 있도록 용인된 자아지각의 조직된 형태'이며, 각 개인은 이러한 자아개념을 계속 유지하고 환경적 요인이 허용하는 한 그 자아를 실현하고 신장하려는 경향이 있다고 주장하였다.

콤스(Coms)는 '개인이 그의 경험을 통하여 그 자신이라고 생각하는 바'를 자아개념으로 규정하고 개인은 예외 없이 자신의 의미(meaning) 또는 준거체제(frame of reference)로서의 자아개념에 의존하여 모든 행동을 하며, 계속적으로 자아를 유지, 확장하려는 기본적인 욕구(need)가 있다고 강조하고 있다.

이러한 여러 정의 속에는 자아개념이란 '자신에 대한 지각, 신념, 태도'라는 의미가 담겨 있다. 이 중 지각과 신념은 인지적 속성이며 태도는 정의적 속성이다. 결국 자아개념은 인지적 속성과 정의적 속성을 모두 포함한다. 따라서 자아개념이란 "개인이 자신에 대해 가지는 지각, 관념(ideas), 태도의 독특한 체계"를 말한다. 자아개념은 한 개인의 행동과 태도를 결정하며, 다른 사람과의 관계에 영향을 미친다.

## 나. 자아개념의 특성

자아개념에 대한 여러 연구(Marsh, Byrne & Shavelson, 1998 ; Marsh & Shavelson, 1985 ; Shavelson, Hubner & Stanton, 1976)를 살펴보면 자아개념은 다음과 같은 특성을 지니고 있다.

첫째, 자아개념은 조직된(organized) 것이다. 개개인은 자신에 대한 자각에 기초하여 많은 정보를 수집하여 자신에 대해 일반적인 그림을 그리게 되고 점점 더 영역을 넓혀 가면서 정보를 조직한다.

둘째, 자아개념은 다면적(multifaceted)이다. 자신의 신체적 매력, 사회적 인정, 체력, 학업능력 등과 같은 여러 부분에 대한 자기지각을 구성하므로 자아개념은 어느 한 부분만을 의미하지 않는다.

셋째, 자아개념의 다면적 구조는 위계성(hierarchcal)을 가진다. 즉 자아개념은 조직화되고 다면적이며 위계적이다.

넷째, 자아개념은 안정적(stable)이다. 일반적인 자아개념은 거의 변하지 않고 안정적이다. 그러나 어떤 과목에 대한 자아개념은 특별한 상황에 따라 변화할 수도 있다. Ludwig & Maehr(1967)은 체육과제를 성공적으로 수행하거나 또는 실패한 경우 특별이 체육과목에 대한 자아개념이 변화되었다고 보고하였다.

다섯째, 자아개념의 위계는 발달적(developmental)이다. 아동은 성장하면서 사건과 상황들을 조직하는 영역과 개념을 발달시킨다. 사춘기 이후와 초기 청소년기 동안에는 자아개념이 나이와 함께 대체로 낮아지는 경향을 보여 준다(Maesh, 1990). 자신의 삶에서 중요한 사람들(부모, 친구, 교사)과의 긍정적 또는 부정적 경험을 통해 자신을 긍정적으로, 또는 부정적으로 생각하는 것을 배운다.

마지막으로 자아개념은 평가적(evaluative)이다. 어떤 상황에서 자신에 대해 평가를 할 때, 어떤 학생은 자신을 성공적인 성취자로 평가하고, 또 어떤 학생은 열등한 실패자로 평가한다. 그러므로 자아개념은 '자신을 어떻게 평가하느냐?' 라는 준거틀로서 매우 중요한 역할을 한다.

## 다. 자아개념과 학업성취

자아개념과 학업 성취의 관계를 규명하려는 움직임은 1960년대를 기점으로 꾸준히 진행되었다. 그 결과 자아개념은 다른 인성적, 정의적 특성 중 학업 성취에 가장 크게 영향을 미치는 주요 요인임이 밝혀졌다. 아동이 학교에 입학하면 학습 과제나 시험으로 자신의 능력을 평가받을 기회가 많아진다. 이 때, 교사나 부모, 그리고 친구들에게서 좋은 평가를 받으면 자신의 능력을 높게 지각하지만, 반대로 시험에서 낮은 성적과 함께 주위 사람들로부터 나쁜 평가를 받으면 학습자는 자신의 능력을 낮게 지각한다. 즉, 전자의 학습자에게는 긍적적인 자아개념이, 후자의 학습자에게는 부정적인 자아개념이 형성된다.

학습자의 이러한 자아개념에 가장 큰 영향을 미치는 변인은 교사의 태도다. 패터슨(Patterson, 1996)은 이에 관하여 "교사가 학습자에 대하여 가지는 지각은 그대로 학습자 자신에 대한 지각이 되어버린다."고 말한다.

이에 대한 실례로 키퍼(Kiper, 1973)는 1학년부터 8학년까지의 학문적 자기개념과 교사 평점의 관계를 추적하였다. 교사의 평점으로 자기 반에서 최상위 1/5권 내의 학생들과 최하위 1/5권 내의 아동들을 뽑아, 이 두 집단의 학생들에게 능력 자기개념 검사를 실시하여 그 결과를 비교하였다. 연구 결과는 2학년이 끝났을 때 성공한 아동과 실패한 아동 사이에는 극히 작은 자아개념의 차이가 있었지만 4학년이 끝날 무렵에는 그 차이가 약간 벌어지고 학년이 올라갈수록 그 차이가 크게 나타났다. 즉, 학업 능력에 대한 자아개념은 학습자가 학교에서 이룩한 학업성취에 대한 교사의 평정에 좌우된다. 나아가 학업 성취에 대한 교사의 평정을 받는 기간이 길어질수록 학업 능력에 대한 자아개념이 긍정적 또는 부정적으로 고착된다.

이런 결과를 근거로 불룸(Bloom, 1976)은 "학문적 자아개념은 학업성적을 예언하는 데에 있어서 가장 강력한 정의적 측정치다. 그것은 학교 성적 변차의 25%를 설명해 준다."고 결론을 내리고 있다.

푸케이(Purkey, 1970)는 650명의 초등학교 학생을 대상으로 지능검사를 실시하고 전체 학생의 약 1/5에 해당하는 아동을 무작위로 추출하여 교사에게 '유능한 아동'이라고 일렀다. 사실 이 아동들은 특별히 유능한 학생이 아니었다. 수개월 뒤, 지능 검사 등 여러 검사를 실시한 결과 소위 '유능한 아동'들이 다른 아동들보다 훨씬 높은 점수를 땄다. 이러한 결과는 교사들이 이 아동들이 특별히 잘할 것으로 기대했고, 또한 그 기대감이 실제로 교사의 얼굴 표정, 태도, 언어

등을 통해 전달되었기 때문이었다. 이러한 현상을 로젠탈(Rosenthal)과 쟈콥슨(Jacobson)은 '자기충족적 예언' 또는 '자성적 예언'이라고 불렀다.

한편 학습자의 부정적인 자아개념은 학습 태도, 학교생활의 부적응과 상관이 있는 것으로 나타났다.

자아개념의 발달은 양육과정, 신체적 성장과 발달 및 학교경험에 의해 크게 영향을 받는다.

① **양육의 과정** : 쿠퍼스미스(Coopersmith)는 높은 자아개념과 관련이 있는 양육 조건으로 아동에 대한 부모의 수용, 부모가 행동의 한계와 규율을 분명히 알도록 지도하는 것, 주어진 한도 내에서 아이의 자유를 존중해 주는 것을 들고 있다.

② **신체적 성장과 발달** : 남녀 모두 자기의 신체에 대한 이미지와 자기 자신에 대한 이미지간에는 높은 상관이 있다. 즉, 좋은 신체 조건을 가지는 것이 자기평가의 중요한 요인이 된다. 빈약한 몸매를 가진 청소년들이 밤새워 고민하며 그 고민으로 학업부진까지 가져오는 경우가 그 증거다.

③ **학교에서의 경험** : 학생의 자기 능력에 대한 개념은 주로 학업을 통해서 형성된다. 교사가 학생을 이해하고 우수한 학생과 비교함이 없이 그 개인의 입장에서 학습상황을 판단하고 작은 성공이라도 인정하며 격려하는 것은 학생들의 긍정적인 자아개념의 발달에 많은 영향을 미친다.

## 3 불 안

### 가. 불안의 개념

불안(anxiety)은 내적 · 외적으로 감당하기 힘든 자극에 의해 마음 속에서 일어나는 초조, 긴장, 두려움, 걱정 등으로 특징지어지는 정서 반응의 하나다. 불안은 뚜렷하지 않은 대상에 의해 생겨나는 심리적 반응이란 특성을 갖고 있다. 즉, 구체적인 대상이 없다는 점에서 공포와 구분이 된다. 불안 자체는 누구에게나 불쾌한 정서적 경험이기 때문에 계속되는 불안은 감내하기 힘들고 행동상에 여러 가지 영향을 미치게 된다.

불안은 특성불안과 상태불안으로 나누어진다. 특성불안(trait anxiety)은 일반불안(general anxiety)이라고 하며 개인에게 내재되어 있는 불안을 의미한다. 특성불안을 지니고 있는 사람들은 훨씬 넓은 범위에서 좀더 강하게 불안을 느낀다. 불안을 느끼는 상황에서는 손에 땀이 배고 심장박동이 빨라지며, 강박적인 행동을 하거나 불길한 예감을 갖는 등의 신체적, 정서적 특징을 보인다(Woolfolk & McCune-Nicolich, 1984).

상태불안(state anxiety)은 특수불안(specific anxiety)이라고도 하며, 특수 상황에서 느끼는 불안을 의미한다. 특성불안을 가지고 있지 않은 사람들도 어떠한 특수 상황에서 상태불안을 경험할 수 있다.

## 나. 시험불안

학생들의 학교생활에서 쉽게 관찰할 수 있는 불안은 시험 불안이다. 시험은 학생들에게 보람과 도전감을 주고 현재의 자기를 평가하고 자기를 이해하는 데 도움이 되기도 하지만 좌절과 갈등의 원인이기도 하다. 학생들은 종종 자신의 능력 때문이 아니라 시험에 대한 불안으로 학습 효과나 성취 수준이 낮아지는 경우가 있다. 이처럼 평가 또는 시험과 관련된 불안을 시험불안(test anxiety)이라고 한다. 시험불안은 시험이라는 특수한 상황에서 불안이 생기는 것이므로 상태불안의 일종이라 할 수 있다(이용남 외, 2000).

Gaudry와 Spielberger(1971)의 연구결과에 따르면, 높은 불안 상태를 보이는 학생들은 일반적으로 자기 비하가 심하고 모험을 좋아하지 않으며 백일몽에 빠지는 행동 양식을 자주 보인다. 또한 Good와 Brophy(1991)는 저학년 학생들은 승낙과 거절 등으로 인해 불안이 조절되며, 고학년 학생들은 불안을 느끼면 교실에서 공격적인 행동을 나타낸다고 한다.

또한 미국의 천만 명의 초·중등 학생이 학업 상황 속에서 심각한 시험불안증에 시달리고 있으며, 불안을 가진 학생의 20% 정도가 학업에 실패하는 반면, 불안을 덜 가진 학생들은 6% 정도가 실패한다고 한다(Hill & Wigfield, 1984).

적절한 불안은 학업성취에 좋은 영향을 주고 학습의 동기 유발제가 될 수 있지만, 지나치게 불안을 느끼거나 혹은 불안을 전혀 느끼지 못하는 것은 모두 학생들의 학업성취에 부정적으로 작용한다.

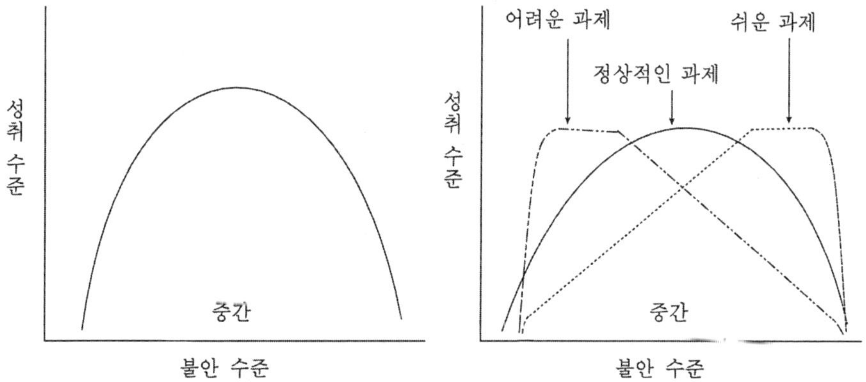


[그림 4-1] **불안 수준과 성취 수준과의 관계**

[그림 4-1]과 같이 적정 수준의 불안을 느낄 때 학습 활동이 가장 활발하다. 불안이 아주 높거나 낮을 때는 학습에 열의가 없고, 아주 높은 경우에는 흥분하고 서두름으로 사고 작용이 흐트러지기 때문에 학습효과가 떨어진다. 또한 [그림 4-1]에서 알 수 있듯이, 불안이 낮은 경우 학생들은 주의가 산만하고 과제에 집중하지 않기 때문에 성취 수준이 낮아진다. 또한 불안이 지나치게 높으면 자기비하감이 인지 능력의 일부를 차지하게 되어 과제 수행에 필요한 정보처리 용량이 부족해지므로 성취 수준이 떨어진다. 따라서 시험불안은 복잡한 인지 과정을 요구하는 과제나 문제를 해결할 때 더 높아지고 더 부정적인 영향을

미친다고 할 수 있다.

불안 수준은 기억에도 영향을 미친다. 즉, 기억하는 데 실수의 가능성이 적은 학습과제에서는 불안 수준이 높은 학생들이 유리하나, 점차 복잡해져서 실수의 가능성이 많아질수록 불안 수준이 높은 학생들은 불리하고 불안 수준이 낮은 학생들이 유리하다.

위에서 살펴본 여러 연구 결과를 종합해 볼 때, 불안 수준은 단순히 과제 수행을 방해할 뿐만 아니라 학습 과정이나 학습 전략과 과제 집중력에도 영향을 주는 주요 요인임을 알 수 있다.

# 학습에 대한 이해

제 3 부

# 제5장 학습이론

1. 행동주의적 접근
2. 인지주의적 접근

학습(learning)이란, 문자 풀이를 하자면 "배우고 익히는 것"이다. 심리학에서 학습은 넓은 의미를 지니고 있다. 인간의 행동양식은 생득적인 행동과 후천적 습득적인 행동으로 나누어 생각할 수 있다. 전자는 유전적 요인에 의해 이루어지는 행동으로서 자연적인 신체발달이나 성장과정과 더불어 형성되는 생리적이고 기초적인 행동양식을 말한다. 그러나 후자인 습득적인 행동은 이 세상에 태어나서 시시각각으로 변화하는 환경 속에서 살아가면서 경험하고 실행하며 적응하는 일련의 과정을 말한다.

학습이란 보통 후천적인 경험의 결과로서 유기체에 비교적 영속적인 변화를 가져다 주고 그것에 의해 비교적 영속적인 행동의 변용을 생기게 하는 것을 말한다(김제한, 1993. p. 177). 전통적으로 심리학자들은 학습은 어떤 행동의 변화가 있어야 하고 이 변화는 비교적으로 안정적이어야 하며 또 경험으로부터 나온 것이어야 한다고 정의를 내리고 있다. 따라서 학습은 경험에 의해서 행동이 변화하는 것임을 알 수 있다.

결국 학습이란 연습과 경험의 결과로서 바람직한 인간의 행동의 변화를 가져오는 것을 말한다. 다만 성숙과 질병에 의한 변화, 피로, 술, 약품, 수면, 휴식 등 생리적 현상에 의해 나타나는 변화는 학습이라 볼 수 없다.

학습이론은 크게 행동주의적 접근과 인지주의적 접근으로 살펴볼 수 있다.

## 1 행동주의적 접근

행동주의에서는 학습을 '경험의 결과로 나타나는 관찰할 수 있는 행동의 변화'라고 정의한다. 행동주의 심리학자들은 관찰 가능한 행동에 초점을 맞추고 있다. 이러한 경향성은 학습의 내적 과정 혹은 절차 등을 고려하지 않았다는 비판의 원인이 되었지만, 행동주의 이론은 학습을 이해하는 데 폭넓게 적용되고 있으며 교사들에게 실제적인 도움을 준다.

행동주의 학습이론의 근본적인 원리는 자극과 반응 간의 연합이다. 자극

(stimulus)이란 환경으로부터 학습자에게 제시되는 모든 것을 의미한다. 즉, 눈에 보이는 사물, 귀로 들리는 소리, 피부로 느껴지는 감촉 등은 모두 자극이 된다. 반응(response)이란 자극으로 인한 행동을 의미한다. 행동주의에서는 이와 같은 자극과 반응의 연합을 학습으로 이해하고 있으며, 이러한 이유로 행동주의 이론을 연합이론(association theory)이라고도 부른다.

## 가. 왓슨(Watson)의 실험

행동주의 학습이론이 발전하는데 중요한 공헌을 한 학자인 왓슨은 동물을 연구하면서 의식에 관계없이 동물이 무엇을 하는지 단순히 연구할 수 있다는 사실에 감명을 받았다. 그는 인간에 대한 이해가 관찰 가능한 외현적인 행동과 그러한 행동을 이끌어 내고 강화시키는 사건들의 과학적 관찰에 근거를 두어야 한다고 주장하여 고전적 조건화의 원리를 아동 발달과 학습에 적용하였다. 왓슨은 다른 환경 조건하에서 사람이 어떻게 행동하는지 연구할 수 있는 과학적 방법을 발전시키고자 마음의 내적 구조에 대한 것보다는 행동의 관찰을 통해 학습을 연구하는 방법으로 행동주의 이론의 용어들을 만들었다. 왓슨은 통제와 조작을 통해 개인의 학습과 발달에 영향을 끼칠 수 있다고 믿어 반응적(고전적) 조건화의 이론에 기초한 기술을 발전시켰다. 그 기술은 발달 심리학자가 환경을 통제하고 결국은 통제적 조건화를 가능하도록 디자인되어 있다.

왓슨의 실험은 11개월 된 아기에 관한 것인데 흰쥐에 가까이 가자마자 갑자기 큰 소리를 쳐서 흰쥐에 대한 공포감을 유발시켰다. 아기는 아주 빨리 공포반응을 형성했을 뿐 아니라 그것이 확장되어 흰색의 털이 달린 동물이나 물건에 대해서도 무서워했다. 그리하여 왓슨은 모든 종류의 행동을 습득할 수 있도록 어린이들을 조건형성시킬 수 있다고 결론을 내렸다.

## 나. 파블로프의 조건반사설(Conditioned Reflex Theory)

조건반사설, 즉 고전적 조건반사이론은 소련의 생리학자 파블로프(Ivan. P.

Pavlov, 1849~1936)에 의해 발전된 이론이다. 파블로프는 1903년 대뇌피질의 생리학적 기제를 밝히는 연구에서 타액의 분비작용을 통해 생긴 조건반사이론이 미국에 건너가 행동주의이론과 결합되어 더욱 발전하게 되었다.

[그림 5-1] Pavlov의 조건자극 실험

* 출처 : Woolfolk, 1990.

파블로프는 위 그림과 같이 개를 실험대상으로 개가 침을 흘리는 데 일정한 법칙이 있음을 발견하였는데, 이 결과는 학교학습을 설명하는 데 중요한 전환을 가져왔다.

파블로프의 동물실험의 결과는 다음과 같다. 공복의 상태인 개를 그림과 같이 묶어 놓고 벨소리를 들려주는 일을 반복(40~60회)하였더니 나중에는 음식을 주지 않고 벨소리만 들려주어도 개는 침을 분비하였다.

이때 음식물과 같이 생리적으로 반사(타액분비)를 일으키는 자극을 무조건자극(Unconditioned Stimulus : UCS)이라고 하며, 그로 인해 침이 자동으로 나오는 반사를 무조건반사(Unconditioned Reflex : UCR)라고 한다. 한편 벨소리 자극을 조건자극(Conditioned Stimulus : CS)이라 하고 이 조건자극에 따라 침이 나오는 현상을 조건반사(Conditioned Reflex : CR)라고 한다.

이와 같이 벨의 음자극과 타액분비 반사와의 사이에 새로운 통합이 형성되는 훈련방법과 과정을 조건화(Conditioning)라 하고, 조건자극에 무조건자극을 수반케 하는 조작은 강화(Reinforcement)라 한다. 이를 그림으로 표시하면 다음과 같다.

UCS → UCR
무조건자극(음식) → 무조건반응(침)

CS → CR
조건자극(벨) → 조건반응(침)

[그림 5-2] **조건반사의 형성과정**

조건반사가 효과적으로 이루어지는 원리는 다음과 같다.

① **시간의 원리** : 조건자극은 무조건자극보다 시간적으로 앞서거나 그렇지 않으면 동시에 주어야 한다.

② **강도의 원리** : 조건반사 행동이 이루어지려면 적어도 강도(intensity)가 일정하거나 먼저 제기한 것보다 더 강한 것이라야 바람직한 반응을 일으키는 데 효과적이다.

③ **일관성의 원리** : 조건자극은 조건화가 형성될 때까지 일관성 있게 주어져야 효과적이다. 벨소리라면 계속 같은 소리여야지 북소리나 다른 꽹과리 소리를 제시한다면 혼돈만 될 뿐 조건화는 이루어지지 않는다.

④ **계속성의 원리** : 이 원리는 두 가지 심리적 과정에 시간적으로 함께 또는 곧 계속해서 되풀이되면 그 두 사이의 연상적인 연결이 발달할 가능성이 증가한다. 자극과 반응과의 관계가 반복되는 횟수가 많으면 많을수록 좋다는 원리다(김제한, 1993, p. 180).

**조건반사의 예시**

학교생활이나 일상생활에서 조건반사의 경우를 찾아볼 수 있다. 예를 들면, 초등학교에 처음 입학하는 학생에게 학교생활 적응을 위해 수업시간 시작과 종료시에 약속된 시작의 종소리, 끝남의 종소리를 들려주고 계속 실행하면 나중에는 종소리만 울려도 학생들은 그 종소리에 따라 조건반사적으로 행동을 취한다. 또한 민방위훈련의 예를 들어 보자. 사이렌 소리만 들려도 길가는 시민들은 발을 멈추고 차량에 탄 손님들도 모두 내려서 대피한다. 사이렌 소리와 대피 장면과의 조건반사가 이루어졌음을 알 수 있다.

교실에서는 교사를 통해 항상 고전적 조건화 과정이 진행되고 있다. 처음에는 교사의 행동과 학습활동이 중립 자극으로 작용하지만, 시간이 지나면서 교사의 교수방법은 조건자극이 되며, 그러한 자극은 다양한 반응들과 연합되어 학생들의 적응, 부적응 행동을 유발한다. [그림 5-3]은 학교에 첫 등교한 날, 어떤 학습 내용을 경험하느냐에 따라 어떤 조건화가 이뤄지는가를 보여 주고 있다.

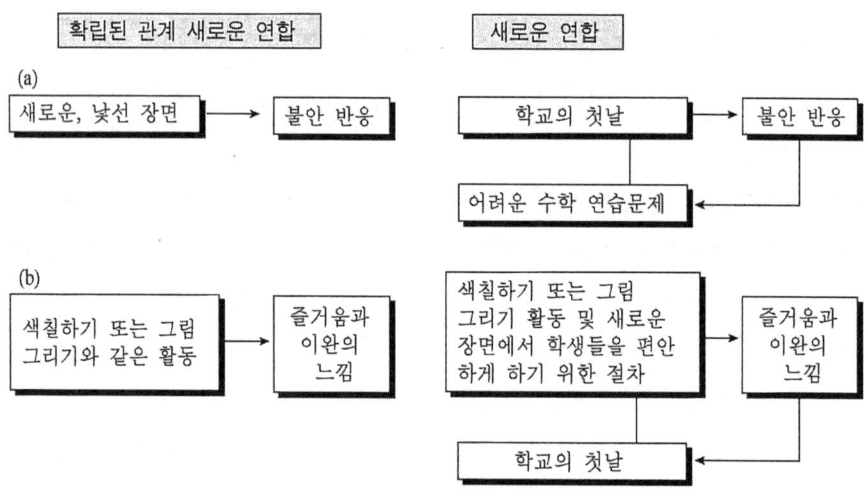


[그림 5-3] **고전적 조건형성을 교실에 적용하기**

## 다. 스키너의 조작적 조건화(Operant Conditioning)

Operant Conditioning라고 하는데 스키너(B. F. Skiner)는 조건화는 강화(reinforcement)와 관련된 강화의 원리가 지배적임을 발견하였다. 스키너는 그가 만든 상자 속에 한쪽 벽에 지렛대가 나와 있어 필요할 때 쥐 또는 비둘기가 이것을 누르면 자동으로 접시 위에 음식물이 떨어지게 되는 장치를 마련하였다. 이것은 쥐 또는 비둘기가 강화를 얻기 위한 장치다.

조작적 조건형성은 외적 자극을 받지 않아도 어떤 행동이 자발적이고 능동적으로 일어나는 행동의 결과에 의해서 학습이 이루어지는 것이다. 다시 말하면, 실험자가 바라는 반응을 할 때 강화를 해 줌으로써 학습이 되도록 하는 것이다.

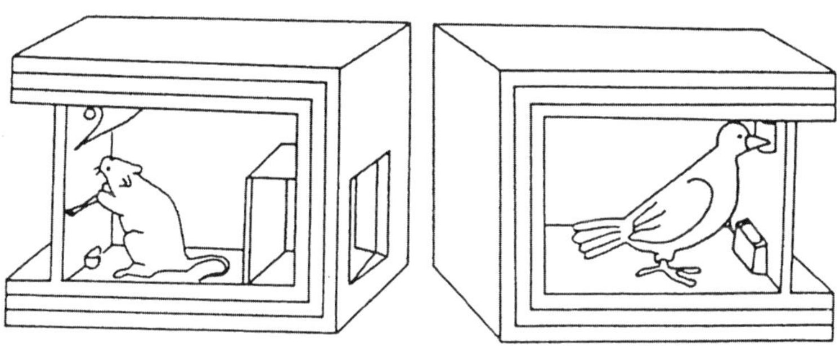

[그림 5-4] Skiner 상자의 실험

무조건자극은 음식물, 무조건반응은 그것을 먹는 반응, 조건자극은 지렛대, 조건반응은 지렛대를 누르는 반응이다.

조작적 조건형성은 조작적 행동(operant behavior)의 결과에 따라 학습이 이루어진다는 생각을 기본으로 하고 있다. 따라서 강화의 영향으로 이루어진다는 R-S-S을 주장한다. S형 조건화는 자극과의 관련이 강조되고 R형 조건화는 강화와 관련이 된다.

강화의 유형을 제시하면 다음과 같다.

### 1) 정적강화(positive reinforcement)

음식이나 유쾌한 음악과 같이 어떤 행동상황에 보상이 되는 것을 더해 주는 것을 의미한다. 적극적 강화라고도 하며 어떤 자극에 대하여 쾌감을 주어서 그 반응을 촉발한다.

정적강화물은 일차적 강화물과 이차적 강화물로 나누어진다. 일차적 강화물은 생리적이며 개체의 물리적 생존에 중요한 영향을 미치며, 이차적 강화물은 물리적 생존에는 중요하지 않고 그 자체로서 보상되지 아니하고 다만 제1차적 강화물과 결합될 때만 보상이 가능해진다.

### 2) 부적강화(negative reinforcement)

어떤 자극에 대하여 불쾌감을 주어서 그 반응을 소멸시키는 방법이다. 예를 들면 개나 고양이가 음식물을 먹기 위해 지렛대를 누르고 문을 여는 것을 학습하지만 전기충격이나 시끄러운 소리(부적강화)로부터 도망하는 것을 학습한다.

**〈강화의 원리와 방법 및 계획〉**

강화의 원리는 다음과 같다.

① **칭찬의 원리** : 학생들이 공부를 잘했거나 목적한 바를 성공적으로 이루었을 때 교사나 학부모가 칭찬을 하면 그 행동은 계속 이루어진다.

② **즉시강화의 원리** : 강화와 벌(교사의 반응)은 표적행동이 일어난 즉시에 주어야 한다는 원리다.

③ **일관성의 원리** : 일정한 목적을 달성하기 위하여 교사의 학생에 대한 반응은 일관성이 있어야 효과적이다.

강화의 방법으로는 ① 소모가 가능한 보상, ② 조작이 가능한 강화, ③ 정답시에 즉각적인 송환(feedback), ④ 사회적 자극(창찬, 인정, 미소) 등의 방법이 필요하다.

강화계획은 소거와 관련 있는 개념이다. 앞으로 살펴보겠지만, 소거란 더 이상 강화물이 제시되지 않을 때 학습된 행동이 점차 사라지는 것을 의미한다. 따라서 학습된 행동을 지속시키고 소거에 저항하도록 만드는 계획이 필요하다. 스키너는 반응의 비율이 증가하고 소거에 대하여 보다 강하게 저항할 수 있는 방법을 연구했으며, 이를 강화계획이라고 했다. 강화계획에는 계속적 강화계획, 간헐적 강화계획, 그리고 소거 등으로 나누어진다. 간헐적 강화계획에는 간격 강화계획과 비율강화계획으로 나누어진다(그림 5-5).

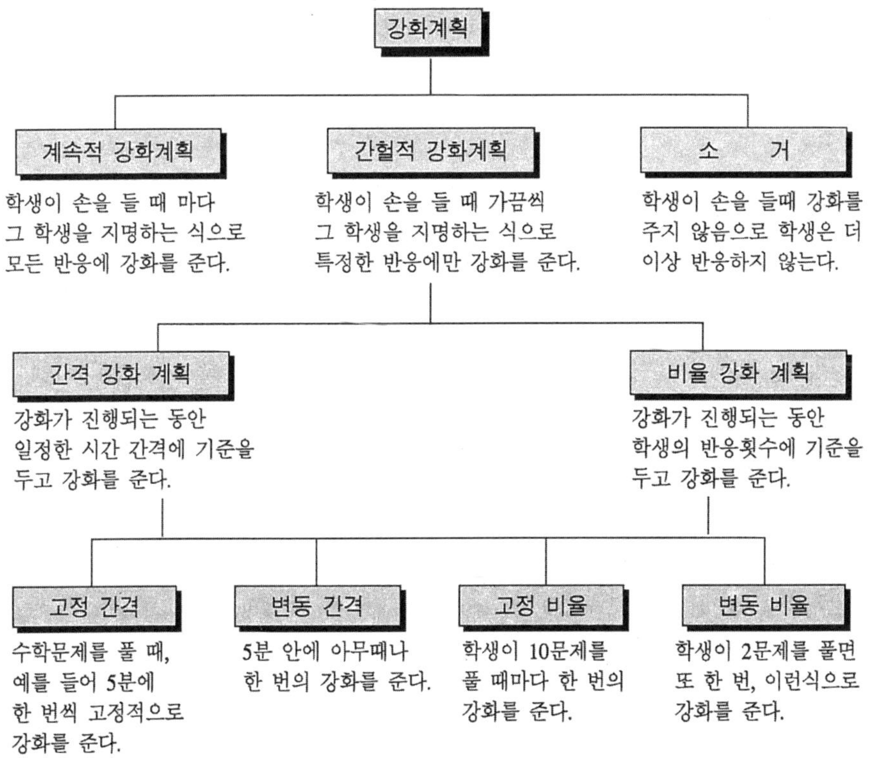


[그림 5-5] **강화계획의 종류와 예시**

## 라. 손다이크의 시행착오설(Trial and Error Theory)

심리학자 손다이크(E. L. Thorndike)에 의하여 발전한 이론이다. 연합설 또는 결합설이라고도 불리우는데, 그는 문제상자(problem box)를 만들어서 굶주린 고양이를 이 상자 안에 가두고 밖에다 먹이를 놓아두었다. 이 때 상자 안에 든 고양이는 먹이를 구하기 위해 몸부림치면서 시행과 착오를 되풀이한다.

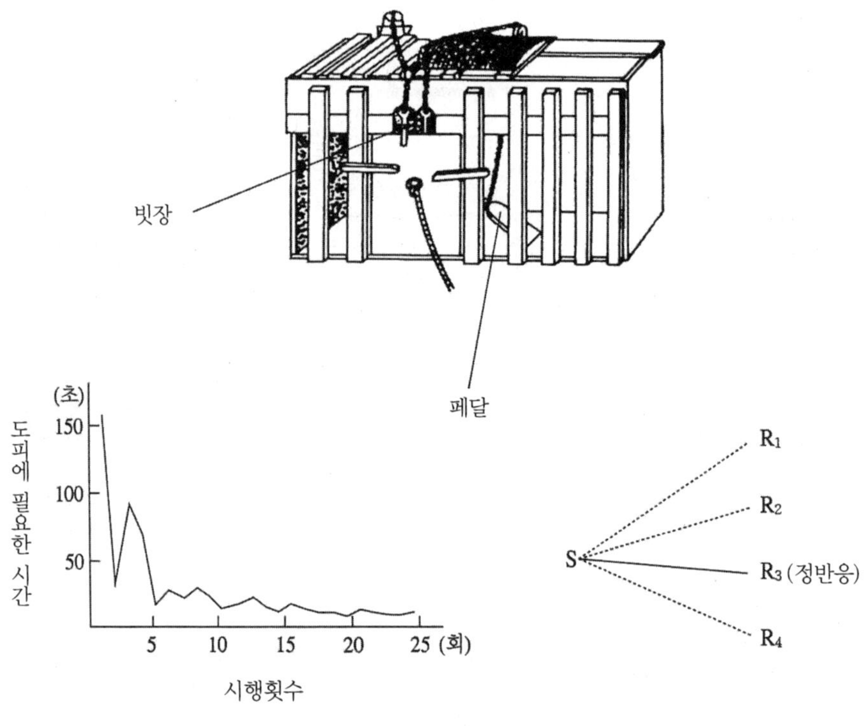


[그림 5-6] **문제상자와 학습곡선 및 결합현상**

빗장은 페달을 눌러야 문이 열려지도록 장치를 해 놓았기 때문에 고양이가 의도적으로 페달을 누를 수는 없다. 다만 상자 안에서 밖으로 나와 먹이를 찾기 위해 헤매게 되며 이쪽저쪽으로 움직이다가 우연히 페달을 밟게 되어 문이

열리면 나가서 먹이를 먹게 된다. 실험이 되풀이되면서 고양이는 적어도 25회 정도 시행하자 정확하게 목표에 도달하였다. 즉, 시행과 착오란 경험의 결과 학습목표에 도달(먹이)할 수 있는 결과를 찾아낸 것이다.

위 그림은 Skiner Box로서 시행착오 학습을 실험한 문제상자다.

한편 스키너는 쥐를 대상으로 미로(迷路)실험을 하였다. 입구에 굶주린 쥐를 놓고 먹이가 있는 출구에까지 어떻게 찾아가는 가를 관찰하여 성공할 때까지 쥐의 행동과 소요되는 시간에 대한 실험을 하였다. 그 결과 쥐의 행동이 여러 번 반복과 착오로 목표물까지 소요되는 시간이 처음에는 길었지만 반복에 따라 시간이 절감되어 목표물에 쉽게 접근할 수 있었다.

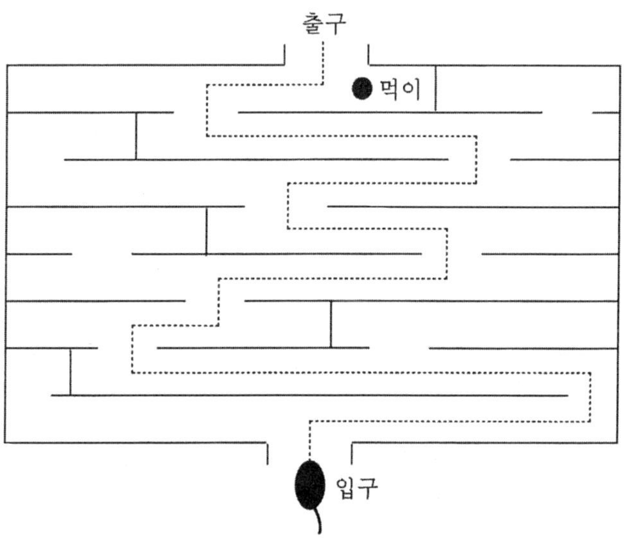


[그림 5-7] **쥐의 미로실험**

손다이크는 위와 같은 실험을 통하여 다음과 같은 학습의 법칙을 알아내었다.

**〈학습의 주요법칙〉**

① **효과의 법칙**(law of effect) : 효과의 법칙은 어떤 일을 한 결과 만족스러운 결과 또는 불만족스러운 결과를 가져오는 두 가지 양상이 벌어지는데 그 결과가

좋아야 강화가 된다는 것이다. 효과의 법칙에는 두 가지로 나누어진다.

ⓐ 만족의 법칙—어떤 일을 실천했을 때 만족한 효과가 나면 성공감과 만족감을 갖게 되어 의욕적으로 계속하게 되므로 학습의 진보가 온다.

ⓑ 불만족의 법칙—자극과 반응의 결합이 계속 불만족스러우면 결합이 약해진다. 즉, 여러 번 연습을 반복해도 효과가 없으면 하고자 하는 의욕을 상실하고 실망하여 포기한다.

그러므로 학습의 효과가 만족스러워야 그 학습이 계속 진보 · 발전하게 된다.

② **연습의 법칙**(law of exercise) : 모든 학습은 연습을 통하여 향상되고 바람직한 행동의 변화를 가져온다. 따라서 어떤 목표를 향해 끊임없이 반복하고 시행하면 결국에 가서는 목표를 쉽게 달성할 수 있게 된다. 운동기능 학습이나 피아노, 언어학습 등 연습을 계속적으로 하면 기능이 익숙하게 되어 학습이 강화된다. 여기에도 두 가지 법칙이 적용된다.

ⓐ 사용의 법칙—자극과 반응의 결합이 계속 빈번하면 결합이 강해져서 학습이 잘된다.

ⓑ 불사용의 법칙—자극과 반응을 사용하지 않으면 결합이 약해진다. 결국 사용하느냐 사용하지 않느냐에 따라 학습의 결과는 크게 차이가 나고 달라질 것이다.

③ **준비성의 법칙**(law of readiness) : 학습자가 신체적으로나 정서적으로 새로운 사실과 지식을 습득할 준비가 되어 있을수록 결합이 만족스럽게 된다. 즉, 학습자의 지능, 성숙도, 성격, 태도, 의지, 노력 등의 심리적 준비성은 학습에 있어서 매우 중요한 요인이 된다.

**참고 사항**

연합주의 학습이론은 경험론에서 출발하며, 경험론은 백지 위에 찍히는 관념이며 이 관념은 사물을 구성하는 원자적 부분이며 이것이 합해져서 전체의 사상을 구성한다.

따라서 구성주의 심리학에서 학습은 인접에 의한 연합으로 정의된다. 손다이크의 시행착오설, 파블로프의 조건반사설, 왓슨의 행동주의, 스키너의 시행착오설, 헐의 신행동주의 이론이 이를 계승하였다. 이들 전체가 연합주의 학습이론을 이루고 있다.

## 마. 반두라(Bandura)의 사회학습이론

### Bandura는?

Albert Bandura는 1925년 캐나다의 앨버타 주에서 태어났다. 그는 조그만 시골마을에서 성장하였으며, British Columbia 대학에서 학사 학위, 아이오와 대학에서 석, 박사 학위를 취득하였다. 아이오와 대학에서 초기에는 임상심리학에 흥미를 가졌으며, 초기의 연구들에는 심리치료 과정, 아동의 공격성 등이 있었다. 특히 아동은 사회상황에서 모방을 통해 많은 것을 학습한다고 주장해 관찰학습 이해에 관심을 고조시켰다. 행동수정, 모델링, 관찰학습, 자기조정, 자기 효능 등에 관해 연구했다.

신행동주의자로 일컫는 반두라(Bandura)는 조건 형성과 인지이론을 통합하여 사회학습이론(Social learning theory)을 제안하였다. 즉 S－R 이론은 요소적이고 구체적인 인간의 행동에 관하여 잘 설명하고 있지만 인지이론은 사고나 문제해결과 같은 고등정신 기능에 관한 학습을 잘 설명해 준다. 그러나 이들 이론은 인간 학습의 어느 한 면만을 강조하는 한계가 있다. 반두라는 두 이론의 절충적 입장에서 학습을 설명하는 사회적 학습이론을 내세웠다. 이 이론에서는 학습자의 직접 경험보다는 타인의 행동을 관찰하고 모방하는 데서 오는 행동 변화를 강조한다. 즉, 직접적인 강화나 벌이 없어도 다른 사람의 행동을 관찰함으로서 학습할 수 있다. 그래서 사회학습을 관찰학습이라고도 한다.

반두라는 한 실험에서 4세 아동에게 커다란 인형을 때리고 차는 모델이 등장하는 영화를 관찰하게 하였다. 사회학습에서는 텔레비전, 영화, 소설 등과 같은 상징적 모델도 학습의 대상이 된다. 실험에서 한 집단은 공격성이 강화를 받는 모델을 보았고, 또 한 집단은 공격적 행동이 처벌받는 모델을 보았다. 세 번째 집단은 공격성 때문에 처벌이나 강화를 받지 않는 중립적인 모델을 보았다. 영화를 본 후, 세 집단 아동 전원에게 인형을 주고, 공격성을 측정하였다. 그 결과, 공격성을 강화받은 모델의 영화를 본 아동이 가장 공격적이었으며, 공격적 행동이 처벌받는 모델의 영화를 본 아동의 공격성이 가장 덜 하였고, 중립적 모델에 노출된 아동의 공격성은 중간 정도였다.

이 실험을 통해 보면, 간접적 혹은 대리 경험으로도 아동의 행동은 영향을 받는다. 즉, 다른 사람의 경험을 관찰한 것이 아동 자신의 행동에 영향을 미친다는 것이다. 아동들은 모두 모델의 공격적인 반응을 학습했으나 모델이 강화받느냐 처벌받느냐, 중립적인 결과를 보이느냐에 따라 다르게 행동했다. 이와 같이 인간의 학습 과정은 직접적인 강화에 의한 경험을 통하여 이루어지는 경우도 있지만, 타인의 행동을 관찰하고 이를 모방함으로써 이루어질 수도 있다. 또한 자신의 행동에 대해 직접적인 강화를 받지 않더라도, 다른 아동이 보상이나 벌을 받는 것을 관찰함으로써 간접적인 강화를 받기 때문에 학습이 이루어지기 때문에 관찰학습을 대리학습이라고도 한다.

흔히, 모방과 관찰학습이란 용어를 구분하지 않고 사용해 왔으나 반두라는 이 두 용어의 구분이 아주 중요하다고 하였다. 관찰학습에는 모방이 포함될 수도 있고, 그렇지 않을 수도 있다고 하였다(예 : 운전 중에 차 앞에 웅덩이가 있는 것을 보고, 이것을 관찰하여 차가 손상되지 않고 웅덩이를 피하기 위해서 차를 비껴가게 운전할 것이다. 이 경우 운전자는 자신의 관찰로부터 학습은 했으나, 관찰한 것을 모방하지는 않았다. 반두라에 따르면, 운전자가 학습하는 것은 인지적인 처리를 거친 정보이며, 자기에게 이롭다고 생각되는 방식으로 실행하였다. 그러므로 관찰학습은 다른 사람의 행동을 흉내내는 단순한 모방 이상의 복잡한 것이다).

반두라는 사회학습 과정에서 다음과 같은 몇 가지 학습 요인을 제시하였다.

① 관찰자는 타인의 수행을 관찰함으로써 직접 새로운 행동양상을 학습할 수 있다. 이를 관찰학습효과라 하고 이 효과는 모델의 지위, 권력, 능력에 의해 달라진다.

② 관찰자는 모델의 행동 결과에 수반되는 보상과 벌을 관찰함으로써 학습을 한다.

③ 사회학습은 자기통제의 과정을 수반한다. 학습자 스스로 자신의 행동을 통제하는 자기규제의 과정을 가진다.

④ 관찰학습은 상호작용에 의해서 다음 학습에 영향을 미친다.

심리학에서 가장 기본적인 질문은, '사람들은 왜 그렇게 행동하는 것일까?'에 관한 것이다. 이 질문에 대한 설명에 따라, 환경론(경험론), 생득자론, 인본주의 등으로 분류해 볼 수 있다. 스키너와 같은 환경론자들은 행동은 환경의 강화 우연성의 함수라고 말하며, 강화 우연성을 변화시키면 행동을 변화시킬 수 있다고 하였다. 생득론자들은 유전된 기질, 특성이나 사상 등을 강조하였다. 인본주의자들은, 사람들은 자신이 하려고 선택한 것을 한다는 자발적인 선택을 강조한다. 따라서 이 질문에 대한  인간의 행동은 여러 가지의 관점에서 얘기해 볼 수 있을 것이다. 환경이나 어떤 특성이나 기질 혹은 인간이 가지고 있는 자유의지의 함수라는 점들을 주장할 수 있을 것이다.

그러나 반두라는 위의 것과는 조금 다른 각도에서 기술하고 있다.

반두라는 상호결정론이라 하여 사람, 환경 그리고 그 사람의 행동의 상호작용이 세 가지 요소 중 어떤 것도 다른 것과 떨어져서는 인간행동의 결정요인으로 이해될 수 없다고 강조한다. 반두라는 행동은 인간과 환경에 영향을 주고 인간이나 환경 역시 행동에 영향을 준다고 하는 개인, 행동, 그리고 환경 사이의 상호작용을 나타낸다는 상호결정론(reciprocal determinism) 개념을 제안했다. 개인들, 행동들, 환경들 사이의 관계는 양방향적(bidirectional)이라고 제안했다.

⑤ 관찰학습에 작용하는 변인은 모델에 주의집중하고, 관찰에서 얻은 정보가 유용하기 위해서 심상적 또는 어문적인 기호로 파지되어야 한다. 이때, 파지된 것은 학습자의 행동으로 수행하는 운동재생산 과정이 있어야 하고, 모델과 같이 행동하고자 하는 유인으로 적절한 동기가 있어야 한다.

관찰학습은 학습에 있어서의 인지과정의 중요성을 강조한다. 반두라(1977)는 관찰학습의 과정을 주의집중, 파지, 재생, 동기화의 4단계로 구분하였다.

**표 5-1** 관찰 학습에 영향을 주는 네 가지 구성 요소의 과정

| 주의집중 과정 | 기억과정 (파지 단계) | 재생과정 | 동기적 과정 |
|---|---|---|---|
| 모델의 행동에 집중하고, 정확하게 지각한다. | 이전에 관찰된 모델의 행동을 기억한다. | 모델의 행동을 상징적으로 부호화해서 기억한 것을 새로운 반응 유형으로 해석한다. | 만약 정적강화(외적, 대리적, 자기강화)가 주어지면 모델의 행동을 수행한다. |

### 1) 주의집중(attentional) 단계

어떠한 행동이 관찰을 통해서 학습되려면 그 행동이 관찰자의 주의를 끌어야 한다. 그러기 위해서는 모델에게 주의를 기울여야 한다. 그렇다면 무엇이 주의 대상을 결정하는지에 대해 생각해 볼 필요가 있다(인간의 감각 능력이 주의 대상에 영향을 준다. 과거의 강화가 관찰자의 선택적 주의에 영향을 줄 수 있다. 모델의 특성 역시 주의의 정도에 영향을 줄 수 있다). 또한 모델에 대한 주의집중을 끌어 내는 가장 중요한 요인은 모델과 관찰자 간의 유사성의 정도다. 관찰하려는 모델이 연령이나 성별에서 자신과 비슷할 때, 또는 매력적이거나, 존경을 받거나, 지위가 높고, 유능할 때 보다 많은 주의집중을 받는다.

### 2) 기억(파지, retention) 단계

관찰자는 모델을 관찰한 후 어느 정도 시간이 지난 다음에 모델의 행동을 시각적 상상 또는 언어적인 형태의 상징적인 부호로 저장하는 방식을 가져야만 한다. 관찰학습과 파지는 쉬운 형태로 저장되도록 정보의 대부분을 변형시키기 때문에, 상징적 부호에 의해 촉진된다. 정보가 인지적으로 저장되면, 관찰학습이 일어난 후 오랫동안 내적으로 보유, 강화할 수 있다. 만일 관찰자가 모델이 행한 것을 기억할 수 없다면 모델 행동에 크게 영향을 받을 수 없을 뿐만 아니라 어떠한 지속적인 행동도 나타낼 수 없을 것이다.

파지과정에서 중요한 것은 시연이다. 시연에는 내적 시연과 외적 시연이 있

다. 전자는 개인이 행동하는 것을 마음 속으로 상상해 보는 것이고, 후자는 실제로 행동으로 나타내 보는 것이다. 학습자는 내적 시연을 한 뒤 외적 시연에 들어가면 보다 잘 할 수 있다.

### 3) 운동 재생(motor reproduction) 단계

모방하려는 행동은 잘 기억하는 것만으로는 불충분하다. 그것을 실제 실행에 옮겨봄으로써 학습의 효과를 높일 수 있다. 그래서 기억되고 있는 모델의 행동을 외현적으로 재생산하는 과정이 있어야 한다. 즉, 이 과정에서 학습된 것을 실행으로 전환하는 정도가 결정된다. 반두라는 모든 신체적 기제가 반응을 하기에 적절하게 구비되어 있다 하더라도, 관찰자의 행동이 모델 행동과 일치되기 전에 인지적 반복 기간이 필요하다고 주장하였다. 즉, 관찰한 행동은 많은 연습을 통하여야만 잘 재생될 수 있고, 자신의 행동을 관찰하고 자신의 행동과 기억하고 있는 모델의 행동을 비교하면서 계속 자기의 행동을 수정하여 모델의 행동을 재생할 수 있게 해 주는 교정적 피드백(어떠한 행위를 마친 뒤, 그 결과의 반응을 보아 행동을 변화시키는 일)이 필요하다는 것이다.

### 4) 동기화(motivational processes) 단계

모델의 행동을 습득하고, 기억하고, 능숙하게 수행할 수 있는 능력을 지니고 있다 하더라도, 충분한 유인이나 동기가 없이는 행동을 수행하지 않을 것이다. 관찰을 통해서 학습된 행동은 그 행동이 강화를 받을 때에만 지속적으로 일어날 것인데, 강화의 주된 기능은 관찰자처럼 행동한다면 모델이 강화를 받았듯이 자신도 강화를 받으리라는 기대를 갖게 한다는 점이다. 그리고 만일 그 행동이 벌을 받는 결과를 초래한다면 그 행동이 일어나는 비율은 감소할 것이다. 그러므로 이 과정은 강화를 통해서 행동의 동기를 높여주는 단계다.

사회학습이론과 행동주의 사이의 가장 중요한 차이점은 행동주의자들이 철저하게 관찰 가능한 외현적 행동에 대해서만 관심을 가진 반면, 사회학습이론가들은 인간의 내적 과정을 인정함으로써 인간학습의 인지론적 경향을 함께 수용한 것이다.

## 바. 행동주의의 교육적 적용

교실에서 사용될 수 있고 또한 그 효과를 간과할 수 없는 행동주의이론의 다양한 적용을 살펴보고, 또한 교사가 행동주의이론을 실제로 적용하는 데 있어 주의해야 할 점은 다음과 같다(임규혁, 1996).

### 1) 일반화와 변별 형성에 대한 유의점

일반화와 변별은 연속적인 개념으로 이해되어야 하며, 가장 바람직한 학습은 일반화가 진행된 다음에 변별의 과정을 거치는 것이다.

일반화란 동일하지 않은 유사한 자극에 대해 동일한 반응을 보이는 것을 의미한다. 일반화의 원리는 학생의 학습에 유용한 시사점을 제공한다. 기본적인 원리를 이해함으로써 비슷한 상황에 잘 적용하는 것은 시간과 노력을 절약시켜 줄 수 있다. 그러나 학습이란 보다 복잡하고 다양하게 구성되어 있기 때문에 언제나 예외가 존재한다. 이러한 예외적인 경우 조차도 일반화의 반응을 보인다면 이는 오히려 학습에 지장을 주게 된다. 따라서 일반화 다음에는 변별의 과정이 반드시 뒤따라야 한다. 예를 들어, 도형을 처음 공부하는 학생들에게 정사각형, 직사각형, 평행사변형 혹은 정삼각형, 이등변삼각형, 직각삼각형 등의 개념을 동시에 가르칠 수는 없을 것이다. 우선, 사각형과 삼각형으로 범주화시킨 다음, 도형을 사각형과 삼각형으로 일반화시킬 수 있도록 하고, 다양한 종류의 도형을 변별할 수 있도록 하는 것이 필요하다.

이러한 일반화와 변별의 과정을 성공적으로 이루는 데 있어 가장 중요한 것은 교사의 피드백이다. 효과적인 피드백은 세부적이고 즉각적이어야 하며 교정적인 정보를 제공해야 하는데(Anderson, Evertson, & Brophy, 1979), 이러한 피드백이 잘 주어졌을 때만이 효과적인 일반화와 변별이 형성된다.

### 2) 강화와 벌에 대한 재고

학교에서 교사와 학생의 상호작용은 교사의 인성과 학생의 성격 그리고 학교의 환경 등과 매우 복잡하게 얽혀 있으며, 그 외 다양한 요인들이 영향을 미치고 있다는 사실을 교사는 기억해야 한다. 이는 학생들의 행동을 교정하고 바람직한 결과를 유도하려는 목적으로 사용된 같은 종류의 행동주의 원리라고 하더라도, 사용하는 교사에 따라 다른 결과를 가져올 수 있음을 의미한다. 따라서 실제 교실에서 사용되는 행동주의 원리들은 교사의 전문성이 뒷받침되어야 하며, 교사는 자신이 행하는 모든 기법들에 세심한 주의를 기울일 필요가 있다.

이러한 관점에서 교사들이 가장 많이 사용하고 있는 강화와 벌은 좀 더 주의 깊게 다루어져야 한다. 왜냐하면, 강화와 벌은 가장 흔하게 사용되는 행동주의의 원리이면서도 이들을 적용했을 경우 매우 복잡하고 다양한 결과를 나타내기 때문이다.

#### (1) 강화와 벌 : 적용에 있어서의 초점

행동주의 원리 중에서 강화와 벌은 교사가 그 초점을 어디에 두느냐에 따라 다른 결과를 가져올 수 있다.

예를 들어, Time-Out 기법을 사용하는 두 교사의 경우를 생각해 보자.

> 김 선생님과 박 선생님은 교실의 좋은 분위기를 유지하기 위해서 Time-Out 기법을 적절히 사용하는 것이 효과가 있다는 것을 알고 있다. 그러나 김 선생님과 박 선생님이 사용한 Time-Out의 결과는 다르게 나타났다. 김 선생님 학급은 아주 효과가 좋았던 반면, 박 선생님의 학급은 별로 개선되지 않았던 것이다.
>
> 효과를 보았던 김 선생님은 Time-Out 장소로 보낸 학생들에게 스스로 잘 할 준비가 되었다는 생각이 들면 Time-Out 장소를 나와도 좋다고 말했다. 반면에 박 선생님은 학생들을 Time-Out 장소로 보낸 후 박 선생님이 보기에 학생들이 반성하고 있다고 느껴지면 학생들에게 Time-Out 장소를 나가도록 지시하였던 것이다.

김 선생님과 박 선생님은 같은 기법을 사용했지만 다른 결과를 얻었다. 김 선생님의 Time-Out은 학생에게 강화로 작용한 반면, 박 선생님의 Time-Out은 벌로 작용했다. 조금 더 구체적으로 살펴보자면, 김 선생님의 기법은 부적강화였으며 긍정적 행동에 초점을 맞추어 증진시켜 나간 것이다. 반면, 박 선생님은 계속 통제를 하면서 제거성 벌을 사용한 것이었으며 그 초점이 학생의 부정적 행동에 맞추어져 있었다.

이와 같은 결과에서 우리는 행동주의 개념을 교실에 적용하는 데 신중한 판단이 요구됨을 알 수 있다.

### (2) 강화와 벌 : 적용에 있어서의 주의

앞서 밝혔듯이 벌이란 그다지 좋은 해결책이 될 수 없으며, 벌을 사용하는 것보다는 강화를 사용하는 것이 장기적으로 도움이 된다. 그러나 벌은 나쁘고 강화는 좋다라는 식의 이분법적 사고 역시 위험할 수 있다.

Johnson과 Johnson(1984)은 퇴학이나 체벌과 같은 심한 벌을 사용해야만 다른 학생들의 학습상황이 유지되는 경우라면, 벌이 정당화될 수 있다고 주장한다. 그러나 이는 그다지 바람직하지 않다. 왜냐하면, 벌은 긍정적이고 새로운 행동을 가르치지 못하기 때문이다. 교사는 어떠한 학생이라고 하더라도 바람직한 행동을 가르쳐야만 한다. 그러나 학교현장에서는 물리적 체벌뿐만 아니라 정도가 약하다고 하더라도 다양한 종류의 벌이 존재하고 있다. 만약 벌이 일상적인 행위가 된다면, 학생들은 벌에 대해 무감각해질 것이고 상황은 더욱 악화될 수 있다. 결국, 벌에 기반을 둔 교실은 불완전한 체제이므로 당연히 재고되어야만 한다.

그렇다면, 긍정적 강화는 언제나 효과적이라고 할 수 있는가? 교사들은 아마도 '학생들의 장점을 찾아라'라는 말을 자주 들어왔을 것이다. 실제로 Williams(1987)는 긍정적인 행동에 중점을 둔 교실체제는 부적절한 행동을 감소시키는 것을 강조하는 교실체제에 비해 상당히 좋은 결과를 나타냈다고 보고한 바 있다. 그러나 긍정적 강화만으로 모든 것을 해결할 수는 없다. 교사가 어떤 학생의 부적절한 행동을 제거하기 위해 칭찬과 같은 형태의 긍정적 강화를 과도하게 사용한 경우, 그 학생의 부적절한 행동은 사라졌지만 오히려 그러한 것들이 다른 학생들에게는 나쁘게 작용했다(Pfiffer, Rosen, & O'Leary, 1985)는 연구는 많은 것을 시사하고 있다. 여기에서 기억해야 할 점은 긍정적 강화와 교실에서의 규칙을 명확하게 적용할 수 있는 전문적 판단 및 기술이 교사에게 필요하다는 사실이다.

### 3) 강화계획의 효과적 적용

우리는 앞서 강화계획의 종류와 특징에 대하여 알아보았다. 각각의 계획들은 장점과 단점을 가지고 있다.

지속적 강화계획은 새로운 행동을 처음 학습할 때 효과적으로 사용될 수 있다. 그러나 이는 강화물이 제거되면 급격히 소거된다는 단점을 가지고 있다. 따라서 고학년 학습자들에게는 행동을 계속 유지하도록 하기 위해 간헐적 강화계획으로 전환할 필요가 있다.

고정강화계획 역시 단점을 가지고 있다. 즉, 강화물이 제시되는 바로 직전에 행동이 증가하지만, 일단 제시된 후에는 다음 시점까지 행동이 감소한다는 것이다. 고정비율계획을 예로 들어 보자. 교사가 학생들의 출석번호를 사용하여 모든 학생들을 지명하기로 한다면, 처음에는 모든 학생들이 주의집중한다. 그리고 학생들은 지명되고 대답하면서 강화를 받는다. 그러나 그 후 일단 지명된 학생들의 집중력은 급격히 약화되는 데 학생들은 당분간 그들의 차례가 다시 오지 않을 것이라는 것을 알기 때문이다. 이와 같은 현상은 매주 정기적으로 시행되는 시험의 경우에도 적용된다. 예를 들어, 매주 화요일에 시험이 있는 경우, 학생들은 월요일에 열심히 공부하고 다시 다음 월요일까지는 공부하지 않는 경향이 있다. 따라서 이와 같은 경우에는 변동간격계획이 보다 효과적이다. 그러나 변동간격계획은 학생들의 높은 불안단계를 유발할 수 있기 때문에 그 실행에 있어 세심한 주의를 필요로 한다(Crooks, 1988).

마지막으로, 강화물의 사용횟수가 효과성에 영향을 미친다는 사실을 교사는 항상 인지하고 있어야 한다. 모든 학생들의 작문에 칭찬을 듬뿍 주거나, 학생들이 말한 모든 일들에 긍정적 강화물을 제공하는 교사들을 종종 볼 수 있다. 이는 어린 아동들에게 있어서는 분명히 효과적이다. 그러나 보다 성숙한 학생들의 경우에는 이러한 것들이 효과를 나타내지 못한다. 지나치게 의도적이거나 지나치게 과장된 강화는 오히려 역효과를 유발시킬 수 있다.

## 2 인지주의적 접근

### 가. 인지이론의 형성과정

인지이론에서는 행동주의에 대해 다음과 같은 견해를 밝힌다.

(1) 인간의 학습은 다른 동물의 학습과정과는 근본적으로 다르다.

(2) 의식은 수동적인 수용이 아니라 능동적인 활동이며, 직접 의식되는 것은 원자적인 부분들이 아니라 통합되어 있는 전체다.

(3) 인간이 지각하는 것은 정적인 부분이 아니라 운동 그 자체에 의한 전체다.

(4) 학습은 S－R연합으로 이루어지는 것이 아니라 통찰에 의하여 전체적인 관계를 파악함으로써 이루어진다.

(5) 존재하는 것은 전체이며, 부분은 구조 속에서 갖게 되는 일정한 관계에 의하여 그 성질이 결정된다.

(6) 학습은 행동의 변화가 아니라 인지구조의 변화다.

### 나. 형태주의(Gestalt)

왓슨이 미국에서 행동주의를 주창할 때와 거의 같은 시기에 1912년, 독일에서는 베르트하이머(Wertheimer, 1880~1943)가 정신과정의 조직과 관계되는 형태심리학을 발표했다.

베르트하이머는 인간이란 개별적 부분의 조합을 인식하기보다는 전체로 인식하는 존재라는 그의 믿음을 뒷받침하기 위하여 게슈탈트(Gestalt)라는 말을 사용하였다. 이는 영어에서의 Form 혹은 Shape에 해당된다. 형태주의 혹은 게슈탈트 심리학에서는 "전체는 부분의 합이 아니다."라고 단언하였고, 이런 기본적인 가정 때문에 베르트하이머는 정신적 경험을 그것의 각각의 부분으로 분석해 내려는 구성주의 심리학자들의 시도를 벽돌과 시멘트의 심리학이라고 비웃었다.

형태주의 이론은 그 당시의 행동주의적 접근과는 전혀 다른 새로운 시각으로 유기체를 보았다. 즉, 인간을 자극에 대해 반응하는 단순한 수동적 존재로 보지 않고 능동적, 적극적인 존재로 보았으며, 보다 복잡한 고도의 정신능력을 설명하는 데 설득력 있는 제안을 하였다.

형태주의에서의 학습은 유의미성과 이해를 강조하며 부분은 전체와 관련되어야 하고, 기계적인 암기보다는 전체적 이해와 내적강화 등을 중요한 개념으로 간주한다. 또한 학생들로 하여금 문제해결 장면에서 요소들 간의 관계를 살펴보도록 했고, 그것을 유의미한 유형으로 조직하는 것을 가르친다. 학습경험의 계획은 친숙한 것에서 출발해야 하며, 다음 단계는 전 단계에 기초를 두고 전체적인 개념 또는 경험과 연결시켜 준다.

### 다. 통찰설(Insight Theory)

형태심리학자들은 학습현상을 지각이나 인지와 밀접한 관계를 갖는 것으로 여기며 학습을 인지구조의 재체계화, 재구조화 등으로 정의한다.

게슈탈트(Gestalt)심리학자의 학습이론으로 이 분야의 선구자인 베르트하이머(Wetheimer)는 파이 현상(phi-phenomenon)을 증거로 하여 우리가 직접 지각하는 것은 결합된 전체며 이러한 전체는 인위적인 원소들로 분석될 수 없다고 주장했다. 여기서 파이 현상은 여러 개의 전구들을 일정하게 배열한 다음 짧은 간격으로 차례로 불을 켜 나가면 우리는 전구들이 점멸이 아니라 불빛의 운동으로 지각하게 되는(권진수 외 4인, 1988, p. 483) 현상을 말한다. 학습에 있어서 인지적

처리의 중요성을 조명하는 중요한 현상은 통찰(insight)이다.

**〈학습이론의 개요〉**

쾰러(W. Köhler, 1887~1967)는 통찰이란 문제해결 과정을 설명하는 실험을 통해 통찰이론을 제시하였다.

우리 속에 상자 한 개와 막대기 한 개가 놓여 있다. 천정에는 침팬지의 먹이인 바나나가 매달려 있다. 공복 상태인 침팬지가 문제해결인 먹이를 얻기 위해 방안의 사정을 꾀뚫어 본 이후 사과 상자을 딛고 바나나를 따려 하였으나 여의치 않았다. 주위를 살펴보니 막대기가 있어 이를 이용하여 상자 위에서 막대기로 바나나를 끌어당겨 먹을 수 있었다.

이와 같은 결과에서 침팬지는 도구를 이용해야 한다는 것을 통찰함으로써 과제를 해결할 수 있는 행동양식이 학습하였음을 알 수 있다.

[그림 5-8] **통찰학습을 보여준 W. Köhler의 실험**

이렇게 볼 때 쾰러(W. Köhler, 1917, 1925)는 동물에게서도 지각적 행동을 볼 수 있다고 하며, 문제해결은 전체과정을 체제화하는 것이요. 참된 해결은 우연에 의한 것이 아니고 통찰에 의한다는 것이다. 통찰이란 지금까지 무의미한 것이 장면과의 관계에 있어서 일정한 의미를 가지고 일정의 기능을 가지게 되는 것, 즉 목표 – 수단의 관계를 이해하는 것, 또는 전체적으로 보는 것을 말한다.

이러한 통찰(insight)에 의한 학습의 과정은 다음과 같이 요약된다(Glover & Bruning, 1990).

① **문제의 파악** : 일련의 행위가 취해지기 위해서는 우선 문제의 파악이 이루어져야 한다.

② **숙고 과정** : 문제해결을 위해 다양한 가능성에 대해 사고를 하는 단계다. 이 과정에서 다양한 해결책들을 머리 속에서 시도해 본다. 이러한 과정을 '인지적인 시행착오의 과정'이라 표현할 수 있다.

③ **통찰** : 숙고 과정의 인지적 시행착오의 과정을 진행하는 도중 정답으로서의 해결책이 떠오를 때 통찰은 갑자기 이루어진다.

④ **통찰에 의한 해법의 기억** : 성공한 문제해결 방법은 아주 잘 기억된다.

⑤ **해법의 일반화**(전이, transfer) : 알고 있는 지식을 일반화시켜 유사한 문제의 해결을 위해 적용한다.

쾰러는 침팬지를 대상으로 한 실험에서 다음과 같은 결론을 내렸다.

첫째, 문제해결은 단순한 과거 경험의 집적이 아니고 그의 경험적 사실을 재구성하는 구조 변화의 과정이다.

둘째, 통찰력은 탐색적인 과정을 통해서 이루어지는데, 그 탐색은 단순한 우연을 위주로 하는 시행착오와는 다르다.

셋째, 통찰은 실험장면에 의해 좌우되는데, 장면 전체가 잘 내다 보이면 그 해결이 용이하다.

넷째, 통찰에 의한 학습은 종류에 따라 차이가 있으며, 개체에 따라서도 차이가 있다.

### 라. 장이론(Field Theory)

베르트하이머가 물리학의 장이론을 심리학에 도입한 이래 이를 체계화한 사람은 레빈(K. Lewin, 1890, 1947)이다.

레빈은 생활공간과 구조화의 이론에 입각하여 학습을 설명하는데, 학습이란 장(場) 또는 생활공간에 대한 인지구조의 변화다. 학습은 유기체와 환경과의 역학적 관계로서의 장에서 인지의 구조화와 재구조화의 과정이며 생활공간에서의 분화와 그 개개의 구성요소의 기능적 연관에서 비롯되어 목표달성을 용이하게 하는 인지구조의 변화인 것이다(임승권, 1988, p. 124).

레빈은 그의 독특한 행동 공식 B=f(PE) 또는 B=f(S)가 말해 주듯이 인간의 행동은 개체를 둘러싼 환경과의 비례(함수)한다는 장이론을 제시하고 있다. 즉, 행동이란 개인이 경험하는 심리적 사실에 영향을 받으며 심리적 사실은 개인의 전체적 상황으로서 생활공간(life space)을 이룬다고 보았다.

장이론에서의 학습이란 개인이 지각하는 외부의 장과 개인의 내적 개인적 영역의 심리적 장의 관계에서 이루어지는 인지구조의 성립 또는 변화라고 할 수 있다.

### 마. 톨만(Tolman)의 기호-형태이론

톨만에 있어서 학습은, 유기체의 기대와 이러한 기대를 충족시키는 목표 간에 의미 체계를 형성하여 도달케 해줄 것으로 예상되는 환경 내의 단서(기호) 간의 관계에 대한 인지의 획득이다. 다시 말해서 어떤 구체적인 자극은 일정한 행동의 결과로서, 어떤 결과를 획득할 수 있게 하는 수단이 되는 기호로서의 의미를 갖는다. 따라서 학습은 이러한 수단—목적 관계의 성립 또는 기호—의미체계 간의 관계의 성립으로 볼 수 있다.

이때 학습은 구체적인 행동이 아니라 이들 관계에 관한 사전 인지이며, 인지도의 형성이다. 그래서 톨만은 목적과 수단의 관계에 대한 인지도의 형성을 학습이라고 보았다.

톨만은 학생들이 해야 할 역할을 어떤 논제에 대해 상이한 견해를 노출함으로써 특정 논제나 관련된 논제를 활용할 수 있는 인지도를 발달시키는 것임을 강조한다. 또한 학습의 종류를 상세히 서술하여 학습장면에서의 기호와 형태의 잠정적인 인지과정의 흐름도 함께 설명하고 있다. 톨만의 이론적 기저는 목표를 정교하게 다루는 과정이며, 특수한 조건에서 관찰된 행동의 어떤 속성들은 목표의 구성개념과 같은 의미다. 이 구성개념들은 독립변인과 종속변인으로부터 나온 결정의 흐름 속에서의 매개변인으로 설명한다. 가장 중요한 매개변인은 기대와 요구이며, 학습장면에서의 독립변인, 매개변인, 종속변인의 개념들은 인지과정에서의 잠정적 학습효과를 시사한다.

톨만의 인지적 학습이론을 요약하면 다음과 같다.

첫째, 학습되는 것은 자극과 반응의 연합이 아닌 신념, 믿음, 기대 등이다. 기대란 무엇이 결과로서 주어질 것이라는 예감으로, 잠정적인 기대는 가설로 만들어질 수 있다. 가설의 타당성 여부가 검증되면 그 가설은 기억되고, 항상 검증된 기대는 신념으로 발달되어 간다. 따라서 기대확인이란 보상과 유사한 역할을 담당한다.

둘째, 유기체는 확인된 기대들로 이루어진 인지도(cognitive map)를 머리 속에 형성하고 있기 때문에 어떠 방향에서라도 특정목표에 도달할 수 있는 가장 힘이 적게 드는 길을 그의 인지도 안에서 찾아내어 그 길을 통해 목표에 도달할 수 있다. 즉, '최소 노력의 원리'에 따라 행동할 수 있다.

셋째, 학습에서의 행동의 단위는 내분비선의 분비나 근육의 수축과 같은 미시적인 단위 행동이 아니라 목표 지향적인 전체적 행동이다. 즉, 목적적 행동유형은 개개의 미시적인 행동들의 합 이상의 어떤 형태를 구성한다.

### 바. 정보처리이론(Information Processing Theory)

인지심리학자들은 인간의 학습을 내적 조직과 관련시키면서 학습해야 할 과제와 그와 관련된 인지구조에 관심을 갖는다. 이 과제의 구조를 파악한다는 것은 그 관련성을 의미있게 이해하는 것이라고 말할 수 있다.

정보처리이론은 인간의 인지과정의 구조를 전자계산기의 정보처리 방법에 비유하여 설명하려는 입장으로 인지심리학자들이 제시하는 모형이 인간 사고의 전자계산기화인 것이다.

인간의 정신적 과정은 매우 복잡하여 마치 전자계산기에 비유하고 있는데 전자계산기는 자극, 문제지시 등에 관한 정보를 투입하고 처리하여 새로운 형태로 바꾸어 그 결과를 프린트하여 나타낸다.

이와 같이 이 이론은 인간의 정신적 작업과정을 계산기의 작업과정으로 이해하고 설명한다. 즉, 새로운 정보가 투입되고 저장되며 기억으로부터 인출되는 방식을 연구하는 것이다. 다시 말하면 학습자의 내부에서 발생하는 기제를 설명하려는 이론이 정보처리이론이다(임규혁, 1996, p. 149).

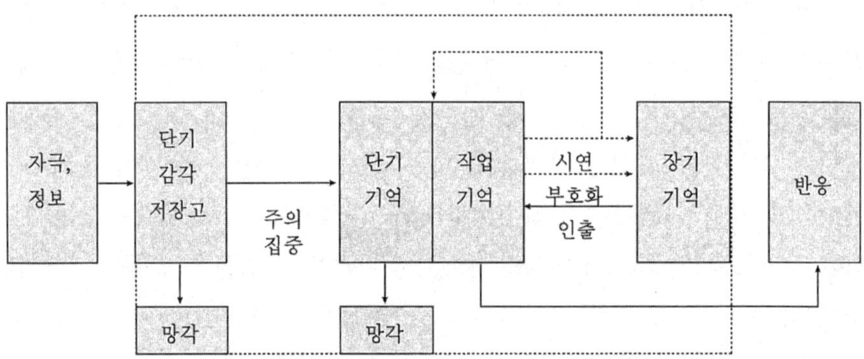


[그림 5-9] **기억의 정보처리 모형**

정보처리이론은 정보와 관련된 인간의 내적 처리과정을 컴퓨터의 처리과정에 비유하고 있다. 하나는 정보가 저장되는 정보저장소이고, 다른 하나는 정보의 이동을 의미하는 인지처리과정이다.

**〈정보처리이론의 구조〉**

자극과 반응 사이에는 정교한 정신과정이 있다. 어떤 말을 듣고(자극 정보) 어떤 대답을 하기까지(반응)에는 머리 속에는 복잡한 심리적 과정이 작용한다.

이 이론의 구조는 정보저장소와 인지처리과정의 두 요소로 구성되어 있다. 이 내제적 심리적 과정을 인지과정이라고 하고, 이 과정을 구체적으로 정보처리 과정이라고 한다.

[그림 5-9]는 정보를 어떻게 기억하고 사고하는가를 이해하는 데 도움이 되는 기억의 정보처리 모형이다.

정보처리는 외부에서 들어오는 자극에서 시작한다. 이 자극이 정보처리 과정을 통해 투입된 정보는 아주 짧은 시간 동안 단기감각 저장소에 저장된다. 이러한 저장소에는 감각등록기, 작동기억, 장기기억 등의 세 가지 요소가 포함되어 있다.

감각등록기(sensory register)는 학습자가 환경으로부터 눈이나 귀와 같은 감각 수용기관을 통해 처음으로 저장하는 곳이다. 작동기억(working memory)은 단기기억이라고도 하며 성인의 경우 보통 5~9개의 정보를 약 20초 동안 저장할 수 있는 곳이다(Ashcraft, 1989).

장기기억은 일상기억(episodic memory)과 의미기억(semantic memory)으로 구성되어 있다. 일상기억은 주로 개인의 경험을 보유하는 저장소이고, 의미기억은 문제해결 전략과 사고기술, 사실, 개념, 일반화 및 규칙 등이 저장된다. 따라서 학교에서 학습하는 내용들을 장기기억 중 의미기억에 저장된다.

한편 인지처리과정(cognitive process)은 어떤 정보를 하나의 저장소에서 다른 장소로 옮기는 내부적이고 지적인 활동을 의미하며 주의집중, 지각, 시연, 부호, 인출과 망각 등의 처리과정이 포함되어 있다(임규혁, 1996, p. 152).

여기에 제시된 주의집중은 자극에 반응하는 것을 의미하고 지각(perception)은 경험에 의미와 해석을 부여하는 과정이다. 시연(rehearsal)은 작동기억 안에서 이루어지는 처리과정으로서 정보를 소리내어 읽든지 속으로 되풀이하든 간에 그의 형태와 관계없이 계속해서 반복하는 것을 의미한다. 부호화(encoding)란, 장기기억 속에 존재하고 있는 기존의 정보에 새로운 정보를 연결하거나 연합하는 것으로 정보를 이동시키는 과정을 말한다. 부호화는 정보처리 모델에서 가장 중요한 인지처리과정이라고 할 수 있다. 인출(retrieval)이란, 장기기억 속에서 정보를 찾는 탐색과정이며 부호화와 밀접하게 관련되어 있다.

**표 5-2** 고전적 조건형성과 작동적 조건형성의 비교

| 특 징 | S-R 이론 | 인 지 이 론 |
|---|---|---|
| 자극-반응의 계열 | 자극이 반응 앞에 옴 | 반응이 효과 앞에 옴 |
| 자극의 역할 | 반응은 추출됨(몸 외부에서 오는 자극에 의하여 반응이 나옴) | 반응은 방출됨(어떤 행동이 외부에서가 아니라 자발적 또는 의식적으로 일어남) |
| 조건형성과정 | 한 자극이 다른 자극을 대치함 | 자극의 대치는 일어나지 않음 |
| 내 용 | 정서적, 불수의적 행동이 학습됨 | 목적지향적 · 수의적 행동이 학습됨 |

**표 5-3** S-R 이론과 인지이론의 비교

| 특 징 | S-R 이론 | 인 지 이 론 |
|---|---|---|
| 학습원리 | 자극과 반응(S-R)의 연합과정에 의해 학습이 이루어진다. 따라서 유기체는 단순히 자극에 반응하는 존재일 뿐이다. | 학습은 인식구조의 변화, 즉 구조화, 재체계화다. 따라서 유기체는 인지구조를 재구성하는 능동적 위치에 서게 된다. |
| 문제해결과정 | 주로 시행착오에 의한다. | 통찰에 의한다. |
| 동기관 | 학습은 강화에 의한 S와 R의 연합을 통해 이루어지므로 내적 동기가 필요치 않다. | 내적 동기를 중요시한다. |
| 의식관 | 인간 의식은 분절된 요소로 이루어져 있다. 따라서 전체는 부분의 합과 같다. | 인간의 의식은 통합된 전체이기 때문에 전체를 파악하기 위해서는 부분부분을 따로 파악해서는 안 된다. 전체는 부분의 합보다 크다. |
| 학 파 | 연합주의, 행동주의 | 형태주의 |
| 종 류 | 시행착오설, 조건반사설, 작동적 조건화설, S-O-R설 | Gestalt 이론, 장이론, 통찰설 |
| 대표자 | Pavlov, Thorndike, Skiner | Köhler, Lewin, Tolman |

**표 5-4** 기억구조와 그 기능의 비교(Craik & Lockhart)

| 특 징 | 감각적 기억장치 | 단기기억장치 | 장기기억장치 |
|---|---|---|---|
| 정보의 유입 | 주의를 요하지 않음 | 주의를 요함 | 암송 |
| 정보의 지속 | 불가능 | 주의를 지속 | 반복 |
| 정보의 종류 | 유입정보 | 음운적<br>일부는 의미적 | 주로 의미적<br>일부는 시청각적 |
| 수용능력 | 소멸 | 치환, 소멸 | 없음<br>간섭에 의한 상실 |
| 흔적의 지속기간 | 0.5~2초 | 30초 | 수분~수년 |
| 인출 | 읽어냄 | 자동적<br>시간·청각적 단서 | 인출단서<br>검색과정 |

**표 5-5** 강화계획의 종류

| 종 류 | | 특 징 |
|---|---|---|
| 비율 강화 | 고정비율 강화 | 보상을 받기 위해 학습자가 일정한 횟수의 반응을 해야 한다.<br>노동자가 일정한 양의 의복을 봉제해야 임금이 지급되는 경우 |
| | 변동비율 강화 | 보상이 불규칙적이나 어떤 특정수의 평균이 되는 반응수 후에 온다.<br>1번, 4번, 10번, 14번, 21번 반응마다 다섯 개의 보상을 줄 수 있음(평균은 10) |
| 간헐 강화 | 고정간격 강화 | 일정한 시간이 경과되면 주어지는 강화<br>30초 등 일정한 시간 후에 첫 번째 반응이 일어날 때 보상을 준다. |
| | 변동간격 강화 | 강화의 시간간격이 일정하지 않다.<br>형성된 조건반응은 소거에 대한 저항이 강하다.<br>평균해서 어떤 값이 되는 여러 가지 시간 수의 첫 번째 반응에 보상이 따른다. |

**표 5-6** Pavlov 실험에서 조건반응을 위한 원리

| 구분 | 내용 |
|---|---|
| 강 화 | 종소리에 대한 타액분비반응은 종소리가 울린 직후 고기가 주어진 결과 증가되었다. 이는 조건자극이 제시된 직후 무조건자극(보상)이 제시될 때 학습효과가 촉진된다는 것 |
| 소 거 | 조건자극과 조건반응이 결합된 후일지라도 무조건자극을 제시하지 않으면 학습에 대한 제지 현상이 일어난다는 것 |

| | |
|---|---|
| 일반화 | 유사한 조건반응들에 대하여 동일한 조건반응이 일어난다는 것, 즉 종소리와 비슷한 소리에도 반응을 하는 것 |
| 식 별 | 개에게 종소리를 울린 뒤 고기를 주고 다른 소리를 들려준 후에는 먹이를 주지 않았더니 종소리와 다른 소리를 구별할 줄 알게 되었다는 것 |

**표 5-7** 학습자의 동기유발 방법

| 유 형 | 예 |
|---|---|
| 내적동기 유발방법 | 흥미와 적성에 맞는 학습과제 선택, 긍정적 자아개념, 동일화, 지적 호기심, 학습의 목표를 개인의 요구와 결부 |
| 외적동기 유발방법 | 상과 벌, 학습결과에 대한 인식, 경쟁심의 적절한 활용, 학습목표의 인식, 학생의 수준에 맞는 학습과제의 제시로 성공감을 맛보게 함 |

## 사. 신경망이론

신경망이론(neural network theory)이란 인간의 기억이 신경망으로 구성되어 있고, 기억 내용들이 노드(node) 사이의 연결강도로 저장된다는 이론이다. 신경망이론에서는 단기기억과 장기기억이 기억 마디들의 활성화 정도에 따라 구분된다고 설명한다.

인간의 기억 및 지능에 관련된 활동 대부분이 뇌에서 일어난다. 자극과 정보의 지각, 여러 가지 형식의 부호화 그리고 인출 등의 인지과정은 모두 뇌에서 일어나는 활동이다. 그러나 뇌가 어떻게 인지 기능을 수행하는가에 대한 정확한 기제는 아직까지 확실히 규명되지 못하고 있다.

뇌의 신경계에 관한 연구분야는 크게 두 가지로 나눌 수 있다. 하나는, 신경생물학(neurobiology)과 신경생리학(neurophysiology)으로 이들 연구는 뇌와 신경계의 활동에서 발생하는 전기적·화학적 과정의 이해를 그 목적으로 한다. 또 다른 하나는, 컴퓨터 및 정보처리 과학자들의 연구분야로 이들은 N. Wiener가 발표한 사이버네틱(cybernetics) 이론에 영향을 받아 생물의 정보처리 체계에 관심을 갖고 있다(임규혁, 1995).

이와 같은 연구들에 의해 신경망(neural network)이라는 개념이 제안되었으며, 이는 뇌의 신경세포가 정보를 처리하는 기제를 설명하기 위한 것이다(이인식, 1992). 신경망은 기본적으로 정보처리 요소(information processing element)와 연접경로(interconnect)로 구성된다. 정보처리 요소는 [그림 5-10]과 같이 정보 전송로인 지향성 링크(link)에 의하여 서로 병렬로 연결되어 있다. 정보처리 요소는 뇌의 뉴론(neuron)을 모형화한 것이고 연접경로는 뇌의 시냅스(synapse)를 모형화한 것이다.

[그림 5-10]에서 볼 수 있듯이, 하나의 뉴론은 다른 많은 뉴론으로부터 여러 개의 입력 신호를 받지만 단 하나의 출력신호만을 낸다. 그러나 이러한 출력신호는 여러 개로 복사되어 분기되며, 분기된 출력신호들은 제각기 다른 뉴론의 입력신호로 분산된다. 뉴론 사이의 정보를 전달하는 경로는 뇌세포의 시냅스를 모형화한 연접경로다. 연접경로는 두 개의 뉴론을 쌍으로 연결하고 있으며 각각 연결강도(connection strength)가 다르다(Kinoshita & Palevsky, 1987).

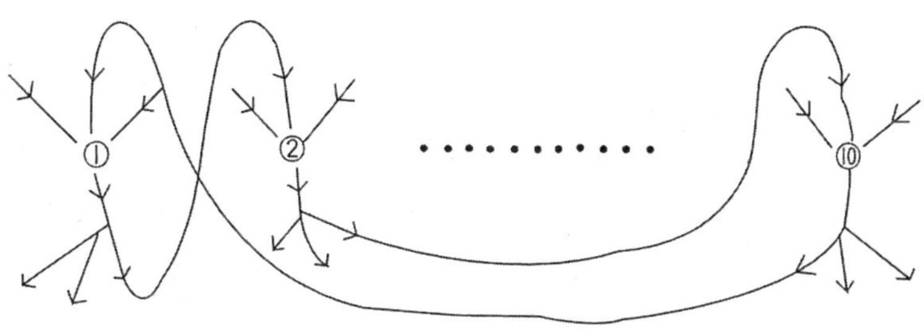


○ : 정보처리 요소 → : 연접경로

[그림 5-10] **신경망의 기본 구성**

* 출처 : Materna, 1987.

인간의 인지과정을 보다 정확하게 설명하려는 인지이론가들은 최근에 이러한 신경망이론에 많은 관심을 보이고 있으며, 신경망이론은 기본적으로 다음과 같은 가정을 한다. 첫째, 뇌의 기억은 분산 저장(distributed storage)에 의존하고 있다. 정보처리이론이 장기기억에 정보가 저장된다고 가정하는 반면, 신경망이론에서는 인간의 뇌에 저장된 다량의 정보는 각각 서로 다른 위치에 분산되어 저장된다고 가정한다. 이는 하나의 정보가 분할되어 서로 다른 위치에 부분적으로 저장된다는 의미가 아니라 각각의 인지정보 단위가 분산 저장됨을 의미한다. 둘째, 뇌의 시냅스는 그 자체가 정보의 저장에 사용된다. 그리고 인간의 기억에 가장 많이 영향을 주는 요인은 시냅스 내부에서 일어나는 전기적 · 화학적인 변화다. 신경망이론은 정보처리이론의 설명과는 달리 정보를 저장하는 요소와 정보를 처리하는 요소를 별도로 분리하지 않는다. 셋째 뇌의 내부신호는 디지털(digital) 형태와 아날로그(analog) 형태가 혼합된 것으로 가정한다. 왜냐하면 뇌는 복잡한 정보를 항상 정확하게 처리하는 것은 아니기 때문이다(Bell, 1986). 또한, 신경망이론에서의 신경망은 연상기능, 최근접 자료의 인출 기능, 비상안전 기능 등의 다양한 기능을 수행한다(Materna, 1987). 연상기능이란 그림의 일부를 보고 그림의 전체를 연상하는 것과 같이 훼손된 정보로부터 입력 당시의 정보 전체를 인출해 낼 수 있는 기능이다. 또한 신경망은 고양이 그림을 보고 쥐를 연상하는 것과 같이 몇 개의 정보를 서로 연합시킬 수도 있다. 최근접 자료의 인출 기능은 요청받은 정보에 정확히 일치하는 정보를 갖고 있지 않을 때 그것에 가장 근접한 정보를 인출해 낼 수 있는 기능이다. 예를 들어, 'A'라는 새로운 정보를 접하게 되면 이미 신경망에 저장되어 있던 'A'로 인하여 새로운 정보를 정확히 식별할 수 있다. 마지막으로 신경망의 비상안전 기능이란 몇 개의 뉴론이 손상된 경우에도 기억의 회상이 가능하다는 것을 의미한다. 이는 정보가 뉴론과 시냅스에 분산되어 저장되어 있기 때문이다.

### 아. 인지이론의 교육적 적용

인지이론은 학습을 이해하는 데 있어 행동주의에서 설명할 수 없는 인간 내적인 과정에 초점을 맞추고 있다. 이러한 인지이론이 실제 학교현장에서 구체적으로 적용될 수 있는 교육적 함의는 다음과 같다(임규혁, 1995).

### 1) 정보처리이론의 교육적 함의

정보처리이론은 정보저장소와 인지처리과정이라는 두 가지 요소로 구성되어 있다. 감각등록기, 작동기억, 장기기억 등 투입된 정보가 머무르는 정보저장소와 이들 저장소 사이에 발생하는 정보의 이동에 관여하는 주의집중, 지각, 시연, 부호화 인출 등의 인지처리과정은 효과적인 학업성취에 중요한 함의를 준다. 이제 각 구성요소에 대해 교육적인 적용을 살펴보자.

#### (1) 감각등록기

투입된 정보는 매우 짧은 시간 감각등록기에 머무르며 즉시 처리되지 않을 경우 곧 유실된다. 이러한 특징은 때때로 어린 학생들이 겪게 되는 어려움을 잘 설명해 준다. 어린 학생들은 종종 여러 자극들을 동시에 받아들이는 것을 힘들어 한다. 예를 들어, 교사가 칠판에 판서를 하며 동시에 설명하는 경우, 학생들은 필기에 집중하여 설명을 듣지 못하게 된다. 따라서 두 가지 이상의 감각정보가 동시에 제시되는 것은 바람직하지 않다.

#### (2) 단기기억과 작동기억

교사들은 종종 학생들이 책을 읽을 때, 그 내용을 전혀 이해하지 못한 채 그저 읽기만 하고 있는 것을 보게 된다. 이러한 예는 교실에서 매우 흔하게 일어나는 일이며, 교사는 때때로 적절한 해결책을 찾지 못하는 경우가 있다. 이때, 교사는 학생들이 단어를 음성화시키는 과정에 작동기억의 공간을 모두 사용하여 의미를 이해하는 데 필요한 공간이 없는 것은 아닌지를 생각해 보아야 한다. 덧셈과 뺄셈 등의 기초 연산과정을 제대로 숙달하지 못한 학생들의 경우, 수학시간에도 유사한 경우가 나타날 수 있다. 작동기억이 문제를 해결하는 유용한 정보에 활용되지 못하고 지나치게 기초연산에만 사용되고 있는 것이다.

이러한 문제를 해결하는 좋은 방법 중 하나는 자동성(automaticity)의 개념이다

(Bloom, 1986; Case, 1978). 자동성은 정보나 원리를 매우 많이 연습함으로써 습득될 수 있다. 일단 자동성을 획득하게 되면 속도가 빨라지고, 노력이 적게 들고, 자율적이 되며, 항상성을 갖고, 의식적으로 조절하지 않아도 된다(Eggen & Kauchak, 1992). 위의 경우 발음과 덧셈 및 뺄셈 등의 기초 학습에 자동성을 갖게 되면 학생의 작동기억은 그만큼 많은 공간을 확보할 수 있으며, 확보된 공간을 보다 유용하고 고차적인 정보의 사용에 할당하게 된다.

### (3) 장기기억

장기기억에 존재하는 정보가 네트워크의 구조로 형성된다는 사실은 교사들에게 중요한 함의를 준다. 즉, 교사는 학습자에게 개별적인 사실만을 제공해서는 안 되며, 반드시 사실들의 관계성에 대해서도 설명해야 하는 것이다(Eggen & Kauchak, 1992). 예를 들어, 태양계의 구조를 설명할 때 단순히 대부분의 행성들이 같은 회전축을 가지고 있다라고 설명하는 것 보다는, 그러한 사실이 왜 중요하고, 이러한 사실이 태양계 형성에 어떠한 단서를 주는지에 대해 원리와 관계성을 이해시키려는 노력이 필요하다.

실제로 학교 현장에서 수업하는 교사들을 생각해 보자. 어떤 교사는 단지 주제에 대한 내용만을 가르치고 중간고사와 기말고사만을 본다. 그러나 어떤 교사들은 다양한 예제를 제시하고 각각을 연관시키며, 질문이나 퀴즈를 통해 학생들이 자신의 지식을 평가할 수 있는 충분한 기회를 제공한다. 두 번째 유형의 수업이 조직된 네트워크를 보다 발전시키는데 기여할 수 있으며, 이는 정보처리이론이 제시하는 가정과 일치하게 된다.

### (4) 주의집중

주의집중을 유도하는 방법은 대개 물리적 유형, 흥미유발적 유형, 감정적 유형, 강조적 유형 등으로 나누어질 수 있다. 교사는 인간의 주의집중력이 쉽게 저하된다는 사실을 인지하고 있어야 한다. 따라서 교사는 학생들이 학습과 관련된 자극에 집중하고 부적절한 자극들은 무시할 수 있는, 즉 학생들의 주의집중을 포착할 수 있는 계획을 세워야 한다. 위에서 말한 네 가지 유형의 방법 중 어느 한 가지만을 과도하게 사용하게 되면 학생들은 곧 지루함을 느끼고 주의집중 능력이 감소되기 때문에, 이들을 적절히 혼용할 수 있는 기술이 필요하다. 이제 이러한 네 가지 유형을 보다 자세히 살펴보면 다음과 같다.

첫째, 물리적 유형은 교사가 수업시간에 사용하는 물리적 도구를 모두 지칭한다. 지도, 칠판, OHP, 실험도구 심지어는 교사까지도 물리적 유형의 자극이 된다. 교사는 교실을 돌아다니기도 하고 말의 속도를 조절하기도 하면서 다양한 물리적 자극들을 활용하지만, 학생들에게 이미 친숙한 물리적 자극만으로는 주의집중을 지속시키는 데 어려움이 있다. 따라서 교실에서의 물리적 자극은 새로운 유형들로 보충되는 것이 보다 효과적이다.

둘째, 흥미유발적 유형은 호기심을 자극하여 학생들의 주의집중을 이끌어 내는 방법이다. 이는 시각적으로도 가능하고, 학생들의 사고를 자극함으로써 일어나기도 하며, 기이하고 이상한 사건을 만들어 냄으로써도 가능하다. 예를 들어, 의복의 변천사를 설명하는 시간에 교사가 중세의 복장을 하고 수업에 들어온다든지, 엽색체를 설명하는 시간에 공상과학 영화와 관련시켜 설명을 한다든지 하는 것은 좋은 예가 될 수 있다.

셋째, 감정적 유형은 수업시간에 학생의 이름을 부른다든지 혹은 감정과 관련된 단어들을 제시하는 것을 의미한다.

넷째, 강조적 유형은 특별한 때에 강조하는 말이나 행동을 보이는 것이다. "이 부분은 아주 중요합니다. 시험에 출제될 수 있는 곳이예요." 혹은 "자, 이제 여길 봅시다." 등은 강조적 유형의 자극이 된다. Mayer(1983)는 이러한 강조적 유형의 자극이 적절하게 사용된다면 학습효과를 증진시킬 수 있다고 말한다. 여기서 중요한 것은 강조적 유형의 자극은 단순하고 타당해야 한다는 것이다.

### (5) 지각

작동기억을 통해 들어오는 정보는 객관적인 실재가 아니라 학생에 의해 해석된 주관적인 실재임을 교사는 다시 한 번 기억해야 한다. 그리고 학생의 지각은 과거의 경험과 자신의 기대에 영향을 받는다. 교사는 교실에서 배경지식이 부족하여 문제를 바르게 이해하지 못하는 학생들을 흔히 보게 된다. 이러한 경우, 정보가 매우 풍부하고 정교하더라도 학생은 자신의 과거 경험에 의해 정보를 제한받게 된다. 따라서 교사가 수업의 내용에 들어가기 전에 지난 시간에 학습한 내용을 잠깐 동안 복습시켜 주는 것만으로도 학생들은 많은 도움을 받을 수 있다.

그리고 학생들의 지각이 자신의 기대에 영향을 받는다는 사실 또한 매우 중요한 함의를 갖는다. 만약 학생들이 정보가 흥미있고 도전해 볼 만하다고 느낄 때와, 정보가 지루하다거나 도저히 풀 수 없는 것이라고 느낄 때와는 분명 그 반응에 차이가 있게 된다. 따라서 학생의 이러한 기대를 적절히 조절해 주는 것 역시 교사의 중요한 역할이다.

### (6) 시연

교사는 시연에 관한 몇 가지 일반 원리를 알고 있어야 한다. 시연과 관련된 가장 중요한 원리는 정보에 대한 기억이 시연하는 반복의 횟수에 영향을 받는다는 것이다. 또한, 시연을 실행하는 시기 역시 교사가 고려해야 할 원리다. Dempster(1988)는 일정한 간격을 두고 하는 시연이 한 번에 몰아서 하는 시연보다 효과적임을 말하고 있다.

이러한 원리는 교사가 실제적으로 수업을 진행하는 데 도움을 줄 수 있는데, 만약 시를 암기시킬 경우 한 번에 모두 암기하도록 하는 것보다 매일매일 조금씩 나누어서 암기시키는 것이 보다 효과적이다.

### (7) 부호화와 인출

부호화와 인출과 관련하여 교사가 기억해야 할 것은 학생의 부호화는 유의미하게 일어나야 하며, 교사는 학생의 유의미화에 도움을 줄 수 있어야 한다는 것이다. 앞서 살펴보았듯이 부호화와 인출은 밀접하게 연결되어 있다. 즉 인출은 정교한 부호화에 매우 큰 영향을 받는다. 따라서 효과적인 인출을 위해서는 성공적인 부호화가 선행되어야 한다. Eggen과 Kauchak(1992)는 정보의 유의미성을 높여 부호화의 처리과정을 촉진시키는 수단으로 능동성, 조직화, 정교화, 그리고 기억술 등의 네 가지를 제안한다.

능동성이란 학문적 내용에 대하여 학생들이 능동적으로 참여할 때 학습이 더욱 촉진됨을 의미한다. 따라서 교사가 선택하는 과제의 종류가 학생들의 인지과정의 질을 결정할 것이라는 Anderson(1989)의 지적은 교사에게 많은 함의를 준다. 결국, 학생들의 능동적인 참여를 유도하는 교수방법을 꾸준히 실행할 때 유의미한 부호화가 만들어지는 것임을 교사는 언제나 생각하고 있어야 한다.

조직화란 개별적인 정보들을 하나로 묶는 것으로, 이는 부호화를 돕는 매우 중요한 인지처리과정이다. 이러한 조직화의 사용 여부는 학생의 학업성취를 부분적으로 설명해 주는 요인으로 작용한다(E. Gagné, 1985).

정교화는 장기기억에 정보를 부호화하는 데 가장 효과적이며 교실상황에서 가장 폭넓게 적용할 수 있는 전략으로, 개별적인 정보들 간에 연합의 수를 증가시켜 가는 과정을 의미한다. 따라서 정교화는 새로운 정보를 보다 상세히 처리하려고 노력할 때 자연스럽게 발생한다. 교실상황에서의 조직화, 일치성, 명확성 등은 모두 정보를 정교화하는데 도움을 주는 요소며, 이러한 요소들이 결국 학습의 증진을 가져온다(Cruickshank, 1985)는 사실을 교사는 항상 인식하고 있어야 한다.

기억술은 조직화와 정교화만으로 부호화되기 어려운 내용에 유용하게 적용될 수 있는 전략이다. 조직화와 정교화가 매우 유용한 전략이기는 하지만, 모든 정보를 조직화하고 정교화할 수는 없다. 이러한 경우에 기억술은 교실에서 폭넓고 유용하게 쓰일 수 있다. 기억술은 학습내용에 존재하지 않는 연합들을 만들어 부호화하는 것을 의미한다. 그리고 이는 새로운 것과 기존의 것 사이에 인위적인 고리를 만들어 주는 것이다.

한편, 효과적인 인출과 부호화를 위하여 초인지 전략을 개발하려는 연구들이 수행되고 있다. 초인지(meta-cognition)란 자신의 인지과정을 통제하고 조절하는 것을 의미한다(Flavell, 1976). 즉, 자신의 인지상태와 인지과정에 대한 정신적인 작용의 총합으로 정의할 수 있는 것이다(Meichenbaum et al., 1985). 초인지 전략 개발에 대한 연구들 중, Brown과 Palincsar(1982)의 연구는 초인지 전략의 활용을 훈련받은 학생들이 훈련받지 않은 학생들에 비해 이해력이 높고, 훈련의 효과도 지속적임을 보였다. 그리고 Brown(1980)의 연구에 의하면 연령에 관계없이 초인지 활동이 결핍된 학생은 문제해결력이 낮은 것으로 나타났다. 또한, 심재학(1994)은 학생의 초인지 활동을 자극하는 초인지 전략 수업모형을 고등학생들의 물리 교과에 적용한 결과 초인지 전략 수업모형에 따라 수업받은 학생들이 다른 학생들에 비해 개념 학습성취도가 높게 나타났고 관련되는 개념들도 구조적으로 조직화하고 있다는 결과를 제시한 바 있다. 이상의 연구들은 효과적인 학습에 있어서 초인지의 중요성을 강조하고 있는 것이다.

### 2) 신경망이론의 교육적 적용

정보처리이론을 지지하는 인지이론가들은 인간의 인지를 연구하는 데 있어 행동주의의 원리를 중요하게 생각하지 않는다. 그들은 동물에 대한 조건화 실험을 인간에게 적용시키는 것이 무리한 일이라고 생각했기 때문이다.

그러나 신경망이론에서는 인간의 학습과 하등 유기체에서 일어나는 학습의 원리가 유사하다고 생각한다(Gluck & Bower, 1989). 즉, 학습에 대한 신경망이론가들의 가정은 행동주의 학습이론의 기본 가정과 동일하다. Turkkan(1989)은 동물의 학습과 인간의 학습이 밀접한 연계성을 갖는다고 주장한다.

따라서 신경망이론은 행동주의에서 설명하지 못했던 학습의 다양한 원리를 보다 적합하게 보완해 주고 있다. 예를 들어, 조건화를 위한 원리들 중 시간의 원리에 대해 생각해 보자. 시간의 원리란 조건자극이 무조건자극보다 먼저 제시되어야 효과적인 조건화가 형성된다는 원리다. 그러나 조건자극이 무조건자극보다 앞서 제시된다 하더라도 시가 간격이 크면 조건형성은 일어나지 않는다. 그리고 조건자극과 무조건자극이 동시에 제시되는 경우에도 조건형성은 잘 일어나지 않는다. 이와 같은 현상은 신경망이론에 의해서 다음과 같이 쉽게 설명된다. 조건자극과 무조건자극의 제시 간격이 클 경우에 조건형성이 어려운 이유는, 먼저 제시되는 조건자극의 정보처리 요소인 노드의 활성화가 무조건자극의 노드가 활성화되기 전에 이미 쇠퇴해 버렸기 때문이다. 그리고 조건자극과 무조건자극이 동시에 제시되는 경우 조건형성이 어려운 이유는 무조건자극의 활성화가 너무 커서 조건자극을 방해하기 때문이다.

정보처리이론에서는 입력된 정보의 부호화된 표상들이 장기기억 속에 저장되는 것을 학습으로 보고 있지만, 신경망이론에서는 정보처리 요소 사이의 연결 강도의 변화를 학습으로 간주한다(이정모 등, 1989). 이러한 관점에 따르면 위에서 살펴본 조건자극과 무조건자극은 연결 강도가 강화되어 이전에 강한 연결을 가지고 있던 다른 반응과 새로운 연결이 형성되며 신경망이론에서는 이것을 학습으로 보는 것이다. 이처럼 신경망이론에서는 조건형성의 과정을 정확하게 설명해 주고 있다.

또한, 신경망이론은 학습과 관련하여 학습자의 주의(attention)를 강조한다.

신경망이론에 따르면 학습이 일어나기 위해서 여러 개의 정보처리 단위들, 즉 노드가 동시에 활성화되어야 한다. 이러한 노드들이 동시에 오랫동안 활성화될수록 그들 사이의 연결은 강화된다. 이처럼 노드들이 활성화된 상태가 바로 주의상태다. 일반적으로, 인간은 주의를 기울일 때 학습하게 되며, 주의는 강화에 의해 발생한다. 따라서 학습은 강화에 의해서 이루어지는 것처럼 보이지만 결국 학습을 야기시키는 것은 강화가 아닌 주의다. 그러므로 강화물은 주의를 유발할 수 있는 것이어야 한다.

Memo

# 제 6 장 학습에 영향을 미치는 변인

1. 학습자의 동기
2. 성취동기
3. 성취동기 육성방안
4. 학습의 전이
5. 기억과 망각
6. 연습과 연습곡선
7. 학습과 피로
8. 학교 스트레스

# 1 학습자의 동기

## 가. 동기의 개념

인간은 누구나 배가 고프면 먹을 것을 찾고 목이 마르면 물을 찾는다. 날씨가 더우면 서늘한 곳을 찾고 추우면 더운 곳을 찾아 움직인다. 도서관에 가면 독서하고 싶고 음악실에 가면 음악을 감상하려는 의욕이 생긴다.

이처럼 우리가 생리적으로나 심리적으로 환경에 따라 자동적으로 움직이게 된다는 것은 무엇인가 원인이 있을 것이다. 어떤 아이는 자발적으로 공부를 잘하는데 어떤 아이는 외부의 압력이나 간섭을 받아야만 공부를 한다. 같은 학생이라 할지라도 어떤 때는 자발적으로 또 어떤 때는 마지못해 공부를 한다. 왜 그럴까? 이러한 행동과 관련된 개념이 동기(motive)다.

동기란, 인간행동의 에너지이고 행동의 활성을 증감하며 행동의 방향을 정해주는 심리적 요인이다(정종진, 1996, p. 6).

동기란 개념은 욕구, 흥미, 가치, 유인가(incentive), 태도, 포부 등과 함께 쓰인다.

멕메오(McMeoch)에 의하면 동기란 "유기체로 하여금 주어진 일을 하게 하여 정당한 활동을 통해서 그것을 끝마치게 하는 개체의 어떤 조건"으로 유기체를 움직이게 하는 어떤 힘이라고 정의할 수 있다.

동기란 "어떤 목표를 지향하는 행동을 일으키고, 방향을 잡아주고 유지하는 힘의 총합(Lindsley, 1957)"이며, 콤스(Combs)와 스니그(Snygg, 1959)는 "자아개념을 보존하고 향상시키기 위한 계속적인 힘"이라 했으며, 거드리(Guthrie, 1952)는 "반응의 강도를 높이는 조건"이라고 정의하고 있다. 한편 볼(Ball, 1977)은 행동을 각성하여 방향지우며 유지시키는 것을 동기라고 부르고, 휴스톤(Houston, 1985)은 행동을 시작하게 하고 방향지우며 그러한 행동의 강도와 지속성을 결정하는 요소들을 동기라고 정의하고 있다.

이상의 여러 학자들의 동기에 대한 개념을 보면 결국 동기는 행동을 유발시키고 지향시키고, 활성화시키며 지속시키는 기능을 한다.

## 나. 동기의 종류와 기능

### 1) 동기의 종류

동기에는 1차적 동기와 2차적 동기가 있다.

1차적 동기(primary motive)는 생리적 동기인데, 신체적 · 생리적 평형상태를 유지하고 유기체의 생명이나 종족보존에 필요한 동기를 말한다. 예를 들면, 수면, 휴식, 갈증, 식욕, 성욕, 배설, 반사행동 등이다.

2차적 동기(secondary motive)는 사회적 동기라고도 부르며 후천적인 습득적 학습이나 경험을 통한 동기로서 상벌, 경쟁, 우월, 독립, 소속감, 애정, 성취감, 사회적 인정 등 심리 · 사회적 요인에 따른 동기를 포함한다.

동기는 학습과 관련하여 일반동기와 특수동기로 구분할 수 있다.

① **일반동기**(general motive) : 학습상황에서 지식의 습득과 기능의 숙달을 위해 활용하는 지속적이고 폭넓은 경향을 의미한다.

② **특수동기**(specific motive) : 특정영역이나 특정내용의 학습에 관해서만 동기화되는 것을 말한다(임규혁, 1996, p. 168).

한편 동기의 범주를 외재적 동기와 내재적 동기로 나누어 설명할 수 있다.

① **외재적 동기**(extrinsic motive) : 학습자가 외부로부터 받을 수 있는 강화자로서의 동기를 말한다.

② **내재적 동기**(intrinsic motive) : 학습자가 본질적으로 가지고 있는 동기로서 학습자의 흥미나 호기심 같은 요인에 의해서 스스로의 욕구에 대한 반응

을 의미한다. 이는 학습자가 학습과제에 대한 외부의 보상과는 관계없이 능동적으로 활동에 참여할 때 형성된다. 학생들의 성취동기, 자아실현의 욕구 등은 내재적 동기의 대표적인 예다.

### 2) 동기의 기능

첫째, 동기는 시발적 기능이 있다. 행동을 유발시키는 힘을 주어 행동을 하게끔 하는 역할이다. 생리적 조건과 외부의 환경으로부터 오는 자극이 서로 결합하여 적응행동을 일으키게 된다.

둘째, 동기는 지향적 또는 방향적 기능이 있다. 일정한 목표를 향한 행동을 일으키게 하는 내적 힘을 말한다.

셋째, 동기는 강화의 기능을 가지고 있다. 동기로 말미암아 특정목표에 지향하는 행동이 일어나며 행동의 결과가 개인의 욕구를 만족시켜 주고 학습목표에 대한 결과가 만족의 여부 및 행동의 적부성을 선택하는 기능이다. 만족감, 성취감, 학습의욕을 일으키고 유지하고 발전시켜 주는 기능을 하고 있다(김제한, 1993).

### 3) 동기이론

동기는 행동의 근원이 되고 활력을 불어넣어 주며 방향을 제시해 주기 때문에 인간의 행동을 이해하기 위해서는 동기에 관련 이론을 탐색해 볼 필요가 있다. 동기는 일반적으로 정신분석 이론, 행동주의 이론, 인지론적 이론, 인본주의 이론, 학습동기 이론 등 다양하다.

#### (1) 정신분석 동기이론

프로이드는 두 가지의 기본적 인간동기인 성욕과 공격욕이 있다고 믿었다. 성욕과 공격욕의 행동은 아동초기에 발견된다. 또한 삶의 본능의 에너지는 원본능(libido)으로서 주로 성과 그에 관련된 활동이 포함된다. 죽음의 본능은 자살이나 기타 자기파괴적 행동의 형태로 내부로 지향되거나 타인에 대한 공격의 형태로 밖으로 지향될 수 있다.

프로이드가 주장하는 무의식 동기는 위장된 형태로 다음과 같이 몇 가지 행동의 형태로 나타난다.

① 꿈 속에서 인간은 흔히 자신이 알지 못하는 욕망과 충동을 나타낸다.

② 버릇과 말의 실수는 무의식적 동기를 무심코 나타낼 수 있고 숨겨진 동기를 나타낸다.

③ 병의 징후(특히 정신질환)도 흔히 그 사람의 무의식적 욕구를 도와 주고 있다는 것을 보일 수 있다.

### (2) 행동주의 동기이론

인간은 자신의 동기를 유발하는 기본적인 생리적 욕구(갈증, 식욕, 성욕, 수면, 휴식 등)를 가지고 있으며 이런 욕구는 일차적 강화에 의해서 충족된다. 그리고 이차적 욕구인 사회적 욕구는 칭찬, 애정, 인정감, 소속감 등 욕구 충족을 위해 동기화되어 있다.

강화에 의한 동기유발은 초등학교에서 더욱 유용하다. 어린 아이들은 보상을 기대하면서 공부를 하는 경향이 있기 때문이다. 강화된 행동은 지속되며 소거되거나 처벌한 행동은 사라진다.

행동주의가 시사하는 바는 학습에 대한 지구력 부족이 아동의 주의력 부족이나 좌절감에 원인이 있는 것이 아니라, 학습 행동을 유지하는 유인(incentive)이 적절하지 못하다는 데에 그 원인이 있다는 것이다.

### (3) 인지주의 동기이론

인지주의 동기이론은 인간을 능동적이고 적극적으로 사고하는 이성적인 존재로 보며, 동기를 외적인 힘에 의한 수동적인 것으로 인식하는 행동주의 입장과는 대조적인 차이를 보인다. 이 이론의 가장 대표적인 이론이 귀인이론(attribution theory)이다.

**〈귀인이론〉**

귀인이론은 개인이 어떤 특정한 상황에서의 성취결과(성공 또는 실패)에 대하여 그 원인을 무엇으로 인식하느냐에 따라 그의 행동이 결정된다고 가정한다(이성진, 1996, p. 110).

성공이나 실패의 원인이 자신의 노력이나 능력 등과 같은 내적 원인이라고 생각하는 경우와 우연한 결과나 외적 원인이라고 생각하는 경우는 행동의 차이를 가져온다.

이와 같이 성공이나 실패에 대하여 자신의 행동에 대한 원인을 귀속시키는 경향성에 대한 이론이 귀인이론인데, 대표적인 학자는 와이너(B. Weiner, 1980)다. 와이너는 이런 경향성을 분석하여 가장 많이 귀인하는 요소로 능력, 노력, 운, 과제의 난이도 등을 들었다.

귀인의 원인은 소재, 안정성, 그리고 통제 가능성 등 세 가지 차원으로 나누어 볼 수 있다(Weiner, 1984).

첫째, 원인의 소재(locus of casuality) 차원이란, 원인을 자신에서 찾느냐 혹은 외부에서 찾느냐의 문제로서 원인의 소재가 달라진다.

둘째, 원인의 안정성(stability) 차원이란, 찾아진 원인이 시간이 경과되거나 상황이 바뀌어도 비교적 항상성을 띠는 안정적인 것이냐 아니면 때와 장소에 따라 수시로 변화될 수 있는 불안정적(unstable)인 것이냐로 분류된다.

셋째, 원인의 통제 가능성(controllability) 차원이란, 찾아진 원인이 학생의 의지에 따라 통제될 수 있느냐 아니면 통제될 수 없느냐의 문제로서 통제가능(controllable) 귀인과 통제불가능(uncontrollable) 귀인으로 분류된다. 이와 같이 귀인과 각 차원과의 관계를 표로 제시하면 〈표 6-1〉과 같다.

**표 6-1** Weiner의 귀인과 각 차원과의 관계

| 요 인 | 원인의 소재 | 안정성 | 통제가능성 |
|---|---|---|---|
| 능 력 | 내적 통제 | 안정적 | 통제불가능 |
| 노 력 | 내적 통제 | 불안정적 | 통제불가능 |
| 운 | 외적 통제 | 불안정적 | 통제불가능 |
| 과제의 난이도 | 외적 통제 | 안정적 | 통제불가능 |

귀인이론이 학교교육에서 시사하는 바는 학습에서 성공과 실패는 그 원인이 무엇이라고 지각하느냐에 따라 후속되는 학생 자신의 학업적 노력이나 정의적 경험, 그리고 미래학습에서의 성공과 실패에 대한 기대 등이 달라질 수 있다는 것이다.

그러므로 학업성취도의 성취를 저해하는 귀인요인은 스스로 배제시킬 필요가 있다. '네 탓이요 또는 내 탓이요' 하는 말을 음미해 보면 귀인의 소재가 어디에 있는가를 파악하는 데 도움이 된다.

### (4) 사회인지학습 동기이론

동기의 사회인지적 학습이론은 행동주의 접근과 인지적 접근을 통합한 것으로 자아효능감이론을 말한다.

**〈자아효능감이론〉**

반두라(A. Bandura, 1986)는 행동을 매개하는 인지적 자기평가의 기제로서 자아효능감(self-efficacy)과 성과기대(outcome expectancy)의 개념을 제안하였다.

반두라는 자아효능감을 어떤 과제를 해결하기 위하여 자신이 갖고 있는 인지적 · 행동적 기능들을 통합하고 적용하는 기제로 구체적인 장면에서 과제를 일정수준에서 수행할 수 있다는 자신의 능력에 대한 개인적인 신념으로서 지각하는 특성이라고 정의하였다.

학생들이 느끼는 자아효능감은 긍정적인 감정을 경험하도록 하여 보다 높은 과제에 도전하려는 의욕을 갖게 한다. 이 의욕이나 열의는 학생들의 동기와 직결되며 학생들의 학업성취는 이러한 동기에 영향을 받는다. 따라서 자아효능감은 학생들이 학습을 하는 동안에 진행되는 그들의 사고와 과제를 회피하려는 경향성에도 영향을 끼치게 된다.

콜린스(Collins, 1982)의 연구결과를 보면, 높은 자아효능감을 가진 학생이 낮은 효능감을 가진 학생에 비해 실제 자기능력보다 높은 성취를 가져왔다. 한편 쉘(Shell), 머피(Murphy)와 브루닝(Bruning, 1989)은 읽기 및 쓰기에 자아효능이 높은 사람이 자기효능이 낮은 사람보다 성적이 통계적으로 유의미하게 높음을 발견하였다.

반두라(1982)와 코노(Corno)와 만디나츠(Mandinach, 1983)는 자아효능감의 동기요소에 대한 개인차 연구결과를 종합하여 자아효능감은 활동의 선택, 지속성, 노력, 과제 수행에 영향을 미치는데, 자기 자신의 능력에 대해 더 효율적이라고 느끼는 사람이 더 쉽게 활동에 참여하며, 어려움에 처했을 때 목표달성을 위해 더 많은 노력을 기울이고, 더 높은 수행수준을 세운다고 보고하고 있다.

사회인지 학습이론에서 강화(reinforcement)는 각 개인에게 직접 주어지지 않아도 대리경험(vicarious experience), 모방학습, 관찰학습, 모델링 등을 통해서 주어질 수 있다

**〈코빙톤의 자기가치 이론〉**

코빙톤(Covington) 등은 학생들의 동기 상황을 완숙 지향형 학생들, 실패 회피형 학생들, 실패 수용형 학생들이란 세 가지로 구분하여 설명한다(Covington, 1984 ; Covington & Omelich, 1987).

'완숙 지향형 학생들'(mastery oriented students)은 성취에 가치를 부여하고 능력을 개선, 발달시킬 수 있는 것으로 본다. 이들은 자신의 기술과 능력을 증진하기 위해 학습목표를 중요하게 생각한다. 실패가 그들의 유능감과 자기가치를 위협하지 않으므로 실패가 두려운 대상이 되지 않는다. 오히려 실패는 적절한 수준의 어려운 목표를 수립하고, 위험 부담을 안고 실패 상황에 건설적으로 적응하도록 하는 역할을 한다고 본다. 이들은 일반적으로 성공을 그들 자신의 노력에 귀인한다. 그러므로 학습에 대한 책임을 스스로 지려고 하며 높은 수준의 자아효능감을 가지고 있다. 또한 이들은 경쟁적인 상황에서 가장 높은 수준의 수행을 나타내며, 빠른 속도로 학습하고, 강한 자기 확신과 많은 에너지를 가지며, 각성되어 있으며, 구체적인 피드백을 환영한다. 이러한 일련의 학습과 관련된 특징들이 성공적인 학습을 가능하게 하는 것이다.

'실패 회피형 학생들'(failure-avoiding students)은 고정적인 능력에 대한 인식을

가지고 있는 경향이 있다. 이들은 수행 목표(performance goal)를 세우고, 수행과 연관하여 자신에 대한 유능감과 자기가치 수준을 결정한다. 이들은 자신의 과거의 성적을 기준으로 자신의 능력을 평가하기 때문에 확고하고 안정적인 자기가치감을 발달시킬 수 없다. 유능하다고 느끼기 위해서는 실패로부터 스스로를 보호해야만 한다. 만약 과거에 그들이 성공적인 경험을 해 왔다면 그들은 거의 위험 부담 없이 단순히 그들이 알고 있는 것에 의존하여 실패를 회피하려고 할 것이다. 반면에 어느 정도의 실패와 성공을 함께 경험해 왔다면 그들은 늦장부리기, 노력하지 않기, 아주 낮거나 높은 수준의 목표 설정하기, 혹은 결과에 관심이 없는 척하기 등의 실패 회피 전략들을 사용한다.

이러한 실패 회피 전략은 오히려 학생들이 피하려고 하는 바로 그 실패 상황으로 이끄는 자기 파괴적인 특징을 갖고 있다. 만약 실패가 계속되고 변명거리가 없어지면 이들은 완전히 자신을 무능한 존재로 결론지어 버릴 것이다. 그 결과 자기가치감과 자아효능감은 극도로 감소되어 결국 그들은 자포자기 상태의 '실패 수용형 학생들'(failure-accepting students)이 된다. 그들은 실패가 자신의 낮은 능력 때문이라고 인식하고, 그런 결론으로부터 더 이상 자신을 보호할 수 없게 된다.

교사들은 실패 회피형 학생들이 새로운 현실적 목표를 수립할 수 있도록 도와 줌으로써 그들이 완전히 실패 수용형으로 고정되어 버리는 것을 막아야 한다. 교사들은 이러한 학생들을 동정하거나 포기하지 말고 그들의 상태를 이해하고 더 높고 현실적인 목표를 향해 적절한 노력을 할 수 있도록 그들에게 어떻게 학습해야 하는지를 가르쳐야 한다.

#### (5) 인본주의 동기이론

인간의 동기에 관한 종합적인 이론은 매슬로우(A. Maslow)의 동기 위계론이다. 매슬로우(1970)는 인간행동의 원동력을 이해하는데 도움이 되는 종합적인 동기이론을 제시하였다.

인본주의 심리학은 인간행동을 환경이나 본능에 대한 반응으로 제한하고 인간의 전체적인 부분들을 검토하지 않은 채 학습과 동기에 미치는 영향에 관심을 갖는 것은 옳지 않다고 주장한다. 따라서 인본주의 동기이론은 개인의 지각과 내부적 욕구에 대한 반응에 초점을 맞춘다(임규혁, 1996).

매슬로우(1943)에 의하면 인간은 내적 욕구를 갖고 태어나고 이 욕구를 만족시키기 위해 노력한다. 그러나 이러한 노력의 궁극적인 방향은 단순히 생물학적 만족이나 긴장의 감소가 아니라 자아실현의 추구다. 즉, 인간의 긍정적이고 지적이며 상향지향적인 측면을 강조한다.

매슬로우의 욕구위계이론(hierarchy of need theory)의 내용을 제시하면 [그림 6-1]과 같다.

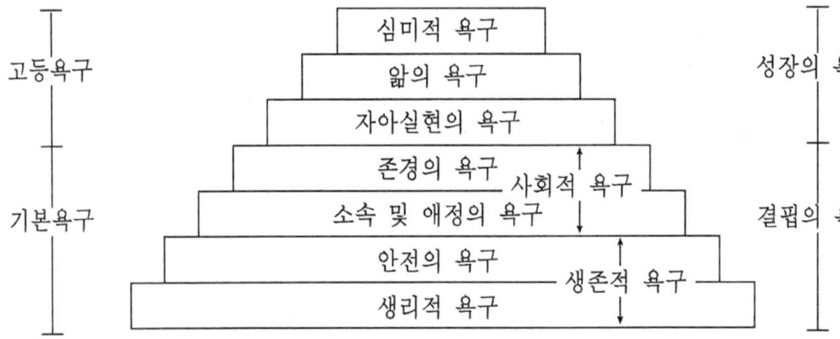


[그림 6-1] Maslow의 욕구위계

### 1 생리적 욕구(pgysiological need)

인간유기체를 유지하고 안정시키는 생리적 욕구에는 식욕, 성욕, 휴식, 수면, 갈증, 배설, 공기 등을 포함한다. 아울러 의 · 식 · 주 추구의 기본욕구다. 이러한 생리적 욕구는 인간의 본능적 욕구와 같으며 인간에게 필수적 욕구다. 이 욕구가 충족되어야 다음 단계의 욕구에 관심을 갖게 된다.

### 2 안전의 욕구(safety need)

이 욕구는 신체적 · 정신적 위험에 대한 공포나 기존의 생존욕구의 위협에서 벗어나 안정을 찾으려는 욕구다. 즉 자기 보존을 위해서 건강과 안전을 추구하려는 욕구다.

③ 소속 및 애정의 욕구(need for affection or belongingness)

사회적 욕구라고도 하는데, 집단에 소속되고자 하고 사랑 · 우정 · 애정 등을 얻고 싶어하는 욕망이다. 이러한 욕구가 충족이 되어야 정신적으로 안정을 찾고 사회구성원으로서의 역할을 충분히 수행할 수 있게 된다.

④ 자아존중의 욕구(need for self-esteem)

자존심의 욕구라고도 하며, 사회적 욕구가 충족이 되면 다음 단계로 자기의 행위나 인격이 남으로부터 승인을 받고 칭찬과 존경을 받고 싶어하는 욕구가 생긴다. 이것이 존경의 욕구다. 이러한 욕구가 만족되면 자신감, 명성, 힘 그리고 통제 등의 감정이 생기고 유능한 인물로서 주위에 영향력을 미친다고 있다고 느낀다. 한편 충족되지 못하면 열등감, 무력감, 허탈감에 빠진다.

⑤ 자아실현의 욕구(need for self-relization)

개인의 전체적 · 인격적 욕구로서 인간 최대의 욕구다. 자아실현이란, '자기 자신이 잠재적으로 실현가능한 자신'이 되는 것을 말한다. 즉, 참된 삶의 추구로서 자신이 그렇게 되고 싶은 대로 되고 싶다는 것이다. 이 세상에 태어날 때부터 지니고 있는 잠재력을 최대한으로 실현함으로써 인생의 최대의 가치와 목적을 이루려는 욕망이다. 사회적 · 경제적 지위야 어떻든 간에 나름대로 소망한 직업에서 만족과 행복감을 추구하는 것이다. 이 욕구가 잘 충족된 사람이 바로 사회적, 정서적, 심리적으로 건강한 사람이 된다.

### 4) 동기유발의 방법

학습의 효과를 증진하기 위해서는 동기유발이 필요하다. 동기유발(motivation)

이란 동기를 유인하고 목표를 추구하는 행동이 일어난 상태를 말한다. 동기유발에는 자연적인 것과 인위적인 것, 즉 내부로부터의 동기유발과 외부로부터의 동기유발이 있다.

### (1) 내적 동기유발

내적 동기유발은 학습자의 요구, 흥미, 태도, 목적 등에서 이루어지는 것으로 내재적 동기(intrinsic motive)라고 부른다. 내적 동기유발 방법은 다음과 같다.

① **자율행동 및 반사** : 주로 생리적인 것으로 호흡, 혈액순환, 내분비선의 분비작용에 의한 것이다.

② **감정** : 기분에 따라 정서적 안정이 이루어진다.

③ **적절한 암시** : 적절한 모방과 암시는 아동들의 학습 정도와 밀접한 관계가 있으므로 교사는 모범적이고 시연(demonstration)행동을 보여주어야 한다.

④ **호기심** : 신기한 것을 탐구하려는 정서가 문제해결 학습의 동기가 된다.

⑤ **흥미** : 학생들의 흥미에 따라 학습의 결과가 달라진다.

⑥ **수집** : 아동은 수집본능이 있으므로 수집경향이 강한 것은 흥미의 방향을 예견해 주는 좋은 단서가 된다.

⑦ **과시** : 과시본능은 학습의 자연적인 동기로서 유효하다. 남에게 지지 않으려는 경쟁심, 우월한 입장에 서려고 하는 욕구, 자아의 우위를 보장하려는 투쟁본능 등은 큰 동기로 작용한다.

⑧ **목적의 자각** : 학습목적을 뚜렷이 자각할 때 동기유발이 잘 된다.

### (2) 외적 동기유발

학습의 효과가 외부의 자극에 따라 동기가 일어나는 경우를 외적 동기유발(extrinsic motivation)이라고 한다.

구체적으로 외적 동기유발을 시킬 수 있는 방법은 다음과 같다.

### 1 학습결과에 대한 확인

학습한 결과에 대하여 자신이 얼마만큼 진보했다는 것을 아는 것은 동기유발에 도움이 된다. 학교교육에서 학습내용을 평가하기 위해 시험을 보고 이를 채점하여 게시판에 공개하여 부족한 학생들에게 경고와 자극을 주어 더욱 잘하도록 유도한다. 여기서 유의해야 할 점은 성적이 자기 요구수준에 비하여 좋은 학생은 자신감과 만족감이 생기어 동기가 잘 유발되어 후속되는 학습에 좋은 영향을 주지만, 성적이 좋지 않은 학생에게는 실패감이 생기기 쉬우므로 개성에 따라 적절하게 잘 지도해야 한다.

미국의 경우, 대학생들의 시험결과를 학과 게시판이나 교수연구실 문 앞에 게시하여 성적을 확인시켜 주는 경우가 많다. 북(W. F. Book)과 노벨(L. Norvell) 등이 대학생을 대상으로 실험한 결과, 학생들의 학습성과를 수시로 알려 준 결과 학습을 의도적으로 강화하는 데 큰 효과를 거뒀다고 한다.

결국 교사가 학습의 결과를 알려주고 학습자는 그 결과를 스스로 평가하고 검토해 보는 일이 학습의욕을 높여 주는 방법이 된다.

### 2 성공감과 실패

어떤 일을 했을 때 결과가 좋아 성공하면 자신감과 의욕이 왕성해지고 실패하면 용기나 의욕이 감퇴되어 실의에 빠지게 되는 일은 일반적 현상이다. 따라서 성공감은 행동과 노력을 자극하고 강화시킨다. 비록 학생들이 학습결과에 불만족스런 경우나 실패하였을 때 좌절하지 않도록 용기를 불어넣어 주고 사기를 진작시켜 만족감을 갖도록 격려하는 일이 동기를 유발시킨다.

성공은 개인의 포부수준과 능력수준이 일치했을 때 일어나는 현상이다. 그러나 포부수준은 높고 능력수준은 낮아서 미치지 못할 때 그 격차가 심해지면 욕구좌절이나 욕구불만이 생기고, 이런 현상이 지속되면 비관에 빠지기 쉽고, 더 나아가 자기통제를 하지 못하면 자살에까지 이를 수도 있다. 그러므로 성공감을 맛볼 수 있도록 포부와 능력을 적절히 조절할 수 있는 능력을 키워야 한다.

### 3 상과 벌

일반적으로 상은 성공감을 주고 사회적 욕구를 충족시켜 주기 때문에 의기양양하고 사기가 높아져 자신감을 갖게 되어 생활의 활력소가 된다. 한편 벌은 부인, 질책, 행동의 금지와 자신감을 상실하게 한다.

학생들에게 학습의욕을 북돋워 주기 위해 수업료 면제, 장학금, 상장과 상품 등을 베푸는 일은 동기유발에 크게 도움이 된다. 그러나 이와 같은 외형적인 상품, 장학금 지급 등으로만 학습의욕을 진작시키는 일에는 한계가 있다. 학생들에게 좋은 학습결과가 나왔을 때 칭찬하고 특별한 관심을 보여주고 인정감을 주는 것이 더욱 효과적이 될 수 있다.

한 연구결과에 의하면(Hurlock) 칭찬과 질책에 의해서 성적이 향상되는데, 남자는 여자에 비해 질책하는 경우에, 여자는 칭찬하는 경우에 최대의 진보를 보인다. 능력별로 보면 칭찬은 학습능력이 우수하든 중간 정도이든 열등이든 모두 효과적이다. 또한 칭찬이나 보상의 효과는 고학년보다 저학년에 효과적이다. 벌과 힐책, 조롱 등은 저학년보다 고학년에서 효과가 있다.

### 4 개인적 흥미유발

학습의 흥미가 높으면 학습효과를 볼 수 있다. 학습자 자신이 좋아하는 분야는 누가 시키지 않아도 자발적이고 능동적으로 학습한다. 따라서 학생들의 흥미도 조사를 통해서 자신의 흥미가 어디에 있는가를 파악하여야 한다. 한편 흥미가 없더라도 여러 가지 훈련과 반복, 또는 의지력을 키워 어떤 일에 전념할 수 있도록 유도하면 흥미를 유발할 수 있다.

속담에 "말을 물가에 끌고 갈 수는 있어도 물을 먹일 수는 없다."는 얘기가 있다. 자발적인 욕구와 흥미에 따라 누구의 간섭이나 지시를 받지 않아도 흥미만 있으면 학습결과는 좋아질 수 있으므로 흥미를 동기유발의 기초로 삼아야 한다.

### 5 협동과 경쟁심의 적절한 사용

인간 사회는 협동과 경쟁으로 이루어진다. 이 두 가지 원리를 학습에 잘 이용하면 동기유발이 잘 된다. 말러(J. B. Maller)는 6학년 학생을 피험자로 하여 개인경쟁과 집단경쟁의 두 방법을 비교 연구하였는데 [그림 6-2]에서 보는 바와 같이 개인경쟁이 더욱 동기를 강하게 유발하였다.

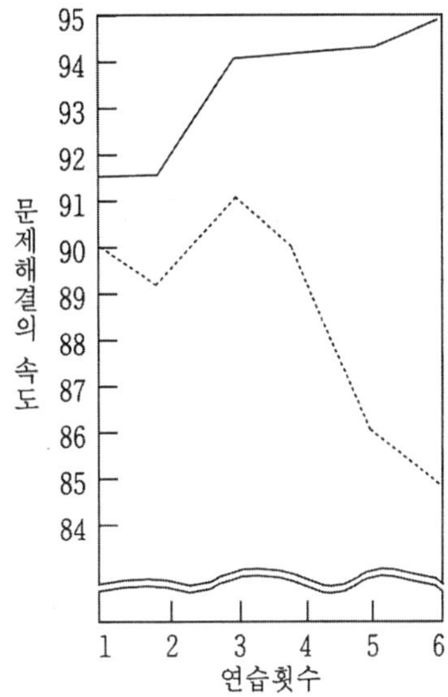


[그림 6-2] **개인경쟁과 집단경쟁**

(K. C. Garrison, 1955)

협동은 공동목표 달성을 위해 다른 사람과 더불어 행동하는 집단지향적 행동이다. 대체로 협력집단이 경쟁집단보다 응집력이 강하고 우호적인 분위기이기 때문에 학생은 협력적인 집단과정을 통해서 집단의 생산성을 높일 수가 있으며 만족감과 성취감을 느낄 수 있다.

귀인이론과 관련지워 볼 때, 학습환경이 경쟁적인 구조에서는 학생들이 성취결과를 능력과 운등 통제 불가능한 요인으로 귀인함으로써 부정적인 정의적 특성을 갖기 쉽고, 미래의 학습을 위한 노력을 지속하지 않기 쉽다.

따라서 교사는 협동적 또는 개별화 학습상태에서 학습할 수 있는 환경을 조성함으로써 학생들이 성취결과를 내적 요인으로 귀인하여 미래의 학습과제를 성공적으로 이끌어 나갈 수 있도록 해야 한다(이성진, 1996, p. 339).

### 6 학습목표의 확인

인간의 모든 행동은 목표가 뚜렷하고 이를 인식시켜 주어야 동기를 유발하는데 도움이 된다. 학생들이 왜 공부하는가에 대한 목표를 뚜렷하게 알고 있으면 학습의 방향감을 잃지 않고 학습에 열중하게 된다.

### 7 긍정적 자아개념의 형성

학생들에게 긍정적 자아개념을 심어 주는 일은 동기유발에 도움이 된다. 학생 자신이 할 수 있다고 생각하는 과업에 자신감을 넣어 줌으로써 학습의욕이 향상될 수 있기 때문이다. 부정적 자아개념을 갖게 되면 열등감, 소외감, 실패감에 빠져 자신감을 상실한다. 자아개념이란, 자신의 주체를 객관적으로 파악하는 것으로 확고한 자아형성을 위한 노력을 기울이도록 도와 주어야 한다. 학교에서 일관성 있게 성공해 온 학생은 자신을 긍정적인 관점으로 보며, 계속 실패해 온 학생은 자신을 부정적으로 보는 경향이 있다. 학습과의 관련 속에서 자신의 학습을 어떻게 보는지를 학문적 자아개념이라고 한다.

#### (3) 교사의 적극적 노력

"교육은 교사의 질에 비례하거나 능력을 능가할 수 없다."는 말이 있듯이 학교학습의 주체는 교사로서 교사의 기대나 가치관에 따라 교육은 크게 영향을 받는다. 따라서 교사의 긍정적이고 적극적인 노력이 학생들의 욕구와 능력향상에 크게 기여할 수 있다.

## 2 성취동기

머래이(Murray)에 의해 처음으로 소개된 인간의 동기로서 성취동기(achievement motivation)는 맥크렐란드(D. McClelland, 1965)와 애트킨슨(J. Atkinson) 등에 의해 깊이 연구되었다.

학교학습과 매우 밀접한 관계를 갖고 있는 학습된 동기(learned motive)가 성취동기다. 성취동기란 도전적 과제를 성취함으로써 만족을 얻으려 하는 의욕(이성진, 1996, p. 319 ; Atkinson, 1980, 1983)으로 정의하고 있다.

성취동기 측면에서 머래이는 정의적인 측면을 중시하고 맥크렐란드와 애트킨슨은 기대-가치라는 인지적인 측면을 강조한다.

머래이는 [그림 6-3]과 같이 심리발생적 욕구 28가지 중의 하나로 성취동기를 제안하고 있다.

**심리발생적 욕구 (psychogenic needs)**

- **과제 관련 욕구 (needs related student tasks)**
  - **학습습관에 영향을 주는 욕구 (need that affect a stubent's work habits)**
    - 정돈(orderliness) : 물건을 정렬하고 조직하려는 욕구
    - 구조화(construction) : 조직하고 구성하려는 욕구
    - 관리(conservation) : 물건을 수집, 수리, 보관하려는 욕구
    - 획득(aquisition) : 돈이나 재산을 얻으려는 욕구
    - 파지(retention) : 소유물을 보전하려는 욕구
    - 유희(play) : 휴식하고 즐기려는 욕구
    - 설명(exposition) : 정보를 제공하려는 욕구
  - **수행수준에 영향을 주는 욕구(needs that affect a student's level of performance)**
    - 우월(superiority) : 뛰어나고 싶은 욕구
    - 성취(achievement) : 어려운 과제에 성공하려는 욕구
    - 인정(recognition) : 칭찬과 격려를 얻으려는 욕구
    - 실패 회피(failure avoidance) : 실패, 수치, 모욕 등을 피하려는 욕구
    - 대응(counteraction) : 패배하지 않으려는 욕구
    - 과시(exhibition) : 타인의 관심을 끌려는 욕구
    - 불가침(inviolacy) : 자신의 명예를 지키려는 욕구
    - 자기비하(abasement) : 스스로를 격하시키고, 처벌을 수용하려는 욕구
- **대인관계 관련 욕구 (needs related to student's interpersonal relationships)**
  - **독립성을 유지하려는 욕구 (needs that keep people apart)**
    - 지배(dominance) : 타인을 지도하고 지배하려는 욕구
    - 거부(rejection) : 타인을 배제시키고 무시하려는 욕구
    - 방어(defensiveness) : 타인으로부터 비난이나 멸시받지 않으려는 욕구
    - 공격(aggression) : 타인에게 해를 가하려는 욕구
    - 자율(autonomy) : 타인에게 억압받지 않으려는 욕구
    - 반발(contrariness) : 타인과 다르게 보이려는 욕구
  - **대인관계를 유지하려는 욕구 (needs that hold people together)**
    - 협력(affiliation) : 우정, 연대감 등을 형성하려는 욕구
    - 존경(deference) : 타인을 존경하고 따르려는 욕구
    - 간호(nurturance) : 타인을 보살피고 보호하려는 욕구
    - 의존(succorance) : 도움과 동정 등을 구하려는 욕구
    - 비난 회피(blame avoidance) : 비사회적인 충동을 억제하고, 복종을 통해 비난을 회피하려는 욕구
    - 유사(similance) : 타인을 동일시하거나 모방하며, 비슷해지려는 욕구

[그림 6-3] Murray의 심리발생적 욕구

성취동기란, 훌륭한 일을 이루어 보겠다는 내적인 의욕이며, 도전적이고 어려

운 문제를 해결하려는 과정에서 만족을 얻으려는 기대를 말한다. 따라서 학교학습에서 성취동기는 학습동기와 직결된다.

성취동기가 높은 사람의 행동 특징은 어떠한가? 다음 7가지의 성취인의 특징을 들어 보자(박용현, 1975).

### 가. 과업지향적 행동

성취인은 어렵고 힘든 일, 자신의 능력을 과시할 수 있는 일에 흥미를 가지며, 그 일을 끝냄으로써 얻을 수 있는 보상이나 자립보다는 일 그 자체를 성취해 나가는 과정을 즐기고 만족스럽게 여기는 성향을 가지고 있다.

### 나. 적절한 모험성

성취인은 어느 정도의 모험성이 포함되는 일에 도전하여 자력으로 성취해 내는 과정을 크게 만족해한다. 그는 아무런 모험성도 곤란도 내포하고 있지 않는 일에는 흥미를 갖지 않는다. 그러나 성취인은 과업이 자기 능력에 비해 너무 어렵거나 지나치게 모험적일 때도 역시 흥미를 갖지 않는다.

### 다. 자신감

성취인은 그렇지 못한 사람에 비해 과업수행에서 보다 높은 자신감을 갖고 있다. 즉, 그는 과업의 성취 가능성에 대한 주관적 판단, 즉 자신감을 더욱 높이 갖고 있다. 이전에 전혀 경험을 해보지 못한 일에 대해서는 성취동기가 높은 사람은 낮은 사람에 비해 일단 높은 자신감을 갖는다.

### 라. 정력적 · 혁신적 활동

성취동기를 탁월한 성취를 이루려는 의욕이라 한다면, 성취동기가 높은 사람은 보다 정열적으로 그리고 열심히 일하는 사람이라고 할 수 있다. 성취인은 성취동기가 낮은 사람에 비해 자기가 하는 일에 보다 열중하고 더 많은 새로운 과업을 찾고 계획하여 이를 성취해 나가기 위해 온갖 정력을 총동원한다.

### 마. 자기책임감

성취동기가 높은 사람은 성취하려는 과업이 결과적으로 어떻게 되었건 자기가 계획하고 수행하는 일에 대해서 일체의 책임을 자기 자신이 진다. 과업이 실패했을 때에도 성공했을 때와 같이 자기의 책임으로 여기며 책임을 남에게나 여건의 탓으로 돌리지 않는다. 성취인은 남에게 의뢰하려 하지 않고 책임을 회피하려 하지 않는다.

### 바. 결과를 알고 싶어하는 성향

성취인은 그가 수행하는 일의 종류를 불문하고 그 일이 어떻게 진행되고 있으며, 예상되는 결과는 어떠한 것인가에 대하여 구체적이고 객관적인 정보를 계속 추구하여 정확한 판단을 한다. 예상되는 결과가 성공적이건, 실패적이건, 결과를 보다 정확히 알고 있을 때 성취인의 성취활동은 더욱 강화된다.

### 사. 미래지향성

성취인은 새로운 일을 이루기 위하여 언제나 장기적인 계획을 세우고 미래에 얻게 될 성취만족을 기대하면서 현재의 작업에 열중한다. 그는 미래에 이루어 놓을 성취과업과 성취만족을 기대하면서 현재 당하는 고통 및 갈등과 끈기 있게 싸워 나간다.

위와 같이 성취동기가 높은 사람은 과업지향적 행동, 적절한 모험성, 자신감, 정력적 · 혁신적 활동, 자기 책임감, 결과를 알고 싶어하는 성향, 미래지향성 등의 특징을 지닌 사람이기 때문에 남들이 이룩하지 못한 분야에서 성공적으로 목적한 일을 무난히 달성할 수 있게 된다.

## 3 성취동기 육성방안

### 가. 성취동기 육성방법

성취동기를 육성하는 방법은 다음과 같다.

첫째, 학생들로 하여금 자신들이 성공적으로 학습과제를 수행할 수 있다는 기대를 높여 주는 것이다. 매우 가치 있고 보람 있는 목표일지라도 그러한 목표에 도달할 길이 없다고 생각할 때, 그 학생은 성취하려는 시도조차 하지 않는 경향이 있다. 또한 학습목적을 성취할 수 없다고 생각했을 때 성취하려는 동기도 생기지 않는다. 과제수행의 성공에 대한 기대의 가능성을 높여 주는 방법으로는 과제를 현재보다 더 쉽고 용이하게 다룰 수 있도록 몇 개의 하위단위로 나누어 주거나 혹은 과제 수행에 요구되는 기술, 훈련 및 도움에 대하여 학생들이 요구하는 것을 교사가 제공해 주는 것이다.

둘째, 학생들이 주어진 과제를 성공적으로 수행하였다면 이는 자신들의 능력과 노력에, 만일 실패하였다면 자신의 노력 부족에 그 원인을 귀인하도록 훈련하여야 한다.

셋째, 교실 내에서 각 학생들이 가지고 있는 기본적인 성취동기를 높여 주는 일이다. 맥크렐란드(1965)에 의하면, 일반적으로 여기에는 네 단계가 있다.

① 목표설정 단계다. 이는 각 학생들이 현실적이고 실제적인 학습목표를 정하도록 교사가 도와 준다.

② 성취지향적 사람처럼 생각하도록 교사가 도와 주는 일이다. 교사는 학생들이 어느 정도 어려운 과제에 도전하도록 격려해 주어야 하며, 자신의

능력에 대한 자신감을 갖고, 성공이란 노력에 의하여 성취되는 것으로 생각하도록 학생들을 가르친다.

③ 자기 자신을 성취지향적 사람으로 보게 한다. 교사는 학생들이 자신은 어느 정도 어려운 과제에 도전하고, 성취에 가치를 두는 사람이며, 자신의 노력으로 성공하기를 원하는 사람이라는 생각을 갖도록 지도한다.

④ 학생들이 성취하려는 노력을 할 때, 집단적 지원을 해 주어야 한다. 동료학생들과 협동적으로 학습목표를 세워 같이 공부하도록 함으로써 자기 동료학생과 교사가 모두 자기의 성취노력에 보조한다는 사실을 깨닫게 해 주어야 한다.

## 나. 교사의 역할

성취동기를 증진시키는 데 있어서 교사역할의 측면은 다음과 같다(임규혁, 1995).

### 1) 교사의 열정

교사의 열정은 학생들을 동기화시키는 중요한 변인 중 하나다. Wlodkowski와 Jaynes(1990)는 교사의 열정(enthusiasm)이란 가르치는 내용이 중요하다는 사실을 끊임없이 학생들과 의사소통하는 것이라고 정의한다. 교사의 열정은 교과목에 대한 흥미를 전달함으로써 학생들의 동기를 증진시키게 된다. 일반적으로 교사는 언어적 행동과 비언어적 행동 모두를 사용하여 자신의 열정을 학생들에게 전달할 수 있다. 높낮이에 변화를 주는 목소리, 친근하게 학생들과 눈을 맞추는 시선, 머리와 팔을 적당히 움직이는 교사의 몸짓 등은 모두 열정을 적절히 표현할 수 있는 방법들이다(Collins, 1978). 이와 같은 방법들이 사전에 고안되고 계획되는 경우 교사의 열정은 증가되는 경향이 있으며, 그 결과 또한 학생들의 수업참여를 증진시킨다는 연구결과(Bettencourt, Gillett, Gall, & Hull, 1983)는 학생들의 동기를 증진시키는 데 교사의 열정이 중요하다는 사실을 잘 보여 준다.

### 2) 교사의 온정과 감정이입

인간활동의 근본적인 특징은 사람과 사람 사이의 관계성을 기초로 한다. 교수행위 역시 인간 활동의 일부분임을 상기할 때, 교실에서의 교수결과는 교사와 학생들 간의 관계성에 큰 영향을 받는다. 학생들은 교사가 자신들에게 보여주는 관심을 가장 가치있는 교사특성으로 생각하고 있다는 Cromer(1984)의 연구는 교사와 학생 간의 관계성이 중요하다는 것을 시사한다. 이러한 관계성을 바람직한 방향으로 유도하고, 학생들의 동기화를 증진시킬 수 있는 변인이 교사의 온정과 감정이입이다. 온정(warmth)은 교사가 학생들을 인간으로서 대우하고 관심을 보여주는 능력이며, 감정이입(empathy)은 학생들의 느낌과 그들의 생각을 이해할 수 있는 능력을 의미한다.

교사의 온정과 감정이입이 학생들의 성취에 중요한 변인으로 작용한다는 것을 처음 주장한 Rogers(1961, 1969)는 교사들에게 중요한 것은 무엇보다도 '인간적인' 측면의 특성들임을 강조하였으며, 이러한 Rogers의 주장은 다양한 후속 연구들로부터 지지되고 있다. Wlodkowski와 Jaynes(1990)는 효과적이고 동기화된 교사들은 감정이입의 능력을 지니고 있다는 사실을 밝혀 내었으며, Murray(1983)는 긍정적인 태도를 보이는 학생과 가장 강하게 연결되는 교사특성으로 온정과 감정이입 그리고 친밀감 등을 들고 있다. 또한, 교사와 학생들 간의 관계가 부정적인 학급은 상대적으로 낮은 성취를 보인다는 연구결과(Soar & Soar, 1978)와 초등학교 수준의 어린 학생들조차도 교사의 온정에 대한 수준을 정확하게 인식하고 있다는 연구결과(Robinson, Wilson, & Robinson, 1981) 등은 학생들의 동기에 미치는 교사의 온정과 감정이입의 중요성을 잘 설명하고 있다.

결국, 온정과 감정이입은 민감하고 섬세한 정서적 측면으로 학생들과 연결되며, 긍정적인 학생의 태도와 밀접하게 관련을 갖기 때문에 교사는 자신의 온정과 감정이입에 특별한 관심을 가질 필요가 있다.

### 3) 교사의 기대

교사의 기대 역시 학생들의 동기화에 중요한 요인으로 작용한다. 교사의 기대는 흔히 자성예언이라는 용어로 설명된다. 자성예언(self-fulfilling prophecy)이란 교사가 학생에 대한 기대수준에 근거하여 학생을 판단하며, 그러한 판단에 근거하여 학생을 대하는 것을 의미한다(Good & Brophy, 1991).

교사의 기대가 학업성취에 영향을 미친다는 사실은 Rosenthal과 Jacobson(1968)의 연구로부터 처음 밝혀졌다. 그 후, 교사의 기대에 대한 다양한 연구들이 있어 왔다. 유치원부터 초등학교 2학년까지 특정한 학습에 대한 종단연구(Rist, 1970)는 실제적인 아이들의 능력과 상관없이 교사가 처음에 갖는 편견에 근거하여 학생을 판단한다는 것을 보여주며, 이를 지지하는 많은 연구들이 있다(Gage와 Berliner, 1988; Schmuck & Schmuck, 1992). 이러한 사실과 관련하여 Brophy(1987)는 우수한 학생을 배출하는 교사와 그렇지 않은 교사를 구분하는 가장 중요한 변인은 학생들이 학습할 수 있다고 믿는 교사의 기대라고 주장한다.

또한, 교사는 학생들이 교사의 기대에 대해 매우 민감하다는 것을 알아야 한다. 실제로, 교사의 기대를 지각하는 학생들에 관한 연구(Babad, Bernieri, & Rosenthal, 1991)에서 교사의 말과 행동을 약 10초 정도 관찰하게 하면 그 교사가 우수아와 열등아에 대해 어떠한 식으로 말을 하는지 혹은 어떤 학생이 그 교사에게 어느 정도 사랑받고 있는지에 대해 아무리 어린 학생이라도 정확하게 알아낸다는 것이 밝혀졌다.

이상과 같은 결과를 살펴볼 때, 교사들은 학생들에게 긍정적인 동기를 부여하고 효과적인 학업성취를 이루도록 도와 주기 위해 편견없이 학생의 개인차를 고려하여 개인의 능력을 최대한으로 이끌어 주도록 해야 한다. 그리고 교사의 학생에 대한 기대가 학생의 자아인식에 영향을 준다는 점을 언제나 고려해야 한다.

만일 학생들이 항상 토론에서 소외된다거나 교사의 단순하고 냉담한 피드백을 받게 되는 경우, 친절한 대우를 받고 긍정적인 기대를 받는 학생들에 비하여 낮은 학습성취를 갖게 될 가능성이 많다. 그 결과 성공과 실패에 대한 건전한 귀인이 발달되기 어렵다. 결국 교사의 높은 기대는 학생을 위하여 교사가 가능한 모든 노력을 기울이고 있음을 보여주는 것이며 이로 인해 학생의 동기와 자아존중감은 높아진다.

## 4 학습의 전이

### 가. 전이의 개념

학습의 전이(transfer of learning)란 학습 이전에 이미 형성된 습관이 어떤 습관을 획득하거나 재학습하는 데 영향을 미칠 때 나타나는 과정으로, 선행학습의 효과가 후속학습에 영향을 미치는 현상을 말한다. 즉, 어떤 과제의 수행이 다른 과제의 수행에 끼치는 전체적 효과다.

다시 말하면 우리의 일상생활에서 과거에 얻어진 학습경험이 새롭게 배우려는 과제학습에 크게 영향력을 행사하여 더욱 학습을 용이하게 하는 경우로서 하나를 배우면 열을 알 수 있는 능력이라고 할 수 있다. 그러나 이와 반대로 학습을 방해 또는 금지시키는 경우도 있다.

### 나. 전이의 종류

#### 1) 적극적 전이

하나의 학습 또는 경험이 다른 학습을 촉진시켜 주며 쉽게 영향을 미치는 경우를 적극적 전이(positive transfer)라고 한다.

긍정적 또는 정적 전이라고도 한다. 예를 들면, 영어를 잘 알고 이해하는 사람이 프랑스어나 독일어를 새로 공부할 경우, 영어를 처음부터 모르고 배우는 사람보다는 더욱 유리하고 학습하는 데 도움이 된다. 또한 수학을 잘 아는 학생이 물리나 화학분야를 배우는 데 쉽게 이해하고 적응하는 힘이 더욱 강하다.

#### 2) 소극적 전이

하나의 학습활동이 다음의 학습활동을 방해하거나 금지, 또는 지체되게 하는 경우를 소극적 전이(nefative transfer)라고 한다. 부적 전이 또는 부정적 전이라고 한다.

예를 들면, 수학이 인문계열 학문인 국문학을 학습 활동해 나가는데 부정적 역할로 작용하거나 금지, 지체되어 학습의 능률이 향상되기 어려운 경우를 만드는 것이다.

### 다. 전이이론

#### 1) 동일요소설

손다이크(Thorndike)가 주장한 학설로서 이미 배운 학습경험과 새롭게 배우는 학습경험 사이에 같은 요소가 있을 때 서로 연합 또는 연결현상이 일어난다고 한다. 예컨대, 수학에서 덧셈 학습에 대한 연습이 곱하기 학습에 전이되는 것은 곱하기에는 덧셈의 절차가 포함되어 있기 때문에 전이의 효과가 나타난다. 또한 야구연습이 축구의 진보향상에 전이되는 것은 달리고 던지고 잡고 하는 등의 동작과 일반적인 신체의 민활성 등 동일요소가 두 활동에 모두 포함되어 있기 때문이다.

손다이크는 자극의 유사성, 원리의 유사성, 반응의 유사성이 있을 때 전이가 잘 일어난다고 하는데 Gestalt학파에서는 원자론적이라고 비판을 하였다. 이 동일요소설은 형식도야설의 입장을 취하고 있다.

### 2) 일반화설

선행학습과 후속학습 사이에 일치하는 원리가 통찰적으로 올바르게 행하여진 경우에 올바른 전이가 이루어진다고 한다. 이는 쥬드(C. H. Judd)가 주장하고 있으며 이 이론의 결점은 학습의 전이에서 학습지도 방법과 학습방법이 절대적이라고 주장함으로써 학습재료의 중요성을 경시하고 있는 것이다.

### 3) 형태이조설

Gestalt학파에서 입증한 학설로서 대표적인 학자는 코프카(Koffka)다. 경험할 때의 형태, 즉 심리적으로 인지된 구조, 또는 재구조화된 상태가 새로운 경험에 있어서의 인지된 구조 또는 재구조화된 상태와 서로 유사할 때 먼저 경험한 구조가 일종의 위상적 이동을 가져온다. 즉, 앞의 학습과 다음 학습 사이에 전이가 일어나는 학습상황에는 공통성이 존재하는데, 그 공통성은 두 학습자료의 단편적인 요소가 아니라 형태 또는 그 자료 내의 관계성에 공통성이 있어야 한다는 것이다. 또한 기억된 내용보다는 이해된 내용이 보다 쉽게 전이된다고 한다.

### 4) 형식도야설

형식도야설은 인간의 정신을 의지, 기억, 주의, 판단, 추리 등의 능력으로 이루어진 것이라고 보는 능력심리학(faculty psychology)에 기초를 두고 있다. 이와 같은 능력의 형식적 단련을 강조하는 것을 바로 형식도야설 또는 능력연마설이라고 한다. 형식도야설을 주장하는 사람들은 전이의 효과를 긍정하고 있다. 예컨대, Latin어, 수학, 논리학, 국어와 같은 도구교과를 잘 학습하면 전이가 일어나서 추리력, 기억력, 판단력, 정신작용까지도 발전한다.

## 라. 전이를 일으키는 조건

전이는 '어느 때 효과를 볼 수 있는가?' '전이가 잘 일어날 수 있는 조건은 어느 때인가?'를 알아보면 다음과 같다.

① 학습과정에서 동일요소(identical elements)가 있을 때 전이효과를 높일 수 있다. 손다이크는 선행학습과 후속학습 사이의 내용이나 방법에 있어서 동일요소나 활동이 존재할 경우에 적극적 전이가 일어난다고 하였다. 즉, 절차상, 내용상, 태도상의 동일요소 등이 있을 때 가능하다.

② 학습방법의 훈련을 받지 않은 경우보다 훈련을 받은 경우에 적극적 전이가 일어난다.

③ 학습자가 스스로 문제를 해결하고 탐구하는 경험을 많이 가질수록 전이효과가 크다.

④ 지능이 높은 학습자일수록 적극적 전이를 일으킨다.

⑤ 학습 정도에 따라 선행학습이 후속학습에 미치는 전이효과는 선행학습 정도에 따라 다르다. 즉, 학습의 정도가 높을수록 적극적 전이량이 많아진다.

⑥ 두 학습 사이의 시간 차이에 따라 전이효과가 있다고 본다. 학습방법에 따라 오랜 시간이 지난 후에도 전이가 일어나는 경우도 있고, 몇 시간 지난 후인데도 전이효과가 나타나지 않는 학습도 있다. 일반적으로 사고력, 판단력, 응용력 등은 시간이 지나도 전이효과가 있다.

⑦ 학습자 자신이 학습결과를 평가할 수 있는 기회가 많으면 전이도가 높아진다.

⑧ 학습한 내용이 새로운 학습에 이용될 것이라는 믿음과 자세가 전이를 유발한다.

⑨ 수업목표를 구체화하여 학습하는 것은 전이효과가 크다.

이와 같이 전이를 높이기 위한 방법을 제시하였는데 전이는 개인차, 학습과제의 유사성, 방법, 경험, 일반화 개발 등에서 적극적 전이를 일으켜 학습의 효과를 극대화하는 데 도움이 된다.

## 5 기억과 망각

### 가. 기억과 망각의 의미

일반적으로 학습활동에서 능력이 뛰어난 사람을 보통 기억력이 뛰어나다고 한다. 학습과정에서 기억(memory)은 대단히 중요하다.

기억은 과거의 경험과 효과가 저장되어 일정기간 파지되는 것이다. 기억은 학습경험의 사실 및 내용을 머리에 간직했다가 다음의 활동에서 변용하지 않고 그대로 재생할 때까지의 심리적 과정을 말한다(김제한, 1992, p. 211).

일단 획득된 행동이나 학습내용은 시간이 경과함에 따라 변화하여 어떤 것은 잊어버리고 또한 어떤 것은 언제까지나 잊어버리지 않는다. 다시 말하면 과거의 학습경험이 어떠한 형태로 현재와 미래의 행동에 영향을 주는 작용을 한다.

여기서 학습된 행동이 지속되는 것을 파지(retention)라고 한다(민영순, 1984, p. 282).

기억과정이란 기명(memorizing), 파지(retention), 재생(recall), 재인(recognition)의 네 가지 단계를 거쳐서 현재의 학습경험 사실이 이전의 학습경험 사실과 같다는 것을 확인하는 데 이르기까지 일련의 심리적 과정을 말한다.

기명(memorizing)은 행동이나 경험의 수행에서 신경계에 그 흔적(neutral trace)을 형성하는 것이다. 일단 기명된 신경계의 흔적은 일정기간 동안 지속되는데, 이를 파지라 하며 파지되지 못하고, 변용, 소실되는 현상을 망각(forgetting)이라고 한다. 따라서 파지와 망각은 동일한 과정에 속하는 상이한 면을 말한다.

재생과 재인은 학습된 행동이나 경험이 일정기간 후에 다시 행동으로 또는 경험적 내용으로 나타나는 과정을 포함한다. 즉, 재생은 보존된 인상이 다시 의식으로 떠오르는 것이며, 재인은 과거에 경험했던 것과 비슷한 상태에 부딪쳤을 때 떠오르는 것이다. 따라서 기억하고 있는 것이 전부 재생되지는 않는다.

## 나. 기억과정과 측정

기억은 여러 주요 과정들로 이루어진 복잡하고 폭넓은 개념이다. 기억과정은 크게 세 단계로 구성되는데 그것은 입력(부호화 : encoding), 저장(storage), 인출(retrieval)이다.

① **입력** : 어떤 정보를 지각하여 잘 저장되도록 부호화하는 과정
② **저장** : 정보를 필요할 때까지 일정기간 동안 유지 보관하는 과정
③ **인출** : 정보를 사용하기 위해 적극적으로 찾아내는 과정

[그림 6-4] **기억의 세 단계**

기억의 측정은 회상(recall), 재인(recognition), 재학습(relearning)에 의해 이루어질 수 있다.

① **회상** : 학습 또는 경험한 것을 단서의 제시 없이 그대로 재생하여 기억해 내는 것을 말한다.
② **재인** : 몇 개의 답 중 맞는 것 하나를 고르는 경우(예 : 사지선다형)와 같이 경험한 것과 경험하지 않은 새로운 것을 함께 제시하여 경험한 것을 고르도록 하는 것을 말한다.

③ **재학습** : 회상이나 재인보다 기억 여부를 좀더 민감하게 측정할 수 있는 것을 말한다.

## 다. 기억의 종류

기억은 감각기억, 단기기억, 장기기억의 3종류로 구분된다.

### 1) 감각기억

시각이나 청각 등의 감각기관으로 들어온 정보를 순간적으로 저장하는 기억이다. 즉, 감각기억(sensory memory)은 감각기관으로부터 뇌로 보내진 정보가 남아 있는 흔적이다. 기억정보는 불과 10분의 몇 초 사이에 신속하게 소멸되어 가고 만약 이 정보가 다음 기억단계로 넘어가지 않으면 1초가 되지 않아 완전히 사라져 버린다.

### 2) 단기기억

단기기억(short term memory)은 우리가 현재 의식 중에서 능동적으로 정보를 처리하는 활동 중인 기억을 일컫는다. 즉, 감각적 기억에 들어온 환경에 관한 정보 중 약간만이 이 단계로 전환된다.

일반적으로 감각수용기를 통하여 들어온 정보는 감각기억에 잠깐 머물러 있다가 그 내용이 의식화되어 20~30초 가량 흔적으로 남게 된다.

이와 같이 잠시 동안 의식으로 기억되는 것을 단기기억이라고 한다. 그러므로 단기기억은 의식이라고도 하는데, 회화나 음악을 듣고 있을 때, 운동경기를 바라볼 때 감각기억에서 들어온 정보에 대하여 단기기억을 사용한다(임창재, 1995, p. 130).

단기기억의 단기화를 방지하기 위해서는 연습을 하거나 반복, 암기하는 방법을 사용하는 것이 좋다.

### 3) 장기기억

감각기억과 단기기억의 과정을 거쳐 장기적으로 저장될 때 이를 장기기억(long term memory)이라고 한다. 장기기억은 현순간에 사용하지 않아도 우리의 축적된 지식의 거대한 장소라고 할 수 있다. 장기기억에는 첫 데이트의 기억, 언어지식, 수영기술, 어릴 때 살던 동네의 모습, 한일 월드컵에서의 한국인의 성적, 동생의 생일, 대인관계에서의 예절, 유행가의 멜로디, 아인슈타인의 상대성원리, "소크라테스의 네 자신을 알라."와 같은 다양한 지식을 저장하고 있다.

이와 같이 지식, 감정, 심상, 기술, 태도, 문제해결 능력, 기타 경험한 많은 사실들과 같은 인간이 생각하고 행동하는 데 필요한 모든 정보를 포함한다고 생각하는 것이 장기기억이다.

## 라. 기억력을 높이는 조건

### 1) 직전경험

직전경험한 내용은 소급금지가 없어서 효과적으로 기억할 수 있다. 여기서 소급금지(retroactive inhibition)란, 후속학습의 파지가 선행학습의 파지를 방해하는 것이다. 이와 같은 것의 억제 정도는 전후학습의 유사성, 강도, 시간간격 등에 따라서 달라진다.

### 2) 반복연습

반복연습은 기억력을 높일 수 있으며, 망각을 방지한다.

### 3) 흥 미

학습이나 경험에 많은 관심을 가지게 하여 다른 방해적 요인의 영향을 받지 않으므로 효과적이다.

#### 4) 이해관계

학습의 중요도를 인식하여 이해관계가 있으면 흥미가 적어도 주의를 기울이고 의욕이 향상되어 기억이 잘 된다.

#### 5) 합리성

기억내용을 자신의 지식체계와 연결을 시키도록 합리적으로 하면 효과적이다.

#### 6) 책임감

학습자 자신에게 책임이 있으면 주의집중이 잘 되어 기억력이 높아진다. 종합적으로 기억에 영향을 주는 조건은 다음과 같다.

##### (1) 학습자 요인

① 학습자의 연령 ② 학습자의 지능 ③ 학습자의 성격 ④ 학습자의 준비성(readiness) ⑤ 학습자의 동기유발 ⑥ 학습속도 ⑦기억력 등

##### (2) 학습소재 요인

① 학습소재의 종류 ② 학습소재의 유의미와 무의미 ③ 학습소재의 흥미유무(쾌, 불쾌) ④ 학습소재의 길이와 양 ⑤ 학습소재의 난이도 등

##### (3) 학습방법의 요인

① 의도적 학습과 무의도적 ② 학습 집중적 학습과 분산적 ③ 학습 전습법과

분습법 ④ 시각적 학습과 청각적 학습 ⑤ 개별학습과 일체학습 ⑥ 분단학습과 공동학습 ⑦ 예습과 복습 ⑧ 자습법과 주입법 등

## 마. 망각의 의미, 원인 및 방지법

### 1) 망각이란?

망각(forgetting)이란, 일단 기억한 학습이 시간의 경과, 사용하지 않음 등의 원인으로 인해 약화, 소멸되어 다시 재생되지 않는 현상을 말한다. 즉, 망각은 기억흔적이 현재의 학습경험과 결합되지 않아 기억해 낼 수 없는 상태라 할 수 있으며, 장기기억화된 학습내용을 다시 의식화하지 못하는 현상을 말한다.

〈Ebbinghaus의 망각곡선〉

학습과정에 있어서 기억과 망각은 동일한 과정이면서도 서로 상반되는 개념이며 서로 밀접한 관계를 갖고 있다. 에빙하우스(H. Ebbinghaus, 1850~1909)는 기억과 망각의 관계에 대해서 연구하였다.

그는 무의미철자의 자료를 사용하여 시간경과에 따른 망각률을 밝혀 유명한 망각곡선을 제시하였다. 그는 기억의 조건에 차이를 없애기 위해 1200개의 무의미절차(B.A.F.M.S.T)를 가지고 40세 가량의 성인을 피험자로 하여 그들에게 암기하게 하였다.

그 결과 망각률은 1시간 후 55.8%, 8시간 후 64.2%, 24시간 후 66.3%, 48시간 후 72.2%의 망각률을 보였다. 이러한 학습내용은 학습 직후부터 장기기억화되기 전에 이미 망각현상이 나타나고, 망각에 대비한 어떤 노력이 없는 한, 얼마 가지 않아서 학습한 대부분을 재생해 내지 못하게 되는 것임을 알 수 있다.

이와 같이 파지와 시간경과에 따라 망각률을 나타내는 결과를 도표로 표시한 것을 망각곡선(curve of forgetting)이라고 한다.

**표 6-2** 시간경과에 따른 망각률

| 경과시간 | 파지율(%) | 망각률(%) |
|---|---|---|
| 0.33 | 58.2 | 41.8 |
| 1 | 44.2 | 55.8 |
| 8.8 | 35.8 | 64.2 |
| 24 | 33.7 | 66.3 |
| 48 | 27.8 | 72.2 |
| 6×24 | 25.4 | 74.6 |
| 31×24 | 21.1 | 78.9 |

그러므로 망각현상을 방지하기 위해서는 기억 직후 즉시 다시 연습할 필요가 있다.

에빙하우스의 망각곡선을 제시하면 [그림 6-5]와 같다.

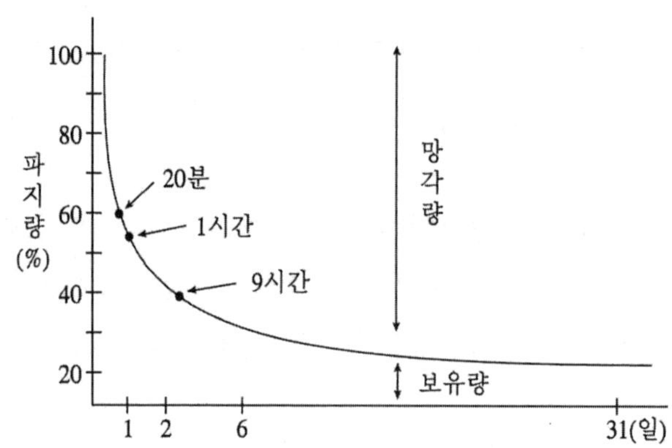


[그림 6-5] Ebbinghaus의 파지곡선

### 2) 망각은 왜 일어나는가?

첫째, 불사용에 의한 기억흔적의 쇠퇴로 망각이 발생한다. 연습하지 않거나 사용하지 않으면 망각이 일어난다. 즉, 시간이 경과함에 따라 망각이 진행된다. 소멸설이라고도 한다. 학습시에 어떤 자극을 주면 생리학적인 기억흔적이 대뇌피질의 기억중추에 형성된다. 이 흔적을 연습 또는 재생하지 않고 그대로 두면 소멸된다는 원리다.

망각현상을 정신분석에서는 억압의 결과로 생긴다고 한다. 경험한 내용이 불쾌하면 그것을 피하려는 경향이 있어 무의식적으로 그것을 억압하고 망각한다고 한다.

둘째, 역행제지(retroactive inhibition)와 순행제지(proactive inhibition)로 인하여 망각현상이 생긴다. 역행제지(금지)는 후속학습의 파지가 선행학습의 파지를 방해하는 것이다. 이와 같은 것의 억제의 정도는 전후 학습의 유사성, 강도, 시간간격 등에 따라 달라진다. 순행제지(금지)는 선행학습의 파지가 후속학습의 파지를 방해하는 경우다. 간섭설이라고도 하는데, 간섭설은 어떤 정보를 회상하려할 때 다른 정보의 유입으로 인하여 회상이 방해받기 때문에 망각이 일어난다는 주장이다.

어떤 실험에 의하면, 학습 후 잠을 자게 한 경우와 잠을 자지 않았던 경우 망각의 정도를 비교했을 때, 수면을 취한 쪽이 각성시 보다 망각이 적다고 한다. 이것은 학습 후의 정신활동이 파지에 간섭을 한 것으로 볼 수 있다.

셋째, 기억흔적의 변용이 망각을 일으킨다.

이는 Gestalt 심리학의 설명방식으로서, 망각은 기억흔적의 변용이라고 한다. 즉, 지각하는 내용을 기억시에 과거의 경험으로 형성된 인지구조에 전체적 재체제화가 이루어질 때와 일단 지각된 파지 내용이 이미 형성된 파지 내용과 관련해서 인지구조의 재체계화가 이루어지므로 재생할 때 변용(modification)되어 나타난다고 한다.

넷째, 자극조건의 변화는 망각을 일으킨다. 자극을 주는 조건이 학습할 때와 기억을 측정할 때 각각 그 장소가 다른 경우에 망각현상이 나타난다.

다섯째, 부적당한 자세와 태도 등 처음 학습할 때의 학습자의 마음가짐이 파지기간 중에 변해서 그것을 재생하려고 할 때, 적절한 자세와 태도가 되어 있지 않기 때문에 집중력 부족으로 망각이 일어난다.

### 3) 망각을 방지하는 방법

망각의 방지는 학습에서 절대적으로 필요하다. 또한 망각의 방지는 파지를 높이는 방법과 마찬가지다. 망각을 방지하는 방법이다.

① 학습내용을 의미 있게 논리적인 지식체계로 유도하여 학습하면 기명과 파지가 명확하게 되므로 망각을 방지할 수 있다.

② 동기화된 학습자료는 망각을 방지할 수 있다. 학습경험을 흥미있게 쾌감이 따르도록 할 때 학습동기도 높아지고 학습내용이 보다 뇌리에 인상 깊게 되므로 망각을 방지할 수 있다.

③ 학습은 처음부터 완전히 습득한 후에 다음 학습으로 이행하는 것이 매우 중요하다. 학습정도가 완전할수록 불완전한 학습보다 망각률이 적다.

④ 충분한 복습의 시기는 최초학습에 가까울수록 기명과 파지에 효과적이다. 그날 학교에서 배운 내용은 그날 중으로 복습하는 것이 기명이나 파지를 돕는다.

⑤ 역행제지나 순행제지 현상이 일어나지 않도록 각별히 주의해야 한다. 즉, 선행학습과 후행학습이 서로 간섭, 방해, 억제가 이루어지지 않게 두 학습 사이의 관계를 적절히 함으로써 망각을 막을 수 있다.

⑥ 분산학습이 집중학습보다 파지를 더 잘 도운다. 맥도날드(McDonald)는 최초의 학습이 있은 직후 자주 복습하고, 파지기간 동안에 다시 시간간격을 넓혀 가며 재학습하는 것이 효과적인 방법이라는 사실을 실험적으로 증명하고 있다. 그러나 학습내용의 분량, 난이도에 대한 정도의 차이는 있다.

⑦ 기억된 자료 간의 간섭은 파지를 저해한다. 불필요한 정보나 지식은 가급적 피하는 것이 바람직하다.

⑧ 초과학습은 망각을 방지할 수 있다. 학습내용의 암기나 기명을 반복적으로 초과하여 학습하면 파지율을 높일 수 있다.

# 6 연습과 연습곡선

## 가. 연습의 의미

우리가 일정한 동작을 반복하면 주어진 문제사태에 적응할 수 있도록 변용되고 숙달된다. 이와 같이 동작을 적극적인 방향으로 변화시키려는 반복 또는 숙달을 지향하는 것을 연습(prcatice)이라고 한다. 즉, 일정한 새로운 경험이나 행동의 획득을 목표로 그 목표에 도달하기 위해 행동이나 학습을 끊임없이 반복하는 운동과정과 그 효과를 포함한 전체과정을 연습이라고 한다.

따라서 지적기능과 운동기능을 개발하고 이에 따른 동작의 변용을 위해서는 연습과 반복이 반드시 필요하다.

## 나. 연습곡선

연습에 의해서 학습이나 경험, 작업상황이 어떻게 변화되고 달라지는가를 알기 위해서 학습결과를 종축으로 하고 학습횟수를 횡축으로 하여, 연습에 의한 질적 · 양적인 변화, 즉 학습이나 작업의 진보양상을 도표로 표시한 것을 연습곡선(practice curve) 또는 학습곡선이라고 한다.

일반적으로 연습결과를 측정하는 방법으로서 다음과 같은 준거를 들 수 있다.

① 일정한 시간 내에 할 수 있는 작업량의 증가 정도(작업량)

② 일정한 작업량을 달성할 수 있는 시간의 감소 정도(속도성)

③ 학습결과에 대한 정 · 오 비율에 있어서 착오 수의 감소 정도(정확성)

④ 학습결과의 목표에 대한 성공과 실패의 비율 정도(확률)

⑤ 학습결과의 우수성 정도(작품의 우열 비교)

## 다. 연습곡선의 형태

연습의 진보 · 향상은 여러 가지 조건의 차이로 달라지기 때문에 연습곡선(학습곡선)도 몇 가지 형태로 구분된다. 이 몇 가지 형태를 살펴보는 것은 학습지도 실제에 크게 도움이 된다.

### 1) 직선형 연습곡선

가속도곡선이라고도 부르며, 다음 [그림 6－6]의 A와 같은 곡선으로 시행 상호간의 진보비율이 동일한 경우를 말한다.

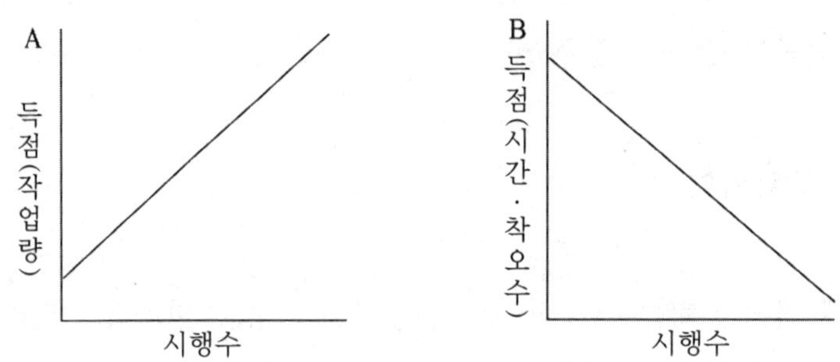


[그림 6－6] **직선형 연습곡선**

[그림 6－6] A는 일정 단위시간 내의 작업량을 척도로 하였을 경우이고, B의 경우는 일정 단위작업을 수행하는 데 소요되는 시간을 척도로 하였을 경우다.

### 2) 소극적 가속도곡선

이는 학습 초기에는 급속한 진보를 보이나 연습의 계속과정에서 진보가 느리게 나타나는 것으로 운동학습에서 많이 볼 수 있다. 영어학습에서도 잘 찾아볼 수 있다.

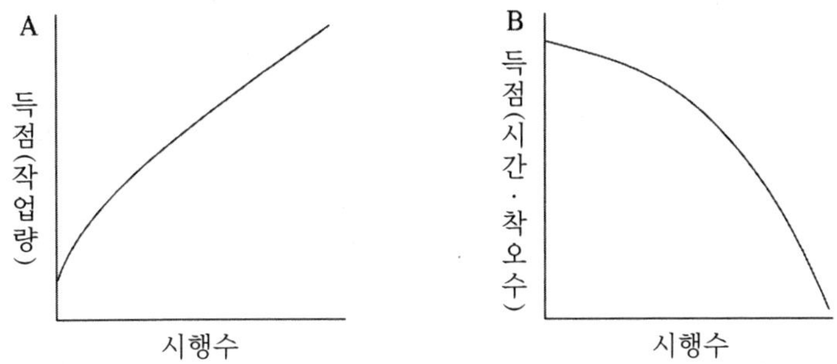


[그림 6-7] **소극적 가속도곡선**

### 3) 적극적 가속도곡선

학습 초기에는 진보가 느리지만 학습을 계속함에 따라서 급속한 진보를 보이는 것이다. 이것은 작업의 곤란도에 비하여 학습능력은 비교적 적되 노력의 의지가 왕성한 경우다.

예를 들면, 독일어 학습, 수학학습에서 잘 찾아볼 수 있다.

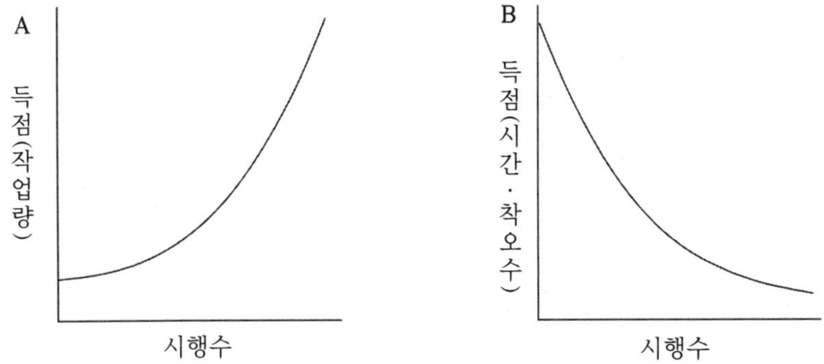


[그림 6-8] **적극적 가속도곡선**

### 4) 적극적 · 소극적 가속도곡선

적극적 가속도곡선과 소극적 가속도곡선을 합한 이른바 S－형 곡선으로서 연습 초기에는 적극적 가속도로 진보하나, 그 계속과정에서 소극적 가속도로 진보하는 경우다.

이 유형의 곡선은 학습자료가 비교적 어려울 때 또는 학습자료가 비교적 어려울 때 또는 학습자가 어릴 경우에 나타난다.

그런데 어떤 심리학자들은 이 S－형 곡선을 학습의 기본곡선이라고 부른다.

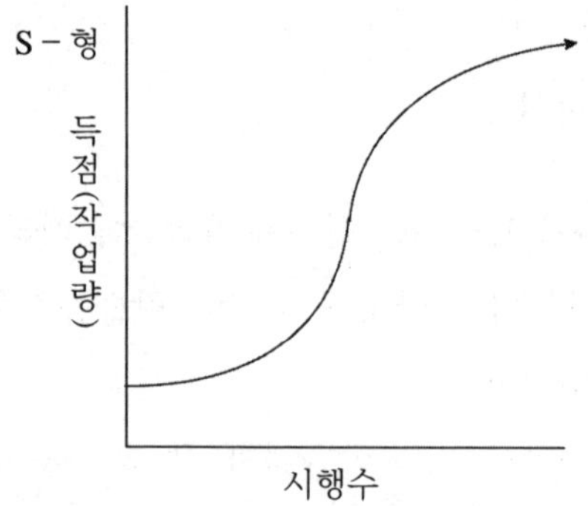


[그림 6－9] **적극적 · 소극적 가속도곡선**

### 5) 학습의 고원(高原) 현상

학습이 진행 중 학습곡선이 적극적 가속도곡선에서 소극적 가속도곡선으로 바뀌어지는 중간에 계속적인 연습에도 불구하고 학습능률이 더 이상 오르지 않고 제자리 걸음을 하는 시간을 잠시 가지게 한다. 이러한 상태를 학습의 고원(plateau) 현상이라고 한다(그림 6-10 참조).

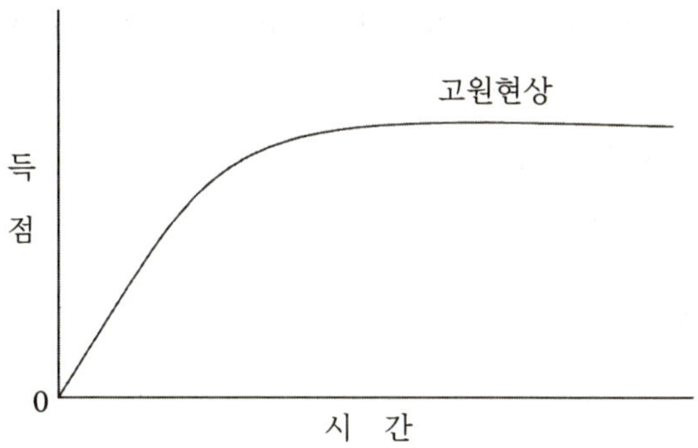


[그림 6-10] **학습의 고원 현상**

고원 현상이 발생하는 이유는 다음과 같다.

① 학습과제에 대한 실망과 흥미의 상실

② 학습과제의 곤란도 증가

③ 나쁜 습관의 고집 또는 형성

④ 주의의 이동

⑤ 과제의 일부분에 신경을 집중한 경우

⑥ 적합한 학습방법 채택의 실패

학습자는 이 단계에서 정체하여 연습을 포기할 수도 있다. 이 사실은 학습지도에서 학습자의 형편에 따라 과제곤란도, 시간길이, 분량 등이 조정되어야 함을 나타낸다.

연습을 효과적으로 지도하려면 다음과 같은 일반적인 원리를 참고해야 한다.

① 학습자가 연습에 대한 필요를 느끼게 할 것(동기유발)

② 연습의 의미와 효과를 이해시킬 것(학습목표 확인)

③ 자율적으로 노력할 마음의 자세를 갖도록 연습시킬 것(자율적 학습, 자기주도학습)

④ 한 번에 오랫동안 연습을 시키지 말고 적당히 시간을 나누어서 연습시킬 것(흥미의 지속도 확인)

⑤ 학습자료를 잘 분석해서 전습법 · 분습법을 적절히 이용할 것(학습방법 확인)
⑥ 개인차에 맞는 연습법을 택할 것(능력별)
⑦ 진보된 상황을 학습자에게 과학적으로 평가시킬 것(합리적 평가방법 제시)

## 라. 연습방법

연습방법에는 집중학습과 분산학습, 전습법과 분습법, 암송 등으로 학습효과를 증진할 수 있다.

### 1) 집중학습과 분산학습

#### (1) 집중학습

연습과정에 있어서 도중에 휴식이 없이 연속적으로 반복 연습하는 것을 의미한다. 집중학습이 필요한 경우는 학습과제에 유의성이 있고 통찰학습이 가능한 경우며, 과거의 학습효과가 적극적인 전이를 일으키는 경우다. 또한 이미 학습된 기능이 어느 정도 망각이 일어난다 해도 높은 수준의 효과를 이루고 있거나 연습기간이 장기간 연장되어도 생산적인 결과를 필요로 한 경우다.

집중학습이 유리한 경우는 학습준비라든가 준비운동을 하기 위하여 일정한 기간을 필요로 하거나, 분산적 학습을 하면 너무 오랜 휴게 시간을 두게 되어 망각현상이 생긴다든지, 휴식 후의 시행이 전혀 새로운 시행으로 되거나 반응이 변화하는 것을 필요로 하는 문제해결학습의 경우다.

#### (2) 분산학습

분산학습은 도중에 휴식을 넣어서 연습해 나가는 것을 말한다. 분산학습이 필요한 경우는 학습과제에 유의성이 없고, 학습내용이 곤란하고 복잡하며, 학습의 초보단계이거나 동기유발이 낮고 많은 노력과 시간이 투입되어야 할 경우다.

연습시간과 휴식시간 관계를 보면 일반적으로 분산학습이 집중학습보다 효과적이다. 일반적으로 연습시간이 길수록 휴식시간도 긴 것이 바람직하다. 새로운 학습과제는 가능한 한 소량으로 학습자에게 제시되어야 한다.

## 2) 전습법과 분습법

### (1) 전습법

전습법은 학습내용이나 기술을 한꺼번에 학습하는 방법이다.

전습법의 장점은 망각이 적고, 학습에 필요한 반복이 적으며, 시간과 노력이 적게 된다.

전습법이 필요한 경우는 다음과 같다.

① 학습과제가 비교적 유의성이 있고 통찰학습이 가능한 경우
② 과거의 학습효과가 적극적인 전이가 용이한 경우
③ 이미 학습된 기능이 어느 정도 망각이 일어난다고 하더라도 높은 수준의 효과를 이루고 있을 경우
④ 잘 알려진 지식과 기능을 숙달하기 위한 고도의 요구가 있을 경우
⑤ 연습기간이 장기간 연장되어도 생산적인 결과를 필요로 하는 경우

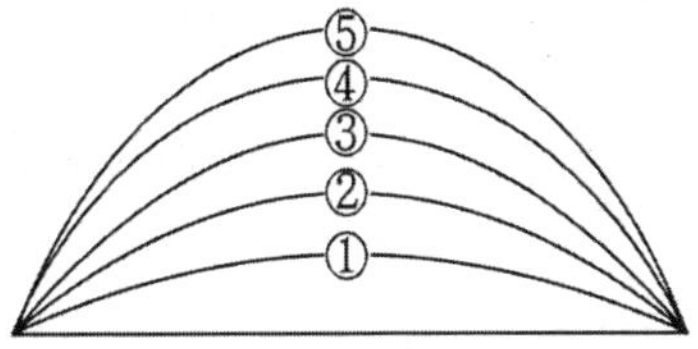


[그림 6-11] **전습법의 학습순서**

### (2) 분습법

분습법은 학습내용이나 기술을 몇 개의 단위로 나누어 학습하는 방법이다.

분습법은 순수분습법, 점진적 분습법, 반복적 분습법으로 나누어 볼 수 있다.

① **순수분습법** : 순수분습법은 각 내용이나 기술을 일정한 수준에 도달할 때까지 각각 학습하고 그 후 각 내용이나 기술을 동시에 학습하여 일정한 수준까지 학습하는 방법이다.

② **점진적 분습법** : 내용이나 기술 1과 내용이나 기술 2를 각각 학습하고, 다음에 내용이나 기술 3을 학습하고 1, 2, 3을 동시에 학습한다. 이와 같이 내용을 점차 합해서 전체를 학습하는 방법이다.

③ **반복적 분습법** : 내용 1을 학습하고 다음에 내용 2를 동시에 학습하며, 그 다음 내용과 함께 1, 2, 3을 동시에 학습하는 방법이다. 분습법이 필요한 경우는 다음과 같다.

· 작업량이나 학습과제량이 비교적 많은 경우
· 학습과제가 유의성이 없는 경우
· 학습과제의 내용이 복잡하고 곤란도가 큰 경우
· 그릇되게 반응하기 쉽고, 특히 학습의 초보단계
· 낮고, 많은 노력과 시간이 투입되어야 할 경우

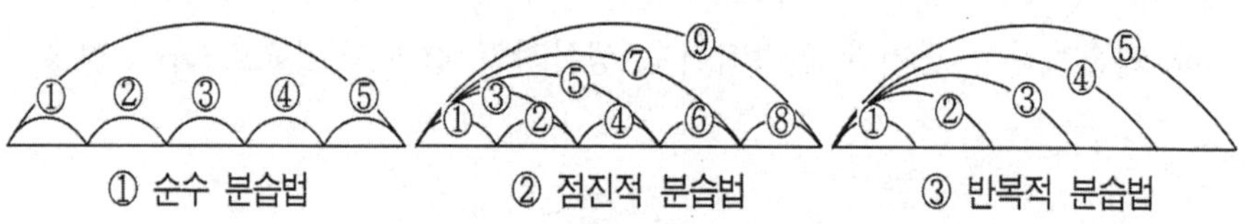


[그림 6-12] **분습법의 유형**

이상과 같은 연습은 망각을 방지하고 효과적인 파지를 위해 필수적이다. 미국 속담에 “Practice makes perfect”가 있는데, 연습은 완전성을 가져오는 지름길이다.

## 7 학습과 피로

### 가. 피로의 의미

학습은 어떻게 생각하면 유기체를 가장 긴장한 상태에 머물게 한다. 연습곡선에서 본 바와 같이, 대체로 처음에는 긴장되어 가속적으로 상승하나, 같은 학습을 연습한다면 능률이 올라가기는커녕 진보의 정도가 줄어드는 경우까지 생긴다.

이와 같이 일정한 시간 학습이나 작업활동을 계속하면 객관적으로 학습능률의 감퇴 및 저하, 착오의 증가, 주관적으로는 주의력의 감소, 흥미의 상실, 권태 등으로 일종의 복잡한 심리적 불쾌감을 일으킨다. 이러한 현상을 피로(fatique)라고 한다. 이것이 고도에 도달한 것을 피비(疲憊 ; exhaustion)라고 하며, 경우에 따라서는 생명까지 잃는 수가 있다.

### 나. 피로의 원인

피로감은 학습증진이나 작업능률과 밀접한 관계가 있다. 그러나 피로한 느낌과 실제적인 피로와는 반드시 일치하지 않는다. 실제로는 몹시 피로하지만 그 일에 대한 관심, 흥미, 노력 등의 심리적 조건에 따라 이렇다 할 피로를 느끼지 않을 경우가 있는가 하면, 또 이와 반대로 실제로는 하나도 피로하지 않지만 그 일에 대한 관심 및 흥미의 상실, 정서적 불안정 등으로 몹시 피로한 느낌을 지니게 되는 경우도 있다.

그러면 피로는 왜 일어나며, 또는 어떤 경우에 피로가 발생하는가를 살펴보면 다음과 같은 원인을 들 수 있다.

### 1) 생리적(신체적) 원인

① 영양에 의하여 저장된 에너지원의 소모, 질병, 체질, 신체적 결함 등
② 피로독소, 즉 노폐물의 축적(유산칼륨, 인산염)
③ 산소의 결핍(이산화탄소의 축적)
④ 신체적 · 생리적 불균형(자세의 고착화, 안근의 긴장)

### 2) 학습자체의 원인

① 연령과 학습 지속시간(표 6-3 참조).

표 6-3 연령과 학습시간(Terman)

| 연 령 | 시 간(분) |
|---|---|
| 3~5 | 25~30 |
| 6~8 | 30~40 |
| 9~12 | 40~50 |
| 12~15 | 50~60 |
| 15~20 | 60~90 |
| 21이상 | 90~100 |

② 학습내용 및 학습지도법의 부담량(각 교과에 따라 피로치가 다르다), 난이도, 교과에 대한 적성 등
③ 정서적 불안정, 갈등, 혼란상태

### 3) 학습환경 원인

① 물리적 조건, 학습도구 및 시설의 불비(不備), 온도, 습도, 조명, 색채, 책상 및 의자, 소음 등
② 사회적 조건, 인간관계, 문화적 · 경제적 조건, 가정생활의 분위기 등

#### 4) 시기 및 계절의 영향

① 대체로 오전보다 오후에 피로를 많이 느끼며, 1일 수업시간에서는 처음과 마지막 시간에 학습능률이 떨어진다.

② 일주간의 요일 중 월요일이 가장 능률이 오르지 않으며, 수, 목요일에 능률이 오르다가 그 후에 저조하고 토요일에 다시 약간 높아지는 경향이 있다.

③ 계절에 있어서도 봄 · 가을이 여름 · 겨울보다 능률적이나, 여름철보다는 겨울철에 비교적 학습효과가 있다. 기타 학교의 여러 행사, 휴가 등의 전후도 학습효과와 밀접한 관계가 있다.

### 다. 피로의 회복방법

피로의 회복방법으로는 각각의 피로의 원인에 따라 다르겠지만, 휴식과 수면이 가장 좋은 방법이다. 그러나 수면시간도 연령에 따라 다르며, 한 번에 오랜 시간 휴식을 하느니 보다도 이 휴식을 몇 번이고 나누어 하는 것이 효과적이다. 그것은 휴식시간이 길어지면 연습효과나 워밍업(warming-up)된 것이 상실되기 때문이다.

그 밖에 음식(영양소)섭취, 안정, 산책, 기분전환, 오락, 가벼운 운동경기 및 율동, 음악감상, 담화, 물리적 요법(목욕, 맛사지, 피로독소의 제거, 조제약 등) 등이 있다.

## 8 학교 스트레스

학생들은 학교생활을 통한 학업성취 과정에서의 성취욕, 또는 학업 실패로 인한 좌절, 학업성취에 대한 경쟁의식 그리고 선생님과 친구들과의 인간관계,

그 밖에 부적절한 학교환경 등으로 스트레스를 경험하게 된다.

## 가. 학생 스트레스

청소년의 스트레스 유발인자는 인지발달과정 스트레스, 자아중심성 스트레스, 자립성 확인 스트레스, 자아정체성 발달 스트레스, 신체적 성숙 스트레스 등 5가지다(한종상, 1995).

첫째, 인지발달과정의 스트레스는 인지구조에 의해 외부세계에 대한 새로운 시각과 비판을 가지며 기존의 가치와 규범에 대해 저항하는 과정에서 청소년들이 스스로에게 유발시키는 스트레스를 의미한다.

둘째, 자아중심성 스트레스란 청소년기에 접어들면서 유아기나 아동기 때의 자아중심성과는 또 다른 자아중심성으로서의 심리적 특징이 나타나 스트레스를 유발시킨다는 것이다. 고도의 인지발달에 의한 사고에 대해서 타인이나 대상에 대해 객관적인 사실마저도 추상화시키게 되므로, 스스로의 판단과 단정으로 슬퍼하기도 하고 즐거워하기도 하며 더 나아가 역설적인 생각으로 스트레스를 받게 된다.

셋째, 자립성 확인 스트레스는 청소년으로 성장한 학생들이 자신 특유의 독립된 개체를 찾으려는 경향이다. 즉, 부모나 보호자, 간섭자들로부터 벗어나 자신들 만이 누릴 수 있는 문화와 가치가 있다고 생각하여 이상적인 세계에 대한 모델을 만들어 놓으려 한다.

넷째, 자아정체성 발달의 스트레스는 자신에 대한 인식을 시작함으로써 자아정체성이 형성되는 과정에서 경험하게 되는 스트레스를 의미한다. 스스로에 대한 인식은 새로운 불안을 초래하여 현실과 이상 사이의 자아에 불균형이 생기고, 자신에 대한 타인의 인식과 스스로의 인식 사이에 생기는 차이가 자기정체성의 확립을 어렵게 하고 그 과정에서 스트레스를 겪게 된다.

다섯째, 신체적 성숙의 스트레스는 청소년기에 급격히 나타나는 신체 발달이 인지발달이나 성격발달과 균형을 이루지 못하여 불안과 초조감을 갖게 되고 그로 인해 경험하게 되는 스트레스다. 청소년기는 유아기나 아동기에 비해 양적・질적으로 급격한 신체적 발달이 일어나면서 이성을 의식하고 사춘기 고유의 특성을 보인다.

아동도 다양한 스트레스를 경험한다. 처음으로 학교생활을 시작하는 아동은 학교 환경에 대한 적응으로 인해 스트레스를 경험하게 된다. 전학 역시 학교 스트레스의 주요 요인이다. 또한 아동의 능력이나 적성에 따라 특정교과에 대한 성취와 관련된 스트레스가 보고되고 있다.

시험불안으로 인한 스트레스는 학교생활 중에서 가장 현저하게 나타나는 스트레스 요인이다.

학교 스트레스 연구 결과를 종합한 Sears와 Navin(1983)은 등교불안, 불량학생, 전학, 교사와의 갈등, 높은 성적과 상을 받기 위한 경쟁, 수업 중 여러 사람 앞에서의 발표나 보고, 학부모의 학교 성적에 대한 무관심, 학습장애, 숙제, 형제들보다 우수해야 한다는 강박감, 친구의 놀림, 학업성취에 대한 부모의 기대, 시험에 대한 걱정, 친구들보다 우수한 능력 발휘를 해야 한다는 부담 등의 다양한 요인들을 보고하였다.

## 나. 학교 스트레스

일상생활에서 학생들을 심리적으로 가장 어렵게 하는 압력 요인들은 학교생활 적응과 진로결정 그리고 이것을 기초로 한 정서확립이라는 세 가지 영역이다(한준상, 1995). 특히, 학업성적의 부진, 학습흥미 상실, 학급 친구들과의 관계, 교사와의 관계들을 포함하고 있는 학교생활의 적응문제가 학생들에게는 매우 큰 스트레스 요인으로 작용하고 있다. 즉, 학생의 스트레스는 학교의 특성, 학교의 분위기, 교사와 친구들과의 관계 그리고 학업성취에 대한 압력 등에 의해 현저하게 나타나는 것으로 볼 수 있다. 예를 들어, 대학입시를 철저히 강조하는 인문계 고등학교의 분위기에서 매일 시험을 치르거나, 입시위주로 지도하는 선생님과 학생들과의 관계, 친구들과의 경쟁의식 등이 학교 스트레스의 시발점이 되는 것이다. 만약 이러한 상황에서 학교생활에 적응하지 못한다면 학생은 진로 결정을 포기하거나 자기 정체감 상실 상태에 빠지게 된다.

## 다. 스트레스의 대처

스트레스 대처(coping)란 일상적으로 직면하는 생활의 문제들로 인하여 개인의 균형이 깨어질 때, 불균형한 상태를 회복시키고 다시 일상에 적응하는 과정을 뜻한다(Selye, 1982). Lazarus(1966)는 스트레스 대처방식과 적응에 대하여 다음과 같이 설명한다. 그는 스트레스를 환경적인 압력이 개인의 적응범위를 넘어서는 상태라고 보며, 스트레스 대처방식을 단기적인 대처방식과 장기적인 대처방식으로 분류하였다. 그에 따르면 대처방식은 특정하게 고정된 것이 아니라 시간과 상황에 따라 다르게 표출되는 것이다.

스트레스 대처방식을 방어적 대처와 문제중심적 대처로 구분하고, 스트레스의 부정적 영향을 완충시켜 주는 사회적 지지(social support)를 살펴보면 다음과 같다(임규혁, 1995).

### 1) 방어적 대처

방어적 대처는 상황 자체를 변화시키기 보다 스트레스로 인한 정서적 고통을 감소시키려는 노력을 의미한다. 즉, 마음의 괴로움을 덜기 위해 운동, 명상, 음주, 분노의 발산이나 정서적 지지를 구하려는 행동을 하게 된다. 인간은 희망과 낙관을 유지하기 위해, 사건의 실제 의미를 부인하기 위해, 발생한 일의 중요성을 낮게 인식하기 위해 정서 중심적 대처를 한다(김정희 · 이장호, 1985). 그러나 이런 과정은 의식적이기 보다 무의식적인 경우가 많다. 이러한 무의식적인 대처 과정에서 인간은 방어기제를 사용하여 심리적인 안정을 가지려 한다. 방어기제(defence mechanism)란 부적응 상태나 스트레스를 받는 상황에서 스스로를 보호하기 위하여 사용되는 기제다. 이는 일반적으로 사회적 요구의 중압감,

욕구의 억제 혹은 벌을 받는 상황 등에서 기인하는 불안으로부터 벗어나기 위해 사용된다. 방어기제의 종류와 내용은 〈표 6-4〉에 제시되어 있다.

**표 6-4** 방어기제의 종류와 내용

| 방어 기제 | 내 용 |
|---|---|
| 보상 (compensation) | 자신의 열등감과 무력함을 극복하기 위하여 다른 행동과 태도를 선택하는 것을 의미한다. |
| 합리화 (rationalization) | 스스로 용납할 수 없는 자신의 행동에 적당한 이유를 제시하여, 불안을 극복하고 사회적으로 인정받으려는 것을 뜻한다. |
| 투사 (projection) | 자신의 결점이나 무능력의 원인을 타인에게 전가하거나, 타인 역시 그러한 결점이 있다고 생각하여 자신의 열등감을 극복하려는 것을 의미한다. |
| 동일시 (identification) | 다른 사람의 행동특성이나 심리특성을 자신의 특성처럼 받아들여, 스스로가 겪고 있는 불안과 좌절을 극복하려는 것을 의미한다. |
| 승화 (sublimation) | 사회적으로 가치 있는 일을 성취하려고 노력함으로써, 자신이 억압당하고 있는 욕구를 만족시키는 것을 말한다. |
| 반동형성 (reaction formation) | 사회적으로 용납될 수 없는 혹은 수치스러운 욕구가 외부로 나타나지 않도록 욕구와 반대되는 행동과 태도를 보이는 것을 의미한다. |
| 대치 (displacement) | 특정 대상에 대한 태도, 욕구, 충동 등을 다른 대상으로 옮기는 것을 말한다. 공격적인 대치와 애정적인 대치의 양상으로 나타난다. |
| 퇴행 (regression) | 만족이 주어졌던 발달 초기의 수준으로 돌아가 미숙한 반응을 나타내어 불안이나 위협을 극복하려는 것을 의미한다. |

### 2) 문제 중심적 대처

문제 중심적 대처는 스트레스를 일으키는 상황을 평가하고 변화시키기 위한 노력을 의미한다. 즉, 문제를 규정하고, 해결책을 모색하며, 적절한 대안을 선택하여 행동하는 것이다. 이러한 스트레스 대처방안은 환경의 압력 · 장애물 · 자원 · 절차 등을 바꾸는 환경지향적인 전략과, 열망 수준의 변화, 대안적인 만족 구하기, 새로운 행동기준의 개발, 대인관계 기술과 같은 새로운 기술의 습득 등 내부 지향적인 전략을 포함한다. 문제중심적 대처는 비교적 상황 특수적

성향을 띠고 있어서 스트레스 요인과 유형에 따라 대치전략이나 방식이 다르게 표출된다. 스트레스에 효과적으로 대처하기 위하여 다음과 같은 사항을 고려해야 한다.

첫째, 평소에 대처 능력을 향상시키는 예방적인 준비가 필요하다. 즉, 적응력을 개발하고 증진하는 노력이 필요하고, 성장지향적인 생활방식으로의 변화, 자존감의 향상이나 능력개발, 원만한 인간관계를 위한 기술 등을 갖추고 있어야 한다.

둘째, 특정한 스트레스 상황에 적절하게 대처하는 방법을 익히는 것이다. 무한하게 전개되는 특정 상황에 따른 대처방식을 완벽하게 배울 수는 없기 때문이다(원호택, 1991).

셋째, 스트레스와 직접 관련이 되는 도전이나 위협을 다루려고 노력하는 방법을 시도해야 한다. 이를 위해 사회공학적 대처방법, 심리공학적 대처방법, 명상법, 근육이완법, 바이오 피드백, 신체활동을 통한 스트레스해소법 등을 이용할 수 있다.

그 밖에도 스트레스에 대한 대처방법을 다양한 기준에 따라 구분할 수 있지만 사람들은 보통 어느 한 가지 전략을 집중적으로 사용하지 않는다. 대부분의 사람들은 방어적 대처와 문제중심적 대처를 절충적으로 사용하고 있다(Lazarus & Folkman, 1980). 예를 들어, 스트레스 상황에서 환경이나 상황을 바꾸기 위한 대안이 없다고 평가될 때는 방어적 대처를 이용할 가능성이 높으며, 스트레스의 조건들을 변화시킬 수 있다고 평가될 때는 문제중심적 대처를 이용할 가능성이 높아진다. 일반적으로 문제중심적 대처를 더 건전하고 효과적인 것으로 생각하고, 방어적 대처는 근본적인 문제해결이라기보다 임시적인 긴장의 완화나 회피에 불과하다고 보고 있다. 그러나 방어적 대처 역시 개인의 능력으로 스트레스를 해결할 수 없을 때, 개인의 정서 조절에 도움이 되는 것만은 분명한 사실이다.

### 3) 사회적 지지

학생들은 스트레스 상황에서 자신을 도와 줄 지원자를 찾고자 한다. 이때 학생에게 정서적 · 물질적 지원을 할 수 있는 사람이 있다면 학생들에게 미칠 수 있는 스트레스의 부정적 영향을 감소시킬 수 있을 것이다. 이와 같이 사회적 지지는 개인이 대인관계에서 얻을 수 있는 긍정적 자원으로 보아야 한다(Cohen & Wills, 1985). 스트레스 상황에서 사회적 지지의 긍정적 효과는 완충가설과 주효과 모델에 따른다. 주효과 모델에 따르면 개인의 사회관계망이 광범위하면 개인은 일상생활에서의 긍정적 경험이 누적될 뿐만 아니라, 공동체 내에서 안정되고, 사회적으로 대우받는 역할체제를 제공하기 때문에 개인의 심리적인 안정에 도움이 된다고 하였다. 그리고 완충가설은 사회적 지지가 스트레스 조건에 의해 생겨난 영향을 완화시키는 역할을 한다는 가설이다(Cohen & Wills, 1985). Cohen과 Wills(1985)가 제시한 다음의 모형을 통해 완충가설에 대하여 보다 구체적으로 살펴보자.

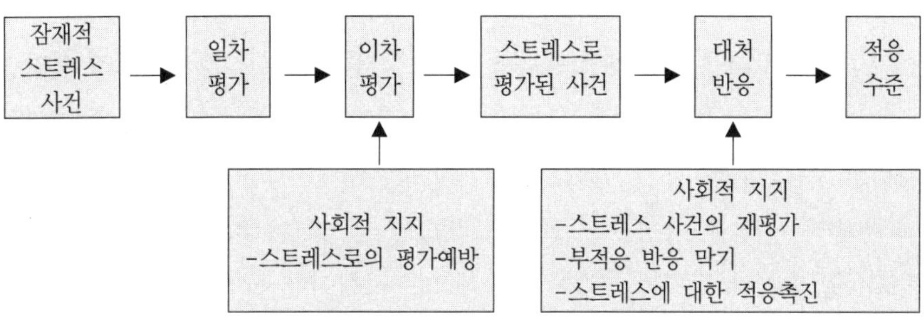


[그림 6-13] **사회적 지지의 스트레스 완충 모델**

* 출처 : Cohen & Willis, 1985.

우선, 잠정적 스트레스 사건이 평가되는 단계에서 사회적 지지가 작용하여 스트레스 평가를 예방할 수 있으며, 일단 스트레스로 평가되어 부적응으로 연결되는 중간의 대처과정에서 스트레스를 재평가하거나, 부적응의 억제 혹은 적응적인 대처행동의 추진을 통하여 그 영향을 완화시킬 수 있다.

그렇다면 학생들에게 정서적 · 물질적 지원을 할 수 있는 사람은 누구인가? 우선, 학생들을 일차적으로 지원할 사람은 부모를 포함한 가족구성원이나 친구 및 교사다(Dubow & Tisak, 1989). 특히 교사의 지지는 학생들에게 가장 의미 있는 영향을 미친다고 볼 수 있다(Wener & Smith, 1982). 그리고 사회적 지지의 내용은 정서지지, 정보지지, 물질적 지지, 존경지지 등이 있다.

지금까지 살펴본 스트레스의 대처방안들의 효과적인 활용과, 학교 스트레스에 대한 가족, 친구 및 교사 등으로부터 제공되는 사회적 지지에 의하여 학생들은 학교 스트레스를 완화시키거나 현명하게 대처할 수 있을 것이다.

### 4) 학교 스트레스 대처

지금까지 학교생활을 통한 학생들의 스트레스 요인과 과정을 살펴보았다. 학생들이 다양한 스트레스에 효과적으로 대처하기 위한 방법은 다음의 두 가지로 생각해 볼 수 있다(원호택, 1991).

첫째, 스트레스에 대한 학생들의 대처능력을 향상시키는 것이다. 이는 예방적인 차원으로서 학생들의 적응능력을 개발·증진시켜 성장지향적인 생활방식으로 변화시키는 방법이다. 그리하여 학교 내에서 발생하는 문제들을 현명하게 처리할 수 있도록 해야 한다.

두 번째 방법은 특정한 학교 스트레스에 대처하는 방법을 익히는 것이다. 학교생활 중에 부딪치는 특정한 스트레스는 시험이나 진학문제, 교우관계, 교사와의 관계 등을 말한다. 특정한 스트레스 요인에 대처하는 방법을 한 마디로 명제화할 수는 없지만 기본 방향 몇 가지를 생각해 볼 수 있다.

학교 스트레스에 효과적으로 대처하기 위해 가장 중요한 점은 학생 자신의 마음가짐이다. 예를 들어, 시험 때마다 스트레스를 경험하는 학생들은 시험이 자신의 학업성취를 진단해 보는 도구적 기능에 불과하다는 식의 사고로 시험에 대한 긍정적인 태도를 지녀야 한다. 또한, 학교 안에서 발생되는 모든 스트레스는 해결이 가능하다고 생각하는 것이다. 즉, 교사와의 관계라든가 학우들 간의 경쟁의식 등은 타인을 이해하는 긍정적인 자세를 가짐으로써 극복될 수 있다고 생각해야 한다. 다음으로 학교 스트레스가 성장을 위한 도전이라고 생각하는 것이다. 스트레스는 위협적이고 부정적인 면이 있으나 이러한 스트레스를 극복함으로써 자기성장의 기회가 된다는 사실을 이해하는 것이 중요하다. 예를 들어, 시험을 치르는 어려움은 성취감을 느끼게 하는 도전의 과정으로 생각할 수 있다. 한편, 학생 자신이 자신의 스트레스 대상, 원인, 정도를 파악할 필요가 있다. 예를 들어, 시험에 대한 불안감이 어느 정도이고, 왜 불안을 느끼고 있는지를 명확하게 판단할 수 있다면, 시험에 대한 스트레스는 학습수준을 높여줄 수도 있다. 이를 위해 친구들끼리 서로의 시험 스트레스를 얘기함으로써 그것이 자신만의 스트레스가 아니라는 점을 인식하는 과정도 효과적인 대처 방안이 될 수 있다.

마지막으로, 개인이 스트레스 상황에 대처하기 위하여 활용하는 자원을 고려해야 한다. 즉, 도움을 줄 수 있는 지원자나 학교를 포함한 사회기관 등을 통하여 사회적 지지를 얻을 수 있다. 사회적 지지는 학생들이 스트레스 상황에 대처할 수 있도록 직접적인 도움을 줄 수 있고, 또 정보의 제공이나 정서적 지지를 제공받을 수 있다. 예를 들어, 학생이 시험을 불안하고 초조하게 느낄 때, 부모나 친구들의 공감이나 사랑과 관심으로써 소속감과 안정감을 유지할 수 있다. 정동화(1995)는 아동이 지각한 사회적 지지가 학교 스트레스를 줄이는 효과에 영향을 미치고, 사회적 지지 중에서 친구와 교사에 의한 지지가 학교 스트레스를 완충시킨다고 보고하였다.

이상에서 살펴본 학교 스트레스 대처 방안들을 적절히 이용한다면 학교 내에서 교사와 학생 간의 적절한 상담은 사회적 지지를 제공할 수 있는 좋은 기회가 되며 동시에 학교 스트레스에 효과적으로 대처하는 방법이 될 수 있다.

Memo

# 교육활동에 대한 이해

제 4 부

제 7 장

# 효과적인 교육활동

1. 수업의 과정
2. 효과적인 수업
3. 효과적인 교사

## 1 수업의 과정

### 가. 수업의 정의

학습이란 이전 경험을 기초로 해서 일정한 지식과 기술, 태도를 습득하여 다음 행동을 새로운 상황에 적응시켜 가는 진보적 과정이다. 교수(teaching)나 수업(instruction)은 학습과 다르다. 교수는 교사의 의도적인 교육적 활동을 말한다. 최근 교수보다 널리 사용되는 수업은 교사가 목표를 세운 교사가 학습자에게 작용하는 활동을 의미한다. 따라서 교수나 수업은 모두 교사가 주가 되어서 학생에게 제시·전달하는 것이다. 수업목표에 도달하기 위하여 교사는 환경변인을 계획적으로 조작한다. 수업이 학생에게 작용하는 기능을 하는 것이라고 볼 때 독립변수 또는 매개변수라고 할 수 있으며, 이때 학습은 종속변수가 된다.

### 나. 수업 절차

#### 1) 수업목표의 설정

교육의 목표는 지적·정의적 행동의 바람직한 변화에 있다. 따라서 이런 변화를 가져오기 위해서는 교육이 명백한 의도와 계획 아래 구성되고 운영되어야 한다. 교육목표는 국가적 수준에서 결정되어 교육의 방향을 제시해 준다. 교육목표가 구체화되면 각 학교수준에서 자체의 교육과정, 지도계획, 수업실천 등에 반영하여 의도한 방향으로 학생들을 계획적으로 인도하게 된다.

어떤 수업목표가 달성 가능한 것인지, 대상 학생집단에게 적합한 것인지, 어떤 목표가 장기간에 걸쳐 달성될 수 있을 것인지, 단기간에 달성할 수 있는 교육목표로는 어떤 것이 있는지, 수업목표가 보다 쉽게 달성될 수 있는 것인지,

복잡한 수업-학습과정을 요구하는 것인지, 전이와 응용의 폭이 넓은 것인지, 어떤 목표를 먼저 수업해야 할 것인지 등에 관련된 문제가 제시되고 판단되어 실천목표로 바뀌어지게 된다.

수업목표를 결정하는 것은 주로 교사의 자유재량에 크게 의존된다. 물론 상급기관에서 하달된 수업목표가 일반적 방향을 결정하지만 수업-학습과정에서 목표를 세분화하고 결정하는 것은 교사의 재량에 달려 있다. 그러므로 학기 혹은 학년 초기에 교사는 자기의 수업결과로 학생에게 일어날 행동의 변화를 자기 자신뿐 아니라 학생에게도 정확히 이해될 정도로 명백하게 설정해야 한다. 이 명료성의 정도에 따라 교재, 교구, 교과서의 선택 및 수업방법이 결정되기 마련이다.

### 2) 출발점행동의 진단

출발점행동이란 학습자가 특정한 새로운 도착점행동을 습득하기 위하여 이미 습득했어야 할 지식의 정도, 일반 및 특수능력의 정도, 동기 상태 등을 말한다.

출발점 단계에 있는 학습자의 행동특성은 과거 그 개인의 학습사가 집약된 결과이며, 어느 의미에서는 이것이 곧 학습에서의 성공의 정도를 미리 예언하는 역할을 한다.

출발점행동에 대한 진단은 수업이 시작될 때 학습자를 적절하게 배치하는 것과 학습자가 학습에서 갖는 결함의 진단이라는 두 가지 목적을 갖고 있다. 그러나 이 두 가지 목적보다도 그 학습자가 지니고 있는 출발점행동의 정보에 따라 적절한 수업방법을 고안 선정함으로써 모든 학습자의 학습의 효과에 극대화를 가져오고 성적에서는 개인차를 극소화하려는 데에 더 중요한 목적이 있다고 하겠다.

### 3) 수업활동 과정

수업에서 교사에 의한 수업방법의 질에 대한 문제가 제기된다. Bloom은 질이 높은 수업방법을 채택하려면 학습자가 무엇을 학습해야 하는지, 그 학습을 위해서 무엇을 어떻게 해야 하는지를 명백히 이해할 수 있도록 해 주어야 하며, 학습자로 하여금 학습과정에 적극적인 참여의 기회를 주어야 하고 수업과정에서 적절하게 강화와 연습의 효율적인 분배가 고려되어야 한다고 말하고 있다. 수업방법은 초기 단계의 진단, 즉 출발점행동의 진단에서 얻은 정보를 기초로 각 개인의 특성, 즉 개인차를 고려한 효과적인 배치가 가능한 것이다.

수업과정에 있어서 질적 관리에 가장 합당한 것이 형성평가다. 형성평가는 수업과정에 있어서 수업학습의 효과를 높이기 위하여 권장되어야 할 활동이다. 이 평가는 수업학습이 진행되고 있을 때 교과, 수업, 학습을 개선하기 위해 실시하는 평가다. 그러므로 이미 수업 및 학습이 끝난 후에 실시는 종합평가로는 그와 같은 목적을 달성할 수 없다. 따라서 형성평가는 학습자의 학습진행 속도를 조절하고 아직 목표를 달성하지 못한 학생들에게 무엇을 더 학습해야 하는지 학습곤란의 발견에 도움을 준다. 그리고 이 평가는 교사로 하여금 자신의 수업과정을 반성해 보는 근거를 제공한다.

수업방법의 주요한 변인으로 논의되고 있는 것은 학습자의 출발점행동에 관한 정보와 그 이용, 수업-학습과정의 개별화, 학습과제의 계열화, 그리고 학습자의 긍정적 동기유발 등이라고 지적할 수 있다.

### 4) 학습성과의 평가

주어진 수업목표에 대한 일정 기간의 수업과정이 종결되었을 때 그 동안의 학습성과를 총합적으로 사정하여 수업과정의 효율성에 대한 판단을 내리는 단계를 총합평가라고 한다.

총합평가의 결과는 학생 장래의 성공 여부를 예측해 준다는 의미에서 학습지도 뿐만이 아니라 생활지도 측면에서도 중대한 의의를 갖는다. 학생들의 과거의 성취도와 현재의 성취도 사이에, 그리고 현재의 성취도와 장래의 성취도 사이에 높은 상관관계가 있다는 사실은 수업계획이나 수업과정에서 성취도가 중요한 의미를 내포하고 있음을 시사해 준다. 즉, 어떠한 교과의 학습성과가 그 다음에 이어질 교과의 학습에 어떤 영향을 미치는가에 대하여 시사해 준다는 것이다.

## 다. 수업 모형

### 1) Glaser의 수업 모형

Glaser는 수업과정을 교사에 의한 계속적인 의사결정과정으로 보아 다음과 같은 수업 모형을 제시했다.

Glaser 수업 모형의 특징을 살펴보면 다음 [그림 7-1]과 같다.

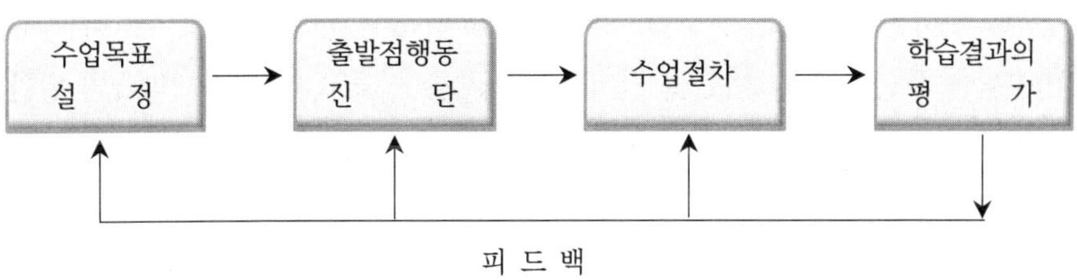


[그림 7-1] Glaser 수업 모형

첫째 수업의 한 단계는 후속되는 다음 단계 활동의 내용을 결정하도록 되어 있다.

둘째, 학생들의 개인차를 수업에 반영시킬 수 있다.

셋째, 각 단계는 피드백에 의해서 유기적으로 상호 관련되어 있다.

넷째, 수업과 평가의 밀접한 관계를 나타내고 있다.

출발점행동은 수업활동이 시작되기 전 학생이 지니고 있는 지적·정의적 상태를 의미하는 것으로, 적절한 수업전략과 계획을 수립하고 실천하는 데 필요한 기초를 제공해 주는 것이라고 할 수 있다. 따라서 학습자의 출발점행동에 따라서 수업계획이나 전략이 달라질 수밖에 없다. 수업 시작 전 학생의 출발점행동을 파악하기 위해 진단평가를 한다. 또한 출발점행동은 지적 영역과 정의적 영역으로 나누어 볼 수 있기 때문에 흥미, 태도 및 자아개념 등에 대한 진단도 필요하다. 수업절차는 학습자에게 가르칠 내용을 교사가 직접 가르치는 과정이다. 수업목표에 따라 수업방법과 매체를 선정하고 적절한 수업법을 처방하여 수업을 진행시키고, 형성평가를 통해 수업목표의 달성 여부를 확인하며 그 결과를 교사와 학생에게 피드백한다. 교과목이나 학습집단의 특성에 따라 개인차를 고려하는 수업방법도 이 과정에서 고려될 수 있다.

수업의 결과에 대한 평가는 수업목표에 기준을 두고 목표가 얼마나 달성되었는지 평가한다. 평가의 결과는 수업의 각 단계에 다시 피드백하게 된다.

### 2) Carroll의 학교학습 모형

학교에서 이루어지는 다양한 형태의 학습 가운데 지적 학습에 작용하는 중요 변인들을 추출하고 그 변인들 간의 상호관계를 기초로 하여 학교학습의 방안을 체계화시킨 것이 J. Carroll(1963)의 학교학습 모형(model of school learning)이다. Carroll의 학교학습 모형은 학교학습을 촉진하고 개선하는 데 필요한 실질적이고 구체적인 전략을 제안하고 있다는 점에서 매우 중요한 교수 모형이다. Carroll은 학습자가 성취한 학습의 정도가 학습자에게 주어진 과제를 학습하는 데 필요한 시간에 대한 학습자의 실제 사용 시간의 비율로 결정된다는 명제를 제안하고 있다. 여기서 학습의 정도는 교수목표에 진술된 도달기준에 비추어 실제로 도달한 학습정도를 뜻하며, 학습에 필요한 시간은 주어진 학습과제를 완전히 학습하여 교수목표로 진술된 수준까지 도달하는 데 필요한 시간을 의미한다. 학습에 사용된 시간은 학습자가 학습과제에 능동적으로 주의를 집중하여 학습에 몰두한 시간을 뜻하며, 학습하는 동안 수동적으로 보낸 시간은 학습에 사용된 시간에서 제외된다. 개인차에 따라 학습속도가 다르기 때문에 학습에 필요한 시간은 학습속도라는 개념과 대치될 수 있다. 이와 같은 명제를 함수로 표현하면 다음과 같다.

$$\text{학습의 정도} = f\left(\frac{\text{학습에 사용된 시간의 양}}{\text{학습에 필요한 시간의 양}}\right)$$

Carroll(1963)은 학습에 필요한 시간과 학습에 사용한 시간을 결정하는 변인을 개인차변인과 수업변인으로 분류하고, 개인차변인은 다시 적성 · 교수 이해력 · 지구력으로 구분하였으며, 수업변인은 교수의 질과 학습기회로 나누고 있다. 이와 같은 다섯 가지의 하위변인을 보다 자세히 살펴보면 다음과 같다.

개인차변인 중 적성(aptitude)은 최적의 교수조건 하에서 주어진 과제를 완전히 학습하는 데 필요한 시간을 뜻한다. 적성이 높으면 과제를 빨리 학습하고 적성이 낮으면 학습에 소요되는 시간이 길어진다. 어떤 과제를 성공적으로 학습하는데 필요한 시간을 그 과제의 학습적성으로 규정하고 있다는 점에서 Carroll의 학교학습 모형에서 의미하는 적성과 교육학이나 심리학에서 의미하는 적성과는 개념적으로 상당한 차이가 있다. 교육학과 심리학에서는 적성을 특정 과제 학습에 필요한 능력의 구조적 차이, 즉 일정한 훈련에 의해 숙달될 수 있는 개인의 능력을 의미한다. 교수이해력은 학습해야 할 과제의 성질과 학습절차를 이해하는 학습자의 능력을 의미하며, 여기에는 학습자의 일반지능과 언어능력이 포함된다. 교수이해력은 학업적성과 기능적으로 밀접한 관계를 가지고 있다. 그러나 학업적성은 과제의 종류와 성질에 구애되지 않고 모든 형태의 교수 장면에서 학습자가 수업을 이해하는 비교적 항상성이 높은 일반 능력을 의미한다. 그리고 지구력은 학습자가 학습을 위해 사용하려는 시간으로 정의된다. 즉, 지구력은 학습자 스스로 인내력을 발휘하여 학습에 많은 시간을 할당하려는 의욕과 태도를 뜻하며, 학습자의 성격 특성에서 나온 일종의 학습동기에 해당한다.

수업변인 중 교수의 질은 학업성취와 밀접하게 관련되어 있다. 학습목표와 학습방법을 사전에 알려 줌으로써 학생들로 하여금 학습과제의 교육적 가치를 인식하게 하고, 그 과제를 학습해 낼 수 있다는 자신감을 가질 수 있도록 적절한 계열로 조직하여 제시하는 등의 노력은 수업의 질을 높이게 할 것이다. 학습기회란 학습자들에게 주어진 일정한 과제를 학습할 수 있도록 그들에게 실제로 허용된 시간을 가리킨다. 각 개인은 학업적성에 차이가 있기 때문에 학습자들에게 주어지는 학습기회는 달라져야 할 것이다. 그런데 학습기회와 지구력은 모두 시간으로 규정되기 때문에 혼돈되기 쉽다. 학습자의 의사와 관계없이 외부로부터 학습자에게 주어진 학습시간을 학습기회라 하고, 학습자가 자기 자신의 의사에 의하여 스스로 학습에 투입하기로 결정한 시간량을 학습에 대한 지구력이라 규정한다.

이상에서 살펴본 학습의 정도를 결정하는 변인 중에서 학습에 필요한 시간을 결정하는 변인은 적성과 교수이해력 및 교수의 질이며, 학습에 사용한 시간을 결정하는 변인은 학습기회와 지구력이다. 이들 변인을 이용하여 학습의 정도를 다음과 같이 나타낼 수도 있다(Carroll, 1963).

$$\text{학습의 정도} = f\left(\frac{\text{학습기회}\cdot\text{지구력}}{\text{적성}\cdot\text{교수이해력}\cdot\text{교수의 질}}\right)$$

교수의 질이 좋으면 학습과제를 이해하는 정도가 높아지므로, 교수의 질과 교수이해력은 상호작용하는 것으로 볼 수 있다. 또한 교수의 질은 학습과제에 대한 학습자의 지구력에 영향을 미친다. 학습기회와 지구력이 다소 낮아도 적성이 높으면 학습과제를 일정한 시간 내에 수행할 수 있다. 그러나 적성이 낮은 학생이 다른 학생과 동일한 시간 내에 주어진 과제를 학습하려면 교수의 질을 알맞게 조정하여 교수이해력을 높여야 할 뿐 아니라 학습기회와 학습에 대한 지구력도 증대시켜야 한다. 이러한 사실은 학습의 정도를 높이기 위해서 이상의 다섯 가지 변인을 효과적으로 조정하고, 변인들 간의 역동적인 상호관계도 고려하여 교수과정과 방법을 조절해야 함을 시사하고 있다. 결국 Carroll은 학습의 정도를 높이기 위해 학습자의 적성, 교수이해력, 지구력, 교수의 질, 학습기회를 효과적으로 조정할 것을 제안하고 있으며, 학교학습 모형은 교수에 작용하는 변인들을 통제하는 절차와 방법을 구체적으로 제시하고 있다.

이와 같은 Carroll의 학교학습 모형은 B. Bloom(1968)이 제시한 완전학습(mastery learning)에 이론적 기초를 제공하였다. Bloom은 학교학습 모형을 학습현장에 적용시키기 위하여 다양한 수업전략을 구상하고 재조직하여 완전학습에 관한 이론을 발표하고 실천적인 교수이론으로 전개시키는 데 많은 노력을 기울였다. 그는 전체 학생들 중 약 95%의 학생들이 주어진 학습과제의 약 90% 이상을 완전히 학습해 내는 것이 완전학습이라고 주장한다. 이는 신체적 혹은 정신적으로 문제가 있는 약 5%의 학생을 제외한 대부분의 학생들은 학습자의 적성이나 교수이해력 그리고 지구력에 알맞는 최상의 수업조건이 제공된다면 거의 완전히 학습할 수 있다는 것을 의미한다. 완전학습 모형에서 학습자의 학습정도는 학습자가 학습을 위해 필요로 하는 시간량에 대해 학습에 투입한 시간의 비율에 의해 결정된다고 본다. 위에서 살펴본 Carroll의 모형과 마찬가지로 학습의 정도는 다음과 같은 함수로 표현할 수 있다.

$$\text{학습의 정도} = f\left(\frac{\text{학습에 사용한 시간}}{\text{학습에 필요한 시간}}\right)$$

### 3) Bloom의 완전학습 모형

일반적으로 학교수업에서 학생수의 약 3분의 1은 수업하는 것을 잘 학습하지만 약 3분의 1은 충분히 배우지 못하고 나머지 3분의 1은 낙제하거나 혹은 겨우 학년만 올라가는 정도의 학습에 그친다고 보았다. 그러나 Bloom은 전체 학생들 중 95%가 주어진 학습의 약 90%를 학습하게 하여, 대부분의 학생으로 하여금 학습을 완전하게 이해하도록 돕는 방법을 찾아내는 것이 교사의 임무라고 주장하였다. Bloom의 완전학습 전략은 Carroll의 학교학습 모형을 그대로 받아들이기 때문에 Carroll 모형의 적성, 지속력, 학습기회, 수업의 질, 수업 이해력 등의 다섯 가지 변인이 그대로 Bloom의 수업전략의 기본변인으로 적용되고 있다. 그리고 완전학습에서 중요하게 다루는 것은 형성평가와 이에 따르는 계속적인 교정이다. 즉, 수업이 진행 중에 있을 때 혹은 한 단원의 소단계가 끝날 때마다 학생들의 곤란한 점을 발견하고 교정해 준다는 것이 중요하다.

### 4) Gagné의 수업-학습 모형

제2차 세계대전은 행동주의와 형태주의 심리학이 쇠퇴하는 계기를 가져왔고, 당시의 심리학자들은 군대를 위한 훈련과 검사를 개발하게 되는데 Gagné 역시 이러한 영향을 받아서 인간의 능력을 현실적으로 평가할 수 있는 방법을 개발하기 위하여 연구하였다. 그러나 이러한 군사훈련에 관련된 그의 연구들은 성공적이지 못했고 대신 그는 효과적인 수업의 원리를 [그림 7-2]와 같이 학습국면(learing phase)과 교수사태(instructional events)로 제시하였다.

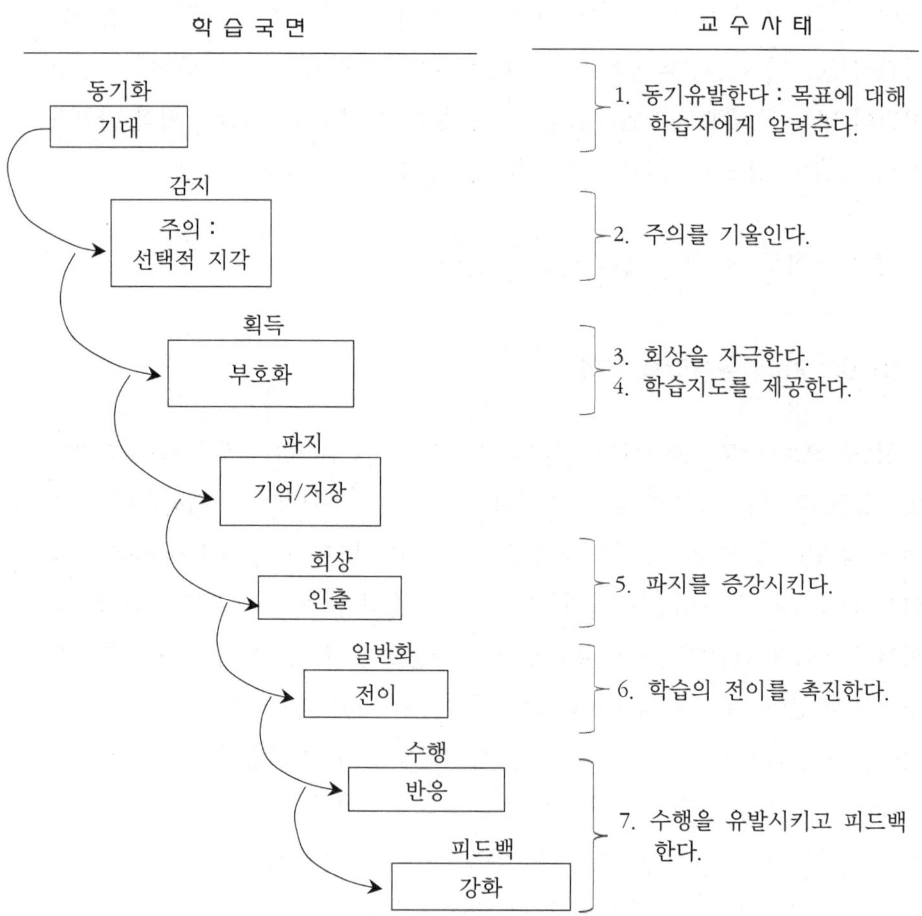


[그림 7-2] Gagné의 학습국면과 교수사태

## 2 효과적인 수업

수업 형태 또는 수업기술은 학급을 어떤 규모로 구성하는가에 따라 대단위 수업, 소집단 수업, 개별화 수업 등으로 구분할 수 있고, 수업 중심이 누구인가에 따라 교사중심 수업, 학생중심 수업 등으로 구분할 수 있다. 전통적인 수업 형태와 최근에 많이 논의가 이루어지는 수업 형태 등이 있는데 교사중심의 지시적 수업, 개별화 수업, 컴퓨터 보조 수업, 소집단 수업, 협동학습 등이 그것이다.

### 가. 교사중심의 지시적 수업

수업을 계획하고 진행하며 또한 수업의 결과에 가장 큰 영향을 미치는 변인은 교사다. 지시적 수업은 실제로 교사의 열정에 크게 의존한다. 교사가 열정을 갖고 능동적으로 수업에 임한다며 수업과제에 대한 학생들의 집중을 유지시킬 수 있고 따라서 학생들은 일반적으로 과제지향적이 될 수 있다.

교사중심 수업이 비판을 받는 이유는 학급의 구성원의 수가 지나치게 많고 더 근본적인 이유는 교사의 가르침에 대한 열정이 배제된 채 일방적 지식 전달 수업이 이루어지기 때문이다. 교사중심 수업에서 교사의 역할과 행동을 강조하는 수업방법을 지시적 수업이라고 한다. 지시적 수업은 고도로 조직화되고 목표지향적인 접근을 특징으로 한다. 대개 지시적 수업은 학습 내용의 소개와 점검 제시, 지도 하에서 연습, 자율적 연습의 4단계로 구성된다. 처음 두 단계에서는 교사의 역할이 강조되고 마지막 두 단계에서는 학생들의 자율적 참여를 증가시키는 특징을 갖는다.

### 1) 지시적 수업의 일반적인 전개 과정

#### (1) 학습 내용의 소개와 점검

수업은 전 시간의 학습내용에 대한 개관으로 시작되며 여기서는 숙제에 대한 점검이나 토론도 포함된다. 그 후 교사는 학습목표가 무엇인지 말해 주고 그 시간에 학습할 주제에 대해 충분히 소개해야 한다. 이러한 '소개와 점검' 활동은 학생들이 이미 갖고 있는 선행지식과 본시 목표를 의미있게 관련시켜 줌으로써 학습내용에 대한 이해를 높이고 학생들을 주의 집중시키는 효과가 있다.

#### (2) 제 시

학습 내용을 제시하는 단계다. 다양한 예를 제시하고 적절히 보충설명을 하면서 학생들이 수업내용을 이해했는지에 대해 계속해서 점검해 나간다. 반면 효과적이지 못한 교사는 이 단계에서 충분한 시간과 노력을 기울이지 않으며 서둘러 연습단계로 넘어감으로 학생들 중에는 학습내용을 충분히 이해하지 못한 채 그냥 수업이 종료되는 경우가 종종 발생한다.

#### (3) 지도 하에서의 연습

학습내용에 대한 충분한 제시가 끝나면 학생들은 교사가 지켜보는 가운데 문제를 풀어 본다. 이러한 활동을 지도 하에서의 연습이라고 한다. 특히 문제를 분석하는 과정에서 질문을 많이 던짐으로써 많이 생각하게 하는 것이 교사의 임무며, 교수의 미학이다. 그리고 즉각적이고 효율적인 피드백을 제공하여 학생들의 문제해결 성공률을 높여주는 일도 이 단계에서 매우 중요하다. 그러나 학생 개개인에게 모두 신경을 쓴다는 것을 불가능하다는 한계가 있다.

#### (4) 자율적 연습

학습 내용에 대해 학생 혼자서 연습하는 단계다. 이러한 활동의 목적은 새로 학습한 개념이나 기술을 다른 것에 적용해 봄으로써 정확한 이해를 돕고 학습 내용을 내면화하기 위한 것이고 학생들이 정확하게 문제를 풀고 있는지 확인하고 도움을 제공하는 것이다. 그러나 학생에게 도움을 주기 위한 설명이나 힌트는 가급적 짧게 해야 한다.

### 2) 효과적인 지시적 수업을 위한 제안

지시적 수업방법을 실행하는 효과적인 교사들의 일반적인 특징은 '구조화된 수업의 진행'이다. 지시적 수업에 대한 많은 연구들은 효과적인 교수를 위해 다음과 같은 점을 제안하고 있다.

첫째, 새로운 학습내용은 학생의 선행지식과 연결시켜서 소개해야 한다.

둘째, 학습의 목적은 학생들의 일상생활과 관련될 때 능동적 학습이 이루어진다.

셋째, 교수의 절차는 단순한 것에서 복잡한 것으로, 구체적인 것에서 추상적인 것으로 진행하여야 한다.

넷째, 예시나 실물교육 그리고 모델링은 적절한 시기에 효과적인 방법으로 사용하여야 한다.

다섯째, 긍정적 피드백을 제공하여야 한다. 능동적 수업의 중요한 특징은 학급토의나 자율학습 중에 교사에 의한 긍정적인 피드백이 주어진다는 점이다.

여섯째, 학생들의 주의와 참여를 유도하기 위한 다양한 교재의 사용과 적용이 필요하다.

일곱째, 학생 개개인에 대한 계속적이 학습 진단이 이루어져야 한다.

## 나. 개별화 수업

개별화 수업은 "표준화된 수업 프로그램에 학생을 끼워 맞춘다."는 전통적 통념을 무너뜨리고, "개별 학생들에게 꼭 맞는 맞춤수업 프로그램의 설계"라는 이념을 내세운 것이다. 개별화 수업을 강조하는 이들의 기본적인 가정은 다음과 같다.

첫째, 학급 내의 학생들은 나이가 같더라도 그들이 지니고 있는 인지적 · 정의적 · 기능적 특성은 각기 다르다.

둘째, 이렇게 출발점이 다른 학생들에게 똑같은 방식으로 학습했을 동일한 효과를 거둔다는 것은 불가능한 일이다.

셋째, 다수를 위한 수업보다는 모두를 위한 수업을 해야 한다.

넷째, 교사중심의 한 가지 수업방법은 그 방법에 적합한 학생들에게는 좋을 수 있지만 나머지 학생들에게는 비효과적인 수업방법이 될 수 있다.

개별화 수업을 하기 위해서는 무엇보다 학습효과와 관련이 있는 학습자의 특성이 무엇인가를 드러내는 일이고 그 다음은 그에 적합한 교수-학습방법이 무엇인가를 밝히는 일이다. 이에 대해 크론바흐(Cronbach)와 스노우(Snow)는 '적성-교수처치 상호작용'이라는 중요한 아이디어를 제안하고 있다. 적성-교수처치 상호작용 접근은 학생의 적성 혹은 특성의 개인차를 측정하고 그 정보를 기초로 각 학생의 특정 적성과 상호작용 관계를 보이는 특정 교수 변인을 조합하려는 것이다.

동기면에서 자율적이고 독립적인 학생은 자유와 도전을 제공하고 자율적인 분위기에서 학업 성취가 높은 반면 의존적이고 열등감이 많은 학생은 보다 구조화되고 교사 주도적인 수업에서 학업 성취가 높게 나타난다고 한다.

개별화 수업은 현 단계에서 하나의 이상향에 더 가깝다. 개인의 특성과 교수방법을 매치시키려는 노력은 계속되고 있지만 그 연구가 얻어 나가야 할 해답은 개인차 만큼 다양하고 폭넓다. 현재 개별화 수업이 체계적으로 구현되고 있는 분야는 CAI라는 컴퓨터를 이용한 수업방식이다.

## 다. 컴퓨터 보조수업

컴퓨터 보조수업이란 실제 수업에서부터 수업평가에 이르기까지 컴퓨터를 이용하는 수업을 말한다. 질문 항목과 여러 가지 답 항목으로 짝지어져 구성되어 있는 프로그램화된 자료를 통해 학습하고 일정한 학습이 끝난 후에는 컴퓨터를 통해 제시되는 문제로 단원별 또는 전체적인 평가를 받는다. 평가결과에 따라 보충학습이나 참고문헌이 제시된다. 컴퓨터 보조수업에 있어서 중심과제는 학생들의 질문이나 활동에 대해 여러 가지 가능성을 예상하여 정교하게 프로그램화하는 것이다. 이러한 수업 형태는 초보적인 학습과제나 연습을 많이 요하는 학습과제 등에서 크게 활용될 수 있다.

컴퓨터 보조수업은 기존의 교사중심 수업을 효과적으로 보완할 수 있다. 컴퓨터 보조수업은 기존의 서면으로 구성된 프로그램 자료나 개별지도 등의 수업에 비해 학생들의 반응을 신속하게 평가할 수 있고 활동의 과정이나 난이도를 학생의 현재 수준에 맞추어 변화시킬 수 있다는 장점을 가지고 있다.

컴퓨터 보조수업은 학습의 개별화, 즉각적인 피드백, 학습 진전도의 지속적인 추적과 확인, 오류의 개선 등이 용이하다는 장점을 지나고 있지만 창의성과 같은 고차적인 정신능력을 모형화하지 못하는 한계와 기계를 이용함으로써 학생-교사의 직접적 상호작용에서 얻을 수 있는 많은 인간적 만남의 기회를 잃어버릴 수 있다는 비판도 만만치 않다.

### 라. 소집단 수업

소집단 수업은 대개 집단의 규모가 10명 이하의 수업을 일컫는다. 효과적인 수업이 진행되려면 4~6명이 가장 이상적이다. 소집단 수업은 언어적 의사소통, 대인관계 기술, 문제해결 능력, 판단기술, 비판적 사고능력, 바람직한 태도 계발 등에 큰 성과가 있으며 대집단 학습이나 개별학습보다 이 부분에 있어서 훨씬 유용하다.

소집단 수업의 일종인 버즈집단학습, 개인지도, 세미나, 게임, 시뮬레이션, 사례연구 등에 대해 알아본다.

### 1) 버즈집단학습

이는 토론과 피드백 증대를 위해 강의나 대규모 훈련에 의도적으로 도입된다. 이 기법에서는 2~4명의 소규모 하위 집단이 한 주제 또는 교사가 제시한 주제에 대해 짧은 시간 토의한다. 소집단 토의를 시작하면 마치 벌집을 건드린 것처럼 윙윙거리며 진행된다고 하여 '버즈토의'라고 부른다.

### 2) 개인지도

수업 주제나 수업 구성방법은 교사가 결정한 후 학생들에게 그 수업 주제와 관련해서 몇 가지 질문을 미리 준비해 오도록 한 후 교사는 학생들이 공통적으로 느끼는 문제를 중심으로 수업을 진행하는 방식이다.

### 3) 세미나

세미나 기법은 학습의 일반적인 집단토론 방법에 광범위하게 적용된다. 세미나를 운영하는 방법은 한 학생이 제시한 에세이나 사전 준비 발표물에 기초를 둔다. 집단은 그것을 근거로 하여 토의를 한다. 집단 내 상호작용이 매우 중요하므로 교사의 역할은 개인 지도에서보다는 덜 권위적이다.

세미나와 같은 맥락에서 개발된 또 다른 기법은 '브레인스토밍'이다. 여기서 집단 구성원은 교사가 제시한 문제나 질문에 대해 가능한 해답을 계속적으로 제시한다.

이 기법은 토론을 자극하고 좀 더 자유롭게 더 많은 학생들이 참여할 수 있게 하는 장점이 있다.

### 4) 게임, 시뮬레이션, 사례연구

게임, 시뮬레이션, 사례연구 등은 원래 군대나 회사경영 훈련에서 유래했지만 현재는 매우 다양한 목적으로 교육의 모든 영역에 확산되고 있다. 게임은 교육이나 훈련 상황에서 경쟁을 시키고 일정한 규칙을 지키게 하는 집단학습 과정이다.

한편 시뮬레이션(모의실험)은 실제상황의 일부를 연속적으로 재현하는 집단학습과정을 말한다. 대개의 시뮬레이션에는 역할놀이를 포함한다. 사례연구는 실제상황이나 집단, 인물에 대해 심층적이고 총체적인 연구를 수행하는 접근법이다.

게임 시뮬레이션, 사례연구 기법은 개별적으로 사용되기보다는 집단학습과정에서 혼합되어 사용된다.

### 마. 탐구수업

탐구수업은 학습자의 일상생활과 직접 관련이 없는 학습내용을 기계적으로 암기하고 연습하는 전통적인 학습에 대한 불만에서 시작되었다. 이러한 학습방법의 기원은 소크라테스(Socrates)의 대화법, 루소(Rousseau)의 아동중심교육사상에까지 거슬러 올라가며, 현대적 원천은 반성적 사고를 강조한 듀이(Dewey)의 사상과 부르너(Bruner)의 발견학습, 마시알라스(Massialas)의 사회탐구 모형, 과학탐구 모형 등에서 찾아볼 수 있다(송인섭, 2000년, p. 290).

① Dewey : 문제제기 – 가설설정 – 가설검증 – 결론

② Bruner : 문제인식 – 가설설정 – 가설검증 – 결론짓기

③ Massialas : 안내 – 가설 – 정의 – 탐색 – 증거제시 – 일반화

탐구수업은 사회적 의사소통 능력 향상, 긍정적인 자아개념 형성, 지적 능력 개발, 합리적 · 비판적 사고 배양이란 장점을 갖고 있으나, 많은 시간 소요, 비효율적, 타당도, 신뢰도 높은 탐구능력 평가의 어려움이란 단점이 있다. 탐구학습이란 학생들이 지식의 획득과정에 주체적으로 참가함으로써 학생들로 하여금 자연이나 사회를 조사하는데 필요한 탐구능력을 몸에 배도록 하고 인식의 기초가 되는 개념의 형성을 꾀하고 새로운 것을 발견, 탐구하려는 적극적인 태도를 기르려고 하는 학습활동을 말한다.

탐구학습의 특징은 다음과 같다.

첫째, 개방적인 토론 분위기를 강조한다.

둘째, 가설의 설정을 중시한다. 탐구학습에서는 계속적으로 가설이 형성, 검토된다.

셋째, 증거를 위한 사실의 수집 및 활용을 중시한다.

탐구수업을 성공적으로 이끌기 위해서는 설명식 수업에서 보다 훨씬 많은 교사의 능력과 역할을 필요로 한다. 교사는 주제와 관련된 다양한 자료(지도, 도표, 그림, 슬라이드, 예술품 등)를 준비해야 한다. 보상은 탐구학습에서도 역시 중요한데 내적인 보상을 통해 학생들의 동기를 유지시켜 나가야 한다. 교사는 학생과 같은 탐구자이면서 동시에 안내자의 역할을 하는 것이므로 최종적이고 절대적인 답이나 가치 판단에 따른 자신의 의견을 밝히는 일 등을 삼가야 한다.

## 바. 협동학습

협동학습은 인간적인 관계를 증진하고 학습과제 해결에 있어서 인지적 활동뿐 아니라 정의적 측면을 강화할 수 있어서 최근에 들어와서 많은 관심을 받고 있다.

협동학습이란 학생 자신과 동료의 학습 효과를 최대로 하기 위해서 학습과정에 있어서 협동의 중요성을 인식하고 학습 구성원 모두가 협동하여 학습하고, 그 집단의 성적에 기초한 보상과 인정을 받도록 구조화시킨 수업이다. 즉 학습자들이 공동의 학습목표를 위해 협동하여 학습을 하는 구조다.

### 1) 협동학습의 필요성

① 현대 사회의 핵가족 구조와 TV 등에 의한 영향으로 인한 사회화와 결핍을 해소하고 과도한 경쟁심을 유발하는 현재 교육의 폐단을 최소화하는 데 있다.

② 정보화 사회에서 성공하기 위해서는 다양한 사람과 상호의존의 상황에

적응해야 하며, 사회의 여러 분야에 종사하는 사람들과 대화하며 함께 일할 수 있도록 가르쳐야 하므로 협동학습이 필요하다.

③ 협동학습은 '지식이 사회적인 협상에 의해 형성된다.'는 구성주의의 학습 원리를 적용하는데 가장 적합한 교수 – 학습 방법이다.

④ 협동학습은 열린교육의 수업방법을 극대화하기 위해서도 필수적이다.

## 2) 협동학습의 이론적 기초와 유용성

### (1) 협동학습의 이론적 기초

협동학습의 이론의 기초는 사회적 상호의존성(social inter-dependence) 이론이다. 기본 가정은 구성원간의 긍정적 상호작용을 극대화하면 최대한 지적 · 정의적 효과를 얻는다는 것이다. 따라서 협동학습의 수업전략 또는 원리들은 긍정적 상호작용(positive interaction)을 최대화하는데 역점을 둔다. 협동 학습이론(학생 상호 학습법)은 인간의 삶은 근본적으로 다른 사람과 협동적 관계에 있으며, 그러한 협동적 관계는 긍정적 상호작용을 경험하게 하며, 그러한 경험은 교육적인 측면에서 인지적으로나 정의적으로 바람직하다는 믿음에 기초해 왔다.

### (2) 협동학습의 유용성

① 문제를 해결하고 확산적 사고를 고취시키는 활동으로서 아주 효과적이다.

② 제한된 과학 기자재를 공동으로 활용할 수 있다.

③ 많은 주제 영역과 광범위한 연령에서 서로의 성공에 고무되어 성취도를 크게 높일 수 있다.

④ 학생들이 조의 모든 구성원의 수행과 학습에 참여함으로써, '긍정적인 상호의존성'이 생긴다.

⑤ 학생의 상호작용 기능을 발달시킨다.

⑥ 학생들이 과학 자료들을 직접 다루고, 역할 분담과 문제를 제기함으로써 조원끼리 서로 도우며, 활동을 스스로 유지함으로써 교사를 돕는다.

⑦ 어디에서든 사용 가능하다.
⑧ 학생들은 학교뿐만 아니라 다른 생활 속에서도 집단 활동에 대해 더 긍정적인 태도를 갖는다.
⑨ 학생들의 자신감이 증진된다.

### 3) 협동학습의 다양한 수업 유형

#### (1) Jigsaw학습

Jigsaw 모형에서는 한 집단을 5~6명의 이질적인 학생들로 구성한다. 학습내용을 집단 구성원의 수에 맞추어 나눈 다음 학습자들에게 한 부분씩 할당한다. 한 학급은 여러 개의 소집단으로 구성되며 각 집단들에서 같은 부분을 담당한 학생들끼리 모여 전문가 집단을 구성한 후 분담된 내용을 토의하고 학습한 후에 각기 소속된 집단으로 돌아가 학습한 내용을 다른 집단 구성원에게 가르친다. 단원의 학습이 끝나면 학생들은 간단한 시험을 치르고 개인별로 평가를 받는다.

#### (2) 성취과제 분담학습

성취과제 분담학습 모형은 초 · 중 · 고등학교 수학 과목에 주로 이용된다. 학생들은 넷 혹은 다섯 명으로 구성된 학습 팀을 조직하는데, 각 팀은 전체 학급의 축소판처럼 학습 능력이 높은 학습자, 중간인 학습자, 낮은 학습자 등의 이질적인 학습자로 구성된다. 이 모형은 팀 경쟁학습 모형과 함께 가장 성공적인 실험결과를 낳고 있다.

#### (3) 팀 경쟁학습

이 모형은 성취과제 분담학습과 동일한 팀, 수업방법, 연습문제지를 이용한 협동학습이다. 그러나 성취과제 분담학습에서는 매주 집단보상을 위해 시험을 실시하지만, 팀 경쟁학습에서는 게임을 이용하여 각 팀 간의 경쟁을 유도한다. 팀 경쟁학습은 초등학교부터 고등학교 수학과목에 적용되어 왔고 성취과제 분담학습만큼 성공적인 실험결과들이 보고되었다.

#### (4) 팀보조 개별학습

팀보조 개발학습(TAI)은 수학과목에의 적용을 위한 협동학습과 개별학습의 혼합 모형이다. TAI에서는 4～6명 정도의 이질적 구성원이 한 집단을 형성한다. 이 모형은 대부분의 협동학습 모형이 정해진 학습 진도에 따라 이루어지는 것과는 달리 학습자 개개인이 각자의 학습 속도에 따라 학습을 진행해 나가는 개별학습을 이용한다는 점에서 독특하다.

#### (5) 집단조사학습

집단조사학습 모형은 매우 조직적인 성취과제 분담학습이나 팀 경쟁학습과는 대조적으로 학습할 과제의 선정에서부터 학습 계획, 집단의 조직, 집단과제의 분담, 집단 보고에 이르기까지 학생들 스스로의 협동과 논의로 학습이 진행되는 개방적인 협동학습 모형이다. 주로 초등학교 사회과에 자주 이용되는 모형이고 이 모형에 대한 실험 연구들은 다양한 결과를 보고하고 있다.

#### (6) 협동기술의 훈련

협동기술은 대인관계 기술, 사회적 기술, 의사소통 기술 등과 같은 의미로 쓰인다.

### 4) 협동학습의 특징

① 협동학습은 자신뿐만 아니라 다른 구성원 모두의 성취에 관심을 갖도록 목표가 구조화되어 있으므로 구성원 사이의 긍정적 상호의존성에 기초한다.

② 협동학습은 분명한 개별 책무성이 존재한다. 협동학습은 모든 구성원의 성취에 기초해서 그 집단이 평가받기 때문에 자신 스스로의 성취뿐만 아니라 다른 구성원의 성취에도 도움을 주고 격려한다.
③ 협동학습은 이질적인 집단 구성을 하고 있다.
④ 협동학습은 모든 구성원이 리더가 될 수 있고 리더십의 책임을 진다. 즉 모든 구성원이 지도력을 공유한다.
⑤ 협동학습에서는 협동적으로 학습할 때 필요한 리더십, 의사소통 기술, 신뢰, 갈등의 조정 등 사회적 기능들을 직접 배울 수 있다(변영휘 · 김광휘, 2000).

## 3 효과적인 교사

### 가. 교사효과성

교사효과성은 효과적인 교육내용의 구성, 효과적인 수업과정의 진행 등 학생의 학업성취와 관련되는 개념이다. 따라서 효과적인 교사(effective teacher)는 학습의 효과를 극대화하기 위한 다양한 형태의 교사 행동이라고 정의할 수 있다.

교사 효과성에 대한 변인은 다음과 같다.

#### 1) 시간 배분

효과적으로 수업하는 교사는 시간을 능률적으로 사용한다. 교사효과성에서 시간은 중요한 변인이다. 즉, 같은 시간을 사용한다고 하더라도 수업의 효과는 교사들이 시간을 사용하는 방법에 따라 크게 달라진다. 수업과 관련하여 교사가 사용하는 시간은 크게 세 가지로 나누어 설명할 수 있다.

첫째, 배정된 시간(located time)은 교사나 학교가 지정하는 학습시간의 양을 의미한다. 예를 들어 일주일에 국어를 7시간, 수학을 5시간, 영어를 5시간하기로 되어 있다든지, 수학시간에 덧셈보다는 뺄셈에 더 많은 시간을 할애하는 등의 수업계획은 모두 배정된 시간과 관계있는 것들이다.

둘째, 수업 중 순수하게 가르치는 데 사용되는 시간을 의미하는 수업시간(instructional time)이다. 수업이 진행되는 동안 교사는 교실 정돈이라든가 과제할당 혹은 각종 학생관리 문제들에 시간을 소비한다. 그런데 이러한 순수 수업시간을 침해하는 일들은 예상 외로 높은 비율을 차지하고 있다. 교사 효과성과 관련된 시간변인을 고려하여 교사는 수업 중에 더욱 많은 순수 수업시간을 확보하도록 노력해야 할 것이다.

셋째, 학문적 학습 시간(academic learning time)은 학생들이 주의집중을 함으로써 갖는 실제 학습을 수행하는 시간의 양을 의미한다. 높은 성취를 보이는 학생과 낮은 성취를 보이는 학생을 비교할 때, 학문적 학습시간이 중요한 변인으로 작용한다는 연구결과가 매우 많다. 에버트손(Evertson)은 높은 상위의 학생들은 시간의 85%를 학습활동에 사용하지만, 낮은 성취의 학생들은 단지 40%의 시간만을 학습활동에 이용하였다. 또한, 프레데릭(Frederick) 역시 높은 성취의 학생들은 75%, 낮은 성취의 학생들은 51%만이 학습활동 시간으로 소비하였다고 밝히고 있다. 학습활동에 소비한 시간뿐만 아니라 학습활동 중단시간도 역시 중요한 변인이다.

결국, 효과적인 교사는 학문적 측면에 투입하는 학습 시간을 가능한 최고의 수준으로 끌어올리기 위해서 학생의 관심, 즉 학습활동 참여 시간을 최대화하고 유지함으로써 학생의 학습 성취를 도울 수 있어야 한다.

### 2) 언어적 행동

정보를 효율적으로 학생들에게 전달할 수 있는 능력은 훌륭한 교사의 자질 중 하나다. 교수-학습이 진행되는 수업에서 교사에게는 효과적인 언어구사가 필수적이다. 이러한 능력은 교사의 말이나 피드백 등과 같은 의사소통에 관련된다. 교사의 언어에 대해 두피(Duffy) 등은 교사가 하는 말의 빈도만으로는 그 효과성을 제대로 설명할 수 없다는 것을 발견하였다. 교사에게 단순히 효과적인 언어구사를 반복하여 훈련시키는 것은 그리 어려운 일이 아니다. 하지만 이렇게 훈련된 교사를 실제 수업에 투입했을 때 학생의 학업성취는 교사가 사용하는 단어의 빈도가 아닌 질적인 차이에 크게 의존하였다. 훈련받은 교사들 중 학생의 학업성취에 효과를 보인 교사와 그렇지 않은 교사가 수업 중에 사용한 단어의 빈도는 거의 비슷하였지만 내용에 있어서는 상당히 달랐다.

효과를 보인 교사의 경우에는 명쾌하게 설명하고 적절한 예를 꾸준히 제시했지만, 효과를 보이지 못한 교사들은 그 반대의 모습을 보였다. 결국, 이러한 결과는 교사의 언어적 행동이 학생의 학업성취에 영향을 미치고 있음을 보여주는데, 교사의 명확한 말과 정확한 피드백이 교사효과성의 중요한 변인임을 나타내는 것이다.

### 3) 교과지식

풍부한 교과지식을 지닌 교사일수록 자신들의 수업내용을 보다 효과적으로 전달하며, 적절한 수업전략을 사용하고, 학생들과의 언어적 상호작용에서 보다 자신감을 보이는 경향이 있다 전공영역에 충분한 기초지식을 가진 교사라면 학생들의 오해를 예상하거나, 학생들의 말이나 행동에서 잘못 이해된 부분들을 찾아낼 수 있다. 학생들의 오해를 방지하기 위해서 교사는 수업준비를 충분히 하고, 실례를 제시하며, 학생들에 대한 진단적 정보를 충분히 활용해야 한다. 교과 영역에 대한 지식이 부족한 교사는 수업 중에 발생하는 학생들의 문제를 확인하고 제거 혹은 교정하는 전략을 수립하는 데 어려움을 겪을 것이다.

### 4) 깊이 있는 교육 이론 지식

교사가 효과적으로 가르치는 일은 교과 내용을 잘 아는 것만으로 충분하지 않다. 알고 있는 것과 효과적으로 잘 가르치는 것은 별개의 문제다. 효과적인 교사는 자신이 아는 것을 충분히 소화하여 그것을 학생들에게 의미 있는 학습으로 구조화한다. 따라서 효과적인 교사는 교육심리학, 교수-학습이론, 교육방법, 교육공학적 이론에 대한 폭넓은 식견이 있어야 한다. 교육학 지식이 풍부한 교사는 수업을 진행하는 데 있어 그 지식을 이용하여 좋은 교수전략을 세울 수 있다.

## 나. 효과적인 교수 기술

### 1) 태도(attitude)

교사가 기본적으로 지니고 있는 태도는 교과 수준이나 학습 주제 혹은 학생의 능력에 상관없이 효과적인 성취를 가져오는 중요한 기본이 된다.

학생에 대한 자상함, 학생과의 공감대 형성, 학생에 대한 높은 기대 수준, 교수에 대한 높은 열정, 학생에게 모델링의 전형이 된다는 의식 등 이러한 교사의 태도는 학생의 높은 동기 수준을 이끌어 낼 뿐 아니라 궁극적으로 학생의 학업성취에 영향을 미치게 된다.

그러므로 효과적인 교사들은 그들이 사용하는 기술에 앞서, 적극적이고 능동적인 태도를 지녀야 한다.

### 2) 조직화(organization)

교수에 있어서 보다 조직화된 형식으로 수업을 이끌어 나가는 교사가 덜 조직적으로 수업을 이끌어 가는 교사보다 학생들의 학업성취에 보다 큰 영향을 준다.

#### (1) 관리상 조직화(managerial organization)

교실 관리의 측면이며, 학생의 문제행동을 예방하고 학습을 향상시키는 것과 관련된다. 수업을 정확히 정시에 시작하기, 사전에 자료 준비하기, 교수 진행 차례 설계하기, 수업 이외의 혼란을 최소화하기 등이 예가 된다.

#### (2) 개념상 조직화(conceptual organization)

학생들에게 분명하고 논리적인 유형으로 개념을 제시하는 것이다. 내적으로 구조화된 방법으로 제시한 개념들은 단편적으로 제시한 정보들에 비해 기억과 재생에 있어 매우 효과적이다.

### 3) 의사소통(communication)

의사소통과 학업성취는 매우 밀접하게 관련되어 있다. 교사들 스스로도 명확한 의사소통의 중요성과 필요성을 느끼고 있으나 이것을 실제 현장에서 실행한다는 것은 그리 쉬운 일이 아니다.

교사 효과성에 영향을 미치는 의사소통에 관한 문제는 다음과 같다.

#### (1) 정확한 술어(precise terminology)의 사용

교사들이 수업을 진행하면서 개념의 정의를 내리거나 학생의 질문에 대답할 때, 모호한 술어를 사용하지 말아야 한다.

#### (2) 전환 신호(transition signal)의 사용

가르치고 있는 하나의 주제로부터 새로운 주제로 전환될 때 자연스럽게 주제를 전환해야 한다.

#### (3) 강조(emphasis)

학생들이 중요한 정보에 경각심을 갖도록 하는 것이다. 가르쳐야 할 내용을 전환할 경우 전환 신호에 앞서 강조를 제시하고, 전환한 이후에 다시 한 번 강조하면 내용에 대한 이해 수준이 향상될 수 있다.

### 4) 집중(focus)

집중이란 수업 전반에 걸쳐 학습자의 주의 집중(attention)을 이끌어 내고 유지하기 위해 사용하는 기술이다. 교사가 사용해야 하는 집중은 3가지 유형으로 구분할 수 있다.

#### (1) 도입부 집중(introductory focus)

수업의 시작 부분에 학생들의 주의 집중을 이끌어 내는 것으로 이는 교사가 제공하는 시발적인 자극이다.

#### (2) 감각 집중(sensory focus)

주의 집중을 유지하기 위하여 자극을 사용하는 것을 의미한다. 구체적인 물건이나 그림 그리고 정확한 모형이나 자료 혹은 칠판에 쓰여진 정보 등을 들 수 있다.

#### (3) 학문 집중(academic focus)

중요하게 다루어지는 주제에 지속적인 관심이 머물도록 하는 것을 의미한다. 여러 가지 주제를 다룰 경우에는 일관성 있게 주제의 흐름에 따라 수업을 전개해야 한다.

### 5) 주의 집중

자극 감수를 위하여 주의를 환기시킨다는 의미에서, 주의 집중은 자극을 신속하게 변화시킴으로써 가능하다. 교사는 몸짓이나 목소리를 급작스럽게 변화시킴으로써 주의 집중을 유도할 수 있다. 주의 환기는 또한 수업 내용과 관련된 시청각 자극에 의해 촉발될 수 있다.

### 6) 피드백(feedback)

피드백이란 미래의 수행을 향상시키기 위하여 사용하는 현재 행동에 관한 정보의 제공을 의미한다. 학습자들은 어떤 주제나 과제를 수행하든지 간에 자신들의 수업 수준에 대한 정보를 필요로 한다. 피드백은 두 가지 유형으로 구분할수 있다.

#### (1) 문어적 피드백(written feedback)

보고서, 평론, 서면으로 작성한 질의서 등이 있는데, 이것을 자세하게 작성하기에는 너무 많은 시간과 노력이 필요하기 때문에 구어적 피드백과 절충하여 사용하는 것이 효과적이다.

#### (2) 구어적 피드백(verbal feedback)

질문과 대답 과정에서 전달되는 것으로 "좋아", "맞았어"와 같은 간단한 반응에서부터 대답의 정확성과 수준에 따라 보다 확장된 반응에 이르기까지 다양하게 제공된다.

### 7) 모니터링(monitoring)

모니터링은 교사가 수업 과정이 진행되는 상황을 이해하려는 목적으로 학생들의 언어 행동과 비언어 행동 모두를 계속적으로 관찰하는 것을 의미한다. 자습시간에 학생들 사이를 오고가는 계획된 모니터링을 통해 자습 활동에 대해 조언하거나 격려할 수 있다.

또한, 교사는 계획된 모니터링뿐만 아니라 수시로 주의 깊게 학생들의 학습 수행 수준을 모니터링할 필요가 있다. 효과적인 수업을 위하여 교사는 수업

중 지속적으로 학생들의 행동과 반응에 주의를 기울여야 한다.

### 8) 점검(review)

점검은 이전의 학습을 요약하고 이미 배운 내용과 앞으로 배울 내용을 연결하는 과정이다. 이를 통해 학생들은 학습의 연계성을 갖게 되고 학습을 정교하게 준비할 수 있게 된다. 점검은 주로 학습의 시작과 종결 부분에서 사용되지만, 요점을 지적할 필요가 있는 경우 어느 때라도 사용할 수 있다. 점검 기술의 효과적인 사용은 학생의 기억에 커다란 도움을 줄 수 있다.

### 9) 정리(closure)

정리는 학습의 종결 부분에 행해지는 점검의 한 형태다. 이 부분에서는 학습된 주요 내용이 요약되고 구조화되며 완성된다. 가르친 내용 중에서 중요한 개념을 한 번 더 정의하거나 원리, 일반화, 규범 등을 설명하는 것은 정리의 한 형태다.

### 10) 질문(question)

교사는 질문을 통해서 학생의 사고를 자극하고, 학생간의 관계 형성을 도와주며, 기초적인 학습 내용의 습득을 강화시키고, 소극적인 학생들을 학습에 참여시키고, 산만해진 학생들의 주의를 집중시키고, 학생들로 하여금 자기 평가를 강화시킬 수 있다.

단순히 질문의 빈도를 높이는 것만으로 효과적인 학업성취가 이루어지는 것은 아닌데, 만약 일부 학생들만이 질문에 답하게 된다면 참여하지 않은 나머지 학생들은 낮은 학업성취를 초래할 수 있기 때문에 몇몇 학생들이 대답을 독점하지 않고 가능한 많은 학생들이 참여할 수 있도록 주의를 기울여야 한다.

## 다. 효과적인 교사의 특성

효과적인 교사란 의도하는 학습의 성과를 가져오는 교사를 말한다. 즉, '의도한 목적'을 '성취'했느냐를 두고 판단하는 말이 '효과적'인 것이다.

효과적인 교사 변인에서 가장 중요한 심리학적 개념 중의 하나가 피그말리온 효과(Pygmalion effect)다. 교사의 아동에 대한 평가에 따라 아동의 행동이 달라진다는 피그말리온 효과와 유사한 개념으로는 Placebo 효과(거짓 약 효과), Halo 효과(후광효과), 자기 충족적 예언효과(자성예언효과) 등이 있다.

그리스 신화에는 피그말리온(Pygmalion)에 대한 재미있는 이야기가 나온다. '피그말리온 효과'란 누군가에 대한 사람들의 믿음, 기대, 예측이 대상에게 영향을 주어 그대로 실현되는 현상을 말한다. 즉 교사가 취하게 되는 학생에 대한 태도는 학생들에 대한 기대감을 줌으로써, 이것이 결국 학생들의 행동발달수준에 영향을 준다. 사회학자인 머튼(Merton)은 이 현상을 '자기충족적 예언'(self-fulfilling prophecy)이라고 표현하였다.

**피그말리온 효과**

피그말리온은 지중해 키프로스 섬의 왕이자 뛰어난 조각가였다. 피그말리온은 자신의 눈에 비친 현실의 여자들이 모두 결점 투성이라고 생각하여 평생을 독신으로 살기로 작정하였다.

어느 날 그는 상아로 여성의 입상을 조각하였는데, 완성된 자신의 작품이 너무나 정교하고 아름다워 넋을 놓고 바라보다가 이 여인상을 깊이 사랑하게 되었다. 그래서 고운 옷을 입히고 조개껍질과 구슬 장식을 달아 주며 마치 살아있는 사람을 다루듯 소중하게 보살폈다. 아프로디테의 축제가 열리자 피그말리온은 제단 앞에서 신에게 기도를 올리면서 바로 제 상아 여인과 같은 아내를 달라고 빌었고, 기도를 마치고 집에 돌아온 피그말리온이 여인상의 손등에 입을 맞추자 놀라운 일이 일어났다. 손에서 온기가 느껴지기 시작하는 것이었다. 놀란 피그말리온이 그녀의 몸을 어루만지자 조각상에서 점점 따스한 체온이 느껴지며 사람으로 변해가기 시작했다. 피그말리온의 순수한 사랑을 받아들인 신이 그 조각을 아름다운 여인으로 만들어 주었던 것이다.

미국의 교육학자인 로젠탈(R. Rosenthal)과 쟈콥슨(L. F. Jacobson)은 1968년, 샌프란시스코의 Oak 초등학교에서 전교생을 대상으로 지능검사를 하였다. 그리고 이 검사의 실제 점수와는 아무런 상관없이 무작위로 뽑은 학생들의 명단을 교사들에게 알려주면서 '지적 능력이나 학업성취의 향상 가능성이 높다고 객관적으로 판명된 학생들'이라는 거짓 정보를 함께 흘렸다. 몇 개월 후에 이들은 다시 전체 학생들의 지능검사를 실시하여 처음과 비교해 보았더니 놀라운 점이 발견되었다. 명단에 속한 학생들은 다른 일반 학생들보다 평균점수가 높을 뿐만 아니라 예전에 비하여 성적이 큰 폭으로 향상된 것이다. 그것은 명단을 받아든 교사들이 이 학생들이 지적 발달과 학업성적이 향상되리라는 기대를 가지고 정성껏 돌보고 칭찬한 결과 나타난 것이다.

그러한 사랑을 받은 아이들은 선생님이 자신에게 관심을 보여주니까 공부하는 태도도 변하고 공부에 대한 관심도 높아져, 결국 능력까지 변하게 된 것이다. 이 연구의 또다른 발견은 통제집단에 속한 학생들 중에 과거에 만족할 만한 학업성적을 이루고 지적 능력을 가지고 있음에도 불구하고, 이들에 대하여 교사들은 다른 학생들보다 잘 적응하지도 못하며, 흥미도 결여되어 있고, 또 비애정적인 학생, 즉 부정적인 학생으로 간주하는 교사의 태도였다.

이것을 통해 세 가지의 결과를 알 수 있다.

첫째, 능력이 있다고 기대된 학생들은 높은 학업성적을 나타내는 경향이 있다.

둘째, 잘하지 못할 것이라고 기대된 학생들의 학업성적 신장률이 낮다.

셋째, 과거에 높은 성적을 받은 학생일지라도 반대로 기대된다면 교사에 의하여 부정적으로 간주되어진다.

교사는 교사이기 전에 먼저 사람으로서 '바람직한 인간'이 되어야 한다. 그러기 위해서는 무엇보다도 인간애로서 학생을 사랑할 줄 아는 '교육애의 소유자'여야 한다. '피그말리온 효과'에서 알 수 있듯이 교사가 학생의 능력을 인정하고 칭찬해 주며 긍정적인 기대를 심어 주는 것은 매우 중요하다. 그러나 칭찬의 효과는 바로 나타나지 않는 경우도 있기 때문에 믿음에 대한 기다림이 필요하다.

따라서 교사는 단기간에 어떤 기대효과를 발견하지 못했다고 하여 실망하고 다그칠 것이 아니라, 믿음을 가지고 지속적으로 기대를 잃지 않아야 한다.

또한 교사는 학생의 장점에 집중할 수 있어야 한다. 우리는 흔히 장점보다 단점, 즉 부정적인 측면에 더 집중을 잘한다. 그래서 비판을 잘하고, 상대방의 약점에 대해 지적하기를 꺼려하지 않는다.

우리 속담에도 '말이 씨가 된다.'고 했다. "넌 죽었다 깨어나도 안 돼."라고 하면 될 것도 안 되게 되어 있다. 이것은 '피그말리온 효과'와 반대되는 결과를 가져올 수 있다. 다시 말해, 잘할 수 있는 사람을 심리적으로 위축시켜 오히려 자신감의 결여까지도 초래하는 것이다.

학생들의 성취는 개인 간의 비교를 피하고 스스로와의 내적 경쟁(self competition)을 통해서 만족을 얻도록 해야 한다. 다른 학생과의 비교보다 자신의 과거 성취와 현재 성취를 비교하는 것이 바람직하다.

하트(Hart F. W.)는 미국의 고등학교 학생 만 명에게 질문지를 주어 학생이 좋아하는 교사상 싫어하는 교사상을 기술하게 하여 그 결과를 분석 정리하였는데, 빈도가 500이 넘는 것을 살펴보면 다음과 같다.

**좋아하는 교사상**

1. 학교공부에 도움이 되고 교과나 과제를 명료하고 충분히 설명하고 교수에서 실례를 잘 들어 준다.
2. 유쾌하고 행복스럽고 온후하며 쾌활하고 유머가 있고 농담을 잘 한다.
3. 학급집단의 일원으로 생각하며 인간적이고 사람을 잘 따르고 친하기 좋다.
4. 학생에게 흥미가 있고 학생을 이해한다.
5. 공부를 흥미 있게 만들고 공부에 대한 의욕을 일으키게 하며 학습활동을 즐겁게 한다.
6. 엄격하고 세밀하게 학급을 조정하여 학생들의 관심을 일으킨다.
7. 공평하고 편애하지 않는다.
8. 무뚝뚝하지 않고 짓궂지 않고 까다롭지 않고 말이 많지 않고 비꼬지 않는다.
9. 배운 것이 많다.
10. 사람을 좋아하는 성격이다.

### 싫어하는 교사상

1. 까다롭고 웃음이 없고 말이 없고 비꼬고 화를 잘 낸다.
2. 수업시간에 명백한 설명이 없고 학급운영에 계획이 없다.
3. 불공평하고 학생을 편애하고 착실한 학생들의 힘을 들춘다.
4. 잘난 척하며 초연해 있고 불손하고 건방지고 뽐내며 교외에서는 모른 체 한다.
5. 초라하고 불합리하고 엄격하며 지나치게 엄밀하고 인생을 비참하다고 생각한다.
6. 성적과 석차에 불공평하다.
7. 인정이 없고 소리를 잘 지르며 학생들이 무서워하고 불안해하며 공포분위기를 느끼게 한다.

Memo

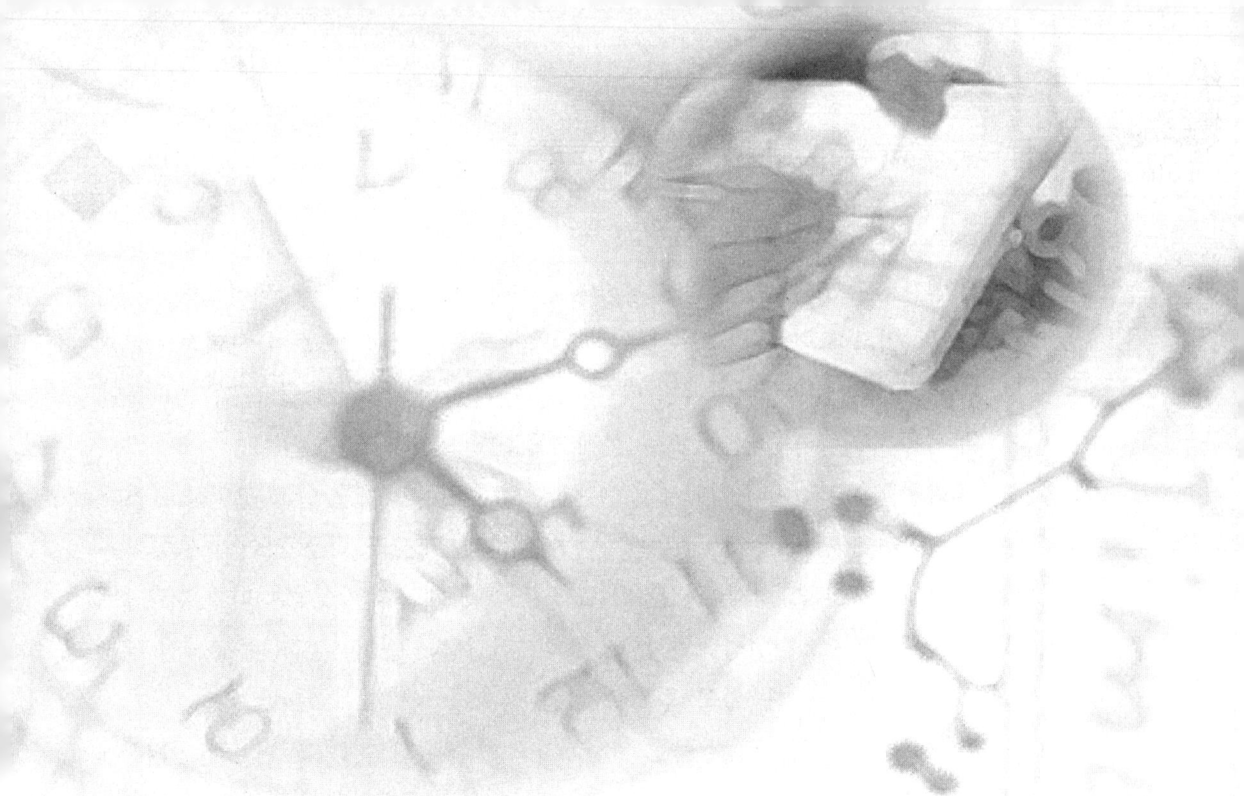

제 8 장

# 적응과 부적응

1. 적응기제
2. 스트레스와 적응

인간은 누구나 일상생활을 통하여 신체적으로나 정서적 · 사회적으로 욕구를 충족하려고 노력한다. 그런데 이러한 욕구충족이 가정적으로나 사회적으로 이루어지지 못할 때 이에 적절히 대응하지 못하면 스트레스를 느끼거나 불안, 부적응, 좌절, 욕구불만 또는 문제행동을 일으키기 쉽다.

학생들은 가정이나 학교에서 생활과정상의 많은 문제를 안고 고민하고 있다. 학업성취에 관한 문제, 교우관계나 이성문제, 교사와 학생 사이의 불협화음, 가정에서의 부모, 형제, 친척과의 불화, 장래에 대한 불확실성에 따른 진로선택의 문제, 진학, 직업선택의 문제, 도덕, 건강상의 문제, 성격, 종교상의 문제 등 이루 헤아릴 수 없을 정도로 많은 문제에 직면하게 된다.

이러한 문제는 사회가 복잡 다양해지고 고도의 산업사회의 변화가 급격하게 진행됨에 따라 더욱 심각해 지는데, 이를 어떻게 현명하게 처리해 나갈 것인가가 미래사회 적응문제의 핵심이 된다.

## 1 적응기제

### 가. 적응이란?

삶의 여러 가지 문제에 현명하게 대처해 나가는 것을 심리학자들은 포괄적으로 적응(adjustment)이라고 한다. 적응의 개념은 원래 생물학적인 것으로 "종(種)의 생존을 용이하게 하는 생물학적 구조 및 기능의 변화"라는 의미로서 유기체의 수동적 입장을 강조한다. 반면에 심리학적인 적응은 "개인이 사회적 및 물리적 환경에 대해 살아남고 유지하기 위한 개인의 투쟁과정"이란 의미로 보다 적극적 의미를 갖는다.

"적응이란 인간이 환경과 조화로운 관계를 유지하기 위하여 생물학적, 심리학적으로 개인의 욕구를 충족시키는 능동적인 상호작용"(신용일 외, 1997)이라고 할 수 있다. 자신이 소속한 사회에서 욕구, 꿈, 과제를 수행하여 자기자신과 가족 그리고 사회에도 만족감을 주고 가치 있는 생산성을 향상시켜 나가면 성공적으로 적응하고 있다고 할 수 있다.

적응과정을 보면 행동의 방향을 결정해 추진하는 힘이 작용하고 그 목표를 향해 도달하려는 노력을 하며 그 결과 목표에 도달되어 긴장이 해소되는 결과를 가져오게 된다.

## 나. 적응기제의 의미

인간은 일상생활의 적응과정에서 자기가 설정한 목표에 도달하지 못하든가 심리적으로 감당하기 어려운 문제사태에 당면했을 때 갈등에 빠지기 쉽다. 이러한 상태에서 목표를 수정하거나 문제사태를 우회 내지 대리적 목표를 설정하고 긴장이나 불안 또는 좌절을 해소하려고 한다. 이와 같은 해소방법을 적응기제(adjustment mechanism)라고 한다(이성진, 1996).

김제한(1993)은 적응기제를 욕구충족이 어려울 때나 체면유지가 곤란하여 불안한 상태에 놓여 있을 때에 문제의 직접적인 해결을 시도하지 않고 현실을 왜곡시켜 자기를 보호함으로써 심리적 균형을 유지하려는 행동의 기제라고 한다.

## 다. 적응기제의 유형

적응기제에는 방어기제, 도피기제, 공격기제가 있다.

### 1) 방어기제

방어기제(defense mechanism)란, 개인이 어떠한 욕구의 불만 또는 좌절에서 오는 긴장을 해소하여 부분적인 만족을 얻으려는 반응으로 객관적으로는 합당치 않은 것을 자신의 입장에서 적당한 이유 등으로 유리하게 전개하여 자신의 결함이나 열등감 등 불리한 입장을 보호 또는 방어하려는 기제다(김제한, 1993). 즉, 심리적으로 극복하기 어려운 현실에 직면하여 직접 문제를 해결하지 못하고 현실을 왜곡시켜 체면을 유지하고 심리적 평형을 되찾아 자기를 보존하려는 무의식적 책략을 방어기제라 한다. 이러한 기제에는 다음과 같은 행동유형이 있다.

### (1) 보상(compensation)

자신의 욕구를 실현하기 위해 능력이나 신체 및 성격으로서는 부족하다고 느낄 때 그 결함을 다른 것으로 대치하여 자신의 욕구를 충족시킴으로써 본래의 결함으로 생긴 열등감으로부터 벗어나려는 행위를 말한다.

**예시**
- 공부를 못하는 학생이 운동을 잘한다.
- 청소를 싫어하는 학생이 교통정리를 잘한다.
- 못생긴 사람이 옷을 잘 입음으로써 자신의 열등한 점을 보완하려 한다.

### (2) 합리화(rationalization)

일종의 자기변명으로 그럴 듯한 이유를 들어 정서적인 불안이나 당면하고 있는 난처한 입장이나 결점 등을 은폐함으로써 사회적으로 용인받으려는 행동을 하는 것을 합리화라고 한다. 여기에는 자기에게 향한 공격을 다른 사람에게 전가시키려는 것과 자기의 실패를 변명해서 정당화하려는 두 가지의 경우가 있다.

**예시**
- 성적을 나쁘게 받았을 때 자신의 능력이나 노력 부족을 탓하지 않고 시험채점이 불공평하게 되었다고 하는 경우
- 여학생에게 데이트 신청을 했다가 거절당한 남학생이 그 여학생이 못생겨서 그만두었다고 결론을 내림으로써 자신을 위로하는 경우
- 일류대학에 응시했다가 떨어졌을 경우, 자신의 능력부족이나 결함을 합리화시키기 위해 시험당일 설사가 나서 시험을 못 치루고 도중

에 나왔다고 함으로써 위기를 모면하는 경우

합리화는 자기방어 유형에 따라 다음 몇 가지 유형으로 분류할 수 있다.

### 1 신포도형

어떤 목표를 달성하려고 했으나 실패했을 때 자기는 처음부터 원하지 않았다고 자기변명을 하는 경우를 말한다. 예를 들면, 이솝우화에 나오는 "여우와 포도"처럼, 포도를 따 먹으려 했으나 실패하고 나서 하는 말이 "저 포도는 시어서 따지 않겠다."고 변명하는 경우를 들 수 있다.

### 2 달콤한 레몬형

현재의 상태를 과시하는 행위로서 이것이야말로 바로 내가 원하던 것이었다라고 변명하는 것이다. 예를 들면, "먹을 복이 많다.", "팔자소관이다", 또는 "현재의 고통은 내일의 평안을 얻기 위한 시련이다." 등 자기의 입장을 숙명적으로 합리화시키는 행위를 들 수 있다.

### 3 투사형

자신의 결점, 결함을 다른 사람에게 전가하는 행위, 예를 들면 자기가 잘못되면 조상탓이라고 한다든가 목수가 잘못 일을 했을 때 연장이 나빠서 그랬다라고 변명하는 행위 등을 들 수 있다.

### 4 망상형

자기가 원하는 일이 마음대로 되지 않았을 때 전혀 허구적인 자신의 능력에 대한 생각으로써 실패의 원인을 합리화시키는 경우를 말한다. 예를 들면, 위대한 과학자나 장래 의사가 되겠다는 학생이 성적이 불량할 때 자신은 충분한 자질이 있음에도 불구하고 교사가 학생의 눈부신 업적이 두려워 성적을 나쁘게 준다고 믿고 있는 경우를 들 수 있다.

### (3) 투사(projection)

자신이 스스로 받아들일 수 없는 충동이나 태도 등을 무의식적으로 타인이나 환경의 탓으로 돌리려는 행동기제를 말한다. 즉, 투사는 타인의 결점을 다른 사람이나 사물에 전가시켜 비난함으로써 자신의 결함, 약점, 위험, 불안으로부터 벗어나 자신을 보호하려는 행위다.

예시
- 어설픈 목수가 연장을 나무랜다.
- 내가 그를 싫어한다는 대신에 그가 나를 싫어한다는 등의 변명
- 자기 스스로가 죄의식을 느끼고 있을 때 그것을 다른 사람이 가지고 있는 것처럼 그 사람을 비난함으로써 안정감을 얻으려는 반응
- 다른 여자에게 마음이 끌린 남편이 자기 부인의 정조를 의심하는 경우

### (4) 동일시(identification)

자기의 것이 아님에도 불구하고 자기의 것으로 된 듯이 행동하고나 평소에 저렇게 되어 보았으면 하고 원하던 사람이 된 것처럼 행동하는 것을 말한다. 즉, 자기보다 우수한 자를 자기와 동일하다고 자기 내부로 끌어들이는 느낌으로 욕구불만을 해소하려는 경우를 말한다.

예시
- 모 국회의원이 나와 중학동창이다.
- 자신을 영화나 TV에서 등장하는 주인공처럼 느끼는 행위
- 내 아들이 Stanford대학에서 일등을 했다고 아버지가 자랑을 하는 경우
- 내 삼촌이 모 재벌회사 회장이라고 술좌석에서 떠들어 대는 경우

이러한 모든 행위가 다른 사람의 승리나 우세성을 심리적으로 고유하여 열등감을 피하려는 동일시의 현상이다.

### (5) 승화(sublimation)

정신분석학상의 용어로서 정신적인 역량의 전환을 의미한다. 곤란한 문제 또는 불만을 오히려 극복하고 사회적으로 승인되는 가치 있고 윤리적인 행동으로 대치하여 사회적 인정을 받음으로써 정신적 갈등이나 불만을 해소하려는 행위를 말한다.

예시
- 성욕이라든가 공격욕이라든가 하는 저차원적인 욕구의 발동이 사회적 제약에 의해서 억압되었을 경우, 예술이나 과학, 종교, 스포츠 등과 같이 사회적으로 승인된 활동, 또는 보다 높은 문화가치를 갖는 활동으로 변형하여 욕구의 만족을 촉구하는 것을 말한다. 즉, 성적 충동의 사회화를 의미한다.
- 늙은 노총각이 연애에 실패했을 경우 그 아픔을 달래기 위해서 위대한 예술가가 되거나 박사학위를 취득해서 명예를 추구하는 행위

### (6) 전위(displacement)

본능적 충동의 표현을 재조정해서 위험을 덜어 주는 상태로 대처하는 행동기제의 일종이다. 전위를 치환이라고 번역하기도 한다.

예시
- 아버지에게 꾸중을 들은 형이 만만한 동생을 때리거나, 개를 발로 차는 행동, 우울증과 자기멸시의 원인이 되기도 한다.
- 자식을 갖고 싶으나 갖지 못하는 어른이 이웃집 아이를 끔찍히 사랑하거나 고양이, 강아지 같은 애완동물에 집착하는 경우
- 아내와 싸운 교장이 학교에서 교사에게 분풀이 한다든가, 사랑하는 여인과 사별한 청년이 사망한 여인과 비슷한 용모를 가진 여자를 사랑하게 되는 경우

### (7) 반동형성(reactionformation)

자기가 바라고 느끼는 것과는 정반대로 감정을 표현하고 행동하는 것이 반동

형성이다. 자기의 욕구나 감정이 너무나 받아들일 수 없고 무거운 죄의식이 쌓일 때 나타나는 반응양식이다.

예시
- 경쟁자를 지나치게 칭찬하는 사람은 상대방의 성공을 질투하거나 적개심을 은폐하는 행동으로 볼 수 있다.
- 지나친 겸손은 오만이다.
- 성적 욕구가 강한 사람이 지나치게 성을 혐오하는 경우
- 미운 자식 떡 하나 더 준다 등

### 2) 도피기제

개인의 욕구불만(좌절)에 의하여 발생된 정서적 긴장이나 불안감을 해소하기 위하여 비합리적인 행동으로 당면하고 있는 현장이나 또는 비현실적인 세계로 벗어나 정서적 안정을 얻으려는 현상을 도피기제(escape mechanism)라 한다.

도피기제에는 고립, 퇴행, 억압, 백일몽, 거부 등이 있다.

#### (1) 고립(isolation)

대개 개인적으로 열등감이나 자신감이 없으면 주변환경의 친구들이나 친척들과 잘 어울려 놀지 않으며, 오히려 그들을 멀리 함으로써 자신의 안정적인 정서를 유지하기 위한 행동기제다.

예시
- 공부를 못하는 학생이 교사나 모범생을 멀리하는 경우
- 사업에 실패한 사람이 은둔하는 경우
- 자신의 견해와 일치하지 않거나 개인적으로 성공했다고 느끼지 못하는 경우 동창회 같은 모임에 참석하지 않는 경우

#### (2) 퇴행(regression)

자신의 욕구를 실현할 수 없을 경우 유아시절의 감정이나 태도 등의 행동으로 되돌아가 욕구를 충족시켜 보려는 행동기제다.

예시 · 부모의 관심이 갓 태어난 동생에게 집중될 때 부모의 관심과 사랑을 얻으려고 어리광을 부리는 경우
· 하찮은 일에 자주 우는 경우
· 노신사가 중학교 동창회에 가서 마치 옛날의 중학생처럼 행동하는 경우(현재의 문제를 해결하는 데 과거의 경험을 끌어들이는 격이다. 이런 반응양식은 유치하고 부적절해 보이지만 불안의 상처를 줄이고 마음의 상처를 달래는 데 효과적이다).

### (3) 억압(repression)

마음의 안정감을 위협하는 다른 생각이나 경험을 스스로 인정하지 않으려는 행동기제다. 즉, 자기의 욕구가 쉽게 달성될 수 없을 때 그것을 스스로 의식에서 배제함으로써 오히려 자신의 안정을 유지하려는 심리적 기제다.

예시 · 슬픔을 억제하기 위해 미친 듯이 웃는 경우
· 소심하고 내성적인 사람이 고성, 방종한 행동을 하는 경우
· 부끄럽고 수치스러운 일 또는 무서움을 무의식의 세계로 감추려는 경우

### (4) 백일몽(day-dreaming)

현실적으로 만족할 수 없는 욕구나 소원을 공상의 세계에서 충족하려는 도피의 한 형식이다. 공상의 세계에서는 자기가 하고 싶은 일들을 마음대로 조작할 수 있기 때문에 현실에서 충족할 수 없는 모든 욕구를 공상 속에서 충족하여 긴장을 해소하려는 것이다. 이러한 행동이 심화되면 환상이 되고 정신분열증을 야기한다.

예시 · 자신을 지식, 지위, 명성 따위를 상상적으로 얻는 승리의 주인공으로 미화시켜 자기실현, 우월성, 지배를 나타내는 형태로서 승리자 영웅형이나 정복자형이 있다.
· 비극의 주인공으로 핍박을 과대시하여 자기자신의 존재가치나 중요

성을 강조하려는 형태로서 비극적 영웅형 또는 순교자형이 있다.

#### (5) 거부(denial)

고통스럽거나 위협적인 상황의 존재를 무의식 수준에서 거부 또는 부인해 버리는 것을 말한다. 즉, 불안하고 위협이 되는 현실에 대한 지각을 인정하기를 거부함으로써 안정을 유지하려는 것이다.

예시 · "우리 애는 그럴 리 없어.", "그것은 잘못된 것일꺼야." 하고 부인해 버리는 행동

#### (6) 고착(fixation)

불안이나 자아의 위험으로부터 벗어나기 위해 어느 특정단계에 멈추는 것을 말한다. 프로이드에 의하면 인간은 성인이 되기까지 여러 발달의 단계를 거치는데, 이것은 어느 특정단계에 정서적 성숙이 멈추기 때문이다. 즉 고착이란, 심리적인 성장과정에서 다음 단계로 발전하지 못하고 그대로 머물러 있을 때를 말한다.

예시 · 불안에 대해서 하나의 방어작용으로 불안이 클 때, 옛 것에 그대로 머무르고 싶어하고 새로운 것으로 전진을 주저하는 경우

### 3) 공격기제

공격기제(aggressive mechanism)는 어떤 욕구불만에 대한 반항으로서 자기를 괴롭히는 대상에 대해서 적대시하는 감정이나 태도로 정서적 긴장을 해소하려는 기제다.

공격적 행동에는 싸움, 폭행, 파괴, 반항, 불순종, 도벽, 부정직, 고집, 무시, 보복, 적대감, 무단결석, 가출 등이 있다.

이 기제에는 직접 공격과 간접 공격형의 두 가지 유형이 있다.

### (1) 직접 공격형

힘에 의존해서 폭행, 싸움, 기물파괴 행위 등으로 해결하려는 유형이다. 위의 제시한 공격행동 유형이 대부분 직접 공격에 포함된다.

### (2) 간접 공격형

욕구 불만시 간접적으로 조소, 비난, 중상모략, 폭언, 욕설, 야유 등의 행동으로 표출하는 유형으로, 외부적으로 나타나는 공격보다는 내부로 전향되는 공격이 심각한 문제를 야기하는 수가 있다. 그러나 어느 정도의 간접 공격은 심리적 긴장해소에 크게 도움이 되기도 한다.

## 2 스트레스와 적응

산업사회의 급속한 발전과 더불어 현대사회는 과거의 일상생활에 비해 많이 편해지고 다양해져 물질적으로 풍요로움을 만끽하고 있다. 그러나 개인생활과 적응문제는 신체적으로나 심리적으로 점점 더 어려워지고 있다.

### 가. 스트레스의 개념

스트레스(stress)라는 말의 어원은 영어권에서 15세기경부터 압력(pressure) 또는 물리적 압박(physical strain)의 뜻으로 쓰여지기 시작하였다. 17세기경 그 의미는 공학이나 건축분야로부터 일반화되기 시작하여 '역경(hardship)' 또는 '곤란(adversity)'의 의미로 받아들여지기 시작하였다.

20세기에 들어서서 스트레스는 정신 · 신체의학에 관심을 기울인 던버(Dunbar) 등에 의해 질병이나 정신질환의 원인으로 간주되기 시작하였다.

최근에는 스트레스에 대한 많은 연구결과로 스트레스에 대한 정의도 다양하다. 스트레스를 적응에 긴장을 주는 자극상황으로 보기도 하고, 어려운 상황으로 야기되는 심리적, 신체적 반응상황으로 보기도 한다. 즉, 물체나 인간에게 작용하는 힘, 압력, 강한 영향력을 의미하는 것으로 보는 것이다.

라자루스(Lazarus)에 의하면 스트레스란 "우리의 편안함을 위협함으로써 적응능력에 긴장을 준다고 여겨지는 모든 상황"을 의미한다.

스트레스의 아버지라고 일컫는 셀리(Hans Selye)는 일반적응증후군(general adaptation syndrome : G.A.S)이라는 개념을 발표하면서 스트레스가 신체부위에 부적응 영향을 준다고 생각하기에 이르렀다. 체리(Cherry, 1987)는 스트레스란, 개인에게 부과되는 요구가 즐거운 것인지 그렇지 않은지에 관계없이 그같은 요구에 대해 나타나는 보편적인 신체적 반응이라고 하였다.

스트레스의 개념을 좀더 명확히 하기 위하여 그 특징을 살펴보면 다음과 같다(이재창 외, 1995, p. 393).

첫째, 스트레스하면 큰 재앙이나 위기만 생각하기 쉬우나 매일매일의 작은 사건들이 모두 스트레스가 될 수 있다(작은 스트레스도 여럿이 모이면 복합적으로 매우 큰 스트레스로 작용할 수 있다).

둘째, 스트레스는 심리적 스트레스와 신체적 스트레스를 모두 생각할 수 있다.

셋째, 스트레스는 항상 부정적인 것(distress)만은 아니다. 재적응의 긴장을 요구하지만 건설적인 측면(eustress)도 있는데, 학생들이 시험이나 취업 등을 목표로 열심히 노력하는 가운데 많은 성장을 할 수 있는 것을 예로 들 수 있다.

넷째, 스트레스는 개인의 주관적 평가에 달려 있으므로 상대적일 수 있다. 평상시 수술을 앞 둔 어떤 환자의 스트레스에 비하여, 전방에서 전투 중 부상을 당해 후방으로 후송되어 같은 수술을 받게 된 군인의 스트레스는 상대적으로 작을 수 있다. 왜냐하면 그 군인은 이제 다시 전쟁터로 돌아가지 않아도 된다고 생각하기 때문이다.

다섯째, 스트레스를 외부로부터 주어지는 것으로만 생각하기 쉬우나 자기 스스로 만드는 경우도 많다. 이를테면 지나치게 성취지향적으로 완벽을 추구하여 경쟁적인 성향을 지닌 사람(type a personality)은 보다 많은 스트레스 상황에 놓인다.

여섯째, 스트레스에 대한 반응은 복잡하여 감정적 · 행동적 측면뿐 아니라 신체적 측면에도 부정적 영향을 미친다.

## 나. 스트레스의 원인

스트레스는 왜 일어나는가? 이에 대해 콜리건(Colligan, 1987)은 적응의 문제를 욕구좌절, 심리적 갈등 그리고 압박감 등 세 가지로 제시하고 있다.

### 1) 욕구좌절

욕구좌절(frustration)이란 실패나 상실에서와 같이 동기화된 목적달성이 저지당하는 상황에서 생긴다. 욕구좌절은 자기가 바라고 원하는 바가 이루어지지 않을 때 생긴다. 영양실조, 전염병, 교육기회 부족에서 오는 좌절, 고독감, 우정의 상실 등에서도 생긴다. 이러한 욕구충족을 저해하는 요인에는 신체적 · 심리적 · 물리적 · 사회적 요인들이 있다.

#### (1) 신체적 요인

신체적 특성이 남보다 열등하여(왜소하거나 결함이 있을 경우) 타인에게 무시당하거나 멸시를 당하여 욕구좌절을 경험한다.

#### (2) 심리적 요인

심리적 결함과 관련한 욕구좌절은 인지적 · 정서적 · 자존심과 관련된 것으로 학업에 실패했거나 자존심의 훼손, 인식능력의 부족 등으로 성공감을 맛보지 못했을 경우에 해당한다.

#### (3) 물리적 요인

물리적 요인에 따라 욕구가 좌절될 경우를 말하는데 예를 들면, 입학시험을 치루러 가는 도중 교통이 혼잡하여 차를 탈 수 없어 시험을 늦게 치루거나 포기할 수밖에 없는 상황에서 어찌할 바를 모르고 좌절하는 경우다.

#### (4) 사회적 요인

사회·경제적 요인으로 직업을 갖고자 취업시험을 보았으나 치열한 경쟁으로 뜻대로 되지 않고 낙방하였을 때, 좌절감 또는 스트레스를 느끼게 된다. 한편 대학입시에 불합격 또는 학과시험에 좋지 않은 결과를 낳았을 때나 대외적으로 창피함과 수치심을 느끼게 될 때에도 마찬가지 현상이 일어난다.

### 2) 심리적 갈등

갈등(conflict)은 하나의 장애로 인하여 생기는 것이 아니라 여러 가지 동기(motive)가 상충함으로써 생긴다. A대학에 갈까? B대학에 갈까? 또는 내일이 시험인데 공부를 할까? 아니면 친구와 더불어 영화구경을 갈까? 이러한 욕구와 목표들을 동시에 실행할 수 없을 때, 심리적으로 망설이고 어떤 선택을 해야 할 것인가의 갈등상황에 놓이게 된다. 이와 같은 갈등은 스트레스 상황을 일으키는 주요 요인이 된다.

갈등상황은 유기체와 개인의 목표와의 위치관계 또는 목표의 종류에 따라 다음과 같이 네 가지 유형이 있다.

#### (1) 접근·접근 갈등

두 가지의 긍정적인 목표를 동시에 가질 수 없어서 한 가지만을 선택해야만

하는 갈등의 경험을 접근 · 접근갈등(Approch–Approch Conflict)이라고 한다.

즉, 두 가지 긍정적이고 적극적인 유의성의 욕구 사이에서 어떻게 해야 좋을지 모를 때 나타나는 정서적 긴장 현상을 말한다. 예를 들면, 영화를 보러 극장에 갈까 아니면 컴퓨터를 사러 나갈까 망설이는 즐겁고 행복한 고민의 경우로서 두 가지 목표를 동시에 추진할 수 없는 상태에서 느끼는 갈등 현상이다.

### (2) 접근 · 회피갈등

하나의 목표가 긍정적인 요소와 부정적인 요소를 동시에 가지고 있는 경우 이러한 목표를 따를 것인가 말것인가 사이에서 갈등을 경험하는 경우를 접근 · 회피갈등(Approch–Avoidance Conflict)이라고 한다. 예를 들면, 일류대학에 가고 싶은데 성적이 따르지 못해서 망설인다든가, 마음에 드는 여학생에게 데이트 신청을 하고자 하는데 거절당할까봐 망설인다든가, 나무에 오르고 싶은데 올라가기가 무섭다든가 하는 경우의 갈등 등이 바로 접근 · 회피갈등이다. 이와 같은 갈등상황에서 많은 사람들은 우유부단한 경향을 보이게 된다.

### (3) 회피 · 회피갈등

회피하고 싶은 두 가지의 부정적인 목표 중 하나만을 선택해야만 하는 경우의 갈등을 회피 · 회피갈등(Approch–Avoidance Conflict) 이라고 한다. 예를 들면, 이럴 수도 없고 저럴 수도 없는 이른바 진퇴양난에 빠져 일어나는 갈등으로, F학점을 받을 것인가 아니면 싫은 공부를 할 것인가의 갈등을 들 수 있다.

### (4) 이중접근 · 회피갈등

각각 접근 · 회피갈등을 보이는 두 가지의 목표 중 하나를 선택해야 하는 경우의 갈등을 이중접근 · 회피갈등(Double Approch–Avoidance Conflict)이라 한다. 예를 들면, 직장여성과 직장이 없는 여성 중 누구를 배우자로 선택할 것인가를 고민하는 남자의 경우, 직장이 있는 여성의 경우 경제적으로 도움이 되고 자기

일이 있는 것이 좋아 보이기도 하는 반면, 남자 자신이 가사 일을 많이 도와야 할 것이므로 퇴근 후 집에서 편히 쉴 수 없을 것 같아 걱정이 되고, 또한 직장이 없어서 집에서 모든 일을 잘 해줄 것 같은 여성의 경우, 자기 혼자 벌어서 살아야 하므로 경제적으로 여유가 없을 것 같아 걱정이 되는 경우의 갈등이다(이재창, 1995, p. 391).

갈등의 유형을 그림으로 표시하면 [그림 8-1]과 같다.

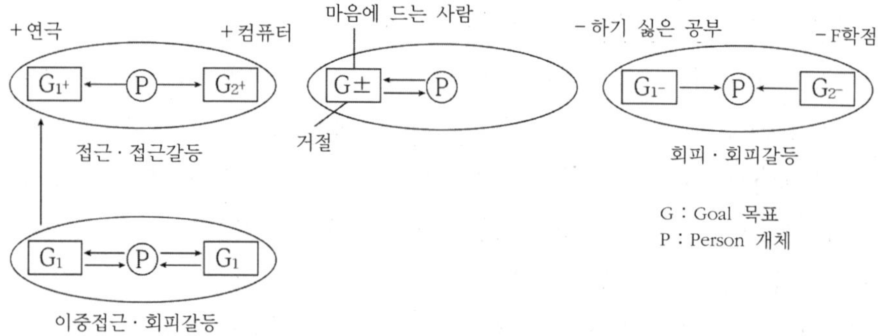


[그림 8-1] **레빈의 갈등상황**

### 3) 압 력

압력(pressure)은 개인이 욕구충족을 하기 위한 목적으로 이루어지는 행동을 가속하거나 강렬하게 하는 것을 가리킨다. 우리가 어떻게 행동해야 하고 얼마만큼 성취해야 한다는 식의 외부로부터 또는 자기 스스로의 기대와 욕구를 압력이라고 한다. 예를 들면, 부모로부터 1등을 하라, 일류대학 또는 일류기업에 취직을 해야 한다고 압력을 행사받는 경우를 들 수 있다.

최근에 부모들의 자녀지도 교육관은 천편일률적이다. 자기 자녀에게 지나친 기대를 걸고 일류의식에 빠져 지나치리만큼 1등을 해야 한다, 반장을 해야 한다, 일류대학에 들어가야 한다 등 자녀들을 압박하고 있다. 그 결과 수많은 학생들이 이에 견디다 못해 좌절하고 비관하여 목숨을 끊는 경우가 급증하고 있다.

1년에 청소년들이 이러한 압박에 못이겨 자살하는 경우가 100여 명이 넘는다는 보고서는 무엇을 의미하는가? 물론 어느 정도의 압력은 학생들의 성취동기를 높여 줄 수 있으나 개인의 여건, 즉 능력이나 상황을 고려하지 않고 무조건 압력을 가하면 오히려 해로운 스트레스로 작용할 수도 있다.

### 4) 변 화

인생에 있어서 어떤 변화가 일어날 경우, 그것이 긍정적이든 부정적이든 간에 스트레스 요인이 될 수 있다. 모든 변화나 사건이 다 부정적인 것(가족의 죽음, 실직, 신체의 질병, 불화 등)만은 아니고 긍정적인 것(결혼, 승진 취업 등)이거나 중립적인 것들도 있으나 생활의 변화 자체는 스트레스를 불러일으킨다(Holmes Rahe, 1967).

스트레스 사건과 그 평정척도 〈표 8-1〉에 따르면 배우자의 사망, 이혼, 별거, 감옥살이, 가족의 사망, 개인의 질병 순으로 스트레스 지수가 높음을 알 수 있다. 이러한 변화는 인생에 있어서 큰 변화를 가져오기 때문에 스트레스가 높아질 수밖에 없다. 그러면 스트레스는 어떤 증상을 가져오는가?

스트레스 증상을 생리적 증후, 심리적 증후, 행동적 증후로 나누어 보면, 생리적 증후에는 심장병 및 심장마비, 위궤양, 요통, 관절염, 두통, 암, 당뇨병, 간경화증, 폐염, 피부병 등을 들 수 있다.

심리적 증후에는 가정문제, 성(性)적 관계의 곤란, 억압, 정신기능 불능, 탈진 등을 들 수 있다.

기타 일상생활에서 권태, 귀찮음, 짜증, 비관, 교통혼잡, 소음, 환경오염 등은 스트레스의 주요 요인이 될 수 있다.

**표 8-1** 스트레스 사건과 그 평정척도

| 순 위 | 생활속의 사건 | 득점(평균값) |
|---|---|---|
| 1 | 배우자의 사망 | 100 |
| 2 | 이혼 | 73 |
| 3 | 별거 | 65 |

| | | |
|---|---|---|
| 4 | 감옥살이 및 감금상태 | 63 |
| 5 | 가족의 사망 | 63 |
| 6 | 개인의 부상 및 질병 | 53 |
| 7 | 결혼 | 50 |
| 8 | 실직 · 실업 및 직장에서의 해고 | 47 |
| 9 | 별거했다가 재결합(부부간의 화해) | 45 |
| 10 | 은퇴(정년퇴직) | 45 |
| 11 | 가족의 건강문제 | 44 |
| 12 | 임신 | 40 |
| 13 | 성생활의 문제(성적 장애) | 39 |
| 14 | 새로운 가족의 증가(출산, 입양) | 39 |
| 15 | 직장을 이동하거나 사업의 변동 | 39 |
| 16 | 수입액 변동 또는 재정상태 변화 | 38 |
| 17 | 절친한 친구의 사망 | 37 |
| 18 | 타직업으로의 전환 | 36 |
| 19 | 부부싸움 횟수의 변화(의사소통의 빈도 변화) | 35 |
| 20 | 큰 빚(1,000만원 이상의 부채)과 부동산 구입 | 31 |
| 21 | 물건의 저당잡힘. | 30 |
| 22 | 직장에서의 직책 · 보직의 변경 | 29 |
| 23 | 자녀의 가출, 자립, 집을 떠남. | 29 |
| 24 | 친척들과의 불화 | 29 |
| 25 | 괄목할 만한 개인적 성공 | 28 |
| 26 | 아내의 직장출근이나 중지(자녀의 직장출근이나 실직) | 26 |
| 27 | 자녀의 학교 입학이나 졸업 | 26 |
| 28 | 생활조건의 변화(훌륭한 새 집으로 이사 또는 아파트로 이사) | 25 |
| 29 | 개인 습벽의 교정 | 24 |
| 30 | 상사와의 갈등 | 23 |
| 31 | 근무시간이나 환경의 변화 | 20 |
| 32 | 거주지의 변화 | 20 |
| 33 | 전학 | 20 |
| 34 | 취미생활의 변화 | 19 |
| 35 | 종교활동의 변화 | 19 |
| 36 | 사회활동의 변화 | 18 |
| 37 | 적은 돈의 부채(1,000만원 이하) | 17 |
| 38 | 잠버릇의 변화 | 16 |
| 39 | 동거 가족 수의 변화 | 15 |
| 40 | 식사습관의 변화 | 15 |

| | | |
|---|---|---|
| 41 | 휴 가 | 13 |
| 42 | 크리스마스 등과 같은 축제 | 12 |
| 43 | 경범죄 위반 | 11 |

* 출처 : 김제한, 교육심리학, 서울 : 서원사, 1992. p. 315 참조.

## 다. 스트레스의 대처방안

스트레스는 과학기술 문명의 발달과 산업화정보화 세계화로 치닫는 현대사회의 부산물이다. 가정과 학교, 사회가 단순했던 시대에는 스트레스도 단순하고 해결하는 데에도 어려움이 적었다. 그러나 복잡다양한 물질문명의 발달로 사회는 훨씬 풍요로움과 편리함, 자유가 충분히 보장되었지만 수많은 사람들은 갈등과 스트레스를 많이 느끼고 있다.

따라서 스트레스는 일생을 살아가면서 누구나 겪게되는 인생의 일부라고 말할 수 있다. 스트레스에 의한 좌절과 갈등, 정신질환 내지는 신체질환, 비관과 심지어 자살에까지 이르게 하는 스트레스가 해소되도록 노력하는 과정을 스트레스에 대한 대응(coping with stress)이라고 한다.

스트레스에 대한 대응은 크게 건설적 대응과 비건설적 대응으로 분류할 수 있다.

### 1) 건설적 대응

건설적 대응이란, 스트레스를 건전하고 효과적인 적응을 의미하는 것으로 보고 본인의 대응능력 및 문제상황을 현실적으로 평가하여 문제에 직접 대처함을 의미한다. 이를 위해서 스트레스에 대한 적극적 태도를 갖는 것이 중요하며 해결할 수 있고, 해결해야 할 문제로 생각하며 성장을 위한 도전으로 받아들이는 것이 현명하다(이재창 외, 1995, p. 413).

문제중심의 건설적 대응은 스트레스 해소에 도움이 된다. 스트레스를 일으키는 문제 자체를 극복 또는 해결하는 것을 문제 중심의 건설적 대응이라 할 수 있다. 이를 위해서는 체계적 문제해결(문제를 정확히 판단하고 대안 탐색 후 대처방안 결정 및 실행), 주위로부터의 도움(가족, 친구, 상담자), 효과적 시간관리(우선순위에 따라 시간활용계획) 등이 적용되어야 한다.

### 2) 비건설적 대응

비건설적 대응에는 포기, 자기 비난(자신의 잘못), 타인에 대한 공격(catharsis의 효과), 탐닉적 행동(지나친 음주, 흡연, 마약, 소비행위), 감정중심의 방어기제 사용(억압, 합리화, 반동형성, 투사, 치환, 부정, 지성화) 등이 있다.

제 9 장

# 생활지도와 상담

1. 생활지도의 기초
2. 상담의 이해

# 1 생활지도의 기초

## 가. 생활지도의 의의

생활지도란 영어의 Guide에서 유래하는데 이는 인도한다, 지도한다, 조언한다, 안내한다의 뜻이다. 생활지도는 광의의 교육으로 해석하는 입장에서는 학교의 모든 프로그램은 생활지도의 목표를 실천하기 위하여 조직되어야 한다고 생각한다. 반면 어떤 사람들은 생활지도를 직업지도 또는 도덕지도에 국한하려고 한다. 생활지도의 의미는 그 용어가 가지는 뜻이 다양하고 사람에 따라 각기 다른 해석을 내리고 있기 때문에 한 마디로 간단하게 정의를 내리기는 어렵다. 생활지도의 의미에 대하여 몇몇 학자의 정의를 소개하기로 한다.

Jones는 "생활지도란 현명한 선택과 적응을 위해 개인에게 제공하는 조력을 의미"하며 이 선택은 생득적인 것이 아님으로 지도가 필요하다고 보았다. 이영덕은 "생활지도는 한 학생이 자신의 본래의 성격을 정확히 파악하고 문제해결을 위한 이해와 통찰을 가짐으로써 보다 안정되고 통합된 성장을 할 수 있도록 도움을 주는 과정이다."라고 말하였다. Traxler는 "생활지도란 개인의 능력과 흥미를 이해시키고 가능한 정도까지 최고로 그들을 발달시키고 생활의 목표와 관련시켜 최후로 민주사회의 바람직한 시민으로서 원숙한 자기지도가 될 수 있는 상태에 도달시키려는 것이다."라고 하였다. Strange는 "생활지도는 개개인의 가능성을 발견하고 그 자신의 노력을 통하여 그의 개인적인 행복 및 사회적 유용성을 목표로 하여 그것을 발달시켜 나가는 과정이다."라고 말하였다.

위의 여러 사람의 정의 가운데 공통점을 찾아낸다면 생활지도란 ① 자신의 발견 및 이해 ② 타고난 자질의 개발 ③ 현명한 적응과 선택을 통한 문제해결 ④ 원숙한 자기실현, 자기지도 등이다.

따라서 생활지도는 자기이해, 자기조정, 자기실현을 통하여 남의 조력 없이도 스스로 자신을 훌륭하게 이끌어 나갈 수 있는 자기지도(self-guidance)에 이룰 수 있게 조력하는 과정이다. 다시말하면 생활지도란 각 개인이 일상생활에서 해결해야 할 여러 가지 문제를 자력으로 해결할 수 있도록 지도하기 위한 조직적 봉사 활동이다.

## 나. 생활지도의 목표

생활지도가 개인의 봉사에 초점을 둔 활동이라면 생활지도의 목표는 개인을 돕는 활동 차원에서 결정될 수 있다.

### 1) 자신의 능력과 흥미의 발견 및 이해

생활지도는 개인의 존엄성과 가치에 무엇보다 중요한 기초를 둔다. 생활지도는 각 개인이 그가 속한 한 사회의 문화가치 속에서 최고의 자기실현을 할 수 있도록 돕는 교육적 노력이다.

### 2) 능력과 흥미의 최대한의 개발

개인이 가진 흥미를 풍부하게 살릴 수 있도록 직업적 훈련의 기회를 만들고 원만한 인간관계를 기르도록 협동적 경험을 쌓는 것은 자신의 능력과 소질을 키워가게 하는 생활지도의 중요한 목표가 된다.

### 3) 현명한 선택과 적응을 통한 문제해결력 증진

일상생활에서 일어나는 문제들을 자신의 힘으로 부딪쳐 보고 실제 경험을 통하여 자신의 능력을 더욱 이해하고 자신을 수정 보완해 나감으로써 건전한 자아개념도 서서히 형성될 수 있다. 생활지도는 사회적 변화와 개인의 내적 변화에 잘 적응하기 위하여 가정, 학교, 사회가 협동적으로 노력하여 청소년들의 적응문제를 해결하는 데 도움을 준다.

#### 4) 전인성으로서의 발달

인간은 지적방면의 발달만으로는 행복해 질 수 없으며 신체적 · 사회적 · 정서적 모든 면의 발달이 잘 조화되고 통합될 수 있을 때 가장 완전해 질 수 있다. 학교는 자라나는 청소년들의 감정과 의지 · 개성과 사회성을 고르게 발달시킬 수 있도록 지도하여야 한다.

#### 5) 유능한 민주시민으로의 육성

개성의 최대한 발달은 그 사회를 위하여 유익되게 사용될 때 가장 훌륭한 공헌이 될 수 있다. 그러므로 개인의 신장과 사회의 발달이라는 신념은 민주주의와 생활지도가 일치되고 있는 견해다.

이렇듯, 학교교육에서 전개되는 생활지도 활동이란 개인적인 도움을 통하여 학생으로 하여금 현명한 선택과 적응을 하게하고, 자기지도를 하도록 도움을 주는 일이다. 그러므로 생활지도의 근본목표는 개인을 돕는 일이다.

### 다. 생활지도의 주요 활동

생활지도를 효과적으로 이끌기 위한 필요한 제반활동은 다섯 가지 활동으로 나눌 수 있다.

① 학생을 이해하기 위한 조사활동
② 필요한 정보를 제공하는 활동
③ 부적응의 문제를 해결하기 위한 상담활동
④ 수집된 정보에 의해 학생 자신이 어느 한 단계에서 다음 단계로 옮겨갈 때 적절한 도움을 주는 정치활동.

⑤ 생활지도 프로그램에 의해 도움을 받는 학생을 대상으로 하는 추후활동이 있다.

### 1) 학생이해를 위한 조사활동

생활지도 활동의 중추적 역할을 담당하고 있는 생활지도 교사는 학생 개개인과 그를 둘러싸고 있는 인적, 물적인 환경을 정확하게 그리고 포괄적으로 파악해서 이들 자료를 필요로 하는 학교 내외의 인사들이 학생의 성장, 발달을 돕기 위한 자료로 활용할 수 있도록 하여야 한다. 따라서 학생들을 올바르게 이해하기 위해서는 우선 그들의 필요, 흥미문제, 성장 가능성과 생활환경을 바르고 정확하게 이해하는 것은 조직적인 생활지도의 가장 기초적인 단계라고 할 수 있다.

학생을 이해하기 위해서는 가정환경, 개인의 지적 능력, 학업성취도, 적성 및 인성 또는 장래 희망 등의 자료를 수집하여 분석하는 것이 필요하다. 이와 같은 여러 영역에 걸친 자료를 분석하기 위한 방법과 기술로는 관찰법, 질문지법, 면접법, 검사법, 사례연구 등의 방법과 개인정보를 제시한 생활기록부 등이다.

### 2) 학생이 필요로 하는 정보제공 활동

학생이 자기의 문제를 해결하거나 장래계획을 세우기 위해서는 자기를 둘러싸고 있는 환경조건을 이해하고 정확히 파악할 수 있어야 한다. 따라서 필요한 정보를 수집하고 제공해 주는 일은 생활지도 프로그램에서 중요한 자리를 차지한다.

밀러(C. H. Miller)는 정보활동의 목적을 다음과 같이 제시하였다.

① 학생이 현재 직면한 환경을 이해하고 이에 적응하는 것을 돕는다.

② 학생이 미래의 직업이나 장래를 탐색하는데 소용되는 보다 넓은 정보를 마련한다.

③ 장차 특정한 계획과 직업계획에 필요한 정보를 얻고 해석하는 것을 돕

는다.

이러한 목적에 대해 생활지도에서 필요로 하는 정보는 교육적 정보, 직업적 정보, 개인적 · 사회적 정보 등의 세 영역으로 구분할 수 있다.

교육적 정보란 학생들이 학습활동을 해나가는데 관계되는 정보를 말한다. 다시 말해서 학생들이 자기의 교육계획을 합리적으로 세우고 교육과 학습의 기회를 최대한으로 활용하기 위하여 알아두어야 할 정보자료를 말한다. 예를 들면, 상급학교 진학을 위한 교육프로그램에 관한 안내, 장학제도 및 기타 학비 조달에 관한 사항, 학교 내외의 도서관 이용법과 자료 수집법, 학습습관과 기술에 관한 사항, 특정한 과정의 학습 요령 등이다.

직업정보란 직업에 관련된 문제를 합리적으로 계획하고 타당한 직업 선택을 할 수 있도록 도움을 줄 수 있는 유용한 자료를 말한다. 예를 들면 작업의 분류와 종류, 각종 직업에 취업하기 위한 자격, 취직과 승진에 필요한 지식과 방법, 각종 직업에서의 작업조건, 기술고시 및 기술자 등록에 관한 사항 등을 말한다.

개인적, 사회적 정보는 자기 자신과 남을 이해하는데 필요한 정보로서 자신을 보다 잘 이해하고 발전시키는 것을 돕는 자료를 말한다. 예를 들면, 자기 이해와 자기 통찰에 유용한 자료, 건전한 인성의 발달을 도울 수 있는 자료 등을 말한다.

이상의 정보들은 한데 묶어서 통합적으로 수집하고 제공하는 과정으로 이루어져야 한다. 각종 정보는 여러 분야에 있어서 전문적인 이해가 있는 교사가 수집, 적절히 분류하고 조직하여 언제나 필요한 정보를 용이하게 사용할 수 있도록 하여야 한다. 또한 수집된 정보는 학생의 성숙 수준과 필요와 흥미에 맞추어 교육적으로 제공하여야 한다.

### 3) 학생 문제해결에 도움을 주는 상담활동

상담은 전체 생활지도 가운데 가장 핵심적인 영역을 차지하는 활동이다. 학생들은 상담을 통해서 그들이 당면하는 부적응의 문제를 해결하기 위하여 직접 도움을 받을 뿐만 아니라 그들의 장래 계획을 설계하고 자신의 힘으로 건전한 발달을 이룩하는데 도움을 받는다.

생활지도나 상담은 다 같이 모든 학생을 대상으로 그들의 건전한 성장, 발달을 도와 주기 위한 활동이다. 특히 상담은 적응상의 문제를 가지고 있는 학생을 대상으로 그가 당면하고 있는 부적응의 문제를 바르게 이해하고 자기 힘으로 해결할 수 있도록 도와 주는 전문적인 임상적 봉사활동이다.

### 4) 정치활동

정치활동이란 학생 자신이 적재적소에 적응할 수 있는 능력을 지니도록 도와주는 활동이다. 개인의 성장과 발달은 삶의 장기적인 전망 속에서 선택과 결정을 통하여 이루어진다. 그러므로 인간은 어느 한 가지를 결정하고 다음 단계로 넘어가 새로운 것을 결정하지 않으면 안 되며 이 때에 자기선택과 자기결정을 위해서는 보다 많은 객관적인 정보와 제삼자의 도움을 필요로 한다.

학생 자신이 건전하고 보다 잘 적응된 생활을 영위하도록 하기 위해서는 학생으로 하여금 일정한 계획을 세우고 그의 능력에 맞게 다음 단계에서 취해야 할 행동과 위치와 자리를 성공적으로 정하도록 도와 주어야 하며 이러한 도움을 주는 활동을 일컬어 정치활동(placement service)이라고 한다.

이렇듯, 정치활동이란 취업, 진학, 진급, 선택과목의 선정, 특별활동 부서의 결정 등과 같이 개인 또는 집단이 어떤 선택적인 결정을 내려야 할 때에 합리적이고 현실적인 의사결정을 하도록 돕고 의사결정에 필요한 정보를 제공하고 조정하고 협조하는 일련의 활동을 말한다. 그러므로 정치활동이란 학생들이 자기의 욕구를 충족하기 위하여 다음 단계의 계획을 세우고 새로운 위치를 정하고 전진하도록 도와주는 일체의 활동이라고 할 수 있다.

### 5) 추후지도 활동

추후지도 활동은 생활지도 프로그램으로 도움을 받은 학생을 대상으로 하여 계속적이며 향상된 도움을 주고 동시에 학교의 생활지도 프로그램의 평가와 개선을 위해서 필요한 활동이다. 따라서 추후지도의 대상은 재학생, 중도 퇴학자, 졸업생을 포함한다.

추후지도를 하는 목적은 지도를 받았던 학생의 지속적인 성장, 발달을 돕고 학교 생활지도 프로그램의 개선점을 찾아 효율적인 생활지도 활동이 되도록 하는 것이다.

학생에게 일정한 봉사를 하고 좋은 결과를 얻었다는데서 모든 지도가 끝나는 것이 아니라 그 학생이 얼마나 지속적으로 발전해 가고 있는가를 알아보고 보살펴 주는 것은 생활지도의 완성을 위하여 꼭 필요한 것이다.

## 2 상담의 이해

상담은 생활지도 활동에 있어서 가장 핵심적인 중심활동이다.

### 가. 상담의 의미

상담인 counseling이란 말은 라틴어의 counsulere에서 유래한 것으로 고려한다(consider), 반성한다(reflect), 숙고하다(deliberate), 조언한다(counsel), 상담한다(consult) 등의 뜻을 지니고 있다(황응연, 1975).

상담의 의미에 대하여 여러 학자들이 내린 정의를 중심으로 그 의미를 밝혀 보기로 한다.

윌리암슨(E. G. Williamson, 1950)은 "카운슬링이란 현실적으로 각 개인의 적응을 도울 뿐만 아니라 장래 적응을 준비하도록 도와 주는 것이다." 라고 하였다. 따라서 윌리암슨은 내담자의 적응문제에 관심을 가지고 있는 것을 알 수 있다.

로저스(C. R. Rogers, 1952)는 상담은 개인이 행동과 태도를 변화하는데 도움이 될 목적을 가진 개인과의 일련의 직접적 접촉이라 하였다. 세르제르와 스톤(Shertzer & Stone, 1980)은 상담은 자기와 환경에 대한 의미있는 이해를 촉진시키고 장래행동의 목표나 가치관을 확립해서 명료화하도록 하는 상호작용의 과정이라고 하여 자신과 환경에 대한 학습을 강조하고 있다.

정원식과 박성수(1978)는 상담이란 도움을 필요로 하는 사람과 도움을 줄 수 있는 사람 사이의 개별적인 관계를 통하여 새로운 학습이 이루어지는 과정이라고 정의하고 또 이장호(1986)도 상담이란 도움을 필요로 하는 사람이 전문적 훈련을 받은 사람과의 대인관계에서 생활과제의 해결과 사고, 행동 및 감정측면의 인간적 성장을 위해 노력하는 학습과정이라고 정의하여 궁극적으로는 학습과정을 강조하고 있다.

이상의 여러 학자들의 상담에 관한 정의와 특성을 요약하면, 상담이란 상담자와 내담자의 만남의 과정에서 내담자가 현명한 적응과 문제해결을 할 수 있는 능력을 배양하고 스스로 성장할 수 있도록 돕는 전문적인 활동이다.

상담과 유사하게 사용하는 개념으로 생활지도, 심리치료가 있다. 이들을 명확하게 구별하기는 쉽지 않다. 특히 상담(counseling)과 심리치료(psychotherapy)와의 구별은 더욱 모호하다.상담과 심리치료는 다음과 같은 차이가 있다.

첫째, 내담자 또는 학생의 문제의 정도에 따라 상담과 심리치료를 구별하려는 관점이다(정원식 · 박성수, 1982). 단순한 정보를 제공하는 것에서 만족스런 해결을 얻을 수 있는 문제에 가까울 때는 상담이고 정신질환의 문제쪽으로 기울어질 때는 심리치료라고 보는 관점이다. 그러나 상담 활동에서는 정상의 문제를 다루는 편이고 심리치료에서는 비정상의 문제를 다룬다는 것은 실제로는 명확하게 구분하기에 어렵다. 왜냐하면 "정상적인 문제"도 이상심리적인 경향이 어느 정도는 개입되어 있고, 비정상적인 문제에도 정상적인 심리상태가 있기 때문에 내담자 또는 학생의 문제를 정상과 비정상의 기준으로 나누어 생각하는 것은 무리가 있다(그림 9-1 참조).

| 단순한 정보를 필요로 하는 문제 | 기술적 정보를 필요로 하는 문제 | 태도상의 문제 | 심리적 갈등의 문제 | 정신질환의 문제 |
|---|---|---|---|---|
| (생활지도) | | (상담) | | (심리치료) |

[그림 9-1] **생활지도, 상담, 심리치료의 비교**

둘째, 상담이란 내담자가 직면하고 있는 현실적인 문제나 내담자가 의식하고 있는 문제를 주로 다루는 것임에 반해 심리치료는 성격적인 문제나 무의식의 문제를 다룬다. 또한 상담은 교육, 직업, 결혼 등의 선택과 결정의 문제를 다루는 것임에 반해 심리치료는 지속적이고 반복적인 정서적 갈등을 다룬다.

셋째, 상담과 심리치료는 목표가 다르다고 보는 관점도 있다. 상담은 성장과 발달을 촉진하며 예방에 역점을 두는 것에 비해 심리치료는 장애를 제거하거나 완화시키는 것으로 치료와 교정에 역점을 둔다.

넷째, 상담과 심리치료를 적용하는 기법이나 방법의 차이로 구별하려는 경향이 있다. 상담은 무의식의 세계를 표현하지 않고 은폐하는 방법을 사용하고 심리치료는 무의식의 세계를 파고들어 심리적 갈등을 해결하는 비은폐적인 방법을 사용하는 것에서 차이점이 있다. 또한 상담은 생각과 의견을 주로 다루는 인지적인 방법을 적용하는 것임에 반해 심리치료는 증오, 애정, 충동 등과 같은 감정이나 본능을 주로 다루는 정서적인 방법에 의존한다.

그 외에도 상담은 학교, 기업체, 상담소 같은 곳에서 상담자가 수행하며 심리치료는 의학이나 임상심리 분야에서 훈련받은 상담자가 병원에서 수행하고 있다.

위에서 살펴본 두 가지의 관계에서 알 수 있듯이 상담과 심리치료는 명확히 구별하기보다는 중첩하여 사용하는 것이 좋을 것 같다. 상담과 심리치료 모두 내담자의 문제를 해결하고 나아가 개인의 성장과 발전을 촉진한다. 그러나 내담자를 다루는 모형을 교육적 모형과 의학적 모형으로 구별한다면 교육상황에서 이루어지는 상담은 의학적 모형에 근거하는 것보다 교육적 모형에 근거하는 것이 바람직하다고 하겠다.

## 나. 상담이론

상담자가 적절한 상담 방법을 사용하여 내담자의 문제해결과 지도방안을 마련하는 데에는 인간행동에서 나타나는 여러 가지 현상을 과학적으로 분석할 수 있는 상담이론들을 이해하고 있어야 한다. 상담자는 전문적 소양의 상담기술이 있어야 하며 내담자를 인도할 때에 부작용이 없도록 적재적소에 알맞은 상담이론을 활용할 수 있어야 한다.

주요 상담이론은 다음과 같다.

### 1) 정신분석 상담

장신분석이론(psychoanalytic theory)은 현대 상담과 심리치료의 초석이요 기초가 된다. 오늘날 사용되고 있는 여러 수백 가지 상담치료 가운데 대부분은 정신분석체제로부터 기술 또는 추진력이 파생되었다(Herlnk, 1980).

정신분석상담의 목표는 내담자가 무의식적 갈등을 의식화하여 행동의 동기를 각성·통찰함으로 의식수준에서 행동할 수 있게 도우려는 것이다. 즉, 무의식에 근거하고 있는 내담자의 문제행동에 대한 각성과 통찰을 도와서 건설적인 성격으로 변화시킴으로써 잘 적응하는 개인으로서의 성장과 발달을 돕는 데 있다. 즉, 가능한 상담의 과정은 ① 상담관계의 설정, ② 분석의 시작, ③ 최초의 상담위기의 경험, ④ 상담의 심화, ⑤ 철저한 지속적 활동, ⑥ 종결의 과정으로 진행된다.

상담의 주요기술은 자유연상, 해석, 꿈의 분석, 전이의 분석, 저항 등을 들 수 있다(Corey, 1977 ; Hansen 등, 1977 ; Hall과 Linzey, 1978 ; Arlow, 1979 ; Hjelle & Ziegler, 1981).

이와 같은 상담기술의 몇 가지 방법을 구체적으로 제시하면 다음과 같다.

### (1) 자유연상(free association)

이 기술은 내담자로 하여금 마음 속에 떠오른 것이면 무엇이든지 말하도록 하는 것이다. 이러한 자유연상을 통해서 과거를 회상하고 충격적인 상황 속에서 느꼈던 여러 가지 감정을 발산하게 되고, 이로 인하여 문제의 원인이 되는 단서를 찾을 수 있다.

### (2) 해석(interpretation)

해석은 내담자의 어떤 사고와 느낌 또는 꿈, 저항, 행동에 대해 상담자가 추리를 하여 설명해 주는 것으로 의식 표면의 내용부터 점차 내담자가 받아들일 수 있는 단계까지 지적하고 설명하는 기본적 절차다.

### (3) 꿈의 분석(dream analysis)

꿈은 무의식의 보고(寶庫)라 하여 중요시한다. 꿈의 내용을 얘기하면 이에 따른 연상을 시키고 이를 의식적 경험과 결부하여 그 의미를 해석하고 갈등을 이해하려 한다.

꿈의 분석은 꿈의 속성을 이용하여 무의식적 자료를 발굴하고 조명함으로써 내담자로 하여금 자신의 내면세계와 문제영역에 대해 통찰을 얻도록 도와 주는 절차다. 그래서 꿈의 분석은 자유연상을 통하여 왜곡된 현재몽의 내용을 분석하여 잠재몽이 가지고 있는 의미를 규명해 자신이 가지고 있는 갈등과 억압을 규명하는 수단으로 이용된다(김명훈 · 정영윤, 1978).

### (4) 전이(transference)

전이란, 과거에 주요한 타인에게 경험했던 감정, 욕망, 기대 등을 현재 상황에서 충족하려 하거나 과거에 불안을 야기했던 갈등이나 대인관계를 현재 상황에서 반복하는 것을 말한다. 이러한 전이의 현상은 내담자의 갈등이 대치되어서 나타나는 것이기 때문에 내적 갈등의 근원을 의식 내에 떠오르게 하여 설명해 이해시킴으로써 해소시킨다. 상담자의 해석으로 전이감정이 해소되면 내담자는 과거의 영향으로부터 벗어나며 정서적으로 성숙한 인간이 될 수 있다.

#### (5) 저항(registance)

저항이란, 상담도중에 자신의 갈등을 의식화하기 꺼려서 그 반대되거나 억압된 행동을 하는 것을 말한다. 이것은 내담자가 죄의식, 불안, 수치와 같은 고통스러운 감정을 피하고 아직까지 사용해 오던 방어기제를 그대로 유지하려고할 때 사용된다. 저항의 내용은 내담자가 의식 내에 표현함으로써 지나치게 고통을 주거나 자아를 불안하게 하는 것이다.

저항분석의 목적은 내담자가 그 저항을 처리할 수 있도록 하기 위해서 저항의 이유들을 각성할 수 있도록 도우려는 것이다.

그 밖의 상담의 기술로써 제시할 수 있는 것은 내담자의 존중, 수용성과 포용성, 감수성 및 관찰력의 배양, 공감, 직면, 통찰 등이다.

### 2) 개인심리 상담

개인심리상담이론의 창시자는 아들러(Alfred Adler)이다. 아들러의 개인심리학(individual psychology)은 정신분석으로부터 발전된 것이다. 아들러가 그의 이론을 개인심리학이라고 부른 것은 그가 인간을 총체적(whole)으로 보았기 때문이다. 즉, 인간을 단일하며 분할할 수 없고 그 자체로서 모순이 없는 통합된 실체로 본 데서 연유하였다(Hjelle & Zigler, 1981).

아들러 자신의 초기경험들이 그의 성격이론 형성에 초석이 되었다. 아들러는 인간을 현상적 자아에서 가공적 목적들을 향해 움직이는 창조적 존재, 책임지는 존재, 선의 잠재력을 실현하는 존재 그리고 완성을 향해 끊임없이 형성되어 가는(becoming) 전체적인 개인으로 본다.

아들러의 성격이론의 주된 목적은 모든 사람들에게 심리적으로 건강한 성격을 안내하는 것이다. 따라서 정신건강을 증진할 수 있는 실천원리로서 몇 가지 개념들을 이해할 필요가 있다.

### (1) 열등감 보상

아들러는 열등감의 보상을 모든 인간이 본질적으로 추구하는 경향성으로 보았다. 많은 사람들은 보상적 노력을 토해 열등감을 극복한다. 대개는 의식적 · 심리적 수준에서 일어난다. 인간에 있어 열등감은 하나의 동기가 되어 각 개인은 이 열등한 면을 극복하려는 노력을 하게 되고, 그 결과 진보하고 성장하며 발달해 나간다. 열등감은 완전 또는 완성을 향한 추진력을 가지고 있다.

### (2) 우월성의 추구

우월성의 추구는 삶의 기초적 사실로서 모든 인간이 문제에 직면했을 때 부족한 것은 보충하며, 낮은 것은 높이고, 미완성의 것은 완성하며, 무능한 것은 유능하게 만드는 경향성이다.

우월성은 유아기의 무능과 열등에 뿌리를 두고 있는 기초적 동기다. 이 동기는 정상인이나 비정상인이나 공통으로 존재하고, 추구의 목표에는 긍정, 부정적 방향이 있고, 많은 힘과 노력을 소모하고, 개인 및 사회 수준에서 동시에 일어난다(이형득, 1984, p. 92).

### (3) 생활양식

생활양식(life style)은 개인의 성격을 움직이는 체계적 원리로서 한 개인의 독특성, 즉 삶의 목적, 자아개념, 가치, 태도 등을 포함하는 것이다. 인간은 누구나 열등감을 경험하고 이러한 열등감은 어떤 방법으로든지 보상하려고 노력하는데, 이 노력들이 우월성의 추구라는 목표로 연결된다. 생활양식은 지배형, 기생형, 도피형, 사회형으로 나뉜다.

### (4) 사회적 관심

아들러는 사회적 관심을 선천적인 것으로 보았다. 인간은 사회적 관계가 확대되면서 열등감도 갖게 되고 이를 극복하려는 노력으로 보상하려는 심리와 우월성을 추구하고 나아가서 생활양식도 형성된다. 사회적 관심은 개인의 심리적 건강을 재는 척도다.

### (5) 창조적 자아

인간은 누구나 자신의 생활양식이나 생활목표를 창조하며 사회적 관심을 발달시키는데 기여한다. 창조력은 지각, 기억, 상상, 공상, 꿈에도 영향을 미친다. 창조력의 발달은 어릴 때부터 사회적 발달과 더불어 일어난다.

### (6) 출생순위

생활양식은 가족 자리(위치)에 따라 영향을 받는다.

### (7) 가공적 목적론

인간의 모든 심리현상은 가공적 목적(이상)이 현실보다 효과적으로 움직인다고 한다.

아들러는 개인심리학적 접근의 상담목적은 내담자로 하여금 자신의 열등 콤플렉스와 생활양식의 발달과정을 이해하고 이것이 현재 그의 생활과제들의 해결에 어떻게 영향을 미치고 있는지 이해하도록 하여 그의 생활목표와 생활양식을 재구성하도록 도와 주는 것이다(이형득, 1984, pp. 98~99).

아들러는 상담과정을 사회화(socialization)의 한 과정으로 보고(Hansen 등, 1977), 모사크(Mosak, 1977)는 상담과정이 기독교 윤리인 믿음, 소망, 사랑이 실현되는 과정과 같은 것이라고 보았다. 상담과정은 상담관계의 설정, 내담자의 역동성분석과 이해, 통찰을 위한 해석, 사회적 관심의 발달을 돕는 재교육 등으로 이루어진다.

상담기술로서 제기되는 것은 회상, 해석, 재교육 등이다.

상담과정의 실제 기술로는 언어적 기술, 행동적 기술 – 역할놀이, 빈 의자 대화, 모델로서의 상담자, '마치 ~ 인 것처럼' 행동하기, 과제장면 설명하기(task setting), 상상하기, 초인종 누르기 등이 있다.

### 3) 인간중심상담

인간중심상담은 로저스(Carl Rogers, 1902~1987)에 의해서 창안된 상담방법으로 초창기에는 비지시적 상담(non-directive counseling, 1950년대), 중반기에는 내담자중심상담(client-centered couuseling, 1960년대), 후반기에서 인간중심상담(person centered counseling, 1970년대 이후)으로 부르고 있다.

이 접근법은 상담이라는 전문적인 활동의 발전에 크게 공헌하고 지대한 영향을 끼쳤다. 이에 대한 연구와 임상적인 실천을 통해 개발한 기술은 오늘날 각급 학교나 병원, 일반 상담소에서 많이 활용되고 있다.

인간중심 접근방법은 내담자의 중요한 문제를 결정하고 그들의 문제를 해결하도록 내담자의 능력을 강조하고 있다. 가장 중요한 상담관계의 최적의 방법은 따뜻하고 허용적이며, 내담자로 하여금 그들의 유일한 경험에 관련하여 자아구조를 탐색할 수 있도록 그 풍토(climate)를 수용할 수 있는 분위기를 마련해 주는 것이다.

인간중심상담과 자아이론(self-theory)의 기본적 이해는 자아개념과 성숙인의 개념 혹은 자아실현의 성장을 의미한다.

인간중심상담의 긍정적 목적은 충분히 기능하는 인간(fully functioning person)이 되도록 돕는 것이다(Rogers, 1961 ; Patterson, 1980). 이는 상담의 과정에서 개인으로 하여금 방어적 행동을 하게 하는 가치 조건들의 해제를 도와서 유기체적 경험에의 개방성을 증대할 수 있도록 돕고 그 결과를 자아 혹은 자아개념과 유기체의 경험간의 일치의 정도를 높일 수 있도록 돕는 것이라 할 수 있다.

상담자가 내담자와의 상담관계에서 지켜야 할 필수적 조건으로는 진실성, 무조건적인 긍정적 관심, 정확한 공감적 이해 등이다. 이를 구체적으로 제시하면 다음과 같다.

#### (1) 진실성(genuineness)

로저스는 상담자의 태도로서 진실성 또는 일치성의 조건을 중시하고 있다. 진실성은 상담 면접 동안에 상담자의 유기적 경험의 모든 면들이 자유롭게 각성될 수 있어서 그의 자아개념이 이 경험들과 일치하는 상태로 설명될 수 있기 때문이다.

#### (2) 무조건적인 긍정적 관심(unconditioned positive regard)

상담관계에서 상담자가 내담자를 구별하거나 비교, 선택하는 과정으로 평가・판단하지 않고, 내담자의 모든 면을 있는 그대로 받아들여 소중히 여기고 존중하는 상담자의 태도를 말한다. 즉, 진실한 반응을 의미한다.

#### (3) 정확한 공감적 이해(accurate empathic understanding)

상담과정에서 상호작용하는 동안 내담자의 경험과 감정, 상담의 전체 과정에서 내담자를 민감하고 정확하게 이해하는 노력을 말한다.

상담자는 인내심을 가지고 우애적으로, 그러나 지적으로는 비판적인 태도로서 내담자의 말에 귀를 기울여야 한다. 상담자는 어떤 종류의 권위도 과시해서는 안 되고 도덕적 훈계를 해서도 안 되며, 내담자와 토론을 해서도 안 된다. 상담자는 상대에게 발언을 시키고자 하는 경우, 상담자와의 관계에서 느끼는 내담자의 걱정과 근심을 덜어 주기 위한 경우에만 질문 또는 발언을 해야 한다.

### 4) 형태주의상담

형태주의상담은 펄스(Frederich S. Perls, 1893~1970)가 창안하였다. 펄스는 1920년

프리드리히 빌헬름 대학교에서 M.D 학위를 받고 베를린에서 신경정신과에서 훈련을 받다가 1926년 호니(Karen Horney)로부터 정신분석을 받았다. 그리고 펄스는 1954년 클리브랜드 형태심리연구소를 세웠다.

형태주의상담은 상담자가 내담자가 어떻게 자신들이 현재를 느끼고 경험하는지를 알 수 있도록 도움으로써 '여기－지금(here and now)'을 완전히 경험할 수 있도록 돕는다. Gestalt란, 독일어로서 '형태', '외형' 또는 '전체'를 의미한다.

형태주의상담에서는 인간을 전체적이고 현재중심적이며 선택의 자유에 의하여 잠재력을 각성할 수 있는 존재로 본다. 이 치료는 항상성(homeostasis)을 지향하여 유기체의 내적 능력을 강조하는 인성이론에 기초를 둔다.

형태주의상담의 목표는 언제나 잘 통합된 인간이 되도록 하는 것이다. 이를 위하여 개인적 각성의 향상과 '여기－지금(here and now)'의 자신에게 진실되게 살아갈 수 있도록 돕는 데 있는 것이다.

형태주의상담은 능동적이고 직면적이며 현재의 경험에 관심을 가지고 있다. 상담과정은 형태의 생성과 소멸을 방해하는 요인을 제거하는 모든 과정이 포함된다.

상담의 주요 기술로는 현재를 중심으로 각성시키는 것, 언어적 접근기법, 비언어적 각성기법, 환상적 접근기법, 과거와 미래에 대한 기법, 감정에 대한 접근기법이 있다.

### 5) 상호교류분석상담

상호교류분석 또는 의사거래분석으로 번역해 부르는 이 상담방법은 번(Eric Berne, 1910~1970)이 창시한 이론이다. 1950년대 중엽 미국 정신과 의사인 번이 집단치료의 한 방법으로 이 기법을 개발하였는데 현재 개인상담이나 심리치료의 방법으로 사용되고 있다. 이 접근은 프로이드와 페던(Federn)의 자아심리학, 그리고 펜필드(Penfield)의 기억기제에 대한 연구에 영향을 받았다.

TA(Transactional Analysis)의 접근이론은 "인간의 모든 것은 어릴 때 결정되거나 변화될 수 있다"는 입장을 취한다. 다시 말하면, 인간은 자신이 내린 과거의 결정을 이해하고 이에 대하여 다시 결정을 내릴 수 있는 능력이 있다는 것이다.

교류분석은 자아상태(ego states), 인간교류(personal transactions), 심리연극(psychological games) 및 인생각본(life scripts)에 대한 분석에 기초한 정신치료의 체계라고 할 수 있다. 이 네 가지 분석분야는 독특하면서도 중첩되는 기능을 가지고 있다.

번(1961)은 그의 임상경험을 통해서 모든 사람은 어버이(Parent : P), 어른 (Adult : A), 그리고 어린이(Child : C) 등 세 가지 자아상태를 가지고 있음을 관찰 · 분석하였다. 이 세 가지 중에 어느 하나가 상황에 따라 한 개인의 행동을 지배한다고 보고 있다.

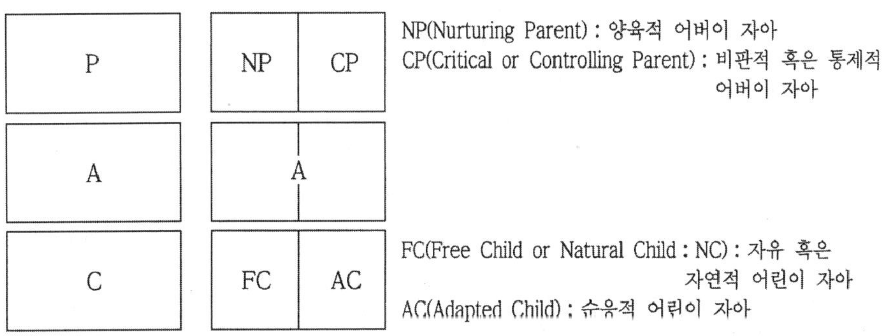


[그림 9-2] **인격적 도식**

### (1) 어버이 자아

어버이 자아는 출생에서부터 5년간 외계의 경험원들, 주로 부모를 통하여 모방 또는 학습하는 태도 및 기타 지각내용과 그 행동들로 구성된다. 이 어버이 자아의 형성과정의 특징은 비판에 의하여 교정됨이 없이 받아들여져서 내면화된 것이라는 점이다.

### (2) 어린이 자아

이 자아 상태는 인간 개체 내에서 자연히 나타나는 모든 충동과 감정들 그리고 그의 생의 초기에 경험하는 사태들에서 느끼는 감정들과 그러한 감정에 대한 그의 반응양식들로 구성된다. 이것은 일종의 생활에 대한 감정적 개념이라 할 수 있다. 즉, 생의 초기 어린이들은 그가 경험하는 내용들을 표현할 수 있는 언어적 능력이나 어휘를 거의 갖고 있지 못하기 때문에 어떤 경험사태에 대한 반응의 대부분은 내적인 감정적 반응이다.

### (3) 어른 자아

어른 자아는 객관적으로 현실을 파악한다. 그렇게 하기 위해서 어른 자아는 외계는 물론 내적 세계와 다른 자아상태(어버이와 어린이 자아)로부터 정보를 수집하여 저장하고 이용한다. 그래서 어른 자아는 자료수집과 자료정리 과정에 기초한 하나의 사고적 개념을 발달시킨다.

번(1964)은 인간행동의 동기로서 음식, 물, 공기에 관련된 기본적인 생리적 욕구와 자극, 구조, 자세의 욕구와 같은 심리적 욕구들을 가정하였다.

자극의 욕구(stimulus hunger)는 일종의 인종의 욕구로 일차적인 욕구다. 이 욕구의 충족은 인정자극(strokes)을 통하여 이루어진다. 인정자극이란, 신체적 접촉이든 또는 회화의 형식이든 인간이 다른 인간에게 주는 존재인정의 한 형태다. 이러한 인정자극 가운데는 긍정적인 것과 부정적인 것 그리고 조건적인 것과 무조건적인 것들이 있다.

구조의 욕구(stimulus hunger)는 한 개인이 필요로 하는 인정자극을 받을 가능성을 최대화하기 위하여 그의 생활 시간을 조직 또는 구조화하려는 욕구다.

자세의 욕구(position hunger)는 개인이 전 생애를 통하여 어떤 확고한 삶의 자세를 갖고자 하는 욕구를 말한다. 그리하여 이 욕구는 개인의 생활자세를 형성한다. 이 생활자세는 주로 6세 이전의 부모들의 양육태도, 즉 금지나 명령, 허용에 의하여 크게 영향을 받아 형성된다. 이 네 가지 생활자세(life position)는 다음과 같다.

① 자기부정 – 타인긍정자세(I'm not OK–You're OK)

② 자기부정 – 타인부정자세(I'm not OK–You're not OK)

③ 자기긍정 - 타인부정자세(I'm OK-You're not OK)

④ 자기긍정 - 타인긍정자세(I'm OK-You're OK)

상호교류 분석상담의 궁극적 목적은 자율성의 성취에 있다(Berne, 1964). 자율성이란 개인의 과거 경험들이 그 개인의 성격발달에 어떻게 얼마만큼 영향을 미쳤든 간에 상관없이 내담자가 현재의 자신의 행동과 생활양식을 보다 적절한 것으로 다시 선택 · 결정할 수 있는 행동 특성을 의미하는 것으로 본다(이형득 외, 1984, p. 243).

TA의 상담과정이나 기술은 주로 집단장면에서 개발된 것으로 상담과정은 다음 다섯 가지 단계를 거친다.

### (1) 상담자와 내담자의 계약

이것은 사전에 상담과정에서 상담자와 내담자가 준수해야 할 사항과 도달해야 할 구체적 상담목표에 대하여 양자 간의 합의한 사항을 진술하는 것이다.

계약의 내용은 행정적 측면(내담자 간의 관계성을 분명하게 함), 전문적 측면(상담목표가 내담자의 목표, 갈등 등을 분명히 해둠), 심리적 측면(상담자와 내담자가 합의한 상담과정에서 성취해야 할 목표)으로 나누어 볼 수 있다.

### (2) 구조분석(structural analysis)

구조분석이란, 자아상태에 관한 분석으로 과거의 경험자료들 때문에 형성된 자아구조의 혼합이나 배타여부를 파악하고 어른 자아가 자유롭게 각 자아상태들에 대한 현실검증을 할 수 있도록 도우려는 것이다. TA상담자는 P-A-C자아 상태들 간의 차이나 자아상태에 대한 각성을 촉진하기 위하여 다른 상담접근에서 개발된 특수기술들을 빌려 활용한다.

### (3) 상호교류 분석(transactional analyses)

구조분석을 기초로 하여 한 개인이 다른 사람과의 의사거래 과정에서 각자의 어떤 자아가 관여, 작용하고 있으며, 또한 어떤 유형의 의사거래를 하고 있는가를 확인함으로써 의사거래가 의사소통이나 인간관계의 과정에서 일으키고 있는 문제점이 무엇인가를 분석 · 확인하여 그 문제의 해결을 돕는다. 즉, 교류분석은 PAC 상호간의 관계에서 이루어지는 대인적 교류교환의 분석을 의미한다.

번이 분석하고 있는 기본 상호교류분석 유형으로는 ① 상보적(complimentary), ② 교차적(crossed), ③ 암시적(ulterior) 교류분석이 있다.

### 6) 행동적 상담

행동적 상담은 인간의 행동을 설명하기 위해 전통적으로 사용해 왔던 내적 동기, 욕구, 충동과 같은 개념들을 거부하고 겉으로 표현된 행동 그 자체를 중요시하는 데서 시작된다(안창일 외, 1986, p. 133).

행동적 상담은 학습 이론에 기초를 두고 있으며 부적응 행동을 약화시키거나 제거하고 적응행동을 형성하거나 강화할 수 있도록 하는 체계화된 학습이론을 적용하고 있다.

주요 인물은 크룸브로츠(Krumblotz), 도르센(Thoresen), 반두라(Bandura), 울프(Wolpe), 호스포드(Hosford), 카즈딘(Kazdin) 등이 있다. 초기에는 돌라드(Dollard)와 밀러(Miller, 1970)와 페핀스키(Pepinsky) 부부(1954) 등이 기준상담이론을 행동적 개념에 맞추려고 노력했었다. 그 이후 급속한 발달을 이룩하였다(1960년대).

행동적 상담은 길란드(Gilliland)와 그의 동료들이 제시하고 있는 바와 같이 다음과 같은 학습이론에 기초를 두고 있다. 그것은 첫째로 파블로프(Pavlov, 1960)와 헐(Hull, 1943) 등의 이론에 기초를 둔 고전적 또는 반응적 조건화(classical or respondent conditioning) 이론이고 둘째로는 스키너(B. F. Skinner, 1953)에 의해 발전된 조작적 조건화 이론(operant conditioning)인데 실제로 행동수정 이론이라고도 한다. 셋째로는 최근에 대두된 인지적 행동치료(cognitive fehavior therapy) 등이다.

행동주의자들은 인간 성격의 행동적 모형의 발달보다는 학습이론에 더 관심을 표시해 왔다. 또한 개인은 성숙과 학습의 법칙을 통해서 성격이라고 알려진 일치성을 개발한다고 가정한다(Chambless & Goldstein, 1979, p. 237). 따라서 행동주의

자들에게 있어서는 실제로 성격이론에 가장 적합한 것은 학습이론이라고 한다.

행동주의 상담과정은 다음과 같다(이재창, 1988, pp. 235~236 ; 이형득 외, 1984, pp. 344~352).

① **상담관계의 형성** : 내담자의 문제를 규명하고 내담자의 협조를 얻기 위해 상담자는 내담자와 원만한 상담관계를 형성해야 한다.

② **문제 행동의 규명** : 원만한 상담관계가 형성된 다음에는 내담자의 문제행동을 확실하게 규명해야 한다. 상담자는 내담자가 구체적 행동으로 나타날 수 있도록 도와 주고 상담에 임 한다.

③ **현재의 상태 파악** : 문제 행동이 규명된 다음에는 그 문제행동과 관련된 내담자의 현재상태를 그의 감정이나 행동 · 가치 · 사고 등의 모든 면을 파악한다.

④ **상담목표의 설정** : 위의 과정에서 얻어진 정보를 토대로 분석하고 상담의 목표를 설정하고 방향을 제시한다.

⑤ **상담기술의 적용** : 상담목표에 따라 적합한 상담기술을 구성하고 적용한다.

⑥ **상담결과의 평가** : 이 평가는 상담목표에서 진술한 내담자의 구체적 행동에 기초하여 상담이 효과적으로 수행되었는지를 알아보기 위해 실시되는 것을 말한다.

⑦ **상담의 종결** : 상담과정에서 최종의 목표행동에 대한 최종의 평가에 따라 상담이 끝나게 되는데 경우에 따라 추가적 상담의 필요 여부도 고려하는 과정이다.

주요기법은 다음과 같다.

### (1) 단계적 둔화(systematic dessentization)

체계적 감각법이라고도 하며 상호제지 이론에 기초를 둔 방법이다. 이 방법은 공포 및 불안을 제거하는 데 쓰인다. 불안과 양립할 수 없는 이완반응을 유출해 낸 다음, 불안을 유발하는 경험을 상상하게 함으로써 불안유발 자극의 위력을 약화시키는 방법이다(이장호, 1986, p. 46).

구체적인 절차는 다음과 같다.

① 불안을 유발하는 자극을 분석하여 불안의 정도에 따라 불안 위계목록을 만들고

② 근육이완 훈련을 시키고

③ 내담자가 눈을 감고 이완상태에 도달하면 불안위계 목록 중 가장 적게 불안을 유발하는 장면부터 상상시킨다.

이러한 자극상황에 대해서 내담자가 심한 불안을 일으키면 다시 이완상태로 유도하여 불안을 느끼지 않을 때까지 이완시키는 과정을 반복한다.

이 방법은 대인공포관계, 신경증적 공포 등 공포증을 제거하는 데 효과적이다. 한편 성불능, 불감증 같은 성적 부적응을 치료하는 데도 이용된다.

### (2) 자기표현 훈련(assertiveness tranining)

이 기법은 주로 대인관계의 문제를 해결하는 데 사용된다. 불쾌한 감정이나 분노를 제대로 표현하지 못하고나 거절을 잘 알지 못하는 사람, 또는 애정이나 호감을 제대로 표현하지 못하는 사람들에게 매우 효과적이라고 한다.

이 훈련기법은 상담자와 내담자가 특정한 인간관계 상황을 놓고 서로 역할을 바꾸어 가며 자유로이 자신의 감정과 의사를 표현하는 역할행동의 연습을 통해 상대방의 입장에서 서로 이야기하면서 자기표현을 효과적으로 표시할 수 있도록 지도해 주는 것이다. 상담자는 내담자가 주장하는 역할이 잘 되도록 격려하고 억제했던 교정이나 행동을 자유롭게 표현하도록 훈련을 강화시킨다.

### (3) 혐오치료(aversive therapy)

이는 증상이 나타날 때마다 고통스런 혐오자극을 가하여 문제행동을 소거시키는 치료법이다. 혐오자극으로는 전기충격이나 구토제가 사용된다. 혐오치료는 자폐증 어린이의 문제행동을 제거하는 데 유용하며 알코올 중독, 약물중독,

흡연, 강박증, 성도착증, 도박, 동성애 등에도 적용된다.

#### (4) 긍정적 강화(positive reinforcement)

이 방법은 바람직한 행동이 계속될 때마다 보상을 주어 그 행동을 강화하는 기법이다. 강화물에는 음식, 수면 등 생리적 욕구를 충족시켜 주는 것과 미소, 인정, 칭찬, 돈, 선물 등 사회적 욕구를 충족시켜 주는 것이다.

#### (5) 행동조성(shaping)

바람직한 행동을 여러 단계로 분류하여 강화함으로써 점진적으로 바람직한 목표행동에 접근하도록 유도하는 방법이다.

#### (6) 모방학습(imitative learning)

이 기법은 다른 사람이 행동하는 모범적인 면을 보고 따라서 행동하여 간접적으로 학습하는 방법이다.

#### (7) 대리경제제제(token economy system)

환권보상치료라고도 부르는데, 이는 바람직한 행동을 인정해 주는 것만으로는 별 효과가 없을 때 토큰(token)을 주어서 후에 내담자가 원하는 물건이나 권리와 맞바꿀 수 있도록 하는 치료 절차를 의미한다. 어린이나 정박아의 행동수정에 유용한 방법이다.

이밖의 기술로 이용되는 것은 역할연기, 행동연습, 자기지시, 사고중지, 행동계약, 인지적 행동수정, 자기지도 등이 있다.

### 7) 합리적 · 정서적 상담

합리적 · 정서적 치료(Rational-Emotive Therapy : RET)는 임상심리학자인 엘리스

(Albert Ellis)가 1950년대에 발전시킨 성격이론 및 심리치료 이론이다.

RET는 인지적 · 정서적 · 행동적 접근이론에 기초를 둔 교육과 치료에 종합적인 접근방법으로 실존-인본주의와 같이 근본적으로 인간에 대한 낙관적 관점을 가지나 인간은 왜곡되고 특히 비합리적 사고(irrational thinking) 형태에 의하며 자신을 희생하게 한다는 관점을 가지고 있다(Ivey and Simth-Downing, 1980).

그리하여 합리적 · 정서적 치료자들의 근본과제는 내담자의 사고형태를 교정하고 비합리적 사고를 합리적 사고로 대치시킴으로써 정신건강을 유지하도록 돕는 데 있다.

합리적 · 정서적 상담의 목적은 내담자의 자기파괴적 신념을 줄이고 내담자가 보다 합리적이고 현실적이며 관대한 신념과 인생관을 갖게 하여 더욱 융통성 있고 생산적인 삶을 살아가도록 돕는 것이다(이형득 외, 1984). 그래서 RET에서는 내담자들이 should, must, ought 등의 비합리적 사고에서 벗어나도록 돕기 위한, 즉 정신건강을 유지할 수 있는 완전하고 긍정적이고 건설적인 목표를 수립한다.

즉, RET에서는 내담자의 파괴적인 신념들을 줄이고 보다 합리적이고 관대한 인생관을 갖게 하여 더욱 융통성있고 생산적인 삶을 살아가게 하는데 목적을 둔다.

상담의 과정은 ABCDE의 과정이다. 'A'는 인간의 정서를 유발하고 어떤 사건이나 현상을 가리키는 개념으로 보통 선행사상 또는 촉발사상(activating events)이다. 'B'는 환경적 자극에 대해서 각 사람이 지니고 있는 사고 또는 신념(belief)을 가리킨다. 'C'는 선행사건과 관련된 신념으로 인해서 생긴 결과(consequence)를 말한다. 'D'는 비합리적 상념, 사고, 신념에 대해서 도전하고 다시 생각하도록 하여 재교육하기 위해 적용하는 논박(dispute)을 가리킨다. 'E'는 상담의 효과(effect)를 각각 의미한다.

상담의 과정은 주로 네 단계를 거친다(Patterson, 1980 ; 이형득 외, 1984).

① 상담자는 내담자가 비합리적이라는 것을 깨우쳐 주고 그가 어떻게 왜 그렇게 되었는가를 도와 줌으로써 비합리적 관념들과 그의 정서적 혼란의

관계를 설명한다.

② 비합리적인 신념은 자신의 재교육에 의한 것임을 자각하게 하며

③ 비합리적인 신념을 합리적인 신념으로 바꾸도록 하고

④ 합리적이고 능률적인 인생관을 갖게 하는 것이다.

### 8) 지시적 상담

지시적 상담은 윌리암슨(E. G. Williamson)에 의해 제시된 이론으로 흔히 특성요인상담, 임상적 상담, 상담자 중심상담 등으로 호칭되고 있다. 지시적 상담은 교육 및 직업상담을 기초로 하고 있기 때문에 상담을 받는 사람들의 특성을 직업적 또는 교육적 부적응으로 생각한다. 또한 상담자와 내담자의 상호관계는 교사와 학습자와의 관계와 같으며, 이는 고도로 인격화된 교수와 학습과정이다. 상담자의 역할은 내담자에게 좀더 적합한 행동으로 대치하도록 가르치거나 도와 주는 것이다. 따라서 상담은 상담자가 내담자의 교육적 또는 직업적 적응행동을 도와 주는 활동이다.

지시적 상담의 윌리암슨은 과정을 6단계로 제시하고 있다(Williamson, 1950, 1980).

#### (1) 분석(analysis)

내담자에 관한 정보와 자료수집으로 이루어진다. 내담자의 적성, 흥미, 동기, 신체건강, 정서적인 면 등에 관련된 정보를 수집하기 위해 연구방법을 사용한다. 분석을 위한 도구로는 누가기록, 면접, 시간 할당표, 자서전, 일화기록, 심리검사 등이다.

#### (2) 종합(synthesis)

분석단계에서 수집한 자료를 종합단계에서는 실제 상담과정에서 유용하게 활용할 수 있도록 배열, 정리한다. 내담자와 관련된 정보를 분류하여 적응 부적응의 상태를 분석할 수 있도록 자료를 요약하고 구조화하는 것이다.

#### (3) 진단(diagnosis)

지시적 상담의 효과를 크게 좌우할 수 있는 단계로 진단이 잘못되면 상담전체가 잘못된다고 볼 수 있다. 내담자의 두드러진 특징과 문제를 기술하고 내담자의 문제 및 그 원인과 관련된 특징을 간결하게 요약 또는 자료를 해석하여 문제행동에 관해 진단을 내린다.

#### (4) 예후(prognosis)

진단과 예후는 둘 다 내담자가 성취하려고 하는 목적과 관련된 것이지만 진단은 과거 및 현재와 관련된 반면 예후는 미래와 관련된 예측이다. 문제의 정도나 조건이 앞으로 어떻게 진전될 것이라고 예측한다.

#### (5) 상담(counseling, treatment)

상담자가 내담자로 하여금 현재 및 미래의 일상생활에 최적의 적응을 할 수 있도록 도와 주는 지도 및 조언과정이다. 이 과정에서 상담자는 내담자의 문제해결을 위하여 암시, 격려, 충고, 설명, 지시 등 모든 기술을 동원한다.

#### (6) 추수지도(follow-up service)

상담을 종료한 후 내담자에게 다시 문제가 발생하였거나 상담의 효과를 확인하고자 할 때 실시한다.

### 9) 집단상담

상담은 주로 개인의 문제를 해결하는 것으로 인식되어 온 것이 사실이다. 때문에 상담을 곤란한 사태에 직면하여 고민하는 사람이 경험이 풍부한 사람의 조력을 얻어 해결방법을 스스로 결정하는 과정으로 보는 개인 대 개인의 인간적, 역동적 관계로서 개별지도에 중점을 두어 왔던 것이다. 그러나 상담을 한 개인이 적당한 환경을 선택하거나 적응에 필요한 기능의 학습을 계획하거나 주체의 태도를 전환하는 지도방법이라는 관점에서 보면 오히려 집단생활의 배경이 문제해결의 실마리가 될 가능성이 크다. 즉, 개인으로 하여금 주어진 환경을 개조하도록 하는 방법과 주체의 태도를 전환시키는 방법으로 어떤 부분에서는 집단생활의 특징인 역동성을 적용하는 것이 효과적일 수 있다는 뜻이다.

### (1) 집단지도, 집단상담, 집단치료의 개념

#### 1 집단지도(group guidance)

집단지도는 학생을 개별적으로 지도하지 않고 집단적으로 지도하는 활동을 말한다. 집단지도는 학교라는 장에서 학생들을 대상으로 하며 지도자는 집단의 관리, 방향, 활동, 조직에 대한 책임을 지며 교육적, 직업적, 사회적 지도와 여가활동, 성격문제와 관련된 프로그램, 심리교육, 직업알선, 이성교제 등에 관한 정보를 제공하여 예후지도도 한다(김충기, 1990).

#### 2 집단상담(group counseling)

한 사람의 카운슬러가 동시에 여러 사람의 피상담자와 상담관계를 맺는 것으로 피상담자의 수는 6~8명이 적당하다. 집단 구성원간의 역동적 관계를 바탕으로 내담자 개개인의 문제해결 및 변화가 이루어지는 집단적 접근 방법이다(이장호, 1982). 집단상담은 훈련을 받은 전문가인 상담자와 비교적 적정범위의 적응수준에 속하는 여러 사람들이 집단 내에서 보다 능률적으로 상호간의 문제를 탐색하여 의식적 사고와 행동, 허용적 현실에 초점을 둔 상호 신뢰, 이해, 수용 등의 치료적 기능을 포함하는 역동적인 대인간의 과정이다.

#### 3 집단치료(group therapy)

집단치료는 심리적 갈등을 가진 두 사람 이상의 개인을 동시에 치료하는 방법을 말한다. 집단치료에서 다루는 문제는 정상에서 이탈되었거나 성격이상이나 정신 신경증과 같은 경우며 치료를 하는 사람은 임상 심리학자나 정신의학자 등 전문가다. 이장호(1984)는 집단치료란 한 사람의 상담자가 동시에 4, 5명 이상의 내담자들을 대상으로 심리적 갈등을 명료화하여 문제행동을 수정해 가는 일련의 집단면접이라고 정의한다.

주로 병원에서 이루어지는 집단치료는 다음의 네 가지 특성을 지니고 있다.

① 이 방법은 주로 치료적 목표를 갖는다.

② 보다 나은 자기 이해를 통해 심리적 긴장을 감소시킨다.

③ 치료자는 허용적, 지지적인 역할을 한다.

④ 비적응적 태도의 변화 및 심리적 문제해결에 직접적 관심을 둔다.

이렇게 볼 때 집단지도는 예방적이며 정보제공의 기능, 집단 상담은 예방과 치료의 중간 형태로서 자기이해, 정서적 문제해결을, 집단치료는 병적인 문제, 심각한 정서장애를 오랜 기간을 통해 치료하는 과정이라 볼 수 있다(Gazda, 1971).

### (2) 집단상담의 유형

구조적 집단상담의 몇 가지의 형태는 다음과 같다.

#### 1 훈련집단(training group)

T－집단이라고도 하며 이 집단은 초기에 기업체에서 작업집단의 효율성과 능률을 높이기 위한 집단 기능과정을 연구하는 방법으로 사용되었다. 이 T집단은 집단 구성원들의 집단 안에서의 역할을 강조하고 그들의 능력을 증진시키려는 교육적 목적에서 시작되었다. T－집단은 무엇보다도 참여자 개인의 잠재적 개발을 중요시하며 과업지향적이다.

#### 2 감수성훈련집단(sensitivity training group)

이 집단은 개인적인 자각을 일깨우고 잠재능력을 발달시키는 것에 초점을 맞춘 인간잠재력 개발운동의 일부다. 이 방법은 T－집단과 동일하게 사용되기도 한다. 이 모임은 대인관계에 있어 자신의 잠재력을 탐색하고 실현할 수 있는 건강한 사람에게 기회를 제공하는 것이다.

### 3 집단역학(group dynamics)

이 방법의 선구를 이룬 것은 사회봉사(social work)의 일부로 실시되어온 집단작업(group work)이다. 대인 상호작용을 조정함으로써 집단 내 개인의 성격 개선을 도모하는 동시에 집단으로서의 활동력을 향상시키려는 데 목적이 있다. 이 집단역학의 특성은 다음과 같다.

① 집단 간의 대인관계의 형태와 집단 사이의 발달과 기능을 연구하는 분야다.
② 집단내의 원인 – 결과 관계의 탐구, 즉 단체 구성원 사이의 상호관계를 연구하고 어떻게 그것이 형성되며 다른 집단에 반응하는가를 연구한다.
③ 집단 역동은 응집력, 통솔력, 의사결정, 하위집단의 형성 및 이들간의 상호관계를 포함한다(김충기, 1990).

### 4 만남집단(encounter group)

이 집단 형태는 T – 집단 원리의 일부를 보완하여 개발한 모형으로 대면집단이라고도 한다. T – 집단과 다른 점은 비언어적 표현과 가벼운 신체적 접촉을 사용한다는 점이다. 다른 사람과의 관계를 통해 자신에 대한 심리적 과정을 탐색, 경험하는 훈련집단이다. 이 만남집단은 외부로부터 자신을 보호하기 위해 허식적이며 많은 형식으로 자신을 에워싸고 있는 무가치한 것들을 스스로 깨달을 수 있도록 한다.

집단상담을 진행하는 과정에서 참여자들은 자기의 마음을 열고 정직하고 진정한 대화를 통해 여기 – 지금의 느낌을 말하도록 권장하여 자신의 체면이나 위신을 낮추도록 한다. 그러므로 이러한 위선적이고 순수하지 못한 모든 것을 떨쳐 버리기 위해 보다 자기의 내면적인 면에 충실한 상태에서 다른 사람을 만나 직접적인 신체적 접촉이나 대화가 필요하다.

이와 같이 집단상담은 개인상담과 비교할 때 자기에 대한 타인의 지각과 반응을 알고자 하거나 알아야 될 경우 특히 대인관계에서의 자신감과 사회적 기술의 경험이 필요한 경우에 더욱 효과적이다. 집단상담은 대인관계간의 수용적 상호교류의 분위기를 형성하여 인간관계의 향상을 위한 노력을 가능하게 해준다.

제10장

# 효과적인 평가

## 1 교육평가의 기초

### 가. 교육평가의 개념

교육평가란 교육 목표의 달성 정도, 교육과정의 효율성을 판단하기 위해서 학습자의 행동 변화 및 학습과정에 관한 제반 정보를 수집하고 이용함으로써 교육적 의사결정을 내리는 데 도움을 주거나 더 나아가 의사결정을 내리는 과정이다. 이와 같은 일련의 의사결정 과정은 교육적인 가치를 판단하는 일이다.

교육평가라는 용어는 교육 현장에서 널리 사용되고 있고 친숙한 개념이다. 교육 현장에서 혼용되는 측정, 평가, 총평의 개념들은 다음과 같은 측면에서 분명한 차이가 있다.

### 나. 교육평가의 유형

교육평가는 크게 절대평가, 상대평가, 진단평가, 형성평가, 총괄평가로 구분할 수 있다.

#### 1) 절대평가

절대평가는 획득한 측정치나 질적 기술을 해석할 때 준거, 즉 교육 목표를 사용한다. 그래서 준거지향평가라고도 불린다. 이 평가는 다른 학생이 무엇을 성취했건 그에 관계 없이 교사가 의도하고 기대하고 설정했던 교육목표를 학생이 얼마나 달성했느냐 못했느냐에 관심을 가진다.

절대평가의 장점은 다음과 같다.

① 지적 성취의 평등성, 가능성 강조, 협동학습을 중시한다.

② 학습이론에 맞는 평가 방법이다.
③ 진정한 의미의 성취효과의 측정이 가능하다.
④ 학습자 스스로 내적 동기를 유발한다.
⑤ 인간교육 실현, 학생의 무한한 잠재능력 소질을 발휘시킨다.

절대평가의 단점은 다음과 같다.
① 수준의 정도(준거) 설정의 문제점, 즉 신뢰, 객관도가 떨어진다.
② 평가 결과를 통계 처리하는 것이 어렵다.
③ 외적 동기를 일으키지 못한다.
④ 개인차 변별이 용이하지 못하다.

### 2) 상대평가

상대평가는 측정치나 질적 기술을 해석할 때 규준을 사용한다. 그래서 규준지향평가라고도 한다. 상대평가는 '무엇을 얼마나 성취했느냐?'가 아니라 '다른 학생에 비해 얼마나 잘 했느냐, 못 했느냐?'에 의해 평가되고 판단된다.

상대평가의 장점은 다음과 같다.
① 개인차 변별에 적합하다.
② 객관적이며 교사의 주관을 배제할 수 있다.
③ 경쟁을 통한 외적 학습동기를 유발하는데 적합하다.
④ 통계처리가 용이하다.

상대평가의 단점은 다음과 같다.
① 진정한 의미의 학습성취 효과 판정이 불가능하다.
② 경쟁심을 조장, 당연한 윤리로 받아들이게 한다.
③ 교육개선에 도움을 주지 못한다.
④ 교수기능을 약화시킨다. 학습이론에 어긋날 가능성이 많다.
⑤ 학생의 정신위생에 나쁜 영향을 끼친다.

⑥ 인간교육의 실패 가능성이 높다.
⑦ 승자와 패자라는 두 가지 유형으로 인간을 분류한다.
⑧ 교육과정과 교육평가 사이에 불연속성을 형성하고 교육평가가 교육과정을 구속하는 부작용을 낳는다.

### 3) 진단평가

진단평가는 교수-학습활동이 시작되기 전에 학습자가 소유하고 있는 특성을 체계적으로 측정하는 행위로서, 학습자들의 능력과 특성을 사전에 파악하여 교육목표 및 계획을 수립하는데 목적을 둔다. 다시 말해서, 진단평가란 학습자의 기초 능력을 진단하는 평가라고 할 수 있다.

진단평가의 기능은 다음과 같다.

#### (1) 예진적 기능

학습자들의 기본적인 학습 능력, 학습 동기 그리고 선수 학습의 정도를 확인하는 기능을 말한다. 학교 교육 현장에서 새로운 단원에 대한 수업을 진행할 때, 학급 내 개개 학습자의 선수 학습 정도를 정확하게 파악하여 이를 학습지도에 이용할 수 있다.

#### (2) 학습 실패의 교육 외적 원인의 파악

수업과 직접적인 관련성이 없으면서도 학습 실패의 원인이 되고 있는 여러 가지 학습장애 요인을 밝히는 것, 즉 학습자가 학습에서 나타내는 지속적인 학습 장애의 원인과 학습자의 학습 환경에 관한 정보를 수집하여 적절한 의사결정을 할 수 있다.

### 4) 형성평가

형성평가는 수업이 진행되고 있는 상태에서 교육행위가 계획한 대로 진행되고 있는지를 확인하는 행위다. 교수-학습과정 중에 가르치고 배우는 내용을 학습자들이 얼마나 잘 이해하고 있는지를 수시로 점검하고, 학습자들의 수업능력, 태도, 학습방법 등을 확인함으로써 교육과정을 개선하고 교재의 적절성을 확인할 수 있다.

따라서 형성평가를 통하여, 학습 및 교수가 진행되는 도중 학습자에게 송환효과(feedback)를 줄 수 있으며, 교육과정을 개선하고 수업방법을 개선할 수 있다.

형성평가의 기능은 다음과 같다.

① 학습자들의 학습 진행속도를 조절

② 학습자의 학습에 대한 강화의 역할

③ 학습 곤란을 진단하고 교정

④ 학습지도 방법의 개선에 이바지

### 5) 총괄평가

한 단위의 학습을 끝내면서 학생들이 얼마나 배웠는지를 상대적으로(학급이나 집단에서의 석차), 또는 절대적 수준으로(배운 내용의 몇 퍼센트를 이해하고 있는지) 평가하는 것을 말한다. 총괄평가가 어떻게 이루어지는가에 따라 절대평가와 상대평가라는 두 가지 평가방식으로 나누어지게 된다.

총합평가의 기능은 다음과 같다.

① 학습자들의 성적을 결정한다.

② 학습자들의 미래의 학업 성적을 예측하는데 도움을 준다.

③ 집단간의 성적을 비교할 수 있는 정보를 제공해 준다.

④ 학습자의 자격을 인정하는 판단의 역할을 한다.

# 2 수행평가

## 가. 수행평가의 개념

현대 지식기반 사회에서 어떤 사실을 알고 있는 것보다는 알고 있는 사실을 생활에 적용하고 새로운 사실을 창조하는 능력까지 요구되면서 교육에서 수행평가의 관심이 높아지고 있다.

수행평가(performance assessment)는 특정한 과제에 대하여 학생들의 수행과정이나 수행한 결과에 대하여 교육적으로 판단하는 작업으로 주로 관찰에 의존한다(Stiggins, 1994). 예를 들어, 과학교사는 학생들의 과학실험을 관찰하여 실험을 수행하는 과정에서 학생들이 보여주는 사고력의 특성을 판단할 수 있으며, 학생들이 제출한 실험보고서를 검토하여 과학적인 사고력을 판단할 수 있다.

수행평가의 다양한 접근방식 때문에 수행평가는 대안적 평가(alternative assessment), 참평가(authentic assessment), 포트폴리오 평가(portfolio assessment), 직접평가(direct assessment) 등의 용어들과 동의어로 사용되고 있으나, 각각의 용어들의 다소 다른 의미가 있다(표 10-1 참조).

표 10-1 수행평가와 관련된 용어 정의

| 용 어 | 정 의 |
|---|---|
| 수행평가 | 지식이나 기능, 혹은 기술의 수행 정도를 측정하는 평가 |
| 참평가 | 실제 상황에서 수행 정도를 측정하는 평가 |
| 포트폴리오 | 개인의 작업이나 작품을 모아둔 자료집이나 서류철 |
| 직접평가 | 표출되는 행위를 직접 관찰에 의하여 실시하는 평가 |
| 대안적 평가 | 기존의 어떤 평가 방법을 대치할 수 있는 평가 |

수행평가의 원래 의미는 행위, 하는 정도를 평가하는 방법이었으나 적용범위

가 넓어지면서 지식과 관련된 기능 그리고 기술의 수행 정도를 종합적으로 평가하는 행위로 본다.

참평가는 실제 생활(real-world)에서 알고 있는 지식이나 기능을 얼마나 잘 실행하는 가를 평가하는 방법으로 인위적인 상황이 아닌 실생활에서 평가하는 방법으로, 실제생활에서의 자연적 평가이기 때문에 믿을 만한 평가, 확실한 평가의 의미를 갖는다. 그러므로 Meyer(1992)는 모든 참평가는 수행평가라 할 수 있지만, 모든 수행평가가 참평가가 되는 것은 아니라고 주장한다. 예를 들어, 한글 프로그램 사용법을 학습한 후 과제를 부여하여 문서를 작성하는 능력을 판단하는 것이 수행평가라면, 실제 업무에서 문서를 작성하는 과정과 그 결과를 평가하는 것은 참평가라고 할 수 있다.

포트폴리오는 학생들의 작업결과나 작품 등을 모아 둔 자료집, 작품집 혹은 서류철을 의미하며 학생들의 노력, 진보, 성취를 분석할 수 있다. 포트폴리오의 특징은 장기간에 걸쳐, 학생들이 스스로 평가하여 본인의 능력을 나타낼 수 있다고 생각하는 작업결과를 추출하므로 학생 자신이 일차 평가자가 될 수 있다는 특징을 지니고 있다. 포트폴리오의 예로서 건축에서 건축모형들, 방송에서 방송 테이프, 미술에서 작품집, 언어나 문학에서 자주 사용되는 작문 표본집과 연설 녹음테이프들, 과학에서의 실험기록들, 수학에서 사용하는 연습장(worksheets) 등을 들 수 있다.

직접평가는 학생들이 얼마나 알고 있고 행하는가를 검사라는 간접도구를 사용하여 그들이 지니고 있는 능력을 측정하는 것이 아니라, 알고 있는 지식을 행위하는 정도를 관찰이라는 직접적인 방법에 의하여 평가하기 때문에 사용하는 용어다.

대안적인 평가는 전통적인 선택형 검사에 의한 평가의 형태와 구별한다는 의미에서 사용되고 있다. 이제까지의 전통적인 평가가 학생들의 능력을 선택형의 문항들을 통하여 측정하여 왔다면, 수행평가는 학생들에게 실제적이고, 복합적인 과제를 수행하도록 요구한다는 점에서 수행평가를 대안적인 평가로 다루기도 한다.

수행평가의 정의를 명료화하기 위하여 수행평가를 본래 의미의 수행평가와 확산된 의미의 수행평가를 구분하여 다음과 같이 정의한다. 본래 의미의 수행평가는 심동적 행동특성을 평가하기 위하여 음악이나 체육 등과 같은 분야에서 주로 사용하던 평가방법으로 학습한 지식이나 습득한 기능, 기술을 얼마나 잘 수행(doing, preforming)하느냐를 판단하는 평가방법으로 일반적으로 관찰에 의존하여 행위를 수행하는 모든 과정과 수행이 끝났을 때의 결과를 종합적으로 평가하는 방법이다. 그러므로 본래 의미의 수행평가는 행위의 정도를 보여주는 분야에서 개발된 평가방법이라 할 수 있다.

수행평가의 장점 때문에 심동적 행동특성을 평가하던 수행평가는 인지적 행동특성뿐 아니라 정의적 행동특성을 평가하는 방법으로 이용되었으며 그러므로 수행평가의 정의는 확대되었다. 확산된 수행평가는 참평가, 포트폴리오, 직접평가 등을 모두 포함하고 있으며 다양한 평가방법을 사용한다. 확산된 수행평가의 정의는 습득한 지식, 기능이나 기술을 실제생활이나 인위적 평가상황에서 얼마나 잘 수행하는지(doing, performing) 혹은 어떻게 수행할 것인지(how to do, how to perform)를 관찰, 면접 등의 방법을 통하여 종합적으로 판단하는 평가방법으로서 지식이나 기능에 의한 정답여부나 산출물에만 관심이 것이 아니라 수행과정이나 그 결과를 평가한다.

## 나. 수행평가의 특징

새로운 평가방식인 수행평가의 다양한 전략들은 몇 가지의 공통적인 특징들을 갖는다(Linn & Baker, 1996; Baron & Boschee, 1995).

첫째, 수행평가의 특징은 고정되어 있는 선택으로 반응하는 것이 아니라 개방형의 과제에 대하여 학생들이 반응을 구성하거나 활동을 수행한다는 것이다.

둘째, 수행평가는 학생들에게 문제를 제기하고 해결하며, 분석하고, 연구하는 등의 다양한 활동을 허용하며 학생들의 이러한 활동은 판단력, 문제해결력, 고등사고 능력, 의사소통과 같은 복합적인 기술을 포함한다.

셋째, 수행평가는 학생들이 풍부한 반응을 구성하고 산출할 수 있도록 충분한 시간을 필요로 한다. 수행평가는 문항당 1분 정도를 소요하는 표준화 검사에 비해, 장시간의 과제 수행의 과정을 요구한다.

넷째, 수행평가는 학생 개인뿐 아니라 학생집단에 의해 수행하도록 설계되기도 한다. 학교 밖의 실제 생활에서 각 개인들은 항상 다른 사람과 함께 일하고 무엇인가를 생산해 낸다.

다섯째, 모든 학생들에게 일률적으로 시행되는 표준화검사에 비해 수행평가는 학생들과 교사들 모두에게 과제에 대한 선택범위를 허용한다. 수행평가에서는 교사와 학생들은 함께 과제를 만들 수도 있고, 과제수행에 대한 평가의 준거도 논의할 수 있다.

여섯째, 수행평가의 점수화 규칙은 학생들의 수행의 과정이나 결과에 대한 판단에 기초한다는 점이다. 수행평가에서는 점수부여 기준이나 준거를 개발하고 채점자를 훈련하는 일이 중요하다.

학습의 결과뿐 아니라 그 과정에 대한 평가도 중요하기 때문에 수행평가는 학생들이 유일한 정답으로 해결할 수 없는 실제 생활에 근거하는 복잡하고 비구조적인 문제들에 도전하고 탐색하도록 권장한다. 수행과제들은 실제 생활에서 유용한 의미 있는 과제로 구성되며, 교사와 학생들이 그러한 과제들에 도전될 때 이들은 교수-학습과정에서의 새로운 역할을 담당하게 될 것이다.

## 다. 수행평가의 과제제작 검사

수행평가의 종류에 따라 과제를 개발하는 절차는 다르다. 아이라시안(Airasian, 1991)은 수행평가 과제를 개발할 경우에 평가목적의 명시, 수행준거의 설정, 평가장면의 제시, 채점 절차의 확정 등 4단계를 제안하였다. 부르앙디(Brualdi, 1988)는 교실에서 교사가 수행평가를 실시할 경우에 평가목적의 명시, 활동의 선정, 준거의 설정, 채점기준의 작성 등의 절차를 거쳐 수행평가 과제를 실시할 것을 제안하였다. 스티긴스(Stiggins, 1987)도 수행평가 과제를 개발하는 일반적인 절차로 평가 실시 목적의 확인, 수행준거의 설정, 평가 문제의 설계, 채점 계획의 수립 등의 4단계를 제안한 바 있다(김찬종 · 김진규 · 임형, 2001).

### 1) 평가실시 목적의 확인

일반적으로 수행평가 과제를 개발하기에 앞서 평가목적을 구체적으로 서술하고, 평가 대상을 상세하게 서술하고, 평가 결과를 활용할 사람과 용도를 명확히 밝혀야 한다.

평가목적은 학생의 장단점을 파악하기 위한 진단평가, 수업 진행 도중에 학생의 수업이해 정도를 확인하기 위한 형성평가, 개인의 성적에 순위나 학점을 부여하거나 자격을 부여하기 위한 총괄평가에 이르기까지 다양하다. 평가의 목적이 분명하게 규명되면 그 목적에 적절한 평가내용과 형태의 문항이 개발될 수 있을 것이다.

### 2) 수행준거의 설정

평가할 수행의 유형을 선정하고, 수행준거(performance criteria)를 설정해야 한다. 수행평가에서는 실제로 성취행동이 일어나는 과정에서 행동을 관찰하거나 성취행동의 결과물을 보고 판단한다. 수행준거는 채점기준, 평정척도, 평가기준 등과 같은 일종의 채점 도구를 의미한다. 이러한 수행준거는 교사들에게 학생들의 행동을 관찰하거나 채점하는 지침을 제공한다. 모든 종류의 수행평가에서는 수행준거를 분명히 제시해야 교사가 학생의 행동을 지도할 수 있고 수준을 정확하게 평가할 수 있다.

### 3) 평가과제와 문제의 작성

수행평가에서 피험자의 수행을 관찰하거나 수행이 일어날 수 있는 문제상황을 구상해야 한다. 수행평가 과제는 가능한 현실 상황에서 고차적 사고과정을 측정하기 이하여 피험자의 유의미하고 진정한 수행을 나타낼 수 있어야 하고, 단순한 지식의 반복적 연습을 요구하는 것이 아니라 여러 지식의 통합을 요구하는 문제 상황이어야 한다.

수행평가 과제를 선정할 때, 과제의 수업목적과 일치하는 정도, 학생이 획득해야 할 내용과 기능을 정확히 표현하는 정도, 학생들의 진전 사항과 능력을 충분히 나타낼 수 있는 정도, 실제 상황과 유사한 상황에서 일어날 수 있는 정도, 학문간 접근방법을 동원하여 해결가능성 등을 검토해야 한다(Herman, Aschbacher & Winters, 1992).

실제 수행평가 과제는 대체로 여러 개의 개념, 원리, 문제해결 과정 등으로 구성되어 있어 하나의 논제로 다룰 수 없기 때문에 여러 개의 세부 문제로 나누어 제시되고 있다. 또한 학생들이 수행평가 과제를 수행하는데 필요한 준비물이나 다양한 자료 원천을 제시해야 한다.

### 4) 채점계획의 수립

문제 상황이 결정되면 채점방법, 채점자, 채점 결과를 기록하는 방법을 결정해야 한다. 무엇보다도 타당하고 신뢰로운 수행 과제와 준거의 개발이 수행평가의 성패를 결정짓는 바로미터가 된다.

### 5) 검토와 반성

수행평가 문항을 제작하는 각 단계별로 검토와 평가를 수시로 실시하여 수정하고 보완해야 한다. 특히 모범답안을 작성하거나 채점기준을 작성하는 과정에서 평가과제나 조건을 수정하고 보완해야 할 사항이 많이 발생될 수 있다.

# 참고 문헌


강봉규(1988), 교육심리학, 서울 : 형설출판사.

______(1992), 발달심리학, 서울 : 정훈출판사.

강숙현(2000), "발달에 적합한 실제에 대한 교사의 신념과 교육실제의 질적 수준과의 관계". 이화여자대학교 박사학위 논문.

곽기상(1996), 교육심리학, 서울 : 재동문화사.

고려대학교 부설 행동과학연구소 편(2000), 심리척도 핸드북 Ⅰ, Ⅱ. 서울 : 학지사.

고영인(2002), 상담연습 워크북, 서울 : 문음사.

고흥화 외 3인(1998), 심리학개론, 서울 : 교육과학사.

김계현(1999), 카운슬링의 실제, 서울 : 학지사.

______(1999), 상담심리학 : 적용영역별 접근, 서울 : 학지사.

김대현, 김석우(2001), 교육과정 및 교육평가, 서울 : 학지사.

김동기 외 11인(1994), 심리학개론, 서울 : 양서원.

김연희, 문승태, 장선철(2003), 교육연구방법, 서울 : 동문사.

김영천(2000), 네 학교 이야기, 서울 : 문음사.

김정휘, 주영숙(1998), 교육심리학 탐구. 서울 : 형설출판사.

김제한 외 4인(2002), 교육심리학, 서울 : 양서원.

김진숙(1997), "정서지능과 한국 청소년들의 정서교육", 청소년 상담소의 여름호, 서울 : 청소년 대화의 광장.

김청자, 장선철, 김세리, 김숙영(2002), 심리학의 이해. 서울 : 동문사.

김충기(1983), 생활지도교육, 서울 : 학문사.

______(1986), 진로교육과 진로지도, 서울 : 배영사.

______ · 이재창(역)(1987), 상담과 심리치료, 서울 : 교육과학사.
______ · 김정규(1988), 교육심리 및 생활지도, 서울 : 학문사.
______(1989), 진로상담의 이론과 실제,서울 : 성원사.
______ · 김현옥(1991), 상담과 심리치료의 원리와 실제, 서울 : 성원사
______(1995), 미래를 위한 진로교육, 서울 : 양서원.
______ · 김병숙(1995), 진로상담(기술과 기법), 서울 : 현민시스템.
______(1996), 자녀교육과 진로지도, 서울 : 교육과학사.
______(1996), 생활지도와 상담, 서울 : 교육과학사.
민영순(1994), 발달심리학, 서울 : 교육출판사.
______(1988), 교육심리학 신강, 서울 : 문음사.
박성수(1994), 생활지도, 서울 : 정민사.
박아청(1995), 현대의 교육심리학, 서울 : 학문사.
______(1992), 성격심리학(성격과 인간이해), 서울 : 학문사.
변영계(1999), 교수 학습 이론의 이해, 서울 : 학지사.
변창진 · 송명자(1995), 교육심리, 서울 : 교육과학사.
서울대학교 교육연구소(1990), 교육학용어사전, 서울 : 도서출판 하우.
서울특별시 교육연구원(1996), 수업 모형의 이론과 적용, 서울 : (주)삼광문화.
송인섭(2001), 교육과정 및 교육평가, 서울 : 양서원.
신세호(1988), 영재교육, 서울 : 교학사.
안범희(1993), 학교학습심리학, 서울 : 하우.
여광웅 외 3인(1992), 교사를 위한 교육심리학, 서울 : 양서원.
이군현(1988), 영재교육학, 서울 : 박영사.
이성진(1995), 교육심리학 서설, 서울 : 교육과학사.
이영덕 · 정원식(1978), 생활지도의 원리와 실제, 서울 : 교육과학사.
이장호(1990), 상담심리학 입문, 서울 : 박영사.
이재창(1988), 생활지도, 서울 : 문음사.
이형득(1991), 상담이론, 서울 : 교육과학사.
임규혁(1996), 교육심리학, 서울 : 학지사.
임승권(1986), 교육심리학, 서울 : 양서원.
임창재(1994), 수업심리학, 서울 : 동문사.
장선철(1997), 건전한 성격론, 배영사 교육신서 142. 서울 : 배영사.
______(2002), 특수유아의 이해와 교육, 동문사.
______(2002), 현대인의 정신건강, 서울 : 동문사.
______ · 김충기(2002), 유아생활지도, 서울 : 동문사.
장휘숙 (2000), 인간발달〈0x2425〉전 생애 발달심리학, 서울 : 박영사.

전경원 (2000),한국의 새천년을 위한 영재교육학, 서울 : 학문사.

_____ (2000), 동 · 서양의 하모니를 위한 창의학, 서울 : 창지사.

정종진(1995), 학교학습과 동기, 서울 : 교육과학사.

한국교육개발원(1982), 진로교육자료, 서울 : 한국교육개발원.

한국교육심리학회(1997), 교육심리연구, 제11권 1호, 서울 : 한국교육심리학회.

한국대학 카운셀러 연구회편 (1993), 상담의 이론과 실제, 서울 : 중앙적성출판사.

황응연 · 이기돈(1992), 발달심리학, 서울 : 배영사.

황정규(1998), 학교학습과 교육평가, 서울 : 교육과학사.

Bandura, A. Self-efficacy The Exercise of Control : 박영신, 김의철 역(2001), 자기효능감과 삶의 질. 서울 : 교육과학사.

Anderson, J. R.(1985), Cognitive psychology and its implications(2nd Ed.), San Francisco : W. H. Freeman.

Argyle, M., and & Henderson, M. (1985), The anatomy of relationships harmondworth, Middlesex, England : Penguin.

Arlow, J. A.(1979), Psychoanalysis. In R. J. Corsini(2nd Ed.), Current Psychotherapies, Itasca, Ilinois : F. E. Peacock Publishers, Inc.

Atkinson, J. W.(1983), Personality, motivation and action. New York : Pareger.

Atwater, Eastwood(1983), Psychology of Adjustment(2nd ed.), Englewood Cliffs : Prentice-Hall, Inc.

Baldwin, J. D. and Baldwin, J. I.(1986), Behavioral principles in everyday Life(2nd ed.), Englewood Cliffs, New Jersey : Prentice-Hall.

Bandura, A.(1973), Aggression : A social learning analysis. Englewood Cliffs, N.J : Prentice-Hall.

__________(1986), Social foundations of thought and action : A social cognitive theory. Englewood Cliffs, N.J : Prentice-Hall, Inc.

Bem, S. L.(1975), Sex role adaptability : One consequence of psychological androgyny, Journal of Personality & Social Psychology, 31, 634-643.

Blocher, D. H.(1974), Developmental Counseling. New York : Ronald Press.

Bloom, B. S.(1976), Human characteristics and school learning. New York : McGraw-Hill.

Brennan, J. F.(1982), History System of Psychology, Englewood Cliffs, N. J. : Prentice-Hall.

Brown, S. D., Brooks, L., & Associates(1996), Career choice and development, San Francisc o : Jossey-Bass Inc, Publishers.

Canaff, E. & Hutto, G.(1995), Teacher as Counselor. Crisis Intervention Skills for the ABE Instructor, (ERIC Reproduction Service ED 394111),

Clifford, M. M.(1984), Thoughts on a Theory of Constructive Failure, Educational

Psychologist, 19. pp. 108-120.

Corey, G.(1983), Theory and practice of counseling and psychotherapy. Monterey, C.A : Brooks/Cole.

Corsini, R. J.(1984), Current psychotherapies(3rd ed), Itascia, Ill : Peacock.

Crain, W. C.(1985), Theories of development(2nd ed.), Englewood Cliffs, N. J. : Prentice-Hall.

DeMania, M. E.(1999), The role of exploration in the development of congruent and satisfying career choices. Unpublished doctoral dissertation. Univ. of Albany.

Dodge, T. D.(2001), An investigation of the relationship between the family of origin and selected career development career development outcomes. Unpublished doctoral dissertation, Louisiana Tech University.

Dworetzky, J. P.(1987), Introduction to Child Development, St. Paul : West Pub., Co.

Erikson, E. H.(1980), Identity and the life cycle. N.Y : Norton.

__________(1980), Identity and the life cycle(2nd.), N.Y : Norton.

Fine, R.(1982), Psychoanalysis. In R. J. Corsini(Ed.), Current Psychotherapies, Itasca, Illinoi s : F. E. Peacock Publishers, Inc.

Flavell, J. H.(1985), Cognitive development(2nd ed.), Englewood Cliffs, N. J : Prentice-Hall.

Gage, N. L., & Berliner, D. D.(1998), Educational Psychology(3rd ed.), Boston : Houghton Mifflin.

Gagn〈0x82〉, E. D.(1985), The psychology of school learning. Boston : Littoe, Brown.

Gagn〈0x82〉, E. D.(1984), The cognitive psychology of school learning. Boston : Little, Brown & Company.

Gardner, H.(1993b), Multiple Intelligence : The theory in practice. A Division of Harper Collins Publishers, Inc.

Gardner, H., & Hatch, T.(1989), Multiple intelligences go to school. Educational Researcher, 18(8), 4-10.

Gazda, G. M.(1989), Group counseling : A developmental approach. Boston : Allyn & Bacon.

George, Richy, L. and Cristiani. T. S.(1986), Theories methots and processes of counseling and psychotherapy. New Jersey : Prentice-Hall, Inc.

Gibson, R. L., & Mitchell, M. H.(1990), Introduction to Guidance. New York : Macmillan Pub. Co.

Gluck, M. A., & Bower, G. H.(1989), From conditioning to category learning : An adaptive network model. Psychology Review, 117, 227-247.

Goetz, E. T., Alexander, P. A., & Ash, M. J.(1992), Educational Psychology ; A classroom perspective. N.Y : Macmillan Publishing Company.

Gilland, B. E., James, R. K., Roberts, G. T., & Bowman, J. T.(1984), Theorier and strategies ing counseling and psychotherapy. Englewood Cliffs : Prentice-Hall, Inc.

Goleman, D.(1995), Emotional Intelligence. N.Y : Scientific American Inc.

Guilford, J. P.(1980), Fluid and Crystalized Intelligence : Two fanciful concepts, Psychological Bulletin, 88, 406-412.

Guilford, "Three faces of intellect." In W. B. Barbe & J. S. Renzulli(eds.) (1981), Psychology and education of the gifted(3rd ed.), New York : Irvington.

Guilford, J. P.(1982), Cognitive psychology's ambiguities : Some suggested remedies. Psychological Review, 89, 40-59.

Guliford, J. P.(1988), Some changes in the structure of the intellect model. Educational and Psychological Measurement, 48, 1-4.

Hamilton, P.(2001), Factor related to career decision making of rural high school students. Unpublished doctoral dissertation. Univ. of Wisconsin.

Hansen, J. C., Stenic, R. R., & Warner, R. W. Jr.(1986), Counseling : Theory and Process(4th ed), Boston : Allyn & Bacon, Inc.

Havighurst, R. J.(1972), Developmental tasks and education. New York : David McKay.

Hilgard, E. R., & Bower, G. H.(1975), Theories of learning. N. J : Prentice-Hall.

Hjelle, L. A. and Ziegler, D. J.(1981), Personality theories : Basic assumptions, research and appications. McGraw-Hill Book Company, Second Edition.

Humphreys, L., In R. Cancro(Ed.)(1981), Intelligence : Genetic and environmental influences. New York : Grune & Stratton.

Hurlock, E. B.(1974), Child Development. New York : McGraw-Hill.

Irwin, D. B., & Simons, J. A.(1994), Lifespan development psychology. Dubuque : Wim. C. Brown Communications. Inc.

James, W. & Vander Zanden(1980), Educational psychology. New York : Random House.

Jones, Arthur, J.(1970), Principles of Guidance. New York : McGraw-Hill Book Co.

Joyce, B., & Weil, M.(1986), Models of teaching. Englewood Cliffs, N.J : Prentice-Hall.

Kagan, J.(1984), The nature of the child. New York : Basic Books.

Kaplan, B.(1984), Development and growth, Hillsdale, N.J : Erlbaun.

Kazdin, A. E.(1978), History of Behavior Modification. Experimental Foundations of Contemporary Research, Baltimore : University Park Press.

Kohlberg, L.(1981), The philosophy of moral development. San Francisco : Harper & Row.

__________(1984), Essays on moral development : Vol. 2. The psychology of moral development. N.Y : Harper and Row.

Lazarus, R. S.(1966), Psychological stress and the coping process. N.Y : McGraw-Hill.
______________(1976), Patterns of adjustment. N. Y : McGraw-Hill.
Maslow, A. H.(1970), Motivation and personality(2nd ed.), New York : Harper & Row.
Mayer, R. E.(1983), Thinking, problem soloving, cognition. San Franciso : Freeman.
McClelland, D. C.(1985), Human motivation. Glenview Illinois : Scott, Jresman and Co.
________________(1985), Human Motivation. Glenview, IL : Scott, Joresman.
Mertens, Donna M.(1998), Research Methods in Education and Psychology, Thousand Calif. : Sage Pub.
Miller, P. H.(1989), Theories of developmental psychology. N.Y : Freeman.
Minton, H. L., & Schneider, F. W.(1980), Differential Psychology. Illinois : Waveland Press, Inc.
Mitzel, H. E., & et al.(1982), Encyclopedia of educational research(5th ed.), Vol. 1, N.Y : Macmillan & Free Press.
Moos, R. H.(1979), Evaluating educational environments. San Francisco : Jossey-Bass.
Murray, H.(1983), Low interence classroom teaching behavior and student ratings of college teaching effectiveness. Journal of Educational Psychology, 75, 138- 149.
Mussen P. H.(1973), The psychological development of the child, foundation of modern psychology series. Englewood Cliffs, N.J : Prentice-Hall.
Mussen, P. H.(1963), Child Development and Personality. N. Y : Harper.
Nelson-Jones, Richard(1982), The Theory and Practice of Counseling Psychology, Great Britain : The Pitman Press,
Newman, B. M. and Newman. P. R.(1990), Development throught life : A psychological approach. Homewood, Illinois : The Dorsey Press.
Norris, W., Hatch, R., Engelkes, J. R., & Winborn, B. B.(1979), The career in formatinal service. Chicago : Rand McNally & Company.
Nugent, F. A.(2000), Introduction to the profession of counseling. 3rd ed., New Jersey : Prentice-Hall.
Osipow, S. H., Walsh, W. B., & Tosi, D. J.(1980), A survey of counseling methods. Homewood, Ill : The Dorsey Press.
Patterson, C. H.(1977), An introduction to counseling in the school. New York : Harper and Row Publishers.
____________(1980), Theories of counseling and psychotherapy. Third Ed., New York : Horper and Row. Publishers.
____________(1989), Theories of counseling and psychotherapy(3rd ed.), New York : Harper & Row Publishers.

Pietrofesa, J. J., Leonard, G. E. and Van Hoose, W.(1978), The authentic counselor(2nd ed.), Chicago, Ill : Rand McNily College Publishing Co.

Piaget, J.(1974), Understanding causality(D. Miles & M. Miles, Trans.), N.Y : Norton.

Rogers, D.(1985), Adolescents and youth(5th ed.), Englewood Cliffs, N. J : Prentice-Hall.

Schunk, D. H.(1990), Perceptions of efficacy and classroom motivation. Paper presented at the annual meeting of the American Educational Research Associaion. Boston.

Sear, S. J., & Navin, S. L.(1983), Stressors in school counseling. Education, 103, 333-337.

Seifert, K. L.(1991), Educational psychology. Houghton Mifflin Co.

Seligman, D.(1975), Helplessness. San Francisco : Freeman.

Seligman, M., & Darling, R. B.(1989), Ordinary families, special children. N.Y : Guilford Press.

Shertzer, B. and Stone, S. C.(1986), Fundomentals of Crunseling. Boston : Houghton Mifflin Co.

Skinner, B. F.(1968), The technology of teaching. N.Y : Appleton Century Crofts.

__________(1971), Beyond freedom and dignity. N.Y : Knopf.

__________(1974), About behaviorism. N.Y : Knopf.

Sprinthall, R. C., & Sprinthall, N. A.(1990), Educational Psychology : A developmental approach(5th.), Addision-Wesley Publishing Co.

Sternberg. R. J.(1986a), Inside Intelligence. American Scientist, 3.

__________(1986b), Intelligence applied : Understanding and increasing your intellectual skills. San Diege, C.A : Harcourt Brace Jovanovich.

__________(1987), Teaching intelligence : The application of cognitive psychology to the improvement of intellectual skills. In J. B. Baron & R. Stemberg(Eds.), Teaching thinking skills : Theory and practice. N.Y : Freeman.

__________(1988), The triarchic mind. N.Y : Viking.

__________(1990), T & T is explosive combination : Technology and Testing. Educational Psychologist, 25(3&4), 201-222.

__________(1996), Cognitive Psychology. New York : Harcourt Brace College Publichers.

Stevenson, John B.(1973), An introduction to career education. Washington, Ohio : Charles A. Jones Publishing Co.

Stones, E.(1972), An Introduction to Educational Psychology. The English Language Book Society & Methuen.

Tallent, N.(1978), Psychology of Adjustment. New York : D. Van Nostrand.

Torrance, E. P.(1984), Education and creativity. In C. W. Taylor(Ed.), Creativity : Progress and potential. New York : McGraw-Hill.

Tolbert, E. L.(1980), Counseling for Career Development. Boston : Houghton Mifflin Co.

Vygotsky, L. S.(1978), Mind in Society : The development of processes. Cambridge, MAS : Harvard University Press.

___________(1986), Thought and Language, Cambridge, M.A : MIT Press.

Weiner, B.(1979), A theory of motivation for some classroom experiences. Journal of Educational Psychology, 71.

___________(1979), A theory of motivation for some classroom experiences. Journal of Educational Psychology, 71, 3-325.

___________(1980), Human motivation. N.Y : Holt, Rinehart & Winston.

___________(1984), Principles for a theory of student motivation and their application within and attributional framework. In R. Ames & C. Ames(Eds.), Research on motivation in education(Vol. 1), Orlando, FL : Academic Press.

Willamson, E. G.(1939), How to Counsel Students. New York : MacGraw-Hill Book Co.

Woolfolk, A. E.(1987), Educational Psychology(3rd ed.), Englewood Cliffs, N.J. : Prentice-Hall.

___________(1990), Educational Psychology. Fourth Edition Englewood Cliffs, New Jersey : Prentice-Hall.

Worchel, S., Cooper, J.(1984), Understanding social psychology. Homewood, Ill. : Dorsey.

Wrenn, C. G.(1962), The counselor in 9 changing world. Washington D. C : American Personnel and Guidance Association.

Zanden, J. W. B.(1980), Educational Psychology : In theory and practice. New York : Random House.

Zigler, E. F., & Finn-Stevenson, M.(1992), Applied developmental psycholgoy. In Bomstein, M. H., & Lamb, M. E.(Eds.), Developmental psycholgy : An advanced textbook. Hillsdale, N.J : Erlbaum.

## 저자 소개

### ✍ 장선철(張善喆)

· 대구교육대, 대구대 사범대학 졸업
· 고려대에서 석사 학위, 건국대에서 교육학박사 학위 취득
· 초 · 중등, 특수학교 교사
· 부산교육대, 대구대, 조선대, 오산대, 상명대, 건국대 강사, 안산1대 겸임교수
· 부산경상대 교수
· '빛과소금' 편집장, NGO ECC DIRECTOR
· 고려대 대학원, 상명대교육대학원, 건국대교육대학원 외래 교수
· 상담심리학(동문사), 건전한 성격론(배영사, 교육신서 142), 교육심리학(동문사), 현대인의 정신건강(동문사), 아동상담(동문사) 외 저서 18권
· 현, 전주대학교 상담학과 교수

### ✍ 김충기(金忠起)

서울 사범학교 졸, 성균관대학교 문학사/서울대학교 교육대학원 교육학 석사학위/ 미국 Central Arkansas 주립대 카운슬링 석사/미국 Arkansas주립대학원 교육전문가 학위/미국 Arkansas 주립대학원 교육학 박사(상담심리와 진로교육 전공)/미국 Oklahoma 주 Tulsa대학원 교육행정 연구/수도여자사범대학 교육학 전임강사, 성균관대, 이화여대 대학원, 중앙대 사대 대학원, 연세대 교육대학원, 국민대 대학원, 고려대 교육대학원, 단국대 · 동국대 교육대학원, 인하대 교육대학원, 한국외국어대 교육대학원 강사 역임/한국평생교육기구 이사, 운영위원/한국직업교육회 부회장, 이사/한국교사교육협의회 이사/한국카운슬러협회 이사/미국 APGA 종신회원/서울특별시 교육위원회 장학위원/한국교육학회 평생회원/법무부 자문교수/한국여성개발원 강사/건국대학교 사범대학 교수/건국대학교 학생생활 연구소장/건국대학교 사범대 학장, 한국진로교육학회 회장/건국대학교 사범대학 1종도서 개발위원장 역임/교무처장/상담심리 전문가 자격증 취득, 전국 교육대학원장 협의회 부회장/상담 및 심리치료학회 이사/건국대학교 교육대학원장/현재, 건국대학교 명예 교수

〈저서〉

생애교육과 생활지도(서울 : 평민사, 1980)/청년발달 심리학(서울 : 세광공사, 1980)/생애교육(서울 : 세광공사, 1981)/생애교육의 과제와 전망(서울 : 대방출판사, 1981)/생활지도교육(서울 : 학문사, 1983)/진로교육의 본질(서울 : 평민사, 1983)/생애교육의 기초(서울 : 교학연구사, 1984)/교육의 실상과 허상(서울 : 성원사, 1984)/교육심리와 생활지도(서울 : 학문사, 1986)/상담과 심리치료(서울 : 교육과학사, 1986)/진로교육과 진로지도(서

울 : 배영사, 1986)/직업교육과 진로교육(서울 : 교육과학사, 1987)/자녀지도와 부모교육(서울 : 성원사, 1988)/교육학개론(서울 : 집문당, 1988)/진로교육의 이론과 실제(서울 : 배영사, 1989)/진로상담의 이론과 실제(서울 : 성원사, 1989)/한국 생활지도의 발전과 전망(서울 : 성원사, 1989)/생활지도와 상담(서울 : 교육과학사, 1990)/미래사회와 진로선택(서울 : 배영사, 1991)/상담과 심리치료의 원리와 실제(서울 : 성원사, 1991)/초등학교에서의 진로교육(서울 : 배영사, 1992)/새로운 교육혁신과 진로(서울 : 성원사, 1992)/산업사회와 진로교육(서울 : 교육과학사, 1992)/진로교육과 진로상담(서울 : 건국대학교 출판부, 1993)/컴퓨터를 이용한 생활지도 상담 및 심리치료(서울 : 성원사, 1994)/진로상담－기술과 기법(1995)/미래를 위한 진로교육(서울 : 양서원, 1995)/평생교육의 이론과 실제(서울 : 교육과학사, 1996)/자녀교육과 진로지도(서울 : 교육과학사, 1996)/ 21세기의 자녀교육(서울 : 교육과학사, 1997)/교육심리학(서울 : 동문사, 1998)/생활지도 · 상담 · 진로지도(서울 : 교육과학사, 1998)/진로교육과 진로상담(서울 : 동문사, 2000)/유아생활지도(서울 : 동문사, 2000)/교육학개론(서울 : 동문사, 2001)


**교육심리학** -개정판-

초판발행 2005년 9월 1일
개정 4쇄 2014년 9월 5일

2014. 9.

저 자 장선철 · 김충기
발행인 김현태
발행처 태영출판사

주 소 (152-705) 서울 구로구 구로동 104-10 동남오피스텔 201호
전 화 02 · 839-3757, 839-3752
팩 스 02 · 837-3754
등 록 2005년 5월 30일 제12-421호
http://www.taeyeongbook.co.kr
E-mail tys2005@hanmail.net
ISBN 978-89-6302-016-7 93370
정 가 17,000원

NAVER 태영출판사

* 잘못 만들어진 책은 교환해 드립니다.